EUL VERLAG

WIRTSCHAFTSINFORMATIK

Herausgegeben von Prof. Dr. Dietrich Seibt, Köln, Prof. Dr. Hans-Georg Kemper, Stuttgart, Prof. Dr. Georg Herzwurm, Stuttgart, Prof. Dr. Dirk Stelzer, Ilmenau, und Prof. Dr. Detlef Schoder, Köln

Band 70
Andreas Helferich
Software Mass Customization
Lohmar – Köln 2010 ◆ 380 S. ◆ € 65,- (D) ◆ ISBN 978-3-8441-0006-8

Band 71
Tyge-F. Kummer
Akzeptanz von Ambient Intelligence in Krankenhäusern – Ein Ländervergleich zwischen Deutschland und Australien am Beispiel der Medikationsunterstützung
Lohmar – Köln 2010 ◆ 320 S. ◆ € 62,- (D) ◆ ISBN 978-3-8441-0008-2

Band 72
Stephan Wildner
Problemorientiertes Wissensmanagement – Eine Neukonzeption des Wissensmanagements aus konstruktivistischer Sicht
Lohmar – Köln 2011 ◆ 384 S. ◆ € 65,- (D) ◆ ISBN 978-3-8441-0043-3

Band 73
Rolf Schillinger
Semantic Service Oriented Architectures in Research and Practice
Lohmar – Köln 2011 ◆ 304 S. ◆ € 59,- (D) ◆ ISBN 978-3-8441-0062-4

Band 74
Martin Mikusz
Koordination der Standardsoftwareentwicklung – Ein situativer Ansatz
Lohmar – Köln 2011 ◆ 296 S. ◆ € 59,- (D) ◆ ISBN 978-3-8441-0073-0

Band 75
Carsten Unger
Entwicklung eines Rahmenkonzepts für das Management von Business-Intelligence-Systemen
Lohmar – Köln 2011 ◆ 384 S. ◆ € 65,- (D) ◆ ISBN 978-3-8441-0087-7

Reihe: Wirtschaftsinformatik · Band 75

Herausgegeben von Prof. Dr. Dietrich Seibt, Köln, Prof. Dr. Hans-Georg Kemper, Stuttgart, Prof. Dr. Georg Herzwurm, Stuttgart, Prof. Dr. Dirk Stelzer, Ilmenau, und Prof. Dr. Detlef Schoder, Köln

Dr. Carsten Unger

Entwicklung eines Rahmenkonzepts für das Management von Business-Intelligence-Systemen

Mit einem Geleitwort von Prof. Dr. Hans-Georg Kemper, Universität Stuttgart

Bibliografische Information der Deutschen Nationalbibliothek

Die Deutsche Nationalbibliothek verzeichnet diese Publikation in der Deutschen Nationalbibliografie; detaillierte bibliografische Daten sind im Internet über <http://dnb.d-nb.de> abrufbar.

Dissertation, Universität Stuttgart, 2011

D 93

ISBN 978-3-8441-0087-7
1. Auflage Oktober 2011

© JOSEF EUL VERLAG GmbH, Lohmar – Köln, 2011
Alle Rechte vorbehalten

JOSEF EUL VERLAG GmbH
Brandsberg 6
53797 Lohmar
Tel.: 0 22 05 / 90 10 6-6
Fax: 0 22 05 / 90 10 6-88
E-Mail: info@eul-verlag.de
http://www.eul-verlag.de

Bei der Herstellung unserer Bücher möchten wir die Umwelt schonen. Dieses Buch ist daher auf säurefreiem, 100% chlorfrei gebleichtem, alterungsbeständigem Papier nach DIN 6738 gedruckt.

Geleitwort

Der Begriff „Business Intelligence – BI" hat sich in den letzten Jahren sowohl in der Praxis als auch in der Wissenschaft für den Bereich der IT-orientierten Managementunterstützung etabliert. Hierbei bezeichnet ein BI-Ansatz ein unternehmensspezifisches, IT-basiertes, integriertes Gesamtkonzept der betrieblichen Entscheidungsunterstützung, das stets individuell in den jeweiligen organisatorischen und technischen Kontext zu integrieren ist.

Diesem herausfordernden und komplexen Gestaltungsgebiet ist die vorliegende Arbeit gewidmet. Zielsetzung der Schrift von Herrn Carsten Unger ist die Entwicklung eines generischen BI-Rahmenkonzepts, mit dessen Hilfe eine organisationsweite Planung, Steuerung und Kontrolle des Einsatzes betrieblicher BI-Systeme umgesetzt werden kann. Der Verfasser orientiert sich bei seiner Konzeptentwicklung begründet und adäquat abgesichert an dem ITIL-Ansatz (IT Infrastructure Library), der sich in der Praxis weltweit als De-facto-Standard für den übergeordneten Kontext des IT-Service-Managements durchgesetzt hat. In diesem Zusammenhang fokussiert er für seinen Ansatz vor allem die Systemlebenszyklusphasen des BI-Betriebs, wobei insbesondere die Aufgabenblöcke des BI-Dienstemanagements, des BI-Transformationsmanagements, des BI-Produktionsmanagements und des BI-Unterstützungsmanagements einer detaillierten Analyse und Konzeptumsetzung unterzogen werden.

Die Fundierung der theoretischen und anwendungsorientierten Grundlagen erfolgt in der Arbeit mittels einer sehr intensiven und kritischen Auseinandersetzung der relevanten Literatur und aktuellen Forschungsbefunde im Bereich der IT-basierten Managementunterstützung. Zusätzlich wurde von Herrn Unger eine breite empirische Untersuchung zum Betrieb von Data Warehouses durchgeführt, die mit Methoden der quantitativen Sozialforschung eine hervorragende Exploration der in der Praxis implementierten BI-Ansätze und gemachten Erfahrungen im Rahmen des BI-Betriebs in Deutschland bietet.

Hans-Georg Kemper

Vorwort

Die vorliegende Arbeit entstand im Rahmen meiner Tätigkeit als wissenschaftlicher Mitarbeiter am Lehrstuhl für Allgemeine Betriebswirtschaftslehre und Wirtschaftsinformatik I der Universität Stuttgart.

Danken möchte ich allen, die mich bei der Erstellung dieser Arbeit begleitet und unterstützt haben. An erster Stelle gilt der Dank meinem akademischen Lehrer, Herrn Professor Dr. Hans-Georg Kemper. Durch ein großes Maß an Freiraum sowie durch seine wertvollen Impulse hat er es mir ermöglicht, diese Arbeit zu verfassen. Herrn Professor Dr. Georg Herzwurm danke ich für sein Engagement als Mitberichter und Herrn Professor Dr. Henry Schäfer für die Übernahme des Vorsitzes des Prüfungsausschusses.

Bedanken möchte ich mich auch bei den aktuellen und ehemaligen Kolleginnen und Kollegen des Lehrstuhls für Allgemeine Betriebswirtschaftslehre und Wirtschaftsinformatik I der Universität Stuttgart für die wertvollen wissenschaftlichen Diskussionen und die gute Arbeitsatmosphäre. Ebenso gilt mein Dank allen wissenschaftlichen Hilfskräften, die mich im Verlauf des Vorhabens unterstützt haben. Weiterhin danke ich Ingo, Sebastian und Ulrich für die stetige Diskussionsbereitschaft und die kritischen Anregungen.

Eine empirisch fundierte Arbeit lebt auch von der Unterstützung durch die zahlreichen Unternehmensvertreter, die durch ihre Einblicke in die praktischen Herausforderungen der BI-Leistungserstellung die Arbeit nachhaltig gefördert haben.

Schließlich gilt mein besonderer Dank meiner Familie, die mir jederzeit ihre Unterstützung hat zukommen lassen.

Carsten Unger

Gliederungsübersicht

Inhalt

Abbildungsverzeichnis...XV

Tabellenverzeichnis XVII

Abkürzungsverzeichnis XIX

Zusammenfassung...XXIII

Abstract XXV

1.   Einleitung und Problemstellung 1

    1.1   Motivation 1

    1.2   Zielsetzung und Innovationsbeitrag 2

    1.3   Wissenschaftstheoretische Einordnung und Forschungsdesign 8

    1.4   Aufbau der Arbeit 15

2.   Konzeptionelle Grundlagen von Business Intelligence und
     IT-Dienstleistungsmanagement 19

    2.1   Business Intelligence 19

        2.1.1   Begriffsabgrenzung 19

            2.1.1.1   Entstehung.. 19

            2.1.1.2   Integrierter Business-Intelligence-Gesamtansatz 23

        2.1.2   Business-Intelligence-Ordnungsrahmen 25

        2.1.3   Datenbereitstellung 27

            2.1.3.1   Data-Warehouse-Konzept....................................28

            2.1.3.2   Komponenten der Data-Warehouse-Architektur 32

        2.1.4   Informationsgenerierung, -speicherung, -distribution und -zugriff 42

            2.1.4.1   Analysesysteme und Implementierungsansätze............42

            2.1.4.2   Wissensmanagementsysteme 48

            2.1.4.3   Business-Intelligence-Portal................................49

        2.1.5   Entwicklung integrierter BI-Anwendungssysteme 50

    2.2   IT-Dienstleistungsmanagement 53

        2.2.1   Einordnung des IT-Dienstleistungsmanagements
                in das Informationsmanagement 53

            2.2.1.1   IT-Governance..54

            2.2.1.2   Serviceorientierung des Informationsmanagements 55

Abbildungsverzeichnis

Tabellenverzeichnis

Abkürzungsverzeichnis

eTOM .... Enhanced Telecom Operations Map

FTA .... Fault Tree Analysis

FTP .... File Transfer Protocol

GB .... Gigabyte

IEC .... International Electrotechnical Commission

ITGI .... Information Technology Governance Institute

IP .... Internet Protocol

ISACA .... Information Systems Audit and Control Association

ISO .... International Organization for Standardization

IT .... Informationstechnologie

ITIL .... Information Technology Infrastructure Library

ITSM .... Information Technology Service Management

itSMF .... Information Technology Service Management Forum

IWF .... Internationaler Währungsfonds

KVP .... Kontinuierlicher Verbesserungsprozess

LAN .... Local Area Network

LDAP .... Light-weight Directory Access Protocol

M .... Mittelwert

MA .... Mitarbeiter

MAC .... Media Access Control

MAN .... Metropolitan Area Network

Md .... Median

MDX .... Multidimensional Expressions

MIS .... Management Information System

MNM .... Munich Network Management

MSS .... Management Support System

MTBF .... Mean Time Between Failures

MTBSI .... Mean Time Between Service Incidents

MTRS .... Mean Time To Restore Service

NAS .... Network Attached Storage

NEON .... Network Online Research, Arbeitsgruppe im BVM Berufsverband Deutscher Markt- und Sozialforscher e. V.

ODS .... Operational Data Store

OGC .... Office of Government Commerce

OLA .... Operational Level Agreement

OLAP .... Online Analytical Processing

OLTP .... Online Transaction Processing

OSI .... Open Systems Interconnection

P_{90} 90%-Perzentil

RBAC .... Role-based Access Control

RfC .... Request for Change

SAN .... Storage Area Network

SCOR .... Supply Chain Operations Reference

SLA .... Service Level Agreement

SLR .... Service Level Requirement

SOA .... Serviceorientierte Architekturen

SPoFA .... Single Point of Failure Analysis

SQL .... Structured Query Language

TCP/IP .... Transmission Control Protocol / Internet Protocol

TDWI .... The Data Warehouse Institute

UC .... Underpinning Contract

UK .... United Kingdom

WAN .... Wide Area Network

WKWI .... Wissenschaftliche Kommission Wirtschaftsinformatik

WTO .... World Trade Organization

WWW .... World Wide Web

XPS .... Expert System

Zusammenfassung

Für innovative IT-Lösungen zur Managementunterstützung hat sich in den letzten Jahren sowohl in der Wissenschaft als auch in der Unternehmenspraxis der Begriff **Business Intelligence (BI)** etabliert. Unter Business Intelligence wird hierbei ein integrierter, unternehmensspezifischer und IT-basierter Gesamtansatz zur betrieblichen Entscheidungsunterstützung verstanden. Aktuelle Implementierungen von Business-Intelligence-Lösungen unterscheiden sich in ihrer Größe und Komplexität deutlich von frühen singulären BI-Applikationen. Empirische Analysen zeigen, dass sie oftmals unternehmensweite, integrierte Infrastrukturen darstellen, die häufig bedeutende Wertschöpfungsprozesse mit entscheidungsrelevanten Informationen beliefern. Solche BI-Landschaften sind kostenintensiv in der Errichtung und im Betrieb. Hieraus wird deutlich, dass das Management von Business Intelligence in einem Unternehmen mehr bedeutet als die Steuerung einer einfachen Abfolge von IT-Entwicklungsprojekten mit einem definierten Abschluss. Um den langfristigen Erfolg des BI-Einsatzes eines Unternehmens sicherzustellen, bedarf es vielmehr auch der Festlegung von organisatorischen Strukturen für die dauerhafte Erzeugung und Bereitstellung von BI-Leistungen für die Endanwender.

Es existieren in Wissenschaft und Praxis noch deutliche Lücken im Hinblick auf Konzepte zur Planung, Steuerung und Kontrolle der BI-Leistungserstellung. Für den Entwurf solcher Konzepte kann auf die vorhandenen Erkenntnisse des Forschungsgebietes der allgemeinen IT-Leistungserstellung zurückgegriffen werden, das unter dem Oberbegriff **IT-Service-Management** einen enormen Bedeutungszuwachs erfahren und sich in Wissenschaft und Praxis etabliert hat. Das IT-Service-Management beinhaltet die Spezifikation, das Management und die Bereitstellung von IT-Dienstleistungen, um die Erreichung der Unternehmensziele und die Abdeckung der Kundenanforderungen zu unterstützen.

Die Zielsetzung der Arbeit besteht in der Entwicklung eines auf den Leitlinien des IT-Service-Managements basierenden und durch empirische Erkenntnisse gestützten **Rahmenkonzepts für das Management der Business-Intelligence-Leistungserstellung**.

Als Lösungsweg der Arbeit wird eine mehrstufige Vorgehensweise gewählt. Den ersten Schritt stellt die Schaffung eines *einheitlichen Terminologieverständnisses* als Basis der empirischen Untersuchung sowie der Konzeptentwicklung dar. Hierzu werden die spezifischen theoretischen Merkmale der Themenbereiche Business Intelligence und IT-Service-Management herausgearbeitet. Der zweite Schritt dient der explorativen *empirischen Fundierung des Wissens über die BI-Leistungserstellung*. Es werden reale Erscheinungsformen der BI-Leistungserstellung erhoben. Als Erhebungsraster dient ein konzeptioneller Bezugsrahmen. Die Darstellung und Analyse der Ergebnisse erlaubt die Identifikation von Unterschieden und Gemeinsamkeiten der BI-Leistungserstellung in der Unternehmenspraxis. Die so gewonnenen Erkenntnisse über Handlungsbedarfe fließen in die Entwicklung des Zielkonzepts ein.

Den dritten Schritt bildet die Integration der Erkenntnisse der beiden vorangehenden Schritte zu einem theoretisch und empirisch gestützten *Rahmenkonzept für das Management der Business-Intelligence-Leistungserstellung*. Als zentrale Aufgabenfelder der BI-Leistungserstellung werden das BI-Dienstemanagement, das BI-Transformationsmanagement, das BI-Produktionsmanagement sowie das BI-Unterstützungsmanagement herausgearbeitet.

Aus der wissenschaftlichen Perspektive der Wirtschaftsinformatik und der Betriebswirtschaftslehre existiert damit ein Vorschlag für einen Analyse- und Gestaltungsrahmen der BI-Leistungserstellung. Die Aussagen des Konzepts sind für eine große Bandbreite von Unternehmen nutzbar und lassen Raum für Spezialisierungen und weitere Ausgestaltungen im Kontext zukünftiger Forschung und Anwendung. Aus der praxisorientierten Sicht eines BI-Leistungsanbieters zeigt das Rahmenkonzept wesentliche Gestaltungsfelder im Management der BI-Leistungserstellung auf und unterstützt deren systematische Strukturierung. Damit bietet es eine idealtypische Orientierungshilfe für die Ausgestaltung des BI-Betriebs, die von Verantwortlichen in der Praxis als Ausgangspunkt für die unternehmensindividuelle Konkretisierung eines BI-Betriebskonzepts herangezogen werden kann. Die Ergebnisse dieser Arbeit sollen den BI-Anwenderunternehmen bei der Entscheidung zur Ausgestaltung ihrer BI-Leistungserstellung von Nutzen sein.

Abstract

In recent years the term **Business Intelligence (BI)** has been established both in research and practice for innovative IT solutions as a support function for management
decisions. In this context Business Intelligence is understood as an integrated, company-specific, IT based total approach for managerial decision support. Current implementations of Business Intelligence solutions differ significantly from early discrete
BI applications concerning size and complexity. Empirical studies show that they often
represent enterprise-wide, integrated infrastructures which frequently supply impor-
tant business processes with decision-relevant information. Such BI landscapes are
cost-intensive to construct and to operate. Considering this, it becomes clear that the
management of Business Intelligence must go beyond the control of a simple sequence
of isolated BI development projects. This requires the definition of organizational
structures for the permanent production and provision of BI services for the end-user
to ensure the long-term success of BI usage of an enterprise.

In research and practice, there are still significant shortcomings in terms of approaches
for the management of BI service provision. For the purpose of conceptualizing sus-
tainable policies, the BI domain can draw from findings in the general field of IT service provision. Under the generic term **IT service management** this topic has gained
greatly in importance and is widely accepted in science and in business context. IT service management includes the specification, the management and the provision of IT
services and thus contributes to achieve business goals and to cover customer requirements.

The objective of these research efforts is to develop a **framework for the management of Business Intelligence service provision**, based on the ideas of IT service
management and underpinned by empirical findings.

The chosen approach to reach the objective consists of three steps. In the first step a
consistent comprehension of the terminology is established as the fundament for the
empirical study and the development of the framework. The specific theoretical characteristics of the research fields Business Intelligence and IT service management are
elaborated. The second step serves to create the *empirical foundation of the knowledge
about BI service provision*. Real manifestations of BI service provision in enterprises are
collected in an exploratory study based on a conceptual framework. The analysis and
discussion of the results allow identifying the differences and similarities of the BI ser-

vice provision over a broad range of enterprises. The insights into the need for action are derived from the findings of the study. They are used as an input for the development of the target framework.

In the third step the insights gained in the two previous steps are integrated into a theoretically and empirically based *framework for the management of Business Intelligence service provision*. The management of BI service design, BI service transition, BI service production, and of BI service support is elaborated as the essential scope of tasks of BI service provision.

From the scientific perspective of the research areas of information systems and business administration, there is a proposition for a framework regarding the analysis and the configuration of BI service provision. The statements of the framework are applicable for a wide range of enterprises and they offer the possibility for further specialization and refinement in the context of future research and usage. From the business point of view of a BI service provider, the framework indicates the essential fields of action for the management of BI service provision and supports their systematic structuring. Thus, it offers ideal-type guidance for the configuration of BI operations. It can be used as a starting point for the company-specific design of a concept of BI operations. Enterprises using Business Intelligence shall benefit from the results of these research efforts when deciding about the organization of their BI service provision.

1. Einleitung und Problemstellung

1.1 Motivation

Die Rahmenbedingungen im Umfeld von Unternehmen sind zunehmend gekennzeichnet durch einen erhöhten Konkurrenzdruck aufgrund von Globalisierungsten-
denzen, durch ein verstärktes Informationsinteresse interner und externer Stakeholder
sowie im E-Business-Kontext durch die Abwicklung von Leistungsaustauschprozessen
über das Internet. In der Folge ergeben sich massive Veränderungen des Marktum-
felds, eine stetige Ausweitung der Datenbasis und immer höhere Ansprüche an die
Transparenz und der Fundierung der Entscheidungen im Unternehmen. Traditionelle
isolierte Management Support Systems konnten diesen gestiegenen Anforderungen
nicht mehr genügen. Sie wurden in der Folge mehr und mehr durch integrierte Ansätze der Managementunterstützung ersetzt.[1] Für diese Klasse von innovativen IT-
Lösungen zur Unternehmenssteuerung hat sich in den letzten Jahren sowohl in der
Wissenschaft als auch in der Unternehmenspraxis der Begriff **Business Intelligence
(BI)** etabliert.[2] Unter Business Intelligence wird im Rahmen der vorliegenden Arbeit
ein integrierter, unternehmensspezifischer und IT-basierter Gesamtansatz zur betrieblichen Entscheidungsunterstützung verstanden.[3]

Aktuelle Implementierungen von Business-Intelligence-Lösungen unterscheiden sich
in ihrer Größe und Komplexität deutlich von frühen singulären BI-Applikationen. Empirische Untersuchungen zeigen, dass viele BI-Anwenderunternehmen die Stufen der
Konzeption und Einführung von BI-Systemen bereits verlassen haben. Ihre BI-Systeme
weisen ein deutliches Größenwachstum auf oder befinden sich bereits in einer Konsolidierungsphase.[4] Bei einer zunehmenden Anzahl von Unternehmen basieren BI-
Lösungen auf aufwändigen, mehrschichtigen Architekturen und sind mit unterschiedlichsten Transaktionssystemen gekoppelt.[5] Außerdem sind sie häufig zu unterneh-

---

[1] Vgl. Kemper et al. (2006), S. 5ff., Kemper et al. (2010), S. 5ff. sowie Wixom/Watson (2001), S. 17f.

[2] Vgl. Arnott/Pervan (2008), S. 657ff., Burke (2003), S. 1ff., Gessner/Volonino (2005), S. 66ff., Jourdan et al. (2008), S. 121ff., Moss/Atre (2003), S. 1ff., Williams/Williams (2007) S. 1ff. sowie Wixom et al. (2008), S. 102ff.

[3] Vgl. Baars/Kemper (2008), S. 132ff., Turban et al. (2007), S. 1ff., Kemper et al. (2006), S. 7 f. sowie Kemper et al. (2010), S. 8f.

[4] Vgl. Unger et al. (2008), S. 3f., Elbashir et al. (2008), S. 135ff., Ramamurthy et al. (2008), S. 817ff., Watson et al. (2008), S. 103ff., Watson et al. (2006), S. 17, Chamoni/Gluchowski (2004), S. 120ff. sowie Watson et al. (2001), S. 42ff.

[5] Vgl. Horakh et al. (2008), S. 1, McKnight (2007), S. 28 sowie Sherman (2007), S. 49.

mensweiten Infrastrukturen weiterentwickelt worden. Diese stellen entscheidungsrelevante Daten für alle Hierarchieebenen sowie Unternehmensfunktionen bereit. Ihre Verfügbarkeit ist für unternehmenskritische Wertschöpfungsprozesse von wesentlicher Bedeutung.[6] Aufgrund der hohen erforderlichen Investitionssummen für solche BI-Landschaften haben Misserfolge enorme finanzielle Konsequenzen für die betroffenen Unternehmen.[7]

In Anbetracht des infrastrukturellen, integrativen und kostenintensiven Charakters von BI-Landschaften wird deutlich, dass das Management von Business Intelligence in einem Unternehmen mehr bedeutet als die Steuerung einer einfachen Abfolge von IT-Entwicklungsprojekten mit einem definierten Abschluss. Vielmehr führen die Anpassungen der BI-Systeme an die sich ändernden Anforderungen der Anwender sowie Veränderungen der operativen Quellsysteme dazu, dass das Management von Business-Intelligence-Leistungen in einem Unternehmen eine permanente Herausforderung darstellt. Um den langfristigen Erfolg des BI-Einsatzes eines Unternehmens sicherzustellen, bedarf es daher auch der Festlegung von organisatorischen Strukturen für die dauerhafte Erzeugung und Bereitstellung von BI-Applikationen für die Endanwender.[8]

1.2   Zielsetzung und Innovationsbeitrag

Diese Entwicklungen zeigen auf, dass es erforderlich ist, BI-Anwenderunternehmen Rahmenkonzepte und Leitlinien zur Verfügung zu stellen, mit deren Hilfe sie die Erstellung von BI-Leistungen organisatorisch verankern können. Diese Sichtweise wird auch von Praxisvertretern geteilt.[9] Daher haben BI-Anwenderunternehmen begonnen, organisatorische Strukturen zu implementieren, die darauf abzielen, die BI-Leistungserstellung zu professionalisieren. Bei diesen Ansätzen, die sich häufig noch in einem Anfangsstadium befinden, gibt es hinsichtlich des Realisierungsumfangs deutliche Unterschiede zwischen verschiedenen Unternehmen.[10]

---

[6]   Vgl. Horakh et al. (2008), S. 1, Watson et al. (2006), S. 8, Nauck et al. (2008), S. 209ff., Azvine et al. (2005), S. 216ff. sowie Moss/Atre (2003), S. 5ff.

[7]   Vgl. Counihan et al. (2002), S. 321 f. sowie die dort zitierten Quellen.

[8]   Vgl. Kemper et al. (2008), S. 2ff., Unger et al. (2008), S. 3f., Horakh et al. (2008), S. 1ff., Williams (2005), S. 30, Gräf et al. (2005), S. 89 sowie Gardner (1998), S. 54.

[9]   Vgl. Horakh et al. (2008), S. 1, Cunningham/Elliott (2005), S. 18ff., Eckerson (2006), S. 43ff., Geiger et al. (2007), Miller et al. (2006), S. 1ff., Strange/Hostmann (2003), S. 1ff.

[10]   Vgl. Unger et al. (2008), S. 1ff.

Wissenschaftliche Publikationen im Bereich Business Intelligence haben sich nach einer umfangreichen Literaturanalyse von JOURDAN, RAINER und MARSHALL in den letzten Jahren vor allem auf die folgenden Objektkategorien konzentriert:

- Künstliche Intelligenz: Algorithmen und Applikationen zu den Themen Klassifikation, Prädiktion, Web Mining, Maschinelles Lernen.

- Nutzenanalyse: Erzielung eines messbaren finanziellen Nutzens durch den Einsatz von Data-Warehouse-, Data-Mining- oder unternehmensweiten BI-Systemen.

- Entscheidungsunterstützung: Ansätze zur Verbesserung der Entscheidungsunterstützung wie z. B. Decision-Support-Systeme.

- Implementierung: Vorgehensmodelle und Projektmanagement von IT-Entwicklungsvorhaben im Business-Intelligence-Kontext bspw. für Data-Warehouse-, Data-Mining-, Customer-Relationship-Management-, Enterprise-Resource-Planning-, Wissensmanagement- oder E-Business-Systeme.

- BI-Anwendungsdomänen: Einsatz von BI-Werkzeugen und -Technologien in unterschiedlichsten Anwendungsdomänen wie etwa Corporate-Performance-Management, Supply-Chain-Management oder Customer-Relationship-Management.[11]

Daher existieren in der Wissenschaft noch deutliche Lücken in Bezug auf Konzepte zur Planung, Steuerung und Kontrolle der BI-Leistungserstellung. Für den Entwurf solcher Konzepte kann auf die vorhandenen Erkenntnisse des Forschungsbereichs der allgemeinen IT-Leistungserstellung zurückgegriffen werden. Unter dem Oberbegriff **IT-Service-Management** hat sich ein Teilgebiet der Dienstleistungsforschung gebildet und einen enormen Bedeutungszuwachs in Wissenschaft und Praxis erfahren.[12] Das IT-Service-Management beinhaltet die Spezifikation, das Management und die Bereitstellung von IT-Dienstleistungen, um die Erreichung der Unternehmensziele und die Abdeckung der Kundenanforderungen zu unterstützen. Damit grenzt es sich von traditionellen, rein technologieorientierten Ansätze der IT-Leistungserstellung ab. Im Mittelpunkt stehen mit den Kunden abgestimmte, prozessorientierte IT-Dienstleistungen,

---

[11] Vgl. Jourdan et al. (2008), S. 124f.; die Literaturanalyse von Jourdan et al. (2008) bezieht sich vor allem auf Publikationen im angloamerikanischen Raum. Eine Analyse des Autors zu deutschsprachigen wissenschaftlichen Veröffentlichungen im BI-Kontext ergab ähnliche Themenkategorien mit Schwerpunkten in der BI-Implementierung, in technischen Fragestellungen und vor allem verschiedenen BI-Anwendungsdomänen, vgl. exemplarisch Goeken (2006), Hartmann (2008), Hilliger von Thile (2008), Zeides (2010), Hiestermann (2009), Navrade (2008) sowie Kendzia (2010).
[12] Vgl. exemplarisch Marrone/Kolbe (2011), Kießling et al. (2010), Lahetla/Jäntti (2010), Bichler/Bhattacharya (2010), Conger et al. (2008), Schaaf/Brenner (2008), Shen (2008), Ayachitula et al. (2007), gentschen Felde et al. (2006) sowie Brenner (2006).

die mit einer unternehmerischen Denkweise gesteuert werden. Das IT-Service-Management strebt eine stärkere Interaktion zwischen den IT-Leistungserstellern und den Fachbereichen an, die diese Leistungen beziehen.[13] Das Verhältnis zwischen IT-Abteilungen und Fachbereichen wandelt sich in der Folge zunehmend in Richtung einer Kunden-Lieferanten-Beziehung. Eine Weiterentwicklung vom technologieorientierten IT-Anwendungsentwickler und Infrastrukturbetreiber hin zum kundenorientierten **IT-Dienstleister** wird zur Voraussetzung, um auch gegenüber externen Anbietern konkurrenzfähig zu sein. Den Kernpunkt der Leistungsbeziehung zwischen Kunden und Lieferanten bildet die Bereitstellung von IT-Services. Komplexe IT-Services können über mehrere Stufen der Wertschöpfungskette hinweg erstellt werden. Für diese neue Sichtweise der Bereitstellung von IT-Leistungen wurde der Begriff des IT-Service-Managements bzw. des serviceorientierten IT-Managements geprägt.[14]

Unter einem **IT-Service** ist ein Bündel von IT-Leistungen zu verstehen, das einen Geschäftsprozess oder ein Geschäftsprodukt des Kunden unterstützt und für diesen einen Nutzen stiftet.[15] Die Begriffe IT-Service und IT-Dienstleistung sowie IT-Service-Management und IT-Dienstleistungsmanagement sollen im Folgenden synonym verwendet werden.

Referenzmodelle des IT-Service-Managements tragen im Kontext dieses Wandlungsprozesses zu einer methodischen Gestaltung kundenorientierter IT-Managementprozesse bei und helfen, Kosten und Risiken zu reduzieren.[16] In den letzten Jahren hat sich die IT Infrastructure Library (ITIL) zu einem De-facto-Standard des IT-Service-Managements entwickelt.[17] Ursprünglich vom IT-Dienstleister OFFICE OF GOVERNMENT COMMERCE (OGC) der britischen Regierung vorangetrieben, wird sie nun in Zusammenarbeit mit dem internationalen IT-SERVICE-MANAGEMENT-FORUM (ITSMF) kontinuierlich weiterentwickelt.[18] Das BRITISH STANDARD INSTITUTE hat den BS 15000 für IT-Service-Management auf Basis der ITIL erstellt.[19] Im Jahr 2005 wurde diese britische

---

[13] Vgl. Galup et al. (2009), S. 124ff., Winniford et al. (2009), S. 153ff., Conger et al. (2009), S. 176ff., Wui-Ge et al. (2009), S. 1ff., Pollard/Cater-Steel (2009), S. 164ff., Beachboard (2007), S. 555ff., Iden/Langeland (2010), S. 103ff. sowie Scholz (2009), S. 33ff.
[14] Vgl. Hochstein et al. (2004), S. 68.
[15] Vgl. Zarnekow et al. (2005a), S. 18; diese Definition ist angelehnt an die Abgrenzung des allgemeinen Dienstleistungsbegriffs anhand dreier Leistungsdimensionen: Leistungspotenzial, Integration von Produktionsfaktoren in einem Faktorkombinationsprozess, Leistungsergebnis, vgl. Kleinaltenkamp (2001), S. 32.
[16] Vgl. Becker, Algermissen et al. (2002), S. 1392ff. sowie Hochstein/Hunziker (2003), S. 45ff.
[17] Vgl. Office of Government Commerce (2000) sowie Herzwurm/Pietsch (2009), S. 212.
[18] Vgl. OGC (2007g), S. 3.
[19] Vgl. Johannsen/Goeken (2007), S. 172.

Norm von der INTERNATIONAL ORGANIZATION FOR STANDARDIZATION (ISO) als internationale Norm ISO/IEC 20000 veröffentlicht.[20]

Die Erzeugung von BI-Leistungen unterscheidet sich deutlich von der allgemeinen IT-Leistungserstellung. Es ergeben sich einige Besonderheiten: [21]

- BI-Lösungen sind in der Regel nicht endgültig und zeitstabil. Sie weisen insbesondere im Vergleich zu Transaktionssystemen eine erhöhte Änderungshäufigkeit infolge von Geschäftsprozessmodifikationen und Umbrüchen externer Rahmenbedingungen auf.

- BI-Dienstleistungen bilden zunehmend einen Inputfaktor für unternehmenskritische Wertschöpfungsprozesse.[22] Somit steigen auch die Anforderungen an die Verfügbarkeit dieser Leistungen sowie die hierzu erforderlichen Aufgabenbündel der BI-Leistungserstellung.

- Aufgrund der oftmals gegebenen engen Kooperation[23] zwischen IT-Abteilung und Fachbereichen hinsichtlich der BI-Entwicklungs- sowie der BI-Betriebsaufgaben erfordert die BI-Leistungserstellung eine ausgeprägte Koordination zwischen den Beteiligten.

- Die enge Verzahnung von IT-Abteilung und Fachbereichen im Rahmen der BI-Leistungserstellung bedingt ebenso ein interdisziplinäres und fundiertes Wissen in den Themengebieten der Betriebswirtschaftslehre sowie der Informationstechnologie.

Die bisherigen Forschungstätigkeiten im Bereich des IT-Service-Managements haben gezeigt, dass dieser Ansatz einen hohen Eignungsgrad zur Professionalisierung der IT-Leistungserstellung aufweist.[24] Ausgehend von diesen Erfahrungen soll ein Transfer der Erkenntnisse des IT-Service-Managements auf den Bereich der BI-Leistungserstellung erfolgen. Als Grundlage können generische Ansätze des IT-Service-Managements dienen, die an die strukturellen Besonderheiten der BI-Leistungserstellung adaptiert werden. Hierzu bietet sich eine Orientierung an der IT Infrastructure Library

---

[20] Vgl. Dohle/Rühling (2006).
[21] Vgl. im Folgenden Kemper et al. (2006), S. 163f. sowie Kemper et al. (2010), S. 189f.
[22] Vgl. hierzu auch Kapitel 1.1 sowie die dort zitierten Literaturquellen.
[23] Vgl. hierzu im Detail Kemper/Baars (2009), S. 81.
[24] Vgl. exemplarisch Iden/Langeland (2010), Wui-Ge et al. (2009), Pollard/Cater-Steel (2009), Cater-Steel/Tan (2005) sowie Hochstein et al. (2005).

(ITIL) als einem De-facto-Standard des IT-Service-Managements an.[25] Aus der wissenschaftlichen und praktischen Problemstellung resultiert die zentrale **Forschungsfrage** der Arbeit:

Wie kann ein Rahmenkonzept des Managements der Business-Intelligence-Leistungserstellung ausgestaltet sein, das sich an den Erkenntnissen der IT Infrastructure Library als dem De-facto-Standard des IT-Service-Managements orientiert?

Die BI-Leistungserstellung repräsentiert aus wissenschaftlicher Sicht ein innovatives Problemfeld, über das bisher nur wenig gesichertes Wissen verfügbar ist. Das Forschungsvorhaben soll durch eine systematische Untersuchung der BI-Leistungserstellung einen Beitrag dazu leisten, die beschriebene Forschungslücke zu schließen. Auf diese Weise wird ein einheitliches Verständnis der BI-Leistungserstellung gefördert, das die Grundlage für weitergehende Untersuchungsschwerpunkte auf der Basis dieser Arbeit bilden kann. Aus der Forschungsfrage kann die **Zielsetzung** des Forschungsvorhabens abgeleitet und konkretisiert werden:

Die Zielsetzung der Arbeit besteht in der Entwicklung eines Vorschlags für ein Rahmenkonzept des Managements der Business-Intelligence-Leistungserstellung. Das Zielkonzept soll sich an den Erkenntnissen der IT Infrastructure Library als dem De-facto-Standard des IT-Service-Managements orientieren und empirisch gestützt sein.

Diese Zielsetzung beinhaltet die folgenden Teilziele:

- Das erste Teilziel stellt die Schaffung eines *einheitlichen Terminologieverständnisses* als Basis der empirischen Untersuchung sowie der Konzeptentwicklung dar. Hierzu werden die spezifischen theoretischen Merkmale der Themenbereiche Business Intelligence und IT-Service-Management herausgearbeitet.
- Das zweite Teilziel dient der *empirischen Fundierung* des Wissens über die BI-Leistungserstellung. Es werden reale Erscheinungsformen der BI-Leistungserstellung erhoben. Als Erhebungsraster dient ein konzeptioneller Bezugsrahmen. Die Darstellung und Analyse der Ergebnisse erlaubt die Identifikation von Unter-

---

[25] Vgl. Zarnekow et al. (2005a), S. 55.

schieden und Gemeinsamkeiten der BI-Leistungserstellung in der Unternehmenspraxis. Die so gewonnenen Erkenntnisse fließen in die Entwicklung des Zielkonzepts ein.

- Das dritte Teilziel dient der Integration der Erkenntnisse der beiden vorangehenden Schritte zu einem theoretisch und empirisch gestützten Rahmenkonzept der
BI-Leistungserstellung auf einer hohen Abstraktionsebene. Es dient zur strukturierten Darstellung wesentlicher Aufgaben der BI-Leistungserstellung.

Eingrenzung des Betrachtungsgegenstandes

Der Betrachtungsgegenstand der BI-Leistungserstellung wird hierbei wie folgt einge-
grenzt. Unter der BI-Leistungserstellung sollen primär alle Aufgaben verstanden werden, die in der Lebenszyklusphase der Nutzung von BI-Systemen anfallen und für die
permanente Erbringung von BI-Dienstleistungen für die BI-Anwender erforderlich
sind. Veränderungen an BI-Systemen, die aufgrund ihrer Reichweite der Erstentwicklung oder einer fundamentalen Restrukturierung von BI-Systemen zugerechnet werden können, werden nicht untersucht.[26]

Weiter ist die Ableitung eines Vorgehensmodells zur organisatorischen Einführung
eines Konzepts der BI-Leistungserstellung nicht Teil der Arbeit. Nachfolgende Untersuchungen können die vorliegenden Erkenntnisse als Plattform benutzen, um detaillierte Methoden, Referenzprozessmodelle und andere Artefakte für die einzelnen Gestaltungsfelder der BI-Leistungserstellung mit dem Ziel zu entwickeln, deren operative
Umsetzung in den Unternehmen zu verbessern.

Innovationsbeitrag

Einerseits hat die dauerhafte Erstellung von BI-Leistungen für die Anwenderunternehmen eine hohe Bedeutung. Andererseits besteht noch ein erheblicher Forschungsbedarf auf der Seite der Wissenschaft. Der Bereich der BI-Leistungserstellung wurde
hier bisher meist nur am Rande thematisiert.[27] Der Innovationsbeitrag dieser Arbeit
besteht in der *grundlegenden explorativen Erforschung der BI-Leistungserstellung* und

---

[26] Vgl. zu ausführlichen Darstellungen von Vorgehensmodellen für BI-Erstentwicklungsvorhaben und
BI-Restrukturierungsprojekten exemplarisch Kimball et al. (2008), Moss/Atre (2003) sowie Eckerson
(2004b).
[27] Vgl. hierzu den Anfang von Kapitel 1.2.

der darauf basierenden *Entwicklung eines Vorschlags für ein Rahmenkonzept der Business-Intelligence-Leistungserstellung.*

Für die Forschung auf dem Gebiet der BI-Leistungserstellung liefert die Arbeit Hinweise auf praktische Anwendungsprobleme und zeigt somit zukünftigen Forschungsbedarf auf. Aus Sicht eines BI-Leistungsanbieters verdeutlicht das Rahmenkonzept die relevanten Gestaltungsfelder des integrierten Managements der BI-Leistungserstellung und unterstützt deren systematische Strukturierung. Damit bietet es für die Ausgestaltung des BI-Betriebs eine idealtypische Orientierungshilfe, die von Verantwortlichen in der Praxis als Ausgangspunkt für die unternehmensindividuelle Konkretisierung eines BI-Betriebskonzepts herangezogen werden kann. Die Ergebnisse dieser Arbeit sollen den Unternehmen bei der Entscheidung zur Ausgestaltung ihrer BI-Leistungserstellung von Nutzen sein. Unternehmen, die bereits BI-Systeme betreiben, erhalten Hinweise zur Optimierung sowie mögliche neue und vorteilhafte Handlungsansätze. Es existieren mehrere Möglichkeiten zur Verwendung des Rahmenkonzepts in praktischen Entscheidungssituationen:[28]

- *Einordnungs- und Orientierungsfunktion:* Das Rahmenkonzept bildet das umfangreiche Gebiet des BI-Betriebs ab. Es kann als Instrument zur Einordnung von Aufgaben des BI-Betriebs in einen größeren Zusammenhang genutzt werden und bildet somit eine Diskussionsgrundlage in Entscheidungsprozessen.

- *Analysefunktion:* Das Rahmenkonzept kann herangezogen werden, um zu analysieren, ob in einer realen BI-Systemumgebung wesentliche Aufgaben des BI-Betriebs erfüllt werden. Des Weiteren kann es zu einer strukturierten Gegenüberstellung mehrerer Implementierungen des BI-Betriebs – z. B. in unterschiedlichen Unternehmensbereichen – verwendet werden.

- *Spezifikationsfunktion:* Im Falle geplanter Änderungen im BI-Betrieb eines Unternehmens kann das Rahmenkonzept als Grundlage zur Spezifikation eines angestrebten Ziel-Zustands dienen.

1.3   Wissenschaftstheoretische Einordnung und Forschungsdesign

Die Wissenschaftstheorie hat die Aufgabe, grundlegend allgemeine Verfahrensweisen zur Erreichung der Zielsetzung der Wissenschaft vorzuschlagen.[29] Innerhalb eines Forschungsdesigns erfolgt für ein konkretes Forschungsvorhaben die problembezogen-

---

[28]   Vgl. im Folgenden Becker/Meise (2005), S. 105ff., Meise (2001), S. 61ff. sowie Akker (2006), S. 122.
[29]   Vgl. Schanz (1988), S. 1 sowie S. 5 f.

spezifische Auswahl der einzusetzenden *Forschungsmethoden* und die Festlegung des *Forschungsablaufs.*[30]

Wissenschaftstheoretische Vorüberlegungen

Die allgemeinen Ziele wissenschaftlichen Handelns liegen in einem Erkenntnis- und Gestaltungsinteresse im Sinne eines Bemühens um eine Verbesserung der gegenwärtigen Situation.[31] Unter Wissenschaft wird der gesamte Bestand an Wissen verstanden, der durch Forschung, Lehre und Literatur gewonnen und überliefert wird. Ebenso kann auch der Prozess der methodischen Gewinnung von Wissen als Wissenschaft bezeichnet werden. Betriebswirtschaftslehre und Wirtschaftsinformatik als realwissenschaftlich orientierte Forschungszweige verfolgen mehrere Ziele: Ein **deskriptives Wissenschaftsziel** dient der präzisen Beschreibung der Betrachtungsgegenstände als Voraussetzung für tiefer gehende Analysen. Theorien zielen auf die Erklärung und Prognose empirischer Sachverhalte (**theoretisches Wissenschaftsziel**). Des Weiteren kann eine Wissenschaft für konkrete betriebliche Probleme Gestaltungshinweise bereitstellen (**pragmatisches Wissenschaftsziel**).[32]

Zu einer Erreichung der Wissenschaftsziele können unterschiedliche **Forschungsstrategien** angewendet werden. Die wesentlich durch POPPER geprägte *Falsifikationsstrategie* des **Kritischen Rationalismus**[33] strebt die Gewinnung wissenschaftlicher Erkenntnisse über die Widerlegung von Hypothesen durch eine Konfrontation mit der Realität an. Dieser in den Wirtschaftswissenschaften weit verbreitete Ansatz kann dem **Begründungszusammenhang** wissenschaftlicher Forschung zugeordnet werden und ist dann als besonders erfolgreich anzusehen, wenn bereits gehaltvolle Hypothesen über den Betrachtungsgegenstand vorliegen, die einer Prüfung unterzogen werden sollen.[34] Forschungslogisch ist dem Begründungszusammenhang der **Entdeckungszusammenhang** vorgelagert, der die Frage umfasst, wie gehaltvolle Hypothesen in For-

---

[30] Vgl. Atteslander (2003), S. 21 f. sowie S. 54.

[31] Vgl. Schanz (1988), S. 6.

[32] Vgl. Schweitzer (1978), S. 1-9, Kosiol (1964), S. 135f., Heinen (1969), S. 221ff., Ulrich (1971), S. 272ff. sowie Chmielewicz (1978), S. 421f.; über die genannten Ziele der Wissenschaft hinaus existiert auch noch ein *normatives Wissenschaftsziel*, das neben der Gewinnung theoretischer Erkenntnisse auch Werturteile postuliert. *Werturteile* besitzen weder einen Anspruch auf empirische Wahrheit noch auf empirischen Gehalt. Sie sind daher lediglich nach ihrer *Akzeptanz* zu beurteilen, vgl. Schweitzer (1978), S. 7f. Zu einer Darstellung des sog. Werturteilstreits in den Wirtschaftswissenschaften, der die Sinnhaftigkeit eines normativen Wissenschaftsziels thematisiert, vgl. bspw. Schnell et al. (2008), S. 86ff.

[33] Zu den Grundlagen des Ansatzes des Kritischen Rationalismus vgl. Popper (1994).

[34] Vgl. Müller-Böling (1992), Sp. 1494.

schungsfeldern gebildet werden können, für die noch keine erklärende Theorie vorliegt.[35] CHMIELEWICZ kritisiert, dass *Methoden zur Entdeckung neuer Forschungsresulta-
te* meist ausgeklammert und vernachlässigt werden. Er fordert deshalb, dass im Rahmen des Entdeckungszusammenhangs die Hypothesengenerierung nicht dem Zufall
oder der schöpferischen Phantasie einzelner Forscher überlassen werden soll, sondern
dass die Anwendung systematischer Entdeckungsmethoden anzustreben ist.[36]

Einen Beitrag zur Behebung dieses Defizits leistet der von einer Forschungsgruppe um
GROCHLA vorgeschlagene Ansatz, der als **Explorations-** bzw. **Konstruktionsstrategie**[37] bezeichnet werden kann und der sowohl in der Betriebswirtschaftslehre als auch
in der Wirtschaftsinformatik zum Einsatz kommt.[38] GROCHLA stuft diesen Ansatz als
eine forschungspragmatische Erweiterung des Leitbilds des Kritischen Rationalismus
ein. Das Bestreben liegt darin, den wissenschaftlichen Fortschritt im Kontext des Entdeckungszusammenhangs zu systematisieren und stärker in methodische Regeln zu
fassen.[39] Für eine realwissenschaftlich orientierte Forschung stellt die Ausbildung einer
gehaltvollen Vorstellung der tatsächlichen Situation in Unternehmen eine wesentliche
Grundlage im Hinblick auf das Erklärungs- und Gestaltungsziel dar.[40] In diesem Zusammenhang wird *empirische Forschung* genutzt, um *systematisches Erfahrungswissen*
zu gewinnen. Dieses soll jedoch nicht vorrangig unter Prüfungsgesichtspunkten ausgewertet werden. Vielmehr wird es als Basis zur *Konstruktion und Weiterentwicklung
von Theorien* sowie zur Verbesserung des *Verständnisses von Gestaltungssituationen*
herangezogen.[41]

---

[35] Vgl. Friedrichs (1990), S. 5off., Diekmann (2005), S. 163 sowie Bortz/Döring (2002), S. 357; nach UL-
RICH und HILL umfasst der *Entdeckungszusammenhang* im wissenschaftlichen Forschungsprozess die
Frage, unter welchen Bedingungen Forscher fruchtbare theoretische Konzeptionen auf der Basis gedanklicher Bezugsrahmen entwickeln können. Der *Begründungszusammenhang* liefert Methodiken
zur empirischen Überprüfung von gedanklichen Bezugsrahmen. Er dient der Klärung der Frage, wie
singuläre Beobachtungen überprüft und ggf. generalisiert werden können. Darüber hinaus ist noch
der *Verwertungszusammenhang* der Wissenschaft zu erwähnen, der sich dem Zweck und der Verwendung wissenschaftlicher Aussagen widmet. Er betrifft die Problematik der gesellschaftlichen Relevanz von Wissenschaft und tangiert daher auch den Bereich politischer Konsens- und Priorisie-
rungsdiskussionen, vgl. Ulrich/Hill (1979), S. 165ff.

[36] Vgl. Chmielewicz (1994), 87f. sowie ebenso Albert (1969), S. 38f., Kaplan (1964), S. 14, Spinner (1974),
S. 175 und S. 262ff.

[37] Vgl. Kubicek (1977), S. 13, Kubicek (1975), S. 38ff., Wollnik (1977), S. 42ff. sowie Grochla (1978), S.
59ff.; während die Bezeichnung *Explorationsstrategie* primär die Umsetzung deskriptiver und theoretischer Wissenschaftsziele fokussiert, bezieht sich der Begriff *Konstruktionsstrategie* vor allem auf
die Realisierung pragmatischer Wissenschaftsziele, vgl. Müller-Böling (1992), Sp. 1494f.

[38] Vgl. Frank (1998), S. 96.

[39] Vgl. Grochla (1978), S. 61 sowie Wollnik (1977), S. 43.

[40] Vgl. Frank (1997), S. 22 sowie Kirsch (1981), S. 200.

[41] Vgl. Kubicek (1977), S. 13 sowie Kubicek (1975), S. 45.

Diese Ausrichtung der empirischen Forschung wird auch als Exploration bezeichnet.

Unter einer **Exploration** ist die *„informationale Ausschöpfung von systematisch ge-*
wonnenem Erfahrungswissen zum Zweck der Theoriebildung [...] unter Zugrundelegung
eines konzeptionellen Bezugsrahmens"[42] zu verstehen. Das Ziel der Exploration liegt in
der Erforschung eines bisher wenig ergründeten Objektbereichs, für den bisher noch
keine theoretischen Erklärungsmodelle vorliegen, mit Hilfe einer flexiblen und regelmäßig reflektierten Vorgehensweise, um zu einem Erkenntnisgewinn zu kommen.[43]
Ein konzeptioneller Bezugsrahmen besitzt die Aufgabe, das Vorverständnis des Forschers zu explizieren, indem er Annahmen, Fragen und Interpretationsmuster aufzeigt.
Er illustriert die Forschungsfragestellung, die Betrachtungsgegenstände sowie deren
als relevant erscheinenden Merkmale.[44] Insgesamt nimmt die Bedeutung der explorativen Forschung zu, da sie neue Zugänge zu den untersuchten Gegenstandsbereichen
ermöglicht. Daher besitzt sie eine eigenständige Existenzberechtigung zur wissenschaftlichen Erkenntnisgewinnung und kann nicht auf die Vorbereitung repräsentati-
ver, statistischer Erhebungen reduziert werden.[45] Insbesondere zur Untersuchung
komplexer Zusammenhänge ist ein explorativer Ansatz geeignet.[46]

Wissenschaftstheoretische Einordnung

Diesem Forschungsvorhaben liegt ein realwissenschaftliches Verständnis der Betriebswirtschaftslehre und der Wirtschaftsinformatik zugrunde.[47] Den vorrangigen
Erkenntnisgegenstand der Wirtschaftsinformatik im Sinne einer anwendungsorientierten Wissenschaft bilden *„betriebliche Informations- und Kommunikationssysteme sowie*
die Rahmenbedingungen, unter denen sich deren Entwicklung, Einführung und **Nutzung**
vollziehen."[48] Weiterhin basiert diese Arbeit auf einem gestaltungsorientierten Verständnis der Wirtschaftsinformatik. Deren Erkenntnisziele sind *„Handlungsanleitun-*

---

[42] Vgl. Wollnik (1977), S. 44.
[43] Vgl. Lamnek (1995), S. 48.
[44] Vgl. Kubicek (1977), S. 16f. sowie Grochla (1978), S. 62; WOLLNIK bezeichnet einen solchen Bezugsrahmen als *„Erfassungsmodell für die Realität"*, Wollnik (1977), S. 45.
[45] Vgl. Atteslander (2003), S. 58; insbesondere werden angekündigte Hauptuntersuchungen häufig
nicht durchgeführt, vgl. Friedrichs (1990), S. 156.
[46] Vgl. Atteslander (2003), S. 68.
[47] Vgl. Schanz (1988), S. 9, Chmielewicz (1994), S. 34, WKWI (1994), S. 81 sowie Ferstl/Sinz (2008), S. 1ff.
[48] Frank (1997), S. 22 (Hervorhebung durch den Verf.); Informations- und Kommunikationssysteme
werden von der WISSENSCHAFTLICHEN KOMMISSION WIRTSCHAFTSINFORMATIK definiert als *„soziotechni-*
sche Systeme, die menschliche und maschinelle Komponenten (Teilsysteme) als Aufgabenträger umfas-
sen, die voneinander abhängig sind, ineinandergreifen und/oder zusammenwirken. Im Mittelpunkt
steht die Unterstützung bei der Erfüllung betrieblicher Aufgaben.", WKWI (1994), S. 80.

gen (normative, praktisch verwendbare Ziel-Mittel-Aussagen) zur Konstruktion und zum **Betrieb** *von Informationssystemen [...]."*[49] Mögliche Ergebnistypen einer gestaltungsorientierten Wirtschaftsinformatik sind u. a. Konzepte in Form von Rahmenwerken.[50] Unter einem Konzept wird hierbei ein umfassender gedanklicher Entwurf verstanden, der sich an einer Leitidee bzw. an bestimmten Richtgrößen in Form von Zielen orientiert und grundlegende Handlungsrahmen sowie auch die notwendigen operativen Handlungen zu einem schlüssigen Plan zusammenfasst.[51] Die Erstellung von Business-Intelligence-Dienstleistungen kann primär der Nutzungs- und Betriebsphase von Business-Intelligence-Systemen zugeordnet werden. BI-Systeme bilden dabei eine spezielle Gruppe von Informations- und Kommunikationssystemen.

Das Forschungsgebiet der Erstellung von Business-Intelligence-Leistungen ist wie bereits in Kapitel 1.2 dargelegt bis auf Teilbereiche und spezielle Problemfelder noch nicht in ausreichendem Maße untersucht und strukturiert worden. Daher ist keine geschlossene Theorie der Business-Intelligence-Leistungserstellung verfügbar, die zur Ableitung gehaltvoller Hypothesensysteme herangezogen werden kann. Die Anwendung einer *Falsifikationsstrategie* erscheint daher nicht als sinnvoll.[52] Aufgrund des derzeitigen Forschungsstandes weist die BI-Leistungserstellung aus wissenschaftlicher Sicht einen hohen Innovationsgrad auf. In einem solchen Fall empfiehlt sich als adäquater Weg für die empirische Erweiterung der Wissensbasis die Wahl eines *explorativen Forschungsansatzes.*[53] Der Arbeit soll daher eine **Explorations-** bzw. **Konstruktionsstrategie** zugrunde gelegt werden, die durch eine starke Betonung des *Entdeckungszusammenhangs* gekennzeichnet ist und die *Erkenntnisgewinnung* in den Mittelpunkt stellt.

Der Blickwinkel der *Explorationsstrategie* liegt primär in der Umsetzung eines deskriptiven und theoretischen Wissenschaftsziels. Durch die empirisch gestützte Erarbeitung eines Rahmenkonzepts der BI-Leistungserstellung soll ein inkrementeller Innovations-

---

[49] Österle et al. (2010), S. 666 (Hervorhebung durch den Verf.).
[50] Vgl. Österle et al. (2010), S. 667.
[51] Vgl. Becker (2006), S. 5.
[52] Vgl. hierzu auch Bortz/Döring (2002), S. 21f., Kromrey (2002), S. 50 sowie Meyer (1979), S. 45.
[53] Vgl. exemplarisch Friedrichs (1990), S. 121 f., Lamnek (1995), S. 27 f. und S. 48 sowie Diekmann (2002), S. 30 f.

beitrag zur Theorieentwicklung geleistet werden.[54] Die Konzeptentwicklung basiert auf einer Synopse der beiden Gegenstandsbereiche Business Intelligence und IT-Dienstleistungsmanagement. Das Rahmenkonzept ermöglicht eine strukturierte Ordnung und Gliederung des Erkenntnisgegenstandes Business-Intelligence-Leistungserstellung anhand seiner spezifischen Aufgaben.

Die Perspektive der *Konstruktionsstrategie* bezieht sich vor allem auf die Realisierung pragmatischer Wissenschaftsziele. Die innerhalb des Rahmenkonzepts systematisierten Aufgaben können als Gestaltungsmerkmale für reale Ausprägungen der BI-Leistungserstellung in der Unternehmenspraxis interpretiert werden. In dieser Hinsicht lässt sich das Rahmenkonzept einerseits als idealtypische und andererseits auf der Basis der empirisch erhobenen Daten als realtypische Orientierungshilfe für die Ausgestaltung der BI-Leistungserstellung heranziehen.[55]

Forschungsdesign

Das **Forschungsdesign** bestimmt die Auswahl- und Erhebungsmethoden empirischer Forschung.[56] Die im Rahmen der explorativ orientierten empirischen Forschung einsetzbaren Methoden sind nicht per se vorgegeben, sondern können problemangemessen gewählt werden.[57] Im Rahmen der vorliegenden Arbeit wird eine **empirisch-quantitative Exploration** im Sinne einer vergleichenden Feldstudie gewählt. Sie beruht auf der Erhebung und Analyse quantitativer Daten und erlaubt es, bislang unberücksichtigte Muster und Strukturen aufzuzeigen.[58] Eine solche quantitative Studie

---

[54] Zum Verständnis des hier verwendeten Begriffs des Rahmenkonzepts vgl. die folgenden Ausführungen von KUBICEK und KIRSCH: *„Gedankliche Bezugsrahmen [hier: im Sinne eines Rahmenkonzepts; Anm. d. Verf.] haben – vor allem dann, wenn sie empirisch präzisiert worden sind – also nicht nur eine forschungsstrategische Funktion, indem sie den Forschungsprozess steuern, sondern auch eine praktische Funktion. Diese praktische Bedeutung sieht Kirsch [...] darin, daß sie »[...] Ordnung in eine komplexe Welt des Praktikers bringen und dessen Phantasie anregen. Bezugsrahmen erleichtern es dem Praktiker, akzeptable Problemdefinitionen zu formulieren, komplexe Probleme in einfachere Teilprobleme zu zerlegen und hierfür Lösungshypothesen zu generieren. Für all diese Schritte gibt es keine Algorithmen, und die Existenz eines begrifflich-theoretischen Bezugsrahmens macht diese Prozesse keineswegs zu einer Routineangelegenheit mit Lösungsgarantie. Bezugsrahmen können aber helfen, äußerst schlecht strukturierte Entscheidungsprobleme der Praxis etwas besser zu strukturieren, ohne sie gleich zu wohl-definierten Entscheidungen zu machen.«"*, Kirsch (1971), S. 242 f., zitiert nach Kubicek (1975), S. 45.

[55] Zu Verwendungsmöglichkeiten des Rahmenkonzepts vgl. auch Kapitel 1.2 sowie Fußnote 28.

[56] Vgl. Kubicek (1975), S. 35ff., Atteslander (2003), S. 54 sowie Schnell et al. (2008), S. 211.

[57] Vgl. Lamnek (1995), S. 48.

[58] Vgl. Bortz/Döring (2002), S. 373 sowie Oldenbürger (1996), S. 71f.; neben der vergleichenden Feldstudie existieren weitere Methoden zur Durchführung empirischer Forschung wie etwa Fallstudien, Laborexperimente, Feldexperimente oder die Aktionsforschung. Vgl. hierzu im Detail bspw. Kubicek (1975), S. 57ff., Atteslander (2003), S. 77ff. oder Schnell et al. (2008), S. 224ff.

untersucht eine größere Anzahl von Erhebungseinheiten zu einem bestimmten Zeitpunkt und dient der Erfassung von Regelmäßigkeiten im Verhalten, die unternehmensübergreifend identifiziert werden können. KUBICEK betont das *explorative Potential* quantitativer Studien, das sich insbesondere in der Identifikation relevanter Rand-
bedingungen sowie in der Bildung empirisch fundierter Typologien zeigt.[59] In gleicher
Weise argumentiert WOLLNIK, der hervorhebt, dass eine explorativ orientierte Vorgehensweise keineswegs einen Verzicht auf quantitative Auswertungsmethoden bedeutet. Er stellt vielmehr in den Vordergrund, dass quantitative Auswertungsmethoden
zur systematischen Exploration größerer Datenbestände unverzichtbar sind.[60] Daher
kann eine empirisch-quantitative Exploration zur Fundierung der Ableitung und der
praktischen Relevanz des Zielkonzepts herangezogen werden.

Das Datenerhebungsverfahren der Untersuchung bildet eine voll standardisierte,
schriftliche, internetbasierte **Befragung** von Fachexperten.[61] Die Befragung stellt das
am häufigsten eingesetzte Erhebungsverfahren der empirischen Sozialforschung dar.
Die Standardisierung erleichtert eine quantitative Auswertung, da eine Vergleichbarkeit und Kategorisierung der Daten bereits durch das Instrument des Fragebogens erreicht wird.[62] Die Vorteile einer schriftlichen Befragung sind darin zu sehen, dass die
Probanden genügend Zeit haben, die Fragen zu durchdenken, und dass Einflüsse
durch Merkmale und Verhalten der Person eines Interviewers wegfallen.[63] Eine hohe
Teilnahmebereitschaft ist hierbei insbesondere von homogenen Teilpopulationen zu
erwarten, die den Umgang mit schriftlichen Texten gewohnt sind.[64] Unter einer inter-
netbasierten Befragung soll hier eine Erhebung verstanden werden, in deren Rahmen
die Probanden einen im World Wide Web bereitgestellten Fragebogen online ausfül-
len.[65] In der Forschungspraxis zeigt sich eine zunehmende Tendenz zur Anwendung

---

[59]   Vgl. Kubicek (1975), S. 61ff.
[60]   Vgl. Wollnik (1977), S. 51.
[61]   Vgl. Kromrey (2002), S. 376ff.; als weitere Erhebungsverfahren können bspw. die mündliche Befra-
       gung in Form eines Interviews, die Inhalts- und Dokumentenanalyse oder die Beobachtung ange-
       wendet werden. Zu einem detaillierten Vergleich der unterschiedlichen Erhebungsverfahren der em-
       pirischen Sozialforschung vgl. exemplarisch Kromrey (2002), S. 384ff., Friedrichs (1990), S. 189ff. so-
       wie Laatz (1993), S. 103ff.
[62]   Vgl. Laatz (1993), S. 103 sowie S. 106.
[63]   Vgl. Diekmann (2005), S. 439.
[64]   Vgl. Bortz/Döring (2002), S. 257.
[65]   Weitere Varianten internetbasierter Erhebungen sind bspw. der Fragebogenversand per E-Mail, On-
       line-Interviews, Experimente im World Wide Web, Server-Log-Analysen oder Beobachtungen in
       Diskussionsforen und virtuellen Welten, vgl. Couper (2005), S. 487ff. sowie Batinic/Bosnjak (2000), S.
       288ff.

dieser Form der Befragung.[66] ATTESLANDER konstatiert, dass es sich hierbei nicht um ein vollständig neues Erhebungsverfahren, sondern lediglich um eine neue Technik handelt, um den Fragebogen zum Probanden und unmittelbar zurück zu transportieren.[67] Grundsätzlich kann davon ausgegangen werden, dass internetbasierte Studien, die sich wie im vorliegenden Fall auf homogene Zielgruppen beziehen, zu den gleichen Resultaten kommen wie postalische Erhebungen.[68] Im Rahmen der Untersuchung werden Business-Intelligence-Experten befragt. MEUSER und NAGEL folgend wird in diesem Zusammenhang als Experte eingestuft, *„wer in irgendeiner Weise Verantwortung trägt für den Entwurf, die Implementierung oder die Kontrolle einer Problemlösung oder wer über einen privilegierten Zugang zu Informationen über Personengruppen oder Entscheidungsprozesse verfügt."*[69] Zur Auswertung der erhobenen Daten werden univariate, bivariate und multivariate statistische Methoden eingesetzt.[70] Die Ergebnisse der Analyse fließen in die Erstellung des Rahmenkonzepts ein.

1.4   Aufbau der Arbeit

Die Arbeit ist in insgesamt fünf Teile gegliedert. Die Abb. 1-1 zeigt den Gang der Untersuchung. Die Einteilung der Hauptkapitel orientiert sich an den in Kapitel 1.2 formulierten Teilzielen.

Ausgehend von der in Kapitel 1 dargelegten wissenschaftstheoretischen und forschungslogischen Einordnung werden in Kapitel 2 die konzeptionellen Grundlagen der beiden Themengebiete Business Intelligence und IT-Dienstleistungsmanagement herausgearbeitet. Dies dient der Schaffung eines einheitlichen Terminologieverständnis-

---

[66] Vgl. Batinic/Bosnjak (2000), S. 292, Bortz/Döring (2002), S. 260f. sowie Hauptmanns (1999), S. 21; als wesentliche Merkmale internetbasierter Befragungen sind u. a. die Zeitunabhängigkeit des Ausfüllens von Fragebögen, die Unabhängigkeit vom Ort der Untersuchungsteilnehmer, der hohe Automatisierungsgrad der Durchführung und der Datenübernahme, die einfache Dokumentierbarkeit des Ablaufs, die Flexibilität durch die Integration verschiedener Darstellungsformen, die gesteigerte Objektivität durch die Unabhängigkeit von einem Interviewer, die stark reduzierte Gefahr von Eingabefehlern durch Medienbrüche sowie eine ökonomische Realisierbarkeit zu nennen, vgl. Batinic/Bosnjak (2000), S. 31f.; zu einer ausführlichen Analyse der Vor- und Nachteile internetbasierter Erhebungen vgl. bspw. Bandilla/Bosnjak (2000), Couper (2001), Dillman/Bowker (2001), Fricker et al. (2005), Faught et al. (2004), AAPOR (2006), S. 28ff. sowie Schonlau et al. (2002).

[67] Vgl. Atteslander (2003), S. 186.

[68] Vgl. Bandilla et al. (2003), S. 235ff., Denscombe (2006), S. 246ff., Porter/Whitcomb (2007), S.635ff. sowie Kaplowitz et al. (2004), S. 100.

[69] Meuser/Nagel (2002), S. 73.

[70] Zu einer Darstellung der unterschiedlichen statischen Auswertungsmethoden vgl. exemplarisch Bortz/Döring (2006), S. 725, S. 735 sowie S. 743.

ses als Basis der empirischen Untersuchung sowie der Entwicklung des Rahmenkonzepts.

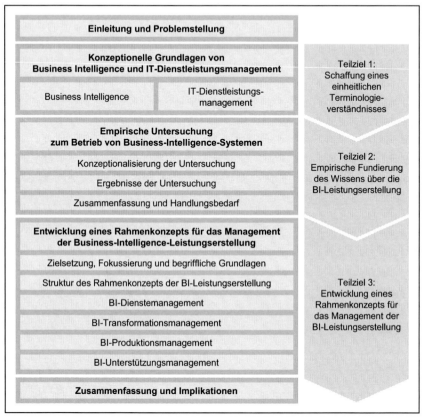

Einleitung und Problemstellung

Konzeptionelle Grundlagen von Business Intelligence und IT-Dienstleistungsmanagement

Business Intelligence

IT-Dienstleistungs-management

Teilziel 1: Schaffung eines einheitlichen Terminologie-verständnisses

Empirische Untersuchung zum Betrieb von Business-Intelligence-Systemen

Konzeptionalisierung der Untersuchung

Ergebnisse der Untersuchung

Zusammenfassung und Handlungsbedarf

Teilziel 2: Empirische Fundierung des Wissens über die BI-Leistungserstellung

Entwicklung eines Rahmenkonzepts für das Management der Business-Intelligence-Leistungserstellung

Zielsetzung, Fokussierung und begriffliche Grundlagen

Struktur des Rahmenkonzepts der BI-Leistungserstellung

BI-Dienstemanagement

BI-Transformationsmanagement

BI-Produktionsmanagement

BI-Unterstützungsmanagement

Teilziel 3: Entwicklung eines Rahmenkonzepts für das Management der BI-Leistungserstellung

Zusammenfassung und Implikationen

Abb. 1-1:   Gang der Arbeit

In Kapitel 3 erfolgt die Konzeptionalisierung und Durchführung der explorativen Untersuchung zur Fundierung des empirischen Wissens über die BI-Leistungserstellung. Die Zielsetzung, der konzeptionelle Bezugsrahmen als Erhebungsraster sowie die Durchführung der Untersuchung werden erläutert. Im Anschluss erfolgt die Analyse und Diskussion der gewonnen Erkenntnisse sowie die Ableitung der Handlungsbedarfe für die Ausgestaltung der BI-Leistungserstellung.

Aufbauend auf den Handlungsfeldern Business Intelligence und IT-Dienstleistungsmanagement sowie den empirischen Erkenntnissen wird in Kapitel 4 ein integrativer

Vorschlag eines Rahmenkonzepts für das Management der Business-Intelligence-Leistungserstellung entwickelt und ausführlich erläutert. Das Konzept dient zur systematischen Strukturierung wesentlicher Aufgaben der BI-Leistungserstellung und basiert auf der Idee des serviceorientierten IT-Managements. Zu Beginn des Kapitels werden die Zielsetzung, die Fokussierung, die begrifflichen Grundlagen sowie die Gesamtstruktur des Rahmenkonzepts aufgezeigt. Die weitere Untergliederung des Kapitels orientiert sich an den Hauptaufgabenfeldern des IT-Dienstleistungsmanagements. Es werden die Aufgabenblöcke des BI-Dienstemanagements, des BI-Transformationsmanagements, des BI-Produktionsmanagements sowie des BI-Unterstützungsmanagements detailliert erörtert.

In dem abschließenden Kapitel 5 werden die gewonnenen Erkenntnisse zusammengefasst und einer kritischen Betrachtung unterzogen. Darüber hinaus werden Implikationen für die weitere Forschung aufgezeigt.

2. Konzeptionelle Grundlagen von Business Intelligence und IT-Dienstleistungsmanagement

Den Ausgangspunkt der Erkundung eines einzelnen neuen Bereichs einer Wissenschaft bildet nach FRIEDRICHS die Zerlegung dieses Realitätsausschnitts in seine Elemente, um die verschiedenen Objekte und Merkmale begrifflich zu bezeichnen.[71] In diesem Sinne besteht das Ziel dieses Kapitels darin, ein einheitliches Terminologieverständnis der Themenbereiche Business Intelligence und IT-Dienstleistungsmanagement herauszuarbeiten, um damit die Basis der empirischen Untersuchung sowie der Entwicklung des Rahmenkonzepts zu schaffen.

2.1 Business Intelligence

2.1.1 Begriffsabgrenzung

2.1.1.1 Entstehung

Informations- und Kommunikationssysteme zur IT-basierten Managementunterstützung wurden in den 1980er Jahren unter dem Oberbegriff *Management Support Systems (MSS)* subsumiert.[72] Scott Morton war einer der Initiatoren dieses Denkansatzes, den er als „*the use of computers and related information technologies to support managers*"[73] umschrieb. Diese Definition verdeutlicht, dass die Unterstützung von Entscheidungsträgern in Unternehmen über die Bereitstellung isolierter Einzelplatzrechner hinausgeht und die Integration unterschiedlicher Informations- und Kommunikationstechnologien erfordert.[74]

In der Wissenschaft kommt der Terminus Management Support Systems noch zur Anwendung.[75] Der neuere Ausdruck **Business Intelligence (BI)** hat sich ausgehend von der Unternehmenspraxis entwickelt und konnte sich dort inzwischen auch fest etablieren. Eine der ersten Abgrenzungen des Begriffs in dieser Zeit wurde 1996 von

---

[71] Vgl. Friedrichs (1990), S. 73.
[72] Vgl. Chamoni/Gluchowski (2006), S. 6ff.
[73] Scott Morton (1983), S. 5.
[74] Die weiteren Ausführungen zu den Business-Intelligence-Grundlagen sind angelehnt an Kemper et al. (2006).
[75] Vgl. exemplarisch Gluchowski et al. (2008), S. 15ff. sowie Ehrenberg/Heine (1998), S. 503ff.

der Gartner Group veröffentlicht.[76] In dieser frühen Einordnung steht der Begriff Business Intelligence als weit gefasste Sammelbezeichnung für diverse Werkzeuge und Anwendungen mit entscheidungsunterstützendem Charakter.[77] Anfänglich reagierte die Wissenschaft zurückhaltend auf den neuen Begriff. MERTENS beispielsweise identifizierte auf der Basis einer Literatur- und Prospektrecherche allein sieben unterschiedliche Abgrenzungen des Begriffs und folgerte, Business Intelligence sei ein neuerer Begriff mit stark modischen Elementen.[78]

Trotz dieser Kritik entwickelte sich eine intensive wissenschaftliche Diskussion des Forschungsgegenstandes Business Intelligence. Eine der ersten deutschsprachigen Herausgeberschaften dieses Themas bildete der Sammelband von HILDEBRAND. Er vereinte verschiedene Autoren, die Abgrenzungen entwarfen und in der Unternehmenspraxis genutzte BI-Anwendungen erläuterten und diskutierten.[79] In dieser Zeit fanden auch erste herstellerunabhängige, wissenschaftliche Fachtagungen zum Themenkomplex Business Intelligence statt.[80]

In den verfügbaren Definitionen wird der Begriff Business Intelligence typischerweise auf der Basis der zum Einsatz kommenden Systeme konkretisiert. CHAMONI und GLUCHOWSKI beispielsweise definieren Business Intelligence als einen Terminus, der sich zur Kennzeichnung von Systemen durchgesetzt hat, *„die auf der Basis interner Leistungs- und Abrechnungsdaten sowie externer Marktdaten in der Lage sind, das Management in seiner planenden, steuernden und koordinierenden Tätigkeit zu unterstützen."*[81]

Zur besseren Strukturieren und Einordnung heterogener Sichtweisen auf den Themenbereich Business Intelligence schlägt GLUCHOWSKI einen zweidimensionalen Ordnungsrahmen vor (vgl. Abb. 2-1). Die vertikale Achse beinhaltet die Phasen des analytischen Verarbeitungsprozesses von der Datenbereitstellung bis zur Datenauswertung. Auf der horizontalen Achse wird das Kontinuum von einem technik- bis zu einem anwendungsorientierten Betrachtungsschwerpunkt veranschaulicht. Anhand der Einord-

---

[76] Vgl. Anandarajan et al. (2004), S. 18f.; erstmals verwendet wurde der Begriff Business Intelligence bereits im Jahr 1958 von dem deutschen Computerwissenschaftler Hans-Peter Luhn in der Zeitschrift *IBM Journal*. Sowohl der Begriff als auch die damit bezeichneten IT-Ansätze konnten sich jedoch erst in den 1990er Jahren durchsetzen, vgl. Becker et al. (2011), S. 223f. sowie Hilbert/Schönbrunn (2008), S. 162.

[77] Vgl. Chamoni/Gluchowski (2004), S. 119f.

[78] Vgl. Mertens (2002), S. 2-4.

[79] Vgl. Hildebrand (Hrsg., 2001).

[80] Vgl. bspw. Kemper/Mayer (Hrsg., 2002).

[81] Chamoni/Gluchowski (2004), S. 119.

nung von BI-Anwendungsklassen können drei Typen von Definitionsansätzen unterschieden werden:[82]

- Ein **enges BI-Verständnis** konzentriert sich auf wenige BI-Kernapplikationen, die eine direkte Entscheidungsunterstützung bieten. Hierzu gehören Ansätze des Online Analytical Processing (OLAP), Management Information Systems (MIS) sowie Executive Information Systems (EIS).[83]

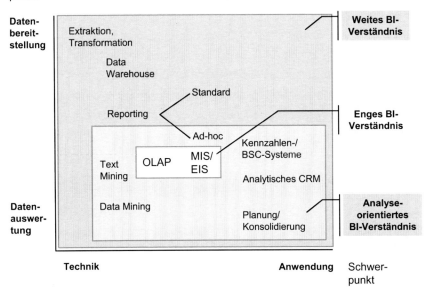

Abb. 2-1:   Business-Intelligence-Perspektiven[84]

- Ein **analyseorientiertes BI-Verständnis** beinhaltet eine breitere Menge von Applikationen, die dem Entscheider oder einem Entscheidungsvorbereiter einen unmittelbaren Systemzugriff über eine interaktive Benutzungsoberfläche bieten. Neben den bereits genannten OLAP- und MIS/EIS-Umgebungen können hierzu auch Text-Mining- und Data-Mining-Systeme, Ad-hoc-Reporting- und Balanced-Score-

---

[82]   Vgl. im Folgenden Gluchowski (2001), S. 5ff.
[83]   Zu einer vertiefenden Darstellung von Management Information Systems und Executive Information Systems vgl. exemplarisch Gabriel et al. (2009), S. 20ff. sowie S. 28ff.
[84]   Quelle: Gluchowski (2001), S. 7, Kemper et al. (2006), S. 4 sowie Kemper et al. (2010), S. 4.

card-Anwendungen sowie analytische Customer-Relationship-Management- und Planungs- bzw. Konsolidierungs-Applikationen gezählt werden.[85]

- Ein **weites BI-Verständnis** umfasst die Gesamtheit aller sowohl direkt als auch indirekt für die Unterstützung von Managemententscheidungen verwendeten Applikationen. Dieses deckt sowohl die Phase der Datenauswertung und -präsentation als auch die vorgelagerten Phasen der Datenaufbereitung und -speicherung ab.[86]

Die unterschiedlichen Definitionen des Betrachtungsgegenstandes Business Intelligence wurden in der Literatur mitunter kritisiert, da sie nicht alle als trennscharf wahrgenommen wurden bzw. detailliertere Abgrenzungen zu existierenden Ansätzen gefordert worden sind.[87]

Daraus kann abgeleitet werden, dass Business Intelligence innovative Ansätze bieten muss, die sich qualitativ von den klassischen Systemen unterscheiden, um als selbständiges Konzept der Entscheidungsunterstützung eingestuft zu werden. Die Forschungsaktivitäten im Bereich Business Intelligence werden damit begründet, dass Unternehmen in einem Umfeld, das durch einen permanent zunehmenden Wettbewerb und eine steigende Internationalisierung geprägt wird, sich ständig wandelnden Rahmenbedingungen stellen müssen.[88]

Als bedeutende Kontextfaktoren gelten in diesem Zusammenhang die Themenbereiche Globalisierung, die Ansprüche der Stakeholder und die Integration des E-Business.[89] Bereits in den 1980er Jahren zeichneten sich Veränderungen der weltweiten Wettbewerbsbedingungen ab. Diese als **Globalisierung** bezeichneten Umbrüche infolge einer Öffnung der Märkte für Kapital, Güter, Dienstleistungen und Informationen setzen sich mit einer steigenden Dynamik und Tragweite fort. Während die Globalisierung anfangs als Handlungsoption für einzelne Unternehmen zur Erschließung neuer Märkte und zur Erzeugung von zusätzlichem Wachstum angesehen werden konnte, sind heute fast alle Branchen damit konfrontiert. Die Intensivierung globaler Handels- und Wirtschaftsbeziehungen durch die Welthandelsorganisation (WTO) und

---

[85] Zu einer Einordnung dieser genannten BI-Systeme vgl. Kapitel 2.1.4.1.

[86] Vgl. Gluchowski et al. (2008), S. 90ff.

[87] Zur Kritik am Begriff Business Intelligence vgl. exemplarisch Gómez et al. (2009), S. 9f., Chamoni/Gluchowski (2006), S. 11 sowie Gluchowski (2001), S. 6.; CHAMONI und GLUCHOWSKI bspw. schlagen vor, den Begriff „Analytische Informationssysteme" als logisches Komplement zu den operativen Informationssystemen zu verwenden, vgl. Chamoni/Gluchowski (2006), S. 11.

[88] Vgl. exemplarisch Chamoni/Gluchowski (2006), S. 4, Dinter/Bucher (2006), S. 24 sowie Totok (2006), S. 53.

[89] Vgl. Zywietz (2010), S. 16ff., Kollmann (2011), S. 1ff. sowie Friedman/Miles (2006), S. 149ff.

den Internationalen Währungsfonds (IWF), die Etablierung von Freihandelsabkommen und Staatenverbünden wie der erweiterten Europäischen Union stellen heute selbst kleine und mittelständische Unternehmen vor komplexe Entscheidungssituationen, die eine umfangreiche und belastbare Datengrundlage erfordern.[90] Mit dem Begriff **Stakeholder** werden Anspruchsgruppen bezeichnet, die ein berechtigtes Interesse am Unternehmensgeschehen haben und sowohl einen direkten als auch einen indirekten Einfluss auf die Unternehmensführung ausüben können.[91] Das Inkrafttreten neuer gesetzlicher Rahmenbedingungen und die Implementierung verbindlicher Verhaltenskodizes etwa im Kontext der Marktregulierung oder im Bereich des Risikomanagements stärken die Einflussnahme von Investoren, behördlichen Institutionen oder gesellschaftlichen Gruppen, deren Ansprüchen nur mit einer geeigneten Informationsversorgung entsprochen werden kann.[92] Eine zunehmende Bedeutung in der Unternehmensrealität gewinnt das **E-Business** im Sinne einer Anbahnung, Unterstützung, Abwicklung und Aufrechterhaltung von Prozessen zum Zwecke des Leistungsaustauschs auf der Basis von elektronischen Netzen.[93] Internet-Technologien haben in Form von TCP/IP-basierten Netzwerken und webbasierten Anwendungssystemen Einzug in den Unternehmen gehalten. In den Ausprägungsformen als offenes Internet, unternehmensinternes Intranet und benutzergruppen-orientiertes Extranet haben sie zu gravierenden prozessualen Veränderungen innerhalb des Unternehmens sowie zu erheblichen Neuausrichtungen der Lieferanten- und Kundenbeziehungen geführt, die einen Bedarf für eine weit reichende Zusammenführung bislang getrennter Informationen nach sich ziehen.[94]

2.1.1.2 Integrierter Business-Intelligence-Gesamtansatz

Die dargestellten Kontextfaktoren verdeutlichen, dass IT-basierte Ansätze der Managementunterstützung eine dauerhafte Erweiterung der Datenbasis, erhebliche Veränderungen des Wettbewerbsumfelds sowie steigende Anforderungen hinschtlich fundierter und transparenter Entscheidungen berücksichtigen müssen, um der Unter-

---

[90] Vgl. exemplarisch Michie (Hrsg., 2011), Stiglitz (2010), Zywietz et al. (2010), Lechner (2009), Brock (2008), Rehbein/Schwengel (2008), Stiglitz (2007) sowie Badura et al. (Hrsg., 2005).

[91] Vgl. Kißler (2006), S. 545ff., Becker/Fallgatter (2011), S. 20ff. sowie Friedman/Miles (2006), S. 3ff.

[92] Vgl. exemplarisch Crew/Parker (Hrsg., 2008), Decker (2010), Baldwin et al. (Hrsg., 2010), Lehr/Pupillo (Hrsg., 2009), Knieps/Weiß (Hrsg., 2009), Hull (2011), Wolke (2008), Schmitz/Wehrheim (2009), Wolf/Runzheimer (2009) sowie Seibold (2006).

[93] Vgl. Krcmar (2010), S. 602.

[94] Vgl. exemplarisch Kollmann (2011), Reynolds (2010), Xu/Quaddus (Hrsg., 2010), Hansen/Neumann (2009), S. 769ff., Nelson et al. (Hrsg., 2009), Maaß (2008), Meier et al. (2008) sowie Li (2007).

nehmenssteuerung erfolgreich Rückhalt bieten zu können. Klassische isolierte Managementunterstützungssysteme, die nur Einzelaspekte abdecken und auf einer separaten Datenhaltung basieren, erfüllen diese Anforderungen häufig nicht mehr.[95] Es ergibt sich somit ein Bedarf, integrierte Lösungsansätze zur Verfügung zu stellen. Eine solche fundamentale Veränderung im Kontext der IT-basierten Managementunterstützung lässt auch eine Neubezeichnung des wissenschaftlichen Forschungsgegenstandes mit dem Begriff *Business Intelligence* als zweckmäßig erscheinen. BI wird in diesem Sinne als ein Konzept angesehen, das organisationsspezifisch zu implementieren ist.

Der Begriffsinhalt des englischen Ausdrucks *Intelligence* weicht in diesem Zusammenhang von der Bedeutung des deutschen Begriffs der Intelligenz ab. BI fokussiert vielmehr auf *Informationen*, die generiert, gespeichert, recherchiert, analysiert, interpretiert und verteilt werden, um die Entscheidungsqualität in Unternehmen zu verbessern.[96]

Business Intelligence wird in der vorliegenden Arbeit der Definition von KEMPER ET AL. folgend als ein integrierter, unternehmensspezifischer und IT-basierter Gesamtansatz zur betrieblichen Entscheidungsunterstützung verstanden. Auf dem Softwaremarkt erhältliche BI-Werkzeuge dienen nach diesem Verständnis im Unterschied zu kommerziell orientierten BI-Definitionen ausschließlich zur Unterstützung der Entwicklung von speziellen BI-Applikationen. Softwarewerkzeuge für die Realisierung bspw. von Data Warehouses, OLAP-Anwendungen oder Portalen sind somit durch einen mittelbaren Charakter gekennzeichnet. Ein unternehmensspezifischer BI-Ansatz wird durch die Gesamtheit aller BI-Anwendungssysteme der Organisation repräsentiert. Beispielsweise stellen auf Data Marts basierende Controllinganwendungen oder CRM-Applikationen nur Teilbereiche des BI-Gesamtansatzes einer Organisation dar.[97]

---

[95] Vgl. Dinter/Bucher (2006), S. 25, Gluchowski (2006), S. 224 sowie Hippner (2006), S. 362. CHAMONI und GLUCHOWSKI benennen als häufig auftretende Mängel von isolierten Einzelsystemen der Managementunterstützung beispielhaft eine fehlende Interaktivität, eine übermäßige Starrheit und eine Informationsüberflutung einerseits sowie eine mangelnde Datenanbindung und eine unzureichende Integrationsfähigkeit in existierende technische und organisatorische Infrastrukturen andererseits, vgl. Chamoni/Gluchowski (2006), S. 10.

[96] Vgl. Becker et al. (2011), S. 223f. sowie Hilbert/Schönbrunn (2008), S. 162.

[97] Vgl. Kemper et al. (2006), S. 8 sowie Kemper et al. (2010), S. 8f.; zu einer ausführlichen Darstellung erwerbbarer BI-Werkzeuge vgl. bspw. Bange (2006a), S. 63ff. sowie Bange (2006b), 89ff.

2.1.2   Business-Intelligence-Ordnungsrahmen

Business Intelligence im Sinne eines integrierten, IT-basierten Gesamtansatzes wird entsprechend der oben dargelegten Definition unternehmensspezifisch erarbeitet und näher bestimmt. Den Ausgangspunkt der individuellen Konkretisierung bildet ein generisches Konzept in Form eines Analyse- und Gestaltungsrahmens, der im Folgenden als BI-Ordnungsrahmen bzw. als BI-Framework bezeichnet werden soll. Die Abb. 2-2 veranschaulicht die Struktur des von KEMPER ET AL. vorgeschlagenen dreischichtigen BI-Ordnungsrahmens.[98]

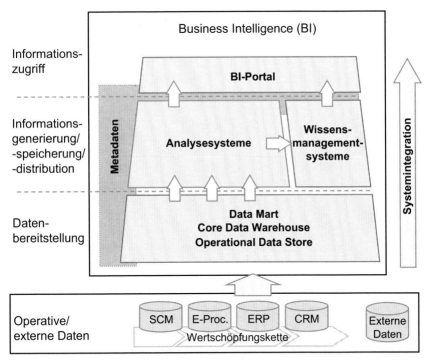

Abb. 2-2:   Business-Intelligence-Ordnungsrahmen[99]

---

[98] Nach MEISE dient ein Ordnungsrahmen zur Gliederung relevanter Elemente eines Realitätsausschnitts und ihrer Beziehungen nach einer gewählten Strukturierungsweise. Er zielt darauf ab, einen Überblick über das Betrachtungsobjekt zu liefern. Weiterhin unterstützt er die Einordnung von Teilelementen und Beziehungen untergeordneter Detaillierungsebenen, vgl. Meise (2001), S. 62.

[99] Quelle: in Anlehnung an Kemper et al. (2006), S. 10, Kemper et al. (2010), S. 11 sowie Kemper/Unger (2002), S. 665f.

Der Ordnungsrahmen integriert als Schichtenmodell die drei Ebenen der Datenbereitstellung, der Informationsgenerierung, -speicherung und -distribution sowie des Informationszugriffs. Ein gemeinsames Metadaten-Management dient der Verbindung
der Ebenen. Die Aufgliederung der Schichten zielt auf die logische Perspektive der erforderlichen Teilschritte im BI-Datenbearbeitungsprozess von den Quellsystemen bis
zum Endbenutzer und ist nicht zwangsläufig deckungsgleich mit am Markt verfügbaren BI-Softwarewerkzeugen. Diese umfassen nicht selten proprietäre, performanceop-
timierte Datenhaltungskomponenten, integrierte Analysefunktionen und endbenut-
zerorientierte grafische Oberflächen. Solche BI-Tools vereinen somit Elemente aller
drei Ebenen des Ordnungsrahmens physisch in einem einzigen Produkt. In der logischen Perspektive sind die einzelnen Funktionen jedoch den unterschiedlichen konzeptionellen Schichten des Ordnungsrahmens zuzurechnen.

Datenbereitstellung

Die Auslieferung von nutzbringenden BI-Applikationen an die Anwender basiert wesentlich auf der Verfügbarkeit von konsistenten und stimmigen Daten. Diese werden
gewöhnlich mit Hilfe von Data Warehouses bereitgestellt, die wiederum aus Core Data
Warehouses und Data Marts aufgebaut sind. Data Warehouses (DWH) werden definiert als themenbezogene und integrierte Datenhaltungen, die das aus Anwendersicht
erforderliche Datenmaterial sowohl feingranular als auch bereits teilweise aggregiert
dauerhaft aufbewahren.[100] Im Zusammenhang mit der Weiterentwicklung des E-
Business haben sich die Anwendungshintergründe und die Datenvolumina von Data-
Warehouse-Systemen im Vergleich zu der Frühphase in den 1990er Jahre erheblich
ausgeweitet. Kundenzentrierte Data Warehouses beispielsweise können bereits Datenvolumina im Tera- und Petabyte-Bereich aufweisen.[101] Ihre Aufgabe besteht darin, die
Daten der Endkunden über deren Lebenszyklus auf einem sehr detaillierten Niveau
und für unterschiedliche Vertriebs- und Kontaktkanäle zusammengefasst zu speichern. Oftmals werden auch sog. Operational Data Stores zwischen den operativen
Systemen und einem analytisch orientierten DWH hinzugefügt, um spezielle Auswer-

---

[100] Vgl. Gabriel et al. (2009), S. 47f., Mucksch (2006), S. 132ff. sowie Petschulat (2010), S. 56f.
[101] Einzelne Data-Warehouse-Implementierungen umfassen bereits ein Datenvolumen von mehr als
       einem Petabyte. Dazu gehören etwa die Systeme der Unternehmen eBay Inc., Wal-Mart Stores Inc.,
       Bank of America oder Dell Inc., vgl. Lai (2009), S. 8ff. sowie Lai (2008).

tungen aktueller transaktionsorientierter Daten aus verschiedenen Quellsystemen zu ermöglichen.[102]

Informationsgenerierung, -speicherung und -distribution

In der mittleren Schicht des Ordnungsrahmens sind Analysesysteme angesiedelt, die der Generierung von Informationen dienen. Sie können u. a. anhand ihrer Anwendungsorientierung, der Nutzungshäufigkeit sowie der notwendigen IT-Kompetenz der Endbenutzer differenziert werden.[103] Um das mit Hilfe der BI-Analysesysteme geschaffene kodifizierbare Wissen digital speichern und an weitere Benutzer zur Entscheidungsfundierung distribuieren zu können, ist eine Schnittstelle zwischen den Themenkomplexen Business Intelligence und Wissensmanagement enthalten.[104]

Portale

Mit Hilfe eines BI-Portals kann den Endbenutzern über ein Intranet ein zentraler Zugang zu den BI-Analysesystemen einer Organisation bereit gestellt werden. Relevante Informationen und Funktionalitäten, die zur Entscheidungsunterstützung verwendet werden, sind integriert über einen Zugriffspunkt abrufbar. Ein einmaliger Anmeldevorgang (Single Sign-On) ermöglicht die Authentifizierung der Benutzer gegenüber allen im Portal vereinten BI-Systemen. Hierdurch können die Mitarbeiter von den im Hintergrund verfügbaren BI-Systemen abstrahieren und sich auf die Informationsinhalte konzentrieren. Durch einen rollenbasierten Zugriff erhalten vordefinierte Personengruppen wie etwa Mitarbeiter aus den Bereichen Einkauf, Produktion, Finanzen oder Vertrieb spezifisch gebündelte Informationsleistungen. Eine Personalisierung ermöglicht darüber hinaus eine Anpassung der Zusammenstellung der Inhalte auf die individuellen Bedarfe einzelner Benutzer.[105]

2.1.3 Datenbereitstellung

Das wesentliche Fundament für die Informationsversorgung von Endbenutzern mit BI-Applikationen bildet die Bereitstellung von konsistenten und betriebswirtschaftlich

---

[102] Vgl. Inmon et al. (2000), S. 218f., Mucksch (2006), S. 136 sowie Kemper/Lee (2003), S. 231ff.

[103] Vgl. Gluchowski/Chamoni (2006), S. 144ff., Hahne (2006), S. 178, Gluchowski (2006), S. 208ff., Düsing (2006), S. 242ff., Beekmann/Chamoni (2006), S. 264ff. sowie Felden (2006), S. 284ff.

[104] Vgl. Baars (2006), S. 410ff., Gronau et al. (2004), S. 1ff., Priebe et al. (2003), S. 277ff. sowie Becker, Knackstedt et al. (2002), S. 241ff.

[105] Vgl. Krcmar (2010), S. 658f., Schulze/Dittmar (2006), S. 81, Bange (2006), S. 101, Schelp (2006), S. 437, Gluchowski (2006), S. 224, Totok (2006), S. 66, Oehler (2006), S. 347 sowie Baars (2006), S. 410.

aufbereiteten Daten mit Hilfe von Data Warehouses. Im folgenden Kapitel werden die grundlegenden Ideen des Data-Warehouse-Ansatzes erörtert.

2.1.3.1   Data-Warehouse-Konzept

In den 1990er Jahren setzte sich die Erkenntnis durch, dass Informationssysteme zur Unterstützung von Managemententscheidungen grundsätzliche Unterschiede zu transaktionsorientierten IT-Lösungen aufweisen. In der Folge wurde unter dem Begriff Data Warehouse ein konzeptioneller Ansatz entwickelt, der eine integrierende Schicht zwischen entscheidungsunterstützenden Informationssystemen und den oftmals heterogenen Systemen zur Bearbeitung von geschäftlichen Transaktionen bildet.[106]

	Operative bzw. transaktionale IT-Systeme	Dispositive bzw. entscheidungsunterstützende IT-Systeme
Anfragen		
Fokus	Lesen, Schreiben, Modifizieren, Löschen	Lesen, periodisches Hinzufügen
Transaktionsdauer u. -typ	Kurze Lese-/Schreibtransaktionen	Lange Lesetransaktionen
Anfragestruktur	Einfach strukturiert	Komplex
Datenvolumen einer Anfrage	Wenige Datensätze	Viele Datensätze
Datenmodell	Anfrageflexibles Datenmodell	Analysebezogenes Datenmodell
Daten		
Datenquellen	Meist eine	Mehrere
Eigenschaften	Nicht abgeleitet, zeitaktuell, autonom, dynamisch	Abgeleitet, konsolidiert, historisiert, integriert stabil
Datenvolumen	Megabyte – Gigabyte	Gigabyte – Petabyte
Zugriffe	Einzeltupelzugriff	Bereichsanfragen
Anwender		
Anwendertyp	Ein-/Ausgabe durch Sachbearbeiter	Auswertungen durch Manager, Controller, Analysten
Anwenderzahl	Sehr viele	Weniger als bei operativen IT-Systemen (bis einige Hundert)
Antwortzeit	Millisekunden – Sekunden	Sekunden – Minuten

Tab. 2-1:   Charakteristika von operativen und dispositiven IT-Systemen[107]

Informationssysteme können demgemäß anhand ihrer Anwendungsbereiche in operative bzw. transaktionale sowie in dispositive bzw. entscheidungsunterstützende Sys-

---

[106] Vgl. Mertens/Meier (2009), S. 30.
[107] Quelle: in Anlehnung an Bauer/Günzel (2009), S. 10f.

teme differenziert werden. Die Bezeichnung der dispositiven Systeme kann in diesem Zusammenhang auf die Definition der dispositiven Arbeitsleistung im Sinne einer Lenkungsaufgabe nach ERICH GUTENBERG zurückgeführt werden.[108] Operative Systeme werden häufig auch als *Online-Transaction-Processing-Systeme (OLTP-Systeme)* bezeichnet. Hierzu gehören Administrations-, Dispositions- und Abrechnungssysteme. Deren gewöhnlich große Zahl von Benutzern greift im Teilhaberbetrieb auf dieselben Systeme und Datenbanken zu.[109] Dispositive und operative Systeme unterscheiden sich deutlich hinsichtlich der Anfragen, Daten und Anwender. Die Tab. 2-1 zeigt die Charakteristika dieser beiden Arten von IT-Systemen auf.

Frühe Entwicklungsansätze für dispositive Systeme bis zum Anfang der 1990er Jahre konnten die in sie gesetzten Erwartungen oftmals nicht erfüllen. Die mit einem großen Aufwand erstellten Systeme waren nicht flexibel genug, um regelmäßig veränderliche Anforderungen der Anwender abdecken zu können. Es wurden proprietäre Datenhaltungskomponenten aufgebaut, die den bestehenden Informationsbedarf gewöhnlich nur zu einem kleinen Teil erfüllen konnten. Modifikationen waren sehr aufwändig, da die Datenstrukturen statisch konzipiert und implementiert worden waren.[110]

Begriff Data Warehouse

Das Data-Warehouse-Konzept zielt darauf ab, diese Lücke zu schließen, indem eine unternehmensweit einheitliche, von den operativen Systemen getrennte, dispositive Datenbasis aufgebaut und für alle IT-Lösungen zur Managementunterstützung bereitgestellt wird.[111] Die Entscheidungsträger in einer Organisation sollen hierdurch einen einheitlichen Zugang zu den für sie relevanten Daten unabhängig von deren Speicherform und Speicherort in den operativen Systemen erhalten. Die entscheidungsrelevanten Daten werden in der Regel aus den operativen Quellsystemen extrahiert, in eine

---

[108] Eine dispositive Arbeitsleistung wird von ERICH GUTENBERG wie folgt definiert: *„Unter objektbezogenen Arbeitsleistungen werden alle diejenigen Tätigkeiten verstanden, die unmittelbar mit der Leistungserstellung, der Leistungsverwertung und mit finanziellen Aufgaben in Zusammenhang stehen, ohne dispositiv-anordnender Natur zu sein. [...] Dispositive Arbeitsleistungen liegen dagegen vor, wenn es sich um Arbeiten handelt, die mit der Leitung und Lenkung der betrieblichen Vorgänge in Zusammenhang stehen.",* Gutenberg (1983), S. 3.

[109] Vgl. Malinowski/Zimányi (2009), S. 40f., Stahlknecht/Hasenkamp (2005), S. 71, Mertens (2009), S. 214 sowie Mertens/Meier (2009), S. 125 sowie S. 153.

[110] Vgl. Chamoni/Gluchowski (2006), S. 8f.; zu einer detaillierten Analyse der Nachteile klassischer Managementunterstützungssysteme vgl. exemplarisch Chamoni/Gluchowski (2006), S. 6ff., Gluchowski et al. (2008), S. 55ff. sowie Holthuis (2001), S. 36ff.

[111] Vgl. Gluchowski et al. (2008), 117f., Bange et al. (2009), S. 14ff., Holthuis (2001), S. 71ff., Herden et al. (2009), S. 53ff., Mucksch (2006), S. 132ff., Inmon (2002), S. 31ff., Mucksch/Behme (2000), S. 6 sowie Gabriel et. al. (2000), S. 76.

zur Abdeckung der Anforderungen der Endbenutzer geeignete Form überführt und in einem von den operativen Quellsystemen entkoppelten Data-Warehouse-System (DWH) abgelegt.[112] Unter einem Data-Warehouse-Konzept kann der gedankliche Entwurf einer unternehmensspezifischen Umsetzung einer einheitlichen dispositiven Datenbasis verstanden werden, während ein Data-Warehouse-System die konkrete physische Implementierung darstellt.[113]

Data-Warehouse-Architektur

Eine Data-Warehouse-Architektur repräsentiert die Struktur sowie die Verbindungen der verschiedenen Elemente eines Data Warehouses. Eine idealtypische DWH-Architektur veranschaulicht die Abb. 2-3. Es handelt sich um die weit verbreitete Hub-and-Spoke-Architektur.[114] Sie beinhaltet als Kernkomponente ein zentrales *Core Data Warehouse* mit davon abhängigen *Data Marts*. Das Core Data Warehouse stellt eine unternehmensweit einheitliche, dispositive und dauerhafte Datenbasis mit einem sehr hohen Detaillierungsgrad zur Verfügung. Die einzelnen Data Marts werden zentral aus dem C-DWH befüllt und decken die analytischen Anforderungen unterschiedlicher Geschäftsbereiche mit Hilfe von feingranularen oder voraggregierten Daten ab. Das C-DWH in dieser Architektur wird in der Regel mit Hilfe einer relationalen Datenbank realisiert, während für die Umsetzung der Data Marts gewöhnlich performanceopti-

---

[112] Vgl. Gluchowski et al. (2008), S. 118 sowie Mucksch (2006), S. 130f.; die Grundlagen der betriebswirtschaftlichen Konzepte, die mit einem DWH realisiert werden sollen, existieren in ihren Grundzügen bereits seit geraumer Zeit. In den 1940er Jahren entwickelte EUGEN SCHMALENBACH eine Grundrechnung für ein entscheidungsorientiertes Rechnungswesen, vgl. Schmalenbach (1948a) sowie Schmalenbach (1948b). Ziel war die Schaffung einer integrierten und unverdichteten Datenbasis als Ausgangspunkt für periodische Auswertungen und fallweise Sonderrechnungen, vgl. Horváth (2009), S. 630. Später verfeinerte PAUL RIEBEL diesen Ansatz mit seiner Einzelkostenrechnung. Die Daten der Grundrechnung sollen die Merkmale der Zweckpluralität, der Mehrdimensionalität und der einfachen Auswertbarkeit aufweisen, vgl. Riebel (1979a), S. 430ff. sowie Riebel (1979b), S. 444ff. Auch beim Aufbau von DWH-Systemen sind diese Anforderungen zu erfüllen. Die Verbindung eines DWH mit einer darauf aufbauenden Schichtenarchitektur von Informationssystemen zur Entscheidungsunterstützung für das Management stellt aus informationstechnischer Sicht ein Konzept dar, mit dessen Hilfe wesentliche Ideen der Grund- und Sonderrechnungen umgesetzt werden können, vgl. Mucksch (2006), S. 130 sowie S. 142.

[113] In Anlehnung an Bauer/Günzel (2009), S. 8, Gabriel et al. (2009), S. 43f. sowie Goeken (2006), S. 16.

[114] Zu einer empirischen Analyse der Verbreitung verschiedener Varianten von Data-Warehouse-Architekturen vgl. exemplarisch Watson/Ariyachandra (2005a), S. 21ff. sowie Eckerson (2004b), S. 17. Die Hub-and-Spoke-Architektur wird auch als Nabe-Speicher-Architektur bezeichnet. Dem Begriff liegt die Metapher eines Rades zugrunde. Das Core Data Warehouse wird hierbei sinnbildlich als Radnabe aufgefasst und die abhängigen Data Marts bilden die Radspeichen. Zu einer Darstellung der Hub-and-Spoke-Architektur vgl. exemplarisch Gluchowski et al. (2008), S. 140ff., Totok (2006), S. 65 sowie Eckerson (2004b), S. 16ff.

mierte, logisch oder physisch mehrdimensionale Datenbankkonzepte zum Einsatz kommen.[115]

Die Befüllung des Core Data Warehouse aus den operativen Quellsystemen, unternehmensexternen Datenquellen sowie Operational Data Stores stellt aufgrund der häufig großen Anzahl sowie der Heterogenität der Vorsysteme eine besondere Herausforderung dar.[116] Daher besitzt der *Transformationsprozess*, der auch als Extraktions-, Transformations- und Ladeprozess (ETL) bezeichnet wird, eine wichtige Funktion innerhalb eines Data Warehouses. Der Transformationsprozess dient dazu, durch gezielte Umwandlungen die operativen Daten in entscheidungsrelevante Informationen zu überführen.[117]

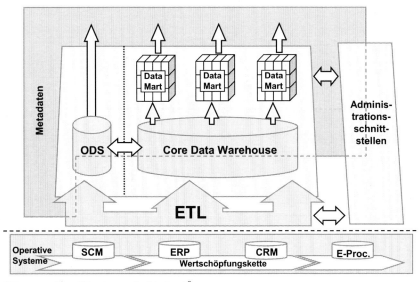

Abb. 2-3:   Data-Warehouse-Architektur[118]

Wenn zur Entscheidungsunterstützung in einem Unternehmen hoch aktuelle Daten aus den Transaktionssystemen erforderlich sind, kann ein *Operational Data Store*

[115] Vgl. Song (2009b), S. 690, Gabriel et al. (2009), S. 47, Mucksch (2006), S. 135 sowie Watson, Wixom et al. (2001), S. 4ff.; zu einer Darstellung möglicher Architekturvarianten, die aus einer Kombination von Data-Warehouse- und Data-Mart-Komponenten bestehen, vgl. Gluchowski et al. (2008), S. 129ff.
[116] Vgl. Gabriel et al. (2009), S. 49.
[117] Vgl. Kemper/Finger (2006), S. 115ff., Bange (2006), S. 92 sowie Schulze/Dittmar (2006), S. 81f.
[118] Quelle: Kemper et al. (2006), S. 21 sowie Kemper et al. (2010), S. 25.

(ODS) als eine dem C-DWH vorgelagerte Komponente sinnvoll sein, um die Zeitspanne zwischen zwei Datenbefüllungen des C-DWH zu überbrücken. Die Daten eines ODS werden in der Regel temporär vorgehalten, wohingegen die Daten in einem C-DWH dauerhaft abgelegt werden, um auch Zeitreihen analysieren zu können.[119]

Mit Hilfe der *Metadaten* werden Informationen über die Daten- und Prozess-Struktur eines DWH abgebildet. Neben technischen Informationen, die der DWH-Steuerung dienen, werden auch Informationen zur betriebswirtschaftlichen Bedeutung der dispositiven Daten bereitgestellt, um die Endbenutzer bei der Anwendung von Analyseapplikationen zu unterstützten.[120]

Die *Administrationsschnittstellen* bilden vordefinierte Systemzugänge für das technische und betriebswirtschaftliche Entwicklungs- und Betriebspersonal, um Änderungen an den Systemkomponenten des Data Warehouses vornehmen zu können.[121]

2.1.3.2   Komponenten der Data-Warehouse-Architektur

Im Folgenden werden die Komponenten der Data-Warehouse-Architektur näher erläutert.

Transformationsprozess – ETL

Die Konzeption und Implementierung eines oftmals komplexen Transformationsprozesses, der ein Data Warehouse in regelmäßigen Abständen aktualisiert, wird als besonders anspruchsvolle Aufgabe angesehen.[122] Die Umsetzung eines Transformationsprozesses hat sich gleichwohl als erforderlich erwiesen, da mit einem direkten Zugriff auf die operativen Quellsysteme die Vorteile einer flexiblen Navigation in einer mehrdimensional strukturierten Datenbasis nicht genutzt werden können.[123]

---

[119] Vgl. Inmon et. al. (2000), S. 218f. sowie Mucksch (2006), S. 136.
[120] Vgl. Vassiliadis (2009), S. 669, Gluchowski et al. (2008), S. 141, Wieken (1999), S. 205 sowie Auth (2002), S. 123ff.
[121] Vgl. Behme, Lehner et al. (2009), S. 477ff., Ferrari (2009a), S. 12 sowie Gluchowski et al. (2008), S. 174.
[122] Vgl. Gluchowski et al. (2008), S. 133
[123] Vgl. Gabriel et al. (2009), S. 46f.; Architekturkonzepte mit einem Ad-hoc-Durchgriff auf der Basis von sog. *Materialized Views* auf die operativen Transaktionsaktionssysteme werden auch als virtuelle Data Warehouses bezeichnet, da sie keine separate physische Datenhaltung besitzen. Virtuelle Data Warehouses weisen erhebliche Nachteile auf. Insbesondere erlauben sie keine Analyse historischer Daten. Sie verfügen über kein zentrales Metadaten-Verzeichnis. Es findet keine Bereinigung und Harmonisierung der Daten verschiedener Quellsysteme vor der Analyse statt. Weiterhin kann die Abfrage großer Datenmengen die Performanz der für die Abwicklung der operativen Geschäftsprozesse eines Unternehmens wichtigen Transaktionssysteme deutlich beeinträchtigen, vgl. Song (2009b), S. 691f. sowie Gabriel et al. (2009), S. 46f.

Von KEMPER und FINGER wurde eine Systematik zur Untergliederung des Transformationsprozesses im Data Warehouse aus einer betriebswirtschaftlichen Perspektive in die Phasen der Filterung, Harmonisierung, Aggregation und Anreicherung entwickelt:

- Die Phase der *Filterung* dient der Extraktion der relevanten Daten aus den operativen Quellsystemen sowie der Bereinigung von syntaktischen und inhaltlichen Defekten der Daten.

- Mit Hilfe der Phase der *Harmonisierung* werden die gefilterten Daten syntaktisch und betriebswirtschaftlich abgestimmt.

- Im Rahmen der Phase der *Aggregation* werden den gefilterten und harmonisierten Daten vorverdichtete Datenstrukturen hinzugefügt.

- Die Phase *Anreicherung* beinhaltet die Berechnung betriebswirtschaftlicher Kennzahlen und deren Integration in die Datenbasis.[124]

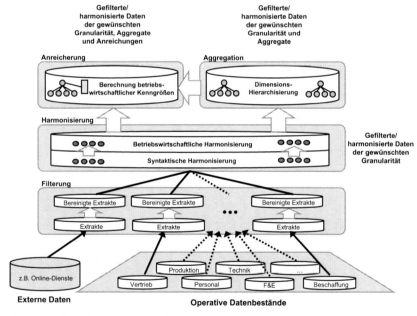

Abb. 2-4:   Transformationsprozess[125]

---

[124] Vgl. Kemper/Finger (2009), S. 115.
[125] Quelle: Kemper et al. (2006), S. 33 sowie Kemper et al. (2010), S. 38.

Die Abb. 2-4 veranschaulicht die Phasen des Transformationsprozesses. Die *Filterung* startet mit der *Extraktion* der entscheidungsrelevanten Rohdaten aus den operativen Quellsystemen und der Ablage in den dafür vorgesehenen Extraktionsbereich des Data Warehouse, der auch als Staging Area bezeichnet wird. Die Rohdaten können Mängel enthalten, die für den operativen Geschäftsbetrieb von eingeschränkter Bedeutung sind, die jedoch in verdichteten Analysen zu Fehlinformationen der Benutzer führen. Beispielsweise ist es möglich, dass Datenfelder nicht befüllt sind oder aufgrund von manuellen Falscheingaben mit unkorrekten Datentypen belegt wurden. Im Rahmen der *Bereinigung* werden syntaktische sowie betriebswirtschaftlich-inhaltliche Mängel identifiziert und korrigiert. Dies kann in Abhängigkeit von der Art der Defekte auto-matisiert, teilautomatisiert oder gegebenenfalls auch manuell erfolgen.[126]

Die anschließende Phase der *Harmonisierung* erzeugt bereits zur Entscheidungsunter-stützung geeignete dispositive Daten auf der im Data Warehouse geplanten feinsten Detaillierungsebene. Hierzu werden die gefilterten Daten syntaktisch und betriebs-wirtschaftlich harmonisiert. Die *syntaktische Harmonisierung* beinhaltet die Behebung von Schlüsseldisharmonien sowie die Vereinheitlichung von unterschiedlich kodierten Daten, Synonymen und Homonymen mittels häufig komplexer Transformationsregeln. Daneben werden durch die *betriebswirtschaftliche Harmonisierung* die betriebswirt-schaftlichen Kennzahlen der unterschiedlichen, oftmals heterogenen Quellsysteme abgeglichen und in den für das DWH angestrebten Detaillierungsgrad überführt. Bei-spielsweise können Einzeltransaktionen zu tages-, wochen- der monatsaktuellen Zah-lenwerten gruppiert werden.[127]

In der Phase der *Aggregation* werden die in den vorhergehenden Schritten gefilterten und harmonisierten Daten durch vorverdichtete Datenstrukturen ergänzt. Die Aggre-gation verfolgt das Ziel, vorberechnete Daten im Data Warehouse zu speichern, um zu erwartende Endbenutzeranfragen mit einer besseren Performanz beantworten zu kön-nen.[128] Häufig werden Dimensionshierarchien gespeichert. Beispielsweise können

---

[126] Vgl. Kemper/Finger (2006), S. 116ff., Hinrichs (2009), S. 85f. sowie Kimball/Caserta (2004), S. 55.ff.

[127] Vgl. Kemper/Finger (2006), S. 116 sowie 121ff., Hinrichs/Quix (2009), S. 87ff. sowie Kimball/Caserta (2004), S. 113ff.

[128] Die Bereitstellung von vorsummierten Daten ist für die Berechnung bestimmter betriebswirtschaftli-cher Messgrößen erforderlich. Beispielsweise können die Ist-Verkaufszahlen von verschiedenen Handelsprodukten als Einzeltransaktionen pro Tag vorliegen. Wenn die Verkaufsplanung hingegen auf Monats- und auf Produktgruppenbasis erfolgt, müssen die Ist-Verkaufszahlen auf Monats- und Produktgruppenebene aggregiert werden, um eine Plan-Ist-Abweichung berechnen zu können, vgl. Kemper/Finger (2006), S. 124.

Kunden zu Kundengruppen, Artikel zu Artikelgruppen und Vertriebsstandorte zu Vertriebsregionen verdichtet werden. Die Ausrichtung der dispositiven Daten auf antizipierbare Auswertungen bedeutet, dass ein Teil der Applikationslogik bereits in die Datenhaltung integriert wird.[129]

In der Phase der *Anreicherung* wird die Trennung zwischen den Daten und der Applikationslogik noch weiter aufgehoben. Die Anreicherung dient dazu, die dispositive Datenbasis um für die Anwender relevante betriebswirtschaftliche Kennzahlen zu erweitern. Diese werden mit Hilfe der gefilterten, harmonisierten und partiell vorverdichteten Daten berechnet und abgespeichert. Durch die Anreicherung ergeben sich erhebliche Vorteile, da die Antwortzeiten für die Endbenutzer durch die vorberechneten Werte optimiert werden, die Konsistenz der Kennzahlen durch die nur einmalig erforderliche Berechnung sichergestellt und das Fundament für die Verwendung einer organisationsweit einheitlichen Kennzahlensystematik aufgebaut wird.[130]

Core Data Warehouse, Operational Data Store und Data Marts

Das *Core Data Warehouse (C-DWH)* bildet die Kernkomponente des DWH-Konzepts. Es stellt die dispositive Datenbasis für eine große Bandbreite von Analysen durch die Endbenutzer zur Verfügung und besitzt daher eine zentrale Verteilungsfunktion. Das C-DWH hält idealtypischerweise als logisch zentrales Datenlager alle für Analysen relevanten Daten vor. Hieraus ergibt sich eine Sammel- und Integrationsfunktion. Weiterhin versorgt es in seiner Distributionsfunktion die Data Marts als nachgelagerte analytische Datenhaltungskomponenten.[131] Da das C-DWH über den Transformationsprozess mit bereits bereinigten und angereichten Daten befüllt wird, verfügt es über

---

[129] Vgl. Kemper/Finger (2006), S. 116 sowie S. 124ff., Hinrichs/Quix (2009), S. 93, Albrecht et al. (2009), S. 311ff., Blaschka et al. (2009), S. 195f., Behme, Blaschka et al. (2009), S. 221 sowie Kimball/Caserta (2004), S. 241ff.

[130] Vgl. Kemper/Finger (2006), S. 125ff., Quix (2009), S. 98ff., Kimball/Caserta (2004), S. 237ff. sowie Kimball/Ross (2002), S. 356.

[131] Zum Datenfluss zwischen dem Core Data Warehouse und den Data Marts vgl. nochmals Abb. 2-3.

einen qualitätsgesicherten Datenbestand.[132] Im C-DWH sind die Daten mit dem höchsten betriebswirtschaftlich sinnvoll interpretierbaren Detaillierungsgrad abgelegt. Neben aktuellen sind auch historisierte Daten verfügbar. Die Struktur des C-DWH ist anwendungsneutral ausgerichtet, da eine Optimierung der Datenhaltung für bestimmte Analysen hier noch nicht stattfindet. Dies erfolgt gewöhnlich im Rahmen der Weitergabe der Daten zwischen dem Core Data Warehouse und den nachgelagerten Data Marts. Hierzu werden ebenfalls Transformationsprozesse implementiert, die den oben dargestellten Aktivitäten der Aggregation sowie der Anreicherung dienen und somit die Applikationsorientierung der Datenbestände verstärken.[133]

Über die Häufigkeit der Aktualisierung des C-DWH ist abhängig von technischen, inhaltlichen sowie organisatorischen Kriterien zu entscheiden. Während Einzeltransaktionen im Handelssektor bspw. in periodischen Abständen von einem Tag oder wenigen Wochen in das C-DWH übernommen werden können, müssen andere Informationen wie etwa Wertpapiertransaktionen in der Finanzbranche im Minutentakt oder in Echtzeit verfügbar sein. Es wird gewöhnlich zwischen drei Aktualisierungsalternativen für ein C-DWH differenziert. Im Rahmen der (Fast-)*Echtzeitaktualisierung* wird angestrebt, relevante Änderungen von Daten in den Quellsystemen so schnell wie möglich im C-DWH abzubilden. Hierzu sind permanente Verbindungen zwischen den Quellsystemen und dem C-DWH aufzubauen sowie aktive Technologien der Datenübermittlung zu implementieren. Für eine *Aktualisierung in periodischen Zeitabständen* werden Transaktionen aus den Quellsystemen gebündelt und je nach den fachlichen Anforderungen der Anwender bspw. nach einigen Stunden, Tagen oder Wochen in das

---

[132] Vgl. Herden et al. (2009), S. 53f., Gabriel et al. (2009), S. 47, Mucksch (2006), S. 132ff. sowie Petschulat (2010), S. 56f. Die Frage, ob Analysten mit sehr guten IT-Kenntnissen – sogenannte Power-User – direkt auf das C-DWH zugreifen dürfen, um Auswertungen durchführen zu können, ist in der Praxis nicht unumstritten. Da sich jedoch generell die Ansicht verstärkt, dass eine Trennung zwischen der professionell ausgerichteten Datenbewirtschaftung und der Datennutzung sinnvoll ist, hat vermehrt allein der IT-Bereich Zugriff auf das C-DWH, während für die unterschiedlichen Endbenutzer analytische Datennutzungskomponenten in Form von Data Marts bereitgestellt werden, vgl. Mundy et al. (2006), S. 533, Oehler (2006), S. 349, Bange (2006), S. 97, Schulze/Dittmar (2006), S. 73f. und S. 85, Totok (2006), S. 57 sowie Gluchowski et al. (2008), S. 105ff. ECKERSON hat in einer empirischen Untersuchung eine steigende Nachfrage der Endbenutzer nach BI-Werkzeugen registriert, die sie in die Lage versetzen, einfache Berichte selbst zu erzeugen und das BI-Betriebspersonal von Routinetätigkeiten zu entlasten. Er weist jedoch darauf hin, dass es sehr wichtig ist, eine aktive Steuerung eines solchen *Self-service BI* zu implementieren, um chaotische Berichtsstrukturen zu vermeiden. ECKERSON empfiehlt, ein Netzwerk aus Power-Usern in den Fachabteilungen aufzubauen, die für das Management des Ad-hoc-Berichtswesens verantwortlich sind, vgl. Eckerson (2010), S. 23.

[133] Vgl. Herden et al. (2009), S. 54, Sapia (2009), S. 63f., Gluchowski et al. (2008), S. 128ff., Mucksch (2006), S. 135, Schelp (2006), S. 431, Gluchowski/Chamoni (2006), S. 155, Chamoni et al. (2005), S. 18, Hahne (2005), S. 9, Kimball/Caserta (2004), S. 21 sowie Kimball/Ross (2002), S. 79ff.

C-DWH überführt. Wenn die *Aktualisierung abhängig von der Anzahl der Änderungen* erfolgt, werden die betroffenen Transaktionen der Quellsysteme ebenfalls gesammelt und beim Erreichen des festgelegten Schwellenwertes von Änderungen in das C-DWH gesendet.[134]

Ein *Operational Data Store (ODS)* dient dazu, operative sowie dispositive Datenhaltungskomponenten stärker zu verknüpfen. Er ist Teil der dispositiven Datenbasis, da er über den Transformationsprozess befüllt wird. In der Regel verfügt ein ODS über ein normalisiertes Datenmodell und enthält harmonisierte Daten auf einer sehr detaillierten, transaktionsnahen Ebene, die nur einen relativ kurzen Zeitraum von bspw. wenigen Tagen abdecken. Daher kann ein ODS für die Zwecke der operativen und taktischen Entscheidungsunterstützung genutzt werden. Auch ein direkter Zugriff mit Analysewerkzeugen der Endbenutzer auf diese vereinheitlichte Datenbasis kann realisiert werden. Dies stellt einen deutlichen Vorteil gegenüber früheren Ansätzen des operativen Berichtswesens dar, in denen Daten oftmals aus verschiedenen heterogenen Transaktionssystemen herangezogen wurden und daher nicht direkt vergleichbar waren. Wenn Analysesysteme sowohl auf verdichtete, multidimensionale Daten als auch auf detaillierte Transaktionsdaten aus unterschiedlichen Datenhaltungskomponenten zugreifen, können durch den Einsatz eines ODS Dateninkonsistenzen vermieden werden, da ein ODS bereits qualitätsgesicherte Daten enthält. Weiterhin können die Daten eines ODS auch direkt an das Core Data Warehouse übergeben werden.[135] Im Kontext des E-Business haben sich neue IT-Anwendungen etwa zur Unterstützung des Customer-Relationship-Managements, von Call Centern oder des Multi-Channel-Managements herausgebildet. Zur Verbindung dieser Systeme untereinander sowie mit den bestehenden Transaktionssystemen sind zahlreiche Schnittstellen erforderlich, deren Einrichtung und Pflege einen erheblichen Aufwand erfordert. Um die Anzahl der historisch entstandenen Punkt-zu-Punkt-Verbindungen zwischen den Systemen zu reduzieren, wurden in den letzten Jahren vermehrt Integrationsinfrastrukturen aufgebaut, die unter dem Oberbegriff *Enterprise Application Integration* (EAI) subsumiert werden. Auch in diesem Zusammenhang ist ein Operational Store sinnvoll einsetzbar. E-Business-Anwendungen können auf die harmonisierten Daten des ODS

---

[134] Vgl. Herden et al. (2009), S. 57f., Eckerson (2007), S. 5 sowie Detemple (2006), S. 87.
[135] Vgl. Mohania et al. (2009), S. 25, Gluchowski et al. (2008), S. 131ff., Russom (2007), S. 25f., Eckerson (2007), S. 11ff., Gómez et al. (2006), S. 64ff., Mucksch (2006), S. 136, Gessner/Volonino (2005), S. 73, Hahne (2005), S. 47, Kemper/Lee (2003), S. 231ff., Inmon et al. (2000), S. 218f. sowie Inmon (1999), S. 12ff.

zugreifen und in einem sog. Closed-Loop für Analysen relevante Daten wieder in den ODS zurückspeichern.[136]

Charakteristika	Data Mart	Core Data Warehouse
Betriebswirtschaftliches Ziel	Effiziente Unterstützung der Entscheider einer Abteilung, ausgerichtet alleinig auf deren Analyseanforderungen	Effiziente Managementunterstützung durch strategische, taktische und operative Informationsobjekte für alle Entscheider in einem Unternehmen
Ausrichtung	Abteilungsbezogen	Zentral, unternehmensweit
Granularität der Daten	Zumeist höher aggregierte Daten	Kleinster Grad der Detaillierung
Semantisches Datenmodell	Semantisches Modell ist auf vorab modellierte Analyseanforderungen festgelegt	Semantisches Modell ist auch für zukünftige Analyseanforderungen offen
Modellierungskonventionen	Heterogen (proprietäre Data Marts, jede Abteilung hat ihre eigenen Konventionen); Einheitlich (abgeleitete Data Marts, Konventionen des Core Data Warehouse werden übernommen)	Einheitlich
Verwendete OLAP-Technologie (hauptsächlich)	M-OLAP (proprietäre Data Marts), R-OLAP bzw. H-OLAP (abgeleitete Data Marts)	R-OLAP
Direkter Zugriff durch Endanwender	In der Regel möglich	Häufig nicht erlaubt; zentraler Betrieb des C-DWH durch IT-Abteilung; dient als Quelldatensystem für Data Marts
Freiheitsgrade der Analysen	Eher gering (Anwender kann über die Abteilungsgrenzen nicht hinaus sehen)	Flexibel; sämtliche zugänglichen (Sicherheit) Informationen können in Analysen einfließen
Einfluss von externen Datenquellen	Zumeist nicht gegeben, wenn ja, dann nur spezifischer Ausschnitt	Hoch; sämtliche verfügbaren externen Datenquellen werden integriert, um die Qualität der Analysen verbessern zu können
Datenvolumen	Gering bis moderat (von einigen GByte bis zu max. 100 GByte)	Von moderat bis sehr umfangreich (>100 GByte bis in die Terabyte-Bereich)

Abb. 2-5:   Data Marts und Core Data Warehouse[137]

Während ein Core Data Warehouse die unternehmensweiten dispositiven Datenanforderungen abdecken soll, zielen *Data Marts* darauf ab, einen Ausschnitt entscheidungsrelevanter Daten für Unternehmensbereiche oder einzelne Abteilungen bereitzustellen.[138] Dies bietet mehrere Vorteile. Die verschiedenen Organisationseinheiten erhalten eine größere Unabhängigkeit beim Umgang mit den für sie relevanten dispositiven Daten. Das Datenvolumen eines Data Marts ist deutlich niedriger im Vergleich zum C-DWH. Daraus ergeben sich Gewinne hinsichtlich der Systemperformanz. Durch eine Partialsicht auf die Daten können Datenschutzanforderungen besser umgesetzt werden. Weiterhin wird die Systemlast auf eine größere Anzahl von Einheiten

---

[136] Vgl. Hilbert/Sommer (2010), S. 197f., Schelp (2006), S. 432ff., Watson et al. (2006), S. 7ff., Jarkovich/Böhnlein (2005), S. 377ff., Maur et al. (2003), S. 13f., Kimball/Caserta (2004), S. 425ff. sowie Kimball/Ross (2002), S. 15f.

[137] Quelle: Kemper et al. (2006), S. 36, Kemper et al. (2010), S. 42 sowie Kurz (1999), S. 110f.

[138] Vgl. Gabriel et al. (2009), S. 48, Song (2009a), S. 594, Bange (2006), S. 95 sowie Mucksch (2006), S. 135.

verteilt und es entsteht eine größere Unabhängigkeit von den Aktualisierungsläufen des C-DWH.[139] Die Abb. 2-5 veranschaulicht die spezifischen Charakteristika von Data Marts und Core Data Warehouse.

Die Datenhaltung in einem Core Data Warehouse erfolgt in der Regel auf der Basis relationaler Datenbanksysteme. Zur Modellierung wird gewöhnlich ein denormalisiertes, logisch multidimensionales sog. *Star-Schema* verwendet. Das Star-Schema besteht aus einer einzelnen, sehr großen Faktentabelle, die Daten der zu analysierenden Geschäftsprozesse wie etwa Umsatztransaktionen beinhaltet. Diese Faktentabelle wird umrahmt durch mehrere Dimensionstabellen, die eine relativ kleine Anzahl von beschreibenden Datensätzen zu den relevanten Analyseobjekten wie bspw. Kunden, Produkten oder Filialen beinhalten. Der Name Star-Schema ergibt sich aus der sternförmigen Gruppierung der Dimensionstabellen um die zentral positionierte Faktentabelle. Während einer Abfrage wird die Faktentabelle mittels einer Join-Operation mit einer oder mehreren Dimensionstabellen verknüpft. Ein vollständiges C-DWH besteht typischerweise aus einer Reihe verschiedener solcher Star-Schemata. Da die Faktentabelle des Star-Schemas nicht selten aus mehreren Millionen Einträgen besteht, kann eine direkte Abfrage der Faktentabelle sehr unperformant sein. Daher erfolgt wie oben dargestellt eine Auslagerung von Teilsichten der Daten aus dem C-DWH in Data Marts. Diese werden angereichert mit vorberechneten Kennzahlen und Aggregaten in Form von sog. Datenwürfeln. Data Marts basieren nicht selten auf physisch mehrdimensionalen Datenbanken, die in diesem Fall eine deutliche bessere Performanz gewährleisten.[140]

Metadaten

Die Metadaten stellen im Kontext des Data Warehouse alle Informationen dar, die die Analyse, den Entwurf, die Realisierung, die Implementierung und den Einsatz eines DWH-Systems unterstützen.[141] Die Data-Warehouse-Metadaten umfassen Informationen über

---

[139] Vgl. Sapia (2009), S. 61ff.

[140] Vgl. Eavis (2009), S. 2014 sowie Gluchowski et al. (2008), S. 28off.; zu einer ausführlichen Darstellung der mehrdimensionalen Datenmodellierung für analytische Informationssysteme vgl. exemplarisch Bauer/Günzel (Hrsg., 2009), S. 173ff. sowie Hahne (2006), S. 177ff. Eine detaillierte Erörterung der Charakteristika relationaler Datenbanken liefern bspw. Matthiessen/Unterstein (2008) sowie Preiß (2007). Multidimensionale Datenbanken und ihre Besonderheiten werden bspw. von Jensen et al. (2010) und Rafanelli (2003) verdeutlicht.

[141] Vgl. Vaduva/Vetterli (2001), S. 273, Jossen, Vaduva et al. (2009), S. 72, Quix (2003), S. 20, Marco (2000), S. 4f. sowie Staudt et al. (1999), S. 7.

- die in einem DWH vorgehaltenen Datenobjekte, ihre Speicherorte und ihre Struktur,
- die Systemprozesse, die in einem DWH ablaufen wie etwa die Transformationsprozesse,
- die Bedeutungsinhalte der Datenobjekte einschließlich der Informationen, die den Endbenutzern die Verwendung der Daten ermöglichen,
- die physische Infrastruktur und die technischen Eigenschaften der DWH-Komponenten sowie der operativen Quellsysteme und
- über die Sicherheitsaspekte, die Zugriffskontrolle und die Nutzungsstatistiken, die dem Betriebspersonal eine Optimierung der DWH-Systemumgebung ermöglichen.[142]

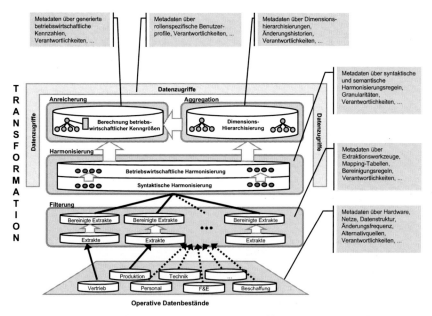

Abb. 2-6:   Metadaten der dispositiven Datenbereitstellung[143]

Die Metadatenverwaltung wird als wesentliches Instrument zur Dokumentation und Steuerung eines Data Warehouse angesehen. Die Abb. 2-6 veranschaulicht, welche

---

[142] Vgl. Vassiliadis (2009), S. 669.
[143] Quelle: Kemper et al. (2006), S. 43 sowie Kemper et al. (2010), S. 48.

Metadaten an welcher Stelle der dispositiven Datenhaltung von Bedeutung sind. Die Metadaten unterstützen die Navigation in den Datenstrukturen und stellen umfangreiche Informationen zu den Phasen der Filterung, Harmonisierung, Aggregation und Anreicherung bereit. Die Endbenutzer können so in Erfahrung bringen, welche Quellsysteme angebunden sind, welche fachlichen Kennzahlen im DWH vorgehalten werden und wie diese berechnet werden. Darüber hinaus wird nachvollziehbar, welche Strukturen die Auswertungsdimensionen und Hierarchien aufweisen und welche fachbezogenen Anreicherungen der Datenbasis vorgenommen wurden.[144]

Berechtigungsstrukturen

Die Anwender entscheidungsunterstützender Systeme verfügen über einen Zugriff auf Daten in einem Data Warehouse, die typischerweise unterschiedlichen Sicherheitsanforderungen unterliegen. Diese Sicherheitsanforderungen können sich etwa aus unternehmensindividuellen Regelungen zum Schutz vertraulicher Geschäftsdaten, aus Compliance-Richtlinien oder aus gesetzlichen Datenschutzbestimmungen ergeben. Daher sind geeignete Berechtigungsstrukturen zu implementieren, die nicht autorisierte Datenabfragen verhindern und den Benutzern einen Zugriff entsprechend ihrer Freigaben ermöglichen. Beispielsweise kann in einem Data Warehouse eines Versicherungsunternehmens, das unterschiedliche Geschäftsbereiche für Lebens-, Kranken- und Sachversicherungen besitzt, der Zugriff auf Vertragsdaten dergestalt geregelt sein, dass jede Geschäftseinheit grundsätzlich nur auf ihre eigenen Daten zugreifen kann. Innerhalb eines Geschäftsbereichs kann ein Mitarbeiter nur auf Daten seiner Hierarchieebene zugreifen. Sachbearbeiter können Daten der von ihnen bearbeiteten Fälle abrufen. Angehörige des mittleren Managements können alle Fälle ihrer Abteilung untersuchen. Übergeordnete Entscheidungsträger und deren Analysten erhalten Zugriff auf die Daten einer ganzen oder mehrerer Geschäftseinheiten. Um solche organisatorischen Regelungen in einem DWH umsetzen zu können, sind komplexe Berechtigungsstrukturen abzubilden.[145] Für deren Umsetzung sind insbesondere rollenbasierte Zugriffskonzepte geeignet, die auch als *Role-based Access Control* bzw. RBAC bezeichnet werden. Rollen werden in diesem Kontext als eine Zusammenfassung von Rechten aufgefasst, die erforderlich sind, um bestimmte Aufgaben und Funktionen

---

[144] Vgl. Kemper/Finger (2006), S. 127.
[145] Vgl. Bhatti et al. (2008), S. 199ff., Blanco et al. (2009), S. 675ff., Ferrari (2009b), S. 10, Gluchowski et al. (2008), S. 105 und S. 122 sowie Kimball et al. (2008), S. 215ff.

erfüllen zu können. Den Benutzern wird eine Mitgliedschaft zu den für ihre Aufgaben und Verantwortungsbereiche relevanten Rollen zugewiesen. Es besteht eine Many-to-many-Beziehung zwischen den Benutzern und den Rollen einerseits sowie zwischen den Rollen und deren zugehörigen Datenobjekten andererseits. Da bei dieser Vorgehensweise von konkreten Mitarbeitern abstrahiert wird, erweist sich die Rechtezuordnung als zeitlich stabiler im Vergleich zu einer personenbezogenen Zugriffsfreigabe.[146]

Administrationsschnittstellen

Während des Betriebs eines Data Warehouse fallen zahlreiche Aufgaben zur Pflege und Wartung des Systems an. Hierzu gehören bspw. Modifikationen der Transformationsprozesse, der dispositiven Datenstrukturen oder der Zugriffsberechtigungen von Endbenutzern sowie Maßnahmen zur Verbesserung der Systemperformanz, die manuelle Eingriffe des Betriebspersonals erfordern.[147] Daher sind bereits im Rahmen der Entwicklung eines Data Warehouses geeignete Schnittstellen für die Administration der Systemumgebung zu etablieren.[148] Unter den *Administrationsschnittstellen* werden vordefinierte Systemzugänge verstanden, die von den technischen und betriebswirtschaftlichen Entwicklungs- und Betriebsmitarbeitern genutzt werden, um Modifikationen an den Systemkomponenten eines Data Warehouses durchzuführen.[149]

2.1.4   Informationsgenerierung, -speicherung, -distribution und -zugriff

Im vorangehenden Kapitel wurden die Grundlagen der dispositiven Datenbereitstellung mit Hilfe eines Data-Warehouse-Konzepts erläutert. Das vorliegende Kapitel verdeutlicht, wie die dispositiven Daten im Anwendungskontext weiter aufbereitet, genutzt und verteilt werden.

2.1.4.1   Analysesysteme und Implementierungsansätze

Die Analysesysteme bilden den primären Zugang der Anwender eines Unternehmens zu den im Data Warehouse verfügbaren dispositiven Daten. Daher kommt der Ausges-

---

[146] Vgl. Rupprecht (2003), S. 126, Chamberlin (2009), S. 2757, Blanco et al. (2009), S. 677, Zhang/Joshi (2009), S. 2448 sowie Gluchowski (2006), S. 223; zu einer detaillierten Darstellung der technischen Umsetzung der Berechtigungsstrukturen in einem Data Warehouse vgl. exemplarisch Priebe (2009b), S. 164ff. sowie Priebe (2009a), S. 255ff.

[147] Vgl. Behme, Lehner et al (2009), S. 477ff., Dittmar/Vavouras (2009), S. 493ff., Pieringer/Scholz (2009), S. 496ff., Schäfer/Witschnig (2009), S. 513f. sowie Kimball et al. (2008), S. 567ff.

[148] Vgl. Kimball et al. (2008), S. 563.

[149] Vgl. Behme, Lehner et al. (2009), S. 477ff., Ferrari (2009a), S. 12 sowie Gluchowski et al. (2008), S. 174.

taltung dieser Benutzerschnittstelle eine erhebliche Bedeutung für die Akzeptanz des gesamten BI-Ansatzes eines Unternehmens zu.[150]

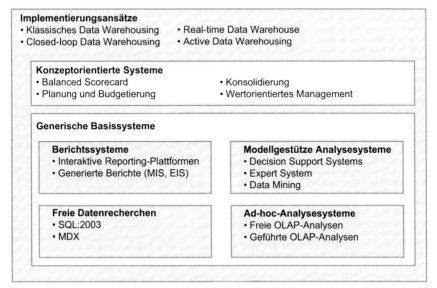

Implementierungsansätze
- Klassisches Data Warehousing
- Closed-loop Data Warehousing
- Real-time Data Warehouse
- Active Data Warehousing

Konzeptorientierte Systeme
- Balanced Scorecard
- Planung und Budgetierung
- Konsolidierung
- Wertorientiertes Management

Generische Basissysteme

Berichtssysteme
- Interaktive Reporting-Plattformen
- Generierte Berichte (MIS, EIS)

Modellgestütze Analysesysteme
- Decision Support Systems
- Expert System
- Data Mining

Freie Datenrecherchen
- SQL:2003
- MDX

Ad-hoc-Analysesysteme
- Freie OLAP-Analysen
- Geführte OLAP-Analysen

Abb. 2-7:   Einordnung von Analysesystemen für das Management[151]

Auf der Grundlage ihrer Funktionen können die verschiedenen Arten von Analysesystemen für das Management gemäß der in Abb. 2-7 veranschaulichten Systematik in *generische Basissysteme* und *konzeptorientierte Systeme* eingeteilt werden. Die generischen Basissysteme stellen selbständig nutzbare BI-Komponenten dar, die zu einem übergeordneten BI-Anwendungssystem zusammengefasst werden können. Die konzeptorientierten Systeme hingegen sind darauf ausgerichtet, die Umsetzung betriebswirtschaftlicher Konzepte in konkrete Managementprozesse zu unterstützen. Die *Implementierungsansätze* betreffen die technische Verknüpfung der generischen Basissysteme sowie der konzeptorientierten Systeme mit der dispositiven Datenhaltung des Data Warehouse.[152] Diese unterschiedlichen Analysesysteme sollen im Folgenden näher beleuchtet werden.

---

[150] Vgl. Kimball et al. (2008), S. 474f.
[151] Quelle: in Anlehnung an Kemper et al. (2006), S. 84 sowie Kemper et al. (2010), S. 90.
[152] Vgl. Kemper et al. (2006), S. 83f. sowie Kemper et al. (2010), S.89f.

Generische Basissysteme

Die generischen Basissysteme können weiter differenziert werden in *Ad-hoc-Analysesysteme, freie Datenrecherchen, Berichtssysteme* und *modellgestützte Analysesysteme*:

- **Ad-hoc-Analysesysteme**

Unter der Bezeichnung Ad-hoc-Analysesysteme bzw. OLAP-Systeme (*Online Analytical Processing*) wird eine in der Praxis weit verbreitete Applikationsklasse subsumiert, die Entscheidungsträgern und Analysten in Unternehmen flexible, interaktive und schnelle Zugriffe auf für sie relevante Ausschnitte der dispositiven Datenhaltung erlaubt. Besondere Kennzeichen dieser Applikationen sind die multidimensionale und dynamische Analyse harmonisierter und historisierter Datenbestände.[153] Das Hauptcharakteristikum ist hierbei die Multidimensionalität. Um den Benutzern die Navigation im Datenraum zu erleichtern, wird die Metapher eines dreidimensionalen Datenwürfels bzw. eines n-dimensionalen Hypercubes herangezogen, in dem die Fakten den zu analysierenden Kennzahlen und die Dimensionen den unterschiedlichen Perspektiven auf diese Fakten entsprechen.[154]

- **Freie Datenrecherchen**

Freie Datenrecherchen erlauben den Endbenutzern Abfrageoperationen mit Hilfe einer *Data Manipulation Language (DML)* entweder direkt auf den dispositiven Datenbeständen in Data Warehouse, Operational Data Store und Data Marts oder über eine zusätzliche Metadatenschicht, die Informationen zur Navigation bzw. vordefinierte Join-Operationen bereitstellen kann. Als Abfragesprachen kommen neben dem De-facto-Standard *SQL (Structured Query Language)* auch weitere Instrumente zum Einsatz wie z. B. *MDX (Multidimensional Expressions)* oder *DMX (Data Mining Extensions)*, die bereits analytische Funktionalitäten enthalten. Die Handhabung solcher freier Datenrecherchen erfordert ein erhebliches Fachwissen hinsichtlich der Struktur der dispositiven Datenhaltung sowie der genannten domänenspezifischen Abfragsprachen und wird daher in der Regel auf erfahrene Power-User beschränkt.[155]

---

[153] Vgl. Gluchowski/Chamoni (2006), S. 145

[154] Vgl. Kemper et al. (2006), S. 93ff., Kemper et al. (2010), S. 99ff., Abelló (2009), S. 1949ff., Dinter (2009), S. 448ff., Morfonios/Ioannidis (2009), S. 539ff., Pedersen (2009a), S. 538, Pedersen (2009b), S. 1778, Kimball et al. (2008), S. 488ff. sowie Bange (2006), S. 103; zu einer ausführlichen Darstellung der mehrdimensionalen Datenmodellierung für analyseorientierte Informationssysteme vgl. exemplarisch Hahne (2006), S. 178ff.

[155] Vgl. Kemper et al. (2006), S. 91ff., Kemper et al. (2010), S. 96ff., Kimball et al. (2008), S. 480ff., Lehner (2009), S. 2298 sowie Gluchowski et al. (2008), S. 127.

- **Berichtssysteme**

Das betriebliche Berichtswesen übernimmt die Aufgabe, die Mitarbeiter eines Unternehmens in periodischen Abständen, nach bestimmten Ereignissen oder bei einem außerplanmäßigen Bedarf relevante Informationen bereitzustellen. Berichtssysteme liefern standardisierte Berichte über betriebliche Sachverhalte für einen großen Benutzerkreis. Das vordefinierte Ausgabeformat der Berichte ist ihm Vergleich zu Ad-hoc-Analysesystemen nicht oder lediglich eingeschränkt von den Endbenutzern individuell parametrisierbar.[156] Zur Visualisierung der Informationen werden häufig Zeitreihen und Vergleichsdarstellungen genutzt. Zeitreihen unterstützen die Erkennung von Vergangenheitstrends und die Prognose zukünftiger Entwicklungen, indem die quantitativen Analyseobjekte mehrerer Perioden gewöhnlich in einer Spaltenanordnung zueinander in Beziehung gesetzt werden. Vergleichende Darstellungen bilden neben aktuellen Ist-Werten auch Plan-Werte ab. Zusätzlich ist es möglich, weitere Daten bspw. aus Vorperioden oder Benchmarkzahlen einer Branche hinzuzufügen. Die aus relativen und absoluten Abweichungen erkennbaren Bezüge können zur Ableitung von Handlungsbedarfen genutzt werden.[157]

- **Modellgestützte Analysesysteme**

Modellgestützte Analysesysteme enthalten – im Gegensatz zu freien Datenrecherchen oder zu Ad-hoc-Analysesystemen – komplexe algorithmen- oder regelbasierte Rechenmodelle. Hierzu gehören bspw. das *Data Mining* sowie die *Decision Support Systems (DSS)* und die *Expert Systems (XPS)*.[158]

Unter dem Sammelbegriff *Data Mining* werden Methoden subsumiert, um neues Wissen oder neue Strukturen in großen Datenmengen zu erkennen. Das Data Mining vereinigt als interdisziplinäre Forschungsrichtung Einflüsse aus verschiedenen Themengebieten wie etwa Statistik, maschinelles Lernen, Mustererkennung, Datenbanksysteme oder Hochleistungsrechner. Zentrale Anwendungsfelder sind die Analyse von Mustern, Klassifizierungen, Vorhersagemodelle, Cluster- und Ausreißeranalysen sowie multidimensionale OLAP-Analysen.[159]

---

[156] Vgl. Kimball et al. (2008), S. 487f., Gluchowski et al. (2008), S. 205f., Bange (2006), S. 101f. sowie Azevedo et al. (2006), S. 530ff.
[157] Vgl. Chamoni et al. (2005), S. 16f.
[158] Vgl. Kemper et al. (2006), S. 102 sowie Kemper et al. (2010), S. 110ff.
[159] Vgl. Han (2009), S. 595 sowie Gabriel et al. (2009), S. 115ff.; zu einer Darstellung des Data-Mining-Prozesses vgl. exemplarisch Kriegel/Schubert (2009), S. 1586.

Mit dem Begriff *Decision Support System* werden interaktive IT-gestützte Systeme bezeichnet, die Entscheidungsträger im Prozess der Entscheidung bei Einzelaufgaben oder beschränkten Aufgabenklassen durch die Bereitstellung von problembezogenen Daten, Modellen und Methoden unterstützen.[160] DSS werden mittels besonderer Planungssprachen oder auch Tabellenkalkulationsprogrammen erstellt. Der Einsatz von DSS ist sowohl in operativen als auch in strategischen betrieblichen Planungsbereichen möglich.[161]

Unter einem *Expert System* (*XPS*) kann ein IT-gestütztes Planungssystem verstanden werden, in dem das Wissen von Experten einer abgegrenzten Anwendungsdomäne vorgehalten wird und das die Fähigkeit besitzt, dieses Wissen zu einer konkreten Problemlösung zur Verfügung zu stellen. Dies erfolgt durch die Ableitung von Schlussfolgerungen aus dem gespeicherten Wissen. XPS sind insbesondere für unstrukturierte Problembereiche geeignet, in denen eine unscharfe bzw. unvollständige Wissensbasis vorliegt.[162]

Konzeptorientierte Systeme

Während die oben vorgestellten generischen Basissysteme in der Regel Einzelbereiche abdecken, sind die *konzeptorientierten Systeme* darauf ausgerichtet, für einen betriebswirtschaftlichen Themenkomplex adaptierbare IT-Standardsoftwarewerkzeuge mit einem breiten Funktionsspektrum bereit zu stellen. Diese Werkzeuge werden im Rahmen der Implementierung entsprechend der unternehmensindividuellen Anforderungen konfiguriert. Sie können u. a. im Kontext der Planung und Budgetierung, der Konzernkonsolidierung, des Einsatzes des Balanced-Scorecard-Konzepts, des wertorientierten Managements, des Risikomanagements oder des analytischen Customer-Relationship-Managements verwendet werden.[163]

Implementierungsansätze

Data Warehouses werden traditionell genutzt, um Analysen historischer Daten durchzuführen, deren Ergebnisse in strategische und taktische Unternehmensentscidun-

---

[160] Vgl. Mertens/Meier (2009), S. 12 sowie Gluchowski et al. (2008), S. 63.
[161] Vgl. Gabriel (2010a).
[162] Vgl. Gabriel (2010b) sowie Mertens/Meier (2009), S. 93.
[163] Vgl. Gluchowski et al. (2008), S. 223 sowie Kemper et al. (2006), S. 116; zu einer detaillierten Darstellung solcher betriebswirtschaftlicher Konzepte vgl. exemplarisch Kaplan/Norton (1992), Kaplan/Norton (2001), Horváth (2009), Bea/Haas (2005), Hahn/Hungenberg (2001), Wöhe/Döring (2005), Copeland et al. (2002) oder Rappaport (1999).

gen einfließen. Hierbei werden z. B. Beschlüsse des oberen Managements über die Einführung neuer Produktlinien, die Veränderung von Preismodellen, die Akquisition anderer Unternehmen oder des mittleren Managements hinsichtlich von Budgetverteilungen und Marketingkampagnen fundiert. In den letzten Jahren zeigte sich eine Entwicklung, auch operativ ausgerichtete Entscheidungen des täglichen Geschäftsbetriebs mit Hilfe dispositiver Daten zu unterstützten. Hierfür wurden neue technische Lösungen zur Anbindung der operativen und dispositiven Datenbasen an die Analysesysteme entwickelt. Insbesondere das *Real-time Data Warehousing*, das *Active Data Warehousing* und das *Closed-loop Data Warehousing* sind zu nennen, die als Ergänzungen des klassischen DWH-Ansatzes angesehen werden können.[164]

- Das **klassische Data Warehousing** entspricht dem in Kap. 2.1.3.1 vorgestellten DWH-Konzept mit einem primär lesenden Zugriff auf historisierte dispositive Daten in einem DWH, das regelmäßig mit Hilfe des Transformationsprozesses aktualisiert wird.[165]

- Beim **Real-time Data Warehousing** werden geschäftliche Transaktionen in Echtzeit bzw. nach einer mit den Fachbereichen vereinbarten Zeitspanne in das Data Warehouse übertragen. Hierdurch kann mit Hilfe der BI-Analysesysteme auf dispositive Daten zugegriffen werden, die den jeweils aktuellen Stand der Geschäftsprozesse widerspiegeln. Somit ergänzt das Real-time Data Warehousing die Funktionalitäten des klassischen DWH um den Zugriff auf die Echtzeitdaten aus den operativen Systemen und ermöglicht eine zeitnahe Rückkopplung von Maßnahmen in die operativen Geschäftsprozesse.[166] Beispielhafte Anwendungsgebiete sind etwa der Börsenhandel oder sog. *Recommendation Engines* im E-Commerce-Bereich.[167]

- Der Ansatz des **Active Data Warehousing** wurde entwickelt, um mit Hilfe analytischer Applikationen Routineentscheidungen automatisiert oder teilautomatisiert

---

[164] Vgl. Eckerson (2007), S. 5, Russom (2009), S. 4f., Rahman (2008), S. 1ff., Gluchowski et al. (2008), S. 336ff., Rahman (2007), S. 71ff., Schelp (2006), S. 425ff., Azvine et al. (2006), S. 1ff., Seufert/Schiefer (2005), S. 919ff., Chamoni/Gluchowski (2004), S. 126f. sowie Hang/Fong (2010), S. 29.

[165] Vgl. Mohania et al. (2009), S. 22 sowie Russom (2009), S. 4.

[166] Vgl. Azvine et al (2006), S. 2, Mohania et al. (2009), S. 22, Nauck et al. (2008), S. 208ff. sowie Seufert/Schiefer (2005), S. 921; SCHELP betont, dass in der Unternehmenspraxis de facto keine durchgehende Echtzeitaktualisierung sondern primär im sog. Right-Time-Data-Warehousing realisiert wird, bei dem eine entsprechend der jeweiligen fachlichen Anforderungen angemessene Aktualisierungsgeschwindigkeit implementiert wird. In Abhängigkeit von der Branche kann die Zeitspanne zwischen einem Ereigniseintritt und einer anschließend zu treffenden Entscheidung einige Minuten oder Stunden betragen, aber auch deutlich darüber bei Tagen, Wochen oder Monaten liegen, vgl. Schelp (2006), S. 426.

[167] Vgl. Eckerson (2007), S. 8.

treffen zu können. Hierzu werden Datenbanktechnologien eingesetzt, die für vordefinierte Ereignisse mittels eines Systems aus Entscheidungsregeln geeignete Handlungsmaßnahmen ableiten können.[168] Dieses Konzept kann bspw. im Handelssektor mit einem sehr breiten Produktsortiment eingesetzt werden, um die Verkaufszahlen einzelner Produkte zu überwachen und gegebenenfalls Aktivitäten wie Preisänderungen anzustoßen.[169]

- Das **Closed-loop Data Warehousing** beruht auf der Idee, einen geschlossenen Handlungskreislauf zwischen den Transaktionssystemen und den analytischen Anwendungen zu etablieren. Die beim klassischen Data Warehousing einseitig gerichtete Verknüpfung wird somit um eine Rückkopplung der Resultate der BI-Analysen in die Datenbestände der Transaktionssysteme sowie des DWH erweitert.[170] Im analytischen Customer-Relationship-Management können z. B. Informationen über differenzierte Kundenbedürfnisse identifiziert und an operativ ausgerichtete CRM-Applikationen weitergegeben werden, um die Kundenkommunikationen, Dienstleistungen und Produkte daraufhin zu optimieren.[171]

2.1.4.2   Wissensmanagementsysteme

Das Wissen repräsentiert eine bedeutende wettbewerbsrelevante Ressource von Unternehmen. Das Wissensmanagement befasst sich im Kontext der Wirtschaftsinformatik mit Theorien, Methoden und Werkzeugen, die die Unternehmen in die Lage versetzen, mit der Ressource Wissen systematisch umzugehen.[172] Der Themenbereich Business Intelligence behandelt primär die Wissensgenerierung auf der Basis von dispositiven Datenhaltungssystemen und BI-Analysesystemen, die in den vorangehenden Kapiteln vorgestellt wurden. Eine neue Perspektive entsteht durch die Frage, wie das generierte Wissen im Anschluss gespeichert und distribuiert werden kann. An dieser Stelle ergibt sich die Verknüpfung zum Themengebiet Wissensmanagement, da IT-gestützte Systeme des Wissensmanagements darauf gerichtet sind, Wissen zu verwalten und an die Endbenutzer zu verteilen. Wissensmanagement-Systeme beinhalten in

---

[168] Vgl. Schelp (2006), S. 426 sowie Mohania et al. (2009), S. 22; zu einer Darstellung von IT-Technologien, die automatisiert spezifische Ereignisse identifizieren und Reaktionen initiieren können vgl. exemplarisch Chandy (2009), S. 1040ff.

[169] Vgl. Mohania et al. (2009), S. 23.

[170] Vgl. Gluchowski et al. (2008), S. 348, Dinter/Bucher (2006), S. 34, Oehler (2006), S. 354, Totok (2006), S. 55 sowie Seufert/Schiefer (2005), S. 921.

[171] Vgl. Hippner (2006), S. 364 sowie Hilbert/Sommer (2010), S. 197f.

[172] Vgl. Krcmar (2010), S. 623 sowie Stelzer (2010).

der Regel Funktionalitäten, um unterschiedliche elektronische Dokumente aufzube-
wahren, weiterzugeben und zu durchsuchen. Häufig eingesetzte Wissensmanagement-
Systeme sind u. a. Document- und Content-Managment-Systeme.[173] Die Integrations-
potenziale des Einsatzes von Wissensmanagement-Applikationen im Business-
Intelligence-Kontext wurden in den letzten Jahren in der Wissenschaft intensiv diskutiert.[174]

Insbesondere die folgenden Ansätze der Integration von Business-Intelligence- und
Wissensmanagement-Systemen haben sich als nutzbringend erwiesen. Zum einen
können Content- und Document-Management-Applikationen als originäre Wissens-
managementsysteme herangezogen werden, um unstrukturierte dispositive Datenbestände bereitzustellen und aufzubereiten. Sie bieten Funktionalitäten, um in den Inhalten zu navigieren, einzelne Informationsobjekte im Sinne eines sog. Information
Retrieval zu identifizieren sowie unter der Bezeichnung Text Mining bisher unbekannte Strukturen in den Daten zu entdecken. Zum anderen können Wissensmanagement-
applikationen verwendet werden, um das mit den BI-Anwendungen generierte Wissen
zu distribuieren. Dieses Wissen kann sowohl in den konkreten Resultaten der BI-
Analysen bestehen als auch in dem Prozesswissen über das Vorgehen zur Erstellung
von BI-Analysen.[175]

2.1.4.3   Business-Intelligence-Portal

Unter einem Portal wird ein zentraler Zugriffspunkt zu einem virtuellen Angebots-
raum für IT-Endbenutzer verstanden. Während *Internetportale* eine vorstrukturierte
Recherche und Darstellung von Inhalten des World Wide Web unterstützen, orientieren sich *Unternehmensportale* an den besonderen Anforderungen der Unternehmens-
anwender. Die Bandbreite reicht von einem organisationsinternen Intranet bis hin zu
umfangreichen Integrationsinfrastrukturen, die den zentralen Zugang zu unterschiedlichen Applikationen wie z. B. Informationsdiensten, Enterprise-Resource-Planning-
Anwendungen oder BI-Analysesystemen zur Verfügung stellen.[176] Ein Business-
Intelligence-Portal kann als eigenständiges Portalsystem realisiert oder in ein umfang-

---

[173] Vgl. Baars (2006), S. 410.
[174] Zur Integration von Business Intelligence und Wissensmanagement vgl. exemplarisch Chamo-
ni/Totok (2006), Schulze/Dittmar (2006), Bange (2004), Klesse et al. (2003), Priebe et al. (2003), Becker, Knackstedt et al. (2002), Dittmar/Gluchowski (2002), Cody et al. (2002) oder Nemati et al.
(2002).
[175] Vgl. Baars (2006), S. 412ff. sowie Kemper/Baars (2005), S. 125ff.
[176] Vgl. Fricke (2001), S. 371f. sowie Hansen/Neumann (2009), S. 810ff.

reicheres Unternehmensportal eingebunden sein. Es bietet einen integrierten Zugriff auf die entscheidungsunterstützenden BI-Applikationen des Unternehmens.[177] Wichtige Charakteristika eines BI-Portals sind die rollenbasierte Verwaltung der Zugangsberechtigungen sowie der Inhalte, die bis zu einer für einzelne Anwender individuellen Komposition des BI-Contents reichen kann.[178] Ein übersichtliches Layout mit einer intuitiven Navigationsstruktur erleichtert das Auffinden der von den Benutzern gesuchten Inhalte. Die Navigation in einer Reporting-Applikation kann sich bspw. an der Struktur zentraler Geschäftsprozesse eines Unternehmens wie Beschaffung, Forschung & Entwicklung, Produktion, Logistik, Finanzen, Marketing und Vertrieb orientieren. Es sollte eine Anreicherung des BI-Portals um weitere unterstützende Informationen wie etwa eine Suchfunktion, einen Metadaten-Browser, Dokumentationen, Hilfe-Texte oder beispielhafte Auswertungen erfolgen, um die Attraktivität des Systems zu steigern und eine effektive Benutzung zu ermöglichen. Insgesamt bietet ein BI-Portal den BI-Endbenutzern einen flexiblen und personalisierbaren Zugang zu den BI-Applikationen über einen Internet-Browser, so dass der Aufwand für eine lokale Installation und Pflege einer BI-Client-Software auf den Einzelplatzrechnern nicht anfällt.[179]

2.1.5   Entwicklung integrierter BI-Anwendungssysteme

Zur Entwicklung integrierter BI-Anwendungssysteme ist ein *Vorgehensmodell* erforderlich, das die Besonderheiten dieser Applikationsklasse berücksichtigt. Allgemein dienen Vorgehensmodelle der Strukturierung von IT-Entwicklungsprojekten. Festzulegen sind die Projektphasen, ihre Abfolge, definierte Phasenübergänge sowie Aufgaben und Rollen im Projekt. Die Wahl eines geeigneten Vorgehensmodells stellt einen wesentlichen Faktor für den Projekterfolg oder -misserfolg dar. In traditionellen Vorgehensmodellen wie bspw. dem Wasserfallmodell werden die einzelnen Projektphasen in erster Linie sequenziell durchlaufen, so dass Rückkopplungen in eine frühere Phase nicht oder nur eingeschränkt möglich sind. BI-Entwicklungsvorhaben sind jedoch zu Projektbeginn häufig durch nicht vollständig spezifizierbare bzw. veränderliche Anforderungen der Anwender gekennzeichnet, da ihnen die Nutzenpotenziale anfangs nur teilweise bekannt sind.[180] Außerdem wird gewöhnlich nicht nur ein isoliertes BI-

---

[177] Vgl. Mertens/Meier (2009), S. 93, Gómez et al. (2009), S. 50, Schrödl (2009), S. 512, Cao et al. (2004), S. 17ff., Firestone (2003), S. 269ff., Dittmar/Gluchowski (2002), S. 41 sowie Dias (2001), S. 287.
[178] Vgl. Gómez et al. (2009), S. 50.
[179] Vgl. Kimball et al. (2008), S. 499ff. sowie S. 530ff.
[180] Vgl. Bauer et al. (2009), S. 399ff., Kimball et al. (2008), S. 3ff. u. S. 456ff. sowie Goeken (2006), S. 96ff.

System sondern sukzessive eine integrierte BI-Systemlandschaft aufgebaut. Die BI-Umgebung wird daher regelmäßig auf Basis der Rückmeldungen der Fachbereiche modifiziert und erweitert.[181] In der Praxis hat sich deshalb zur Entwicklung integrierter BI-Anwendungssysteme eine *inkrementelle Vorgehensweise* unter Einbeziehung eines *evolutionären Prototyping* als sinnvoll erwiesen. Der Entwicklungsprozess eines vollständigen BI-Anwendungssystems wird im Rahmen einer inkrementellen Vorgehensweise in verschiedene Ausbaustufen unterteilt, die wiederum jeweils den detaillierten Entwurf und die Realisierung eines BI-Teilsystems beinhalten. Die Erfahrungen der BI-Anwender mit dem bereits vorhandenen System fließen als Rückkopplung in die weitere Entwicklung ein. Dieser Prozess läuft wiederholt ab, bis das BI-Anwendungssystem vollständig realisiert wurde. Evolutionäres Prototyping bedeutet, dass fachliche Anforderungen der Anwender prototypisch umgesetzt und in mehreren Feedback-Schleifen präzisiert werden. Der Endzustand des Prototyps wird nicht verworfen, sondern als vollwertige und qualitätsgesicherte BI-Anwendung in den operativen Betrieb überführt.[182] BI-Vorgehensmodelle wurden bereits mit unterschiedlichem Detaillierungsgrad und differierenden inhaltlichen Schwerpunkten von verschiedenen Autoren erarbeitet. Beispielhaft können MOSS und ATRE[183], KIMBALL ET AL.[184], GOEKEN[185] oder BAUER ET AL.[186] genannt werden. Von KEMPER ET AL. wurde ein inkrementell ausgerichtetes BI-Vorgehensmodell vorgeschlagen, das die Besonderheiten von BI-Entwicklungsvorhaben aufgreift und in eine *Makro-* sowie eine *Mikro-Ebene* gegliedert ist. Die Makro-Ebene umfasst die Erstellung eines Rahmenkonzepts des integrierten BI-Ansatzes, das unternehmensindividuell zu spezifizieren ist und das die grundlegenden Kontextbedingungen der Entwicklungsprozesse der Mikro-Ebene determiniert.[187] Die Aufgabenfelder der Makro-Ebene zeigt die Abb. 2-8.

---

[181] Vgl. Moss/Atre (2003), S. 6.
[182] Vgl. Bauer et al. (2009), S. 399ff., Goeken (2006), S. 96ff., Kimball et al. (2008), S. 3ff. u. S. 456ff., Moss/Atre (2003), S. 5ff. sowie Imhoff et al. (2003), S. 106f.
[183] Vgl. Moss/Atre (2003).
[184] Vgl. Kimball et al. (2008).
[185] Vgl. Goeken (2006).
[186] Vgl. Bauer et al. (2009).
[187] Vgl. Kemper et al. (2006), S.147 sowie Kemper et al. (2010), S. 165; zu einer ausführlichen Konkretisierung dieses BI-Vorgehensmodells vgl. Kemper et al. (2006), S. 139ff. sowie Kemper et al. (2010), S. 163ff.

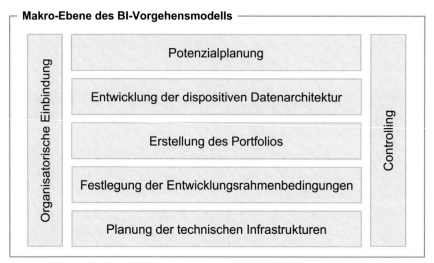

Abb. 2-8:   Aufgaben der Makro-Ebene des BI-Vorgehensmodells[188]

Die Mikro-Ebene ist für die in Form von IT-Entwicklungsprojekten umgesetzte Erstentwicklung sowie das Reengineering von BI-Applikationen verantwortlich (vgl. Abb. 2-9). Abgedeckt wird der gesamte Lebenszyklus einer BI-Applikation von der Erstentwicklung bis zur Außerbetriebnahme. Die Basis der Entwicklungsprozesse bilden die in der Makro-Ebene festgelegten Kontextbedingungen. Der Entwicklungsablauf beinhaltet mehrere iterative Zyklen, in denen mit Hilfe des Prototyping die Anwender stark involviert werden.[189]

Vor dem Hintergrund einer steigenden Dynamik von Umweltbedingungen und auch häufiger stattfindenden Änderungen in Geschäftsmodellen wird zunehmend eine stärkere Agilität der Unternehmensprozesse gefordert. In diesem Zusammenhang werden unter dem Stichwort *Agile Business Intelligence* Ansätze diskutiert, um durch technische und organisatorische Konzepte die BI-Entwicklungsaktivitäten der Mikro-Ebene so zu beschleunigen, dass auf Anforderungsänderungen der Fachabteilungen deutlich schneller als bisher reagiert werden kann.[190] BAARS ET AL. konnten in einer vergleichenden Fallstudienanalyse in der Finanzbranche – die durch hoch entwickelte BI-

---

[188]   Quelle: in Anlehnung an Kemper et al. (2006), S. 149 sowie Kemper et al. (2010), S. 168.
[189]   Vgl. Kemper et al. (2006), S. 164ff., Kemper et al. (2010), S. 196ff., Gabriel et al. (2009), S. 65ff. sowie Keppel et al. (2001), S. 89ff.
[190]   Vgl. Finger (2008), S. 119.

Infrastrukturen und sehr dynamische Umweltbedingungen gekennzeichnet ist – zeigen, dass ein deutlicher Bedarf an agilen BI-Entwicklungsmethoden besteht.[191] Erste Ansätze für solche Methoden wurden etwa von HUGHES[192] und BROBST ET AL.[193] vorgeschlagen.

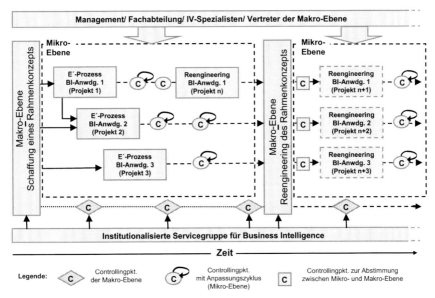

Abb. 2-9:   Business-Intelligence-Vorgehensmodell[194]

2.2   IT-Dienstleistungsmanagement

2.2.1   Einordnung des IT-Dienstleistungsmanagements in das Informationsmanagement

Wettbewerbsvorteile werden nicht mehr nur durch die Generierung finanzieller und technologischer Potenziale, sondern vor allem auch durch die Erkennung und Nutzung von Informations- und Wissensasymmetrien zwischen Unternehmen erzeugt. Die Ressource Information besitzt daher eine erhebliche Bedeutung für Unternehmen,

[191]   Vgl. Baars et al. (2009), S. 206iff.
[192]   Vgl. Hughes (2008).
[193]   Vgl. Brobst et al. (2008).
[194]   Quelle: Kemper et al. (2006), S. 148 sowie Kemper et al. (2010), S. 166.

um wirtschaftlich erfolgreich agieren zu können. Im Umfeld eines sich verschärfenden Wettbewerbs werden Informationen somit immer mehr zu einem zentralen strategischen Erfolgsfaktor. Um die damit einhergehende, stark gestiegene Menge an Informationen sachgerecht verarbeiten zu können, besitzt die Entwicklung und der Einsatz geeigneter Informations- und Kommunikationstechnologie für Unternehmen eine erhebliche Bedeutung.[195]

2.2.1.1 IT-Governance

Die *IT-Governance* als strategische Führungsaufgabe eines Unternehmens besitzt die Funktion, durch Planung, Steuerung und Kontrolle dieser Informations- und Kommunikationssysteme eine optimale Verwendung der Ressource Information zu ermöglichen.[196] Die IT-Governance ist abgeleitet aus der Corporate-Governance[197] und wird vom IT GOVERNANCE INSTITUTE wie folgt definiert: *„IT Governance is the responsibility of the Board of Directors and executive management. It is an integral part of enterprise governance and consists of the leadership and organizational structures and processes that ensure that the organization's IT sustains and extends the organization's strategy and objectives."*[198] Demnach soll die IT-Governance im Sinne einer Meta-Gestaltungsfunktion durch die Vorgabe von Grundsätzen, Verfahren und Maßnahmen zum Aufbau effektiver Organisationsstrukturen und IT-Prozessen einen Rahmen für alle Aufgaben des Informationsmanagements setzen. Das Ziel besteht darin, einen wirtschaftlichen IT-Einsatz zu ermöglichen und dabei denkbare IT-Risiken berücksichtigen. Es existieren verschiedene Auffassungen hinsichtlich der Reichweite der IT-Governance.[199] Ein enges Verständnis beschränkt die IT-Governance auf die Formulierung und Implementierung der IT-Strategie eines Unternehmens. Eine weite Interpretation des Begriffs IT-Governance beinhaltet darüber hinaus auch die Aspekte des Ressourcenmanagements, der Erfolgsmessung, der Compliance, des Risikomanagements sowie der Erfolgsmessung. Nach dieser Sichtweise – der hier gefolgt werden soll – um-

---

[195] Vgl. Porter (2004), S. 107, Erichson/Hammann (2001), S. 321f., Picot (1997), S. 176ff. sowie Reichwald (2007), S. 116.

[196] Vgl. Heinrich/Stelzer (2009), S. 74f. sowie Krcmar (2010), S. 360ff.

[197] Zu einer ausführlichen Darstellung des Corporate-Governance-Ansatzes vgl. exemplarisch Tricker (2009), Malik (2008) sowie Werder (2008).

[198] IT Governance Institute (2003), S. 10.

[199] Vgl. Krcmar (2010), S. 361, Baurschmid (2005), S. 451 sowie Webb et al. (2006), S. 4; zu einer detaillierten Darstellung des IT-Governance-Ansatzes vgl. IT Governance Institute (2003), Krcmar (2010), S. 360ff., Heinrich/Stelzer (2009), S. 74ff., Gremberger et al. (2004), Weill/Ross (2004a) sowie Weill/Ross (2004b).

fasst die IT-Governance ein breites Aufgabenspektrum von der Abstimmung der IT mit den Unternehmenszielen, der Festlegung der erforderlichen aufbau- und ablauforganisatorischen Maßnahmen bis hin zur Steuerung des Betriebs von Anwendungssystemen.[200] Wesentliche Entscheidungsfelder, die im Rahmen der IT-Governance zur Steuerung der Ressource Information behandelt werden, sind:

- die Ableitung der IT-Strategie aus der Unternehmensstrategie,
- die Entwicklung einer integrierten IT-Unternehmensarchitektur,
- die Realisierung einer IT-Infrastruktur in Form eines IT-Produkt- bzw. Dienstleistungsportfolios,
- die Festlegung von Verantwortlichkeiten und Richtlinien sowie
- das Controlling, die Auditierung und das Risiko-Management der Informationstechnologie.[201]

Der IT-Governance-Ansatz stellt eine Erweiterung der traditionellen Sichtweise des IT-Managements dar, welche primär die Steuerung des operativen IT-Betriebs sowie die wirtschaftliche Versorgung des Unternehmens mit IT-Services und -Produkten auf der Basis gegenwärtiger Anforderungen beinhaltet. Die IT-Governance hingegen besitzt eine ausdrücklich breitere Perspektive in Bezug auf die Zeit- und Geschäftsorientierung. Sie umfasst darüber hinaus die Anpassung und Transformation der IT an die aktuellen und zukünftigen Anforderungen sowohl der internen Geschäftsbereiche des Unternehmens als auch externer Stakeholder. Externe Anforderungen können bspw. von Kunden geltend gemacht werden oder aus Gesetzen bzw. der Regulation entstehen.[202]

2.2.1.2 Serviceorientierung des Informationsmanagements

Aus den abstrakten Rahmenvorgaben der IT-Governance ist ein jeweils unternehmensindividuelles *Konzept des Informationsmanagements*[203] zu konkretisieren. Es dient zur zweckmäßigen Strukturierung der Aufgaben des Informationsmanagements und soll deren Abläufe und Wirkungszusammenhänge aufzeigen. Die Ableitung erfolgt auf der Basis situativer Faktoren eines Unternehmens wie bspw. der Branche, übergeordneter Unternehmenszielsetzungen, der vorhandenen Strukturen zur Entscheidungsfindung,

---

[200] Vgl. Johannsen/Goeken (2006), S. 9 sowie Grembergen et al. (2004), S. 5.
[201] Vgl. Baurschmid (2005), S. 451 sowie Webb et al. (2006), S. 4.
[202] Vgl. Grembergen et al. (2004), S. 4f. sowie Johannsen/Goeken (2006), S. 14.
[203] Zu verschiedenen Definitionsansätzen des Informationsmanagements in Wissenschaft und Praxis vgl. Seibt (2001), S. 240f.

der realen Machtverhältnisse, des Zentralisierungsgrads, des Reifegrades der IT-Landschaft oder der Unternehmenskultur.[204]

Die Ziele des Informationsmanagements eines Unternehmens können nach HEINRICH und STELZER in ein Sachziel und ein Formalziel differenziert werden. Das *Sachziel* besteht in der bedarfsgerechten Versorgung aller Unternehmensbereiche mit Informationen. Es soll das Leistungspotenzial der Ressource Information genutzt werden, um die strategischen Unternehmensziele und damit letztlich den Unternehmenserfolg zu realisieren. Als Mittel zur Zielerreichung ist eine geeignete Informationsinfrastruktur zu schaffen und zu betreiben. Das Ausmaß, in dem das Leistungspotenzial tatsächlich ausgeschöpft werden kann, wird hierbei als *Wirksamkeit* bezeichnet. Das generelle *Formalziel* stellt die *Wirtschaftlichkeit* dar. Es beinhaltet eine Bedingung für die Erreichung des Sachziels des Informationsmanagements. Entweder soll der erreichte Nutzen der Informationsinfrastruktur bei vorgegebenen Kosten maximal werden oder die Kosten der Informationsinfrastruktur sollen bei einem vorgegebenen Nutzen minimal werden.[205]

Zur globalen Gliederung der Aufgaben des Informationsmanagements wird häufig ein dreistufiger Ansatz gewählt, der zwischen einer strategischen, einer taktischen (auch als administrativ bezeichneten) sowie einer operativen Ebene unterscheidet (vgl. Tab. 2-2):[206]

- *Strategische Aufgabenebene*: Sie beinhaltet die Planung, Steuerung und Kontrolle der Informationsinfrastruktur als Ganzes und weist eine große inhaltliche Nähe zum Aufgabespektrum der IT-Governance auf. Als Ergebnis werden die unternehmensweit gültigen und langfristig wirksamen Bedingungen für die Gestaltung und den Einsatz der Informationsinfrastruktur auf der taktischen Ebene in Form einer Architektur der Informationsinfrastruktur sowie eines stetig weiterentwickelten strategischen IT-Projektportfolios geschaffen.

- *Taktische Aufgabenebene*: Sie dient der Planung, Steuerung und Kontrolle aller Komponenten der Informationsinfrastruktur – wie bspw. der Datensysteme, der Anwendungssysteme, der Betriebsmittel oder des Personals – einschließlich der projektbasierten Realisierung von IT-Systemen. Dabei wird ein Informationsinf-

---

[204] Vgl. Heinrich/Stelzer (2009), S. 34f., Schwarze (1998), S. 73 sowie Baurschmid (2005), S. 451.
[205] Vgl. Heinrich/Stelzer (2009), S. 39ff. sowie S. 117.
[206] Vgl. im Folgenden Schwarze (1998), S. 61ff.

rastrukturbestand des Unternehmens erzeugt, der auf der operativen Ebene genutzt werden kann.

- *Operative Aufgabenebene:* Sie befasst sich mit dem Einsatz der im Unternehmen vorhandenen Informationsinfrastruktur. Dies schließt die Erzeugung, die Verbreitung und die Verwendung von Informationen ein. Wesentliche Aufgaben sind der Produktionsbetrieb der Informationsinfrastruktur und zusätzliche Dienste wie bspw. der Benutzerservice oder die Wartung.[207]

Strategische Aufgabenebene	Taktische Aufgabenebene	Operative Aufgabenebene
•Strategische Situationsanalyse •Strategische Zielplanung •Strategieentwicklung •Strategische Maßnahmenplanung •Qualitätsmanagement •Technologiemanagement •Controlling •Revision	•Projektmanagement •Personalmanagement •Datenmanagement •Lebenszyklusmanagement •Geschäftsprozess-management •Wissensmanagement •Sicherheitsmanagement •Katastrophenmanagement •Vertragsmanagement	•Produktionsmanagement •Problemmanagement •Endbenutzerunterstützung

Tab. 2-2:   Exemplarische Strukturierung der Aufgaben des Informationsmanagements[208]

In der Literatur existieren zahlreiche Vorschläge zu Konzepten des Informationsmanagements. KRCMAR unterscheidet zwischen problem-, aufgaben- und prozessorientierten Ansätzen sowie Ebenen- und Architekturmodellen.[209] Infolge der heute vorherrschenden strategischen Ausrichtung der Unternehmensorganisation an den Geschäftsprozessen haben *prozessorientierte Ansätze des Informationsmanagements* inzwischen erheblich an Bedeutung gewonnen.[210] Sie fassen die Aufgaben des Informationsmanagements als Prozesse auf i. S. v. Gruppen von Entscheidungen oder Aktivitäten, die erforderlich sind, um die Ressource Information in einem Unternehmen zu steuern. Diese Prozesse können wiederum in detaillierte Einzelprozesse aufgespalten

---

[207] Vgl. Heinrich/Stelzer (2009), S. 30ff. sowie Meyer et al. (2003), S. 446.
[208] Quelle: in Anlehnung an Heinrich/Stelzer (2009), S. 30ff. sowie Krcmar (2010), S. 37f.
[209] Zu einer detaillierten Darstellung der unterschiedlichen Konzepte des Informationsmanagements vgl. Krcmar (2010), S. 31ff.
[210] Vgl. Heinrich/Stelzer (2009), S. 14.

werden.[211] Des Weiteren sind in den letzten Jahren *serviceorientierte Ansätze des Informationsmanagements* in den Fokus gerückt. Während traditionelle Konzepte des Informationsmanagements durch eine projekt- oder anwendungssystemorientierte Sichtweise häufig die Lebenszyklusphase der IT-Systementwicklung betonen, beziehen serviceorientierte Ansätze die Bereitstellung von *IT-Dienstleistungen* bzw. IT-Produkten in der Lebenszyklusphase des IT-Betriebs in stärkerem Maße mit in die Betrachtung ein.[212]

Die zunehmende Anwendung der serviceorientierten Ansätze kann als Reaktion auf Entwicklungstrends im Unternehmensumfeld und auf die sich daraus ergebenden Herausforderungen für das Informationsmanagement angesehen werden. Während in den späten 1990er Jahren im Rahmen der Boomphase der sog. New Economy[213] die Ausschöpfung des Innovationspotenzials der Informationstechnologie als zentraler Punkt angesehen wurde, steht in Zeiten ökonomischer Herausforderungen in Unternehmen die Optimierung der wirksamen und wirtschaftlichen IT-Leistungserstellung im Vordergrund. Unternehmensinterne IT-Bereiche stehen somit unter einem erhöhten Druck, die eigene Leistungsfähigkeit nachzuweisen.[214] Sie bewegen sich dabei in einem Spannungsfeld. Einerseits sollen die IT-Bereiche die von den Kunden gewünschten Leistungen liefern, auch auf geänderte Anforderungen schnell reagieren und eine mit externen Anbietern vergleichbare Professionalität der IT-Leistungserbringung erreichen. Andererseits müssen sie ebenso wie die Fachabteilungen die Wirtschaftlichkeit ihrer Aktivitäten nachweisen.[215] Nicht selten wird dieses Vorhaben durch Mängel in den internen Strukturen, wie beispielsweise eine starre funktional ausgerichtete Aufbauorganisation, eine unvollständige Kenntnis der tatsächlichen IT-Infrastruktur oder unangemessene Vereinbarungen hinsichtlich der IT-Produktqualität erschwert. In der Folge zeigen sich nicht wenige Fachbereiche unzufrieden mit den Leistungen der IT-Abteilungen. Empirisch wurden eine geringe Effizienz der Leistungserbringung, mangelnde Transparenz und eine fehlende Kundenorientierung der internen IT-Dienstleister als häufig genannte Mängel identifiziert.[216]

---

[211] Vgl. Kcrmar (2005), S. 35ff. sowie IBM Deutschland GmbH (1988), S. 6.
[212] Vgl. Kemper et al. (2004), S. 23 sowie Zarnekow/Brenner (2004), S. 7.
[213] Vgl. hierzu exemplarisch Henwood (2003).
[214] Vgl. Hochstein/Brenner (2006), S. 3, Bitzel/Igelbrink (2004), S. 27 sowie IBM Corporation (2001), S. 1.
[215] Vgl. Wengorz (2006), S. 46.
[216] Vgl. Kemper et al. (2004), S. 23.

Um solche Defizite beheben zu können, streben viele Unternehmen eine Umgestaltung der Organisation der Informationsverarbeitung von einem *technik-* und *kapazitätszentrierten Funktionsbereich* zu einem *kundenorientierten Dienstleistungserbringer* an. Dieser fundamentale Wandel wird häufig unter dem Terminus der *Dienstleistungs-* bzw. *-Serviceorientierung* subsumiert. Der Begriff bezeichnet das Selbstverständnis eines IT-Dienstleisters, der die Steuerung der Bereitstellung von Informationssystemen als Leistung und Dienst am Kunden versteht.[217] Das Denkmuster der Serviceorientierung hat weit reichende Konsequenzen für IT-Bereiche. Vier wesentliche Charakteristika der serviceorientierten IT-Leistungserbringung sollen nachfolgend dargestellt werden:

- **Kundenorientierung**

In den Mittelpunkt tritt die Kundenorientierung und damit die Berücksichtigung der Bedarfe der Geschäftsbereiche. In der Vergangenheit bestand die Hauptaufgabe einer IT-Abteilung in der Regel in der Durchführung von IT-Projekten sowie der Bereitstellung von IT-Infrastrukturen. Der Fokus lag auf einzelnen IT-Systemen. Zukünftig wird der IT-Bereich die Rolle eines internen Dienstleistungsanbieters übernehmen, der seine Angebote konsequent an den Geschäftsprozessen des Unternehmens ausrichtet, um so einen messbaren Mehrwert für die Geschäftstätigkeit zu erbringen. In der Folge verändern sich die Rollen der Beteiligten von einem Verhältnis zwischen IT-Projektauftragber und -auftragnehmer zu einer Kunden-Lieferanten-Beziehung. Die Kooperation von Geschäftsbereichen und dem internen IT-Dienstleister soll somit auf der Basis von unternehmensinternen Marktmechanismen eine stärkere Transparenz in den Liefer- und Leistungsbeziehungen ermöglichen (vgl. Abb. 2-10). Häufig tritt der IT-Bereich mit externen IT-Dienstleistern in Konkurrenz. Er kann jedoch auch selbst als Anbieter am externen Markt auftreten.[218]

---

[217] Vgl. Böhmann/Krcmar (2004), S. 7, Bernhard (2006), S. 1 sowie Bonn (2006), S. 8.
[218] Vgl. Zarnekow/Brenner (2004), S. 8 sowie Keuper/Glahn (2005), S. 190ff.; zu einer Diskussion des Begriffs der Kundenorientierung im IT-Kontext vgl. exemplarisch Herzwurm (2000), S. 15ff.

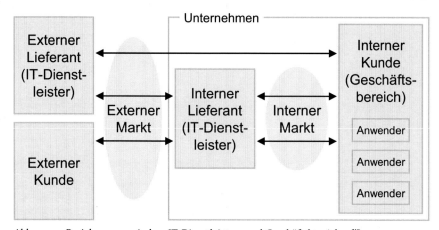

Abb. 2-10:   Beziehungen zwischen IT-Dienstleistern und Geschäftsbereichen[219]

* **Produktorientierung**

Traditionell entstehen IT-Anwendungssysteme in Form von Projekten, in denen Geschäftsbereiche als Auftraggeber und IT-Dienstleister als Auftragnehmer kooperieren. Diese Art der IT-Leistungserstellung ist oftmals mit einem hohen Maß an Komplexität, Intransparenz und Risiken behaftet. Die Eigenschaften einer solchen Dienstleistung können im Gegensatz zu denen von physischen Gütern oftmals erst während oder im Anschluss an die Leistungserstellung (Erfahrungseigenschaften) bzw. vom Kunden gar nicht oder nur indirekt beurteilt werden (Vertrauenseigenschaften).[220] Aus der Perspektive der Geschäftsbereiche kann die Beschaffung von IT-Dienstleistungen, die als vorab definierte IT-Produkte angeboten werden, hier Abhilfe schaffen. IT-Dienstleistungen in diesem produktorientierten Sinne stellen Leistungen oder Leistungsbündel dar, welche die Bedarfe der Kunden befriedigen können. Sie sollen hinsichtlich der Kriterien Funktionsumfang, Qualität, Preis und Menge eindeutig *spezifiziert* und *messbar* sein. Eine Spezifikation der Anforderungen der Geschäftsbereiche erfolgt durch eine vertragliche Zusicherung auf der Basis von *IT-Dienstleistungsvereinbarungen (IT-Service-Level-Agreements)*, die bei Nichterfüllung zu einer Reputationsschädigung oder zu finanziellen Sanktionen führen kann. Hierdurch wird aus Sicht der Geschäftsbereiche Transparenz in der IT-Leistungserstellung geschaffen.[221]

---

[219] Quelle: Zarnekow et al. (2005a), S. 11.
[220] Vgl. Meffert/Bruhn (2003), S. 80.
[221] Vgl. Böhmann/Krcmar (2004), S. 10f. sowie Zarnekow et al. (2005a), S. 17.

- **Prozessorientierung**

Die *Prozessorientierung* markiert den Übergang von einem Denken in funktionalen Blöcken hin zu einer Betrachtung von funktionsübergreifenden Zusammenhängen und Abhängigkeiten. Im Fokus stehen die im Kundenauftrag zu erbringenden IT-Dienstleistungen und die Koordination der Beiträge der verschiedenen IT-Funktionsbereiche wie etwa des Systembetriebs, der Netzwerk-Infrastruktur, des Datenbankbetriebs oder der Anwendungsentwicklung. Das Ziel liegt in einer durchgängig hohen Qualität der Leistungserstellung und einer Verbesserung der Durchlaufzeiten. Die Prozessorientierung stellt hierbei das erforderliche Pendant zur Dienstleistungs- und Produktorientierung dar. Einerseits können mit Hilfe der beiden letztgenannten Aspekte die Ziele der Informationsverarbeitung festgelegt werden. Sie tragen dazu bei, die Anforderungen der Kunden zu erheben und in Form von IT-Produkten zu spezifizieren. Andererseits schaffen erst die implementierten IT-Prozesse Transparenz in der Frage, ob die angebotenen IT-Produkte mit den geforderten Qualitätsmerkmalen ausgeliefert werden.[222] Langfristig sollen durch eine prozessorientierte Erstellung sowie eine systematische Messung und Steuerung der IT-Leistungen die Kosten der Informationsverarbeitung reduziert und die Qualität gesteigert werden.[223] Dabei ist jeweils zu entscheiden, ob eine Differenzierung durch unternehmensindividuelle IT-Prozesse angestrebt wird oder ob standardisierte IT-Prozesse bevorzugt werden, wie sie in Referenzprozessmodellen[224] zusammengefasst sind.[225]

- **Lebenszyklusorientierung**

IT-Leistungserbringer sehen sich oftmals mit der Herausforderung konfrontiert, dass hohe Aufwendungen für den laufenden Betrieb, die Wartung und die Benutzerunterstützung existierender IT-Anwendungssysteme anfallen, während nur noch der kleinere Teil der verfügbaren Budgets zur Realisierung neuer IT-Vorhaben zur Verfügung steht.[226] Die *Lebenszyklusorientierung* basiert auf der Erkenntnis, dass Gestaltungsentscheidungen in der Entwicklungsphase eines IT-Produktes die Betriebs- und Weiter-

---

[222] Vgl. Böhmann/Krcmar (2004), S. 12f. sowie Allweyer (2005), S. 14; zu einer Diskussion des Qualitätsbegriffs im IT-Kontext vgl. exemplarisch Herzwurm/Mikusz (2010).

[223] Vgl. Zarnekow/Brenner (2003), S. 735, Macfarlane/Rudd (2003), S. 4 sowie Kresse (2005), S. 6.

[224] Zum Themengebiet der Referenzmodellierung vgl. vertiefend Kap. 2.2.3.1.

[225] Vgl. Zarnekow/Brenner (2004), S. 13.

[226] Verschiedene empirische Untersuchungen kommen zu dem Schluss, dass häufig nur noch etwa 10 bis 30 Prozent der IT-Budgets in Unternehmen für neue IT-Vorhaben genutzt werden können; vgl. hierzu im Detail Zarnekow/Brenner (2004), S. 10f., Zarnekow/Scheeg/Brenner (2004), Bechmann et al. (2002), Bon et al. (2005), S. 217, Heydorn (2002) sowie Capgemini (2006).

entwicklungsphase zu großen Teilen determinieren. Folgerichtig wird die Etablierung von IT-Managementkonzepten angestrebt, welche die ganzheitliche Steuerung des Lebenszyklus der IT-Produkte beginnend mit der Planung bis hin zur Außerbetriebnahme umfassen. Diese aktive Steuerung über den Zeitverlauf soll in bestehende IT-Portfolio-Management-Ansätze integriert werden. Aus der Sicht eines IT-Leistungserstellers kann der IT-Produktlebenszyklus analog zu den typischen Lebenszyklusphasen eines Informationssystems unterteilt werden in die Planung, die Erstentwicklung, den Betrieb, die Weiterentwicklung sowie die Außerbetriebnahme (vgl. Abb. 2-11).[227]

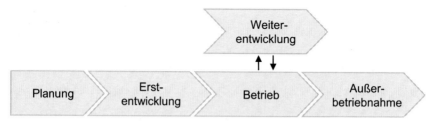

Abb. 2-11:   IT-Produktlebenszyklus aus der Sicht eines IT-Leistungserbringers[228]

Das von ZARNEKOW und BRENNER vorgeschlagene *Modell des integrierten Informationsmanagements* stellt ein Beispiel für einen solchen Ansatz des serviceorientierten Informationsmanagements dar. Es ist abgeleitet aus dem *SCOR-(Supply-Chain Operations Reference)-Modell*[229] des Supply Chain Council. In Analogie zum SCOR-Modell analysiert und strukturiert es die im Rahmen der Erstellung und Nutzung von IT-Leistungen anfallenden Aufgaben aus der Perspektive einer Wertschöpfungs- und Lieferkette (vgl. Abb. 2-12). Folgende Prämissen werden getroffen: Es existiert eine eindeutige Trennung der Aufgaben und Rollen von IT-Leistungserbringern und -abnehmern. Zwischen beiden herrscht eine marktorientierte Kunden-Lieferanten-Beziehung. Der Leistungsaustausch erfolgt auf der Basis eines definierten IT-Dienstleistungsportfolios. Die IT-Dienstleistungen werden lebenszyklusorientiert geplant, gesteuert und überwacht. Schließlich sollen so weit wie möglich Standardprozesse des Informationsmanagements zum Einsatz kommen.[230]

---

[227] Vgl. Zarnekow et al. (2005a), S. 42ff.
[228] Quelle: in Anlehnung an Zarnekow et al. (2005a), S. 44.
[229] Zu einer Darstellung des SCOR-Modells vgl. Supply-Chain Council (2003).
[230] Vgl. Zarnekow/Brenner (2004), S. 16.

Abb. 2-12:   Modell des integrierten Informationsmanagements[231]

Aus der Perspektive eines (internen) IT-Leistungserbringers ergeben sich die nachstehenden, als Prozesse aufgefassten Aufgabenblöcke:[232]

- Der **Govern-Prozess** umfasst übergeordnete IT-Führungsaufgaben, die zur Festlegung von Rahmenbedingungen der IT-Leistungserbringung wie etwa der strategischen Ausrichtung, der aufbau- und ablauforganisatorischen Strukturen, des Risikomanagements, des Controllings und nicht zuletzt des Ressourcenmanagements führen.

- Der **Source-Prozess** des IT-Leistungserbringers ist verantwortlich für das Management der Lieferantenbeziehungen bspw. zu Hardware- und Softwareanbietern oder zu weiteren nachgeordneten IT-Dienstleistern.

- Der **Make-Prozess** bildet den zentralen Kern der IT-Leistungserbringung. Er beinhaltet zum einen die Gestaltung der IT-Produkte, d. h. deren projekthafte Realisierung auf der Basis eines IT-Produktportfolios, und zum anderen die Herstellung der IT-Produkte, d. h. deren technischen und fachlichen Betrieb, die Benutzerunterstützung sowie die Wartung.

- Der **Deliver-Prozess** des Leistungserbringers und der **Source-Prozess** des Leistungsabnehmers stellen die marktorientierte Schnittstelle zwischen Lieferant und Kunde dar. Die IT-Leistungen unterstützen die Geschäftsprozesse des Leistungsabnehmers.

In der Praxis ist die IT-Leistungserstellung nicht selten auf mehrere Aufgabenträger verteilt wie bspw. auf interne IT-Bereiche, auf externe IT-Lieferanten und -Dienst-

---

[231] Quelle: in Anlehnung an Zarnekow et al. (2005a), S. 68.
[232] Vgl. im Folgenden Zarnekow et al. (2005a), S. 68f.

leister sowie zum Teil auch auf die Fachbereiche selbst. Der vorgestellte Source-Make-Deliver-Ansatz erlaubt es, auch solche komplexen Lieferungs- und Leistungsketten zu beschreiben.[233]

2.2.2   Grundlagen des IT-Dienstleistungsmanagements

Die in Kapitel 2.2.1.2 präsentierte Serviceorientierung des Informationsmanagements stellt eine Denkrichtung dar, die auf einer Kunden-, Produkt-, Prozess- und Lebenszyklusorientierung des Informationsmanagements beruht. Um dieses Leitbild in einem Unternehmen organisatorisch implementieren und etablieren zu können, ist eine weitere Präzisierung der zu bewältigenden Aufgaben erforderlich. In der Theorie und Praxis sind zahlreiche Konzepte zur Professionalisierung der IT-Leistungserstellung entstanden, die unter dem Begriff **IT-Dienstleistungsmanagement** zusammengefasst werden.[234] Im vorliegenden Kapitel werden die Grundbegriffe des IT-Dienstleistungsmanagements definiert und zueinander in Beziehung gesetzt. Das anschließende Kapitel 2.2.2 behandelt verschiedene Ansätze des IT-Dienstleistungsmanagements und arbeitet ihre jeweiligen Schwerpunkte heraus.

2.2.2.1   Dienstleistung und Dienstleistungsmanagement in der ökonomischen Theorie

Es existieren vielfältige Vorschläge zur Definition des Begriffs der Dienstleistung in der ökonomischen Theorie, die jeweils durch ihre verschiedenen Sichtweisen auf den Sachverhalt geprägt sind. Der Grund hierfür ist in der starken Heterogenität des Dienstleistungssektors sowie in der häufig schwierigen Abgrenzung von Dienstleistung und Sachgut zu suchen.[235] Gleichwohl hat sich eine Auffassung des Begriffs als zweckmäßig erwiesen, welche die drei konstitutiven Merkmale Potenzial-, Prozess- und Ergebnisorientierung von Dienstleistungen in einen phasenbezogenen Zusammenhang einbettet (vgl. Abb. 2-13).

Jede der Phasen fokussiert Dienstleistungen aus einer anderen Perspektive:

- Der Dienstleistungsanbieter offeriert in der ersten **Phase der Potenzialorientierung** sein Potenzial – im Sinne seiner Fähigkeit und Bereitschaft – zur Erbringung

---

[233] Vgl. Zarnekow et al. (2005a), S. 69f.
[234] Vgl. Krcmar (2010), S. 425 sowie S. 452ff., Zarnekow et al. (2005b), S. 13 sowie Kemper et al. (2004), S. 23.
[235] Vgl. Burr/Stephan (2006), S. 18.

einer Leistung. Hierzu bedient er sich seiner personellen, materiellen oder immateriellen Ressourcen.

- In der zweiten **Phase der Prozessorientierung** hat ein Nachfrager den Vorgang der Dienstleistungserstellung ausgelöst. Der Dienstleistungsanbieter kombiniert seine internen und gegebenenfalls externe Faktoren des Nachfragers im Dienstleistungsprozess. Externe Faktoren können bspw. Personen, Objekte, Rechte, Güter oder auch Informationen sein, die vom Nachfrager zur Verfügung gestellt werden. Diese Phase stellt die produktionstheoretische Sichtweise der Leistungserstellung in den Mittelpunkt.

- Die dritte **Phase der Ergebnisorientierung** liefert als Resultat des Produktionsprozesses des Anbieters ein rein immaterielles oder anteilig materielles Gut, das dem Nachfrager einen Nutzen stiftet.[236]

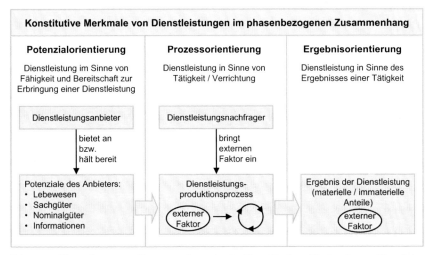

Abb. 2-13:   Phasenbezogener Zusammenhang der drei konstitutiven Merkmale von Dienstleistungen[237]

Die Forschungsdisziplin des **Dienstleistungsmanagements** zielt darauf ab, Erklärungs- und Gestaltungsansätze, die innerhalb der allgemeinen Betriebswirtschaftslehre oftmals für Sachgüter produzierende Industrieunternehmen entwickelt worden sind,

---

[236] Vgl. Meffert/Bruhn (2003), S. 28f., Kleinaltenkamp (2001), S. 33ff., sowie Engelhardt et al. (1993), S. 395ff.
[237] Quelle: In Anlehnung an Berger (2005), S. 15 sowie Hilke (1989), S. 15.

auf die besonderen Anforderungen von Dienstleistungsunternehmen zu adaptieren. Nach CORSTEN ergeben sich die Besonderheiten primär aus den Merkmalen der **Intangibilität** der Dienstleistungsergebnisse, d. h. aus deren fehlender oder zumindest eingeschränkter Greifbarkeit, sowie der **Kontaktintensität** aufgrund der Integration des vom Nachfrager eingebrachten externen Faktors in den Produktionsprozess. Sowohl die Intangibilität als auch die Kontaktintensität können dabei unterschiedlich starke Ausprägungen aufweisen und bewegen sich somit auf einem Kontinuum.[238] In der betriebswirtschaftlichen Forschung zum Dienstleistungsmanagement wurden insbesondere Konzepte für die betrieblichen Kernfunktionen des *Beschaffungs-, Produktions-, Kosten-, Marketing-* und *Qualitätsmanagement* von Dienstleistungsunternehmen entwickelt.[239]

2.2.2.2   IT-Dienstleistungen und IT-Dienstleistungsmanagement

Die Tätigkeiten von IT-Bereichen und Dienstleistungsanbietern weisen einen hohen Grad an Übereinstimmung auf. IT-Bereiche stellen ihre Fähigkeiten **potenzialorientiert** zur IT-Leistungserstellung bspw. in Form von ausgebildeten Fachkräften[240], IT-Systemen und Netzinfrastrukturen bereit. Nach einer Auftragserteilung durch die Kunden erfolgt eine **prozessorientierte** Erstellung der IT-Leistungen. Dabei sind die Anwender aufgrund ihrer in der Vergangenheit stark gestiegenen IT-Kompetenzen zunehmend als externer Faktor in die Informationsverarbeitungsprozesse involviert. Dies zeigt sich etwa auf den Gebieten des Requirements-Engineering, des End-User-Computing oder der Knowledge-Worker. In einer **ergebnisorientierten** Sichtweise entstehen IT-Leistungen, die – wie z. B. ein physischer Server in einem Rechenzentrum – materiell sein können, in den meisten Fällen jedoch ein hohes Maß an **Intangibilität** aufweisen werden – wie z. B. die Funktionalität eines komplexen Enterprise-Resource-Planning-Systems. Des Weiteren ergibt sich eine hohe **Kontaktintensität** zwischen Anwendern und IT-Bereichen sowohl bereits bei der Definition und Implementierung von IT-Leistungen als auch während des Betriebs im Rahmen der Störungsbeseitigung und der Weiterentwicklung.

---

[238] Vgl. Corsten (2001), S. 50f.
[239] Vgl. Corsten (2001), S. 53ff. und Johnston (1994), S. 54 ff. sowie die zahlreichen dort zitierten Literaturquellen zu Forschungsansätzen im Dienstleistungsmanagement.
[240] BURR betont, dass Mitarbeiter für die Erstellung technischer Dienstleistungen, die an technologieintensiven Objekten erbracht werden (z. B. der Betrieb von IT-Systemen im Kundenauftrag), eine einschlägige technische Vorbildung in Form eines Hochschulstudiums oder einer Berufsausbildung sowie technisches Know-how benötigen, vgl. Burr (2003), S. 5.

Aufgrund der genannten Ähnlichkeiten liegt es nahe, im Rahmen der Dienstleistungs-forschung erarbeitete Konzepte auf das Informationsmanagement zu übertragen. Dieser Gedanke ist allerdings nicht neu. Bereits 1982 identifizierte ROCKART den Dienstleistungsaspekt als kritischen Erfolgsfaktor des Informationsmanagements: „*The first, and most obvious, I/S CSF [information systems critical success factor] is service. [...] this CSF refers not only to the effective and efficient performance of necessary operations (for example, terminal response time or the on-time, within-budget development of information systems) but also to the perception of that service by user and corporate management.*"[241] In den Folgejahren wurden weitere Forschungsvorhaben zu diesem Themenkomplex durchgeführt, insbesondere hinsichtlich der Beschaffenheit von IT-Dienstleistungen, zur IT-Kunden-Lieferanten-Beziehung, zur IT-Dienstleistungsqualität sowie zur Ausgestaltung von Systemen zur IT-Dienstleistungserbringung.[242] Im Folgenden werden die Kernbegriffe des IT-Dienstleistungsmanagements entsprechend dem Verständnis der vorliegenden Arbeit abgeleitet.

IT-Dienstleistung und IT-Dienstleistungsmanagement

Die Geschäftsbereiche von Unternehmen bevorzugen oftmals den Bezug von IT-Dienstleistungen als vordefinierte IT-Produkte, die bspw. aus einem Produktkatalog ausgewählt werden können. Im Vergleich zu einer Beteiligung an komplexen IT-Projekten oder an einer detaillierten Spezifikation von Anwendungssystemen wollen sie hierdurch die aus ihrer Perspektive oftmals zu komplexe und intransparente IT-Leistungserstellung vereinfachen.[243] Nach KOTLER stellt ein Produkt eine Leistung dar, welche die Bedürfnisse eines Kunden befriedigt und für ihn einen Nutzen erzielt.[244] In Analogie zu dieser Begriffsauffassung soll hier unter einer **IT-Dienstleistung** bzw. synonym einem **IT-Service**[245] eine von einem Dienstleister bereitgestellte und betriebene geschäftsprozessunterstützende IT-Funktion verstanden werden, die von dem Leistungsabnehmer als eine abgrenzbare, anwendungsorientierte Einheit wahrgenommen wird und bei ihm einen Nutzen erzeugt. IT-Dienstleistungen werden aus

---

[241] Rockart (1982), S. 17.
[242] Vgl. Kern (1998), S. 49ff. sowie Rands (1992), S. 189ff. und die zahlreichen dort zitierten Literaturquellen zu Forschungsprojekten im Bereich des IT-Dienstleistungsmanagements.
[243] Vgl. Holst/Holst (1998), S. 58 ff.
[244] Vgl. Kotler (2003), S. 407.
[245] Um Abweichungen vom angloamerikanischen Sprachgebrauch zu vermeiden, werden dem Vorschlag von MEFFERT und BRUHN folgend in der vorliegenden Arbeit die Begriffe Dienstleistung und Service synonym verwendet, vgl. Meffert/Bruhn (2003), S. 30 sowie Kleinaltenkamp (2001), S. 29.

Sicht des Kunden durch die Eigenschaftsmerkmale *Funktionalität, Qualität, Preis* sowie *Menge* bestimmt und verfügen über eine definierte Schnittstelle. Eine charakteristische Eigenschaft einer IT-Dienstleistung ist die Erfordernis eines **IT-Betriebs**. Dies bedeutet, dass vom Dienstleister kontinuierlich Aktivitäten erforderlich sind, damit die IT-Dienstleistung dem Dienstnehmer bereitgestellt werden kann. Ein Beispiel für eine solche IT-Dienstleistung ist die Bereitstellung eines Personalabrechnungsmoduls einer Standardanwendungssoftware einschließlich aller Unterstützungsangebote für den Anwender.[246]

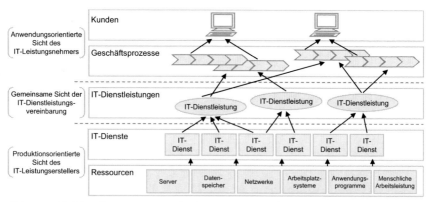

Abb. 2-14:   IT-Dienstleistungen aus Sicht des Leistungserstellers und des Leistungsnehmers[247]

Dieses Beispiel verdeutlicht, dass zur Erbringung einer IT-Dienstleistung in der Regel eine Kombination mehrerer IT-Dienste erforderlich ist. Während IT-Dienstleistungen somit die anwendungsorientierte Sicht des Kunden und die absatzwirtschaftliche Sicht des Leistungserstellers repräsentieren, stellen **IT-Dienste** die produktionswirtschaftliche Perspektive, d. h. den Output der Produktionsprozesse des Leistungserstellers, dar. Eine IT-Dienstleistung kann folglich auch als Bündel von IT-Diensten angesehen werden (s. Abb. 2-14).[248]

---

[246] Vgl. Kemper et al. (2004), S.23, Herzwurm/Pietsch (2009), S. 207, Heinrich/Stelzer (2009), S. 318f., Zarnekow et al. (2005a), S. 18 sowie Schmidt (2005), S. 9.
[247] Quelle: In Anlehnung an Uebernickel et al. (2006), S. 201, Schmidt (2005), S. 8 sowie Rands (1992), S. 196.
[248] Vgl. Zarnekow (2007), S. 48ff. sowie Mayerl et al. (2003), S. 335.

Grundsätzlich sind zwei verschiedene Arten von IT-Diensten zu unterscheiden:

- **IT-Kerndienste** werden vom Kunden innerhalb seiner Geschäftsprozesse in Anspruch genommen und erzeugen dort einen Nutzen. Sie treten entsprechend der allgemeinen Architektur eines IT-Systems als Kommunikations-, System- und Anwendungsdienste auf. Realisiert werden sie durch den Einsatz der Ressourcen des Leistungserstellers, d. h. typischerweise durch Server, Datenspeicher, Netzwerke, Arbeitsplatzsysteme, Anwendungsprogramme und menschliche Arbeitsleistung. Die Granularität eines IT-Kerndienstes ist dabei unternehmensindividuell festzulegen. Sie kann ein breites Spektrum von einzelnen Ressourcen (z. B. der Bereitstellung von Rechenzeit, der Durchführung von Transaktionen oder dem Angebot von Personal zur Softwareentwicklung) bis hin zu IT-Lösungen in Form von Anwendungssystemen umfassen (etwa das oben angebrachte Beispiel des Personalabrechnungsmoduls einer Standardanwendungssoftware).[249]

- **IT-Zusatzdienste** bilden für den Kunden – in Abhängigkeit von seinem eigenen Kenntnisstand – die Grundlage zur Inanspruchnahme der IT-Kerndienste. Sie werden durch die Kooperation des Betriebspersonals des IT-Leistungserstellers in Form definierter Arbeitsprozesse erbracht:[250]

  o **Inbetriebnahmedienste** betreffen die Aktivitäten zum erstmaligen Einsatz von Netz-, System- und Anwendungskomponenten wie z. B. die Planung und Durchführung der Installation von Hardware, Betriebsystem- und Anwendungssoftware.

  o **Informations- und Schulungsdienste** dienen der Weitergabe des Expertenwissens des IT-Leistungserstellers hinsichtlich des effektiven und effizienten Einsatzes von IT-Systemen an die Kunden in Form von Schulungen und Seminaren.

  o **Beratungs- und Störungsbehebungsdienste** helfen zum einen dem Kunden bei der Analyse seines Informationsbedarfs und der Bündelung von IT-Diensten zu umfassenden IT-Dienstleistungen. Zum anderen wird die Beseitigung von aufgetretenen Störungen angeboten.

  o **Wartungs- und Pflegedienste** beinhalten laufende Tätigkeiten, um die Verwendbarkeit von IT-Dienstleistungen aufrecht zu erhalten, wie z. B. die Beseiti-

---

[249] Vgl. Hegering et al. (1999), S. 402, Mayerl (2001), S. 43f., Mayerl et al. (2003), S. 335 sowie Zarnekow et al. (2005a), S. 20f.
[250] Vgl. Hegering et al. (1999), S. 402, Mayerl (2001), S. 44 sowie Mayerl et al. (2003), S. 335f.

gung von Fehlern, die Anpassung an geänderte Rahmenbedingungen oder die Erweiterung der Funktionalität.[251]

Der Betrachtungsgegenstand der vorliegenden Arbeit liegt im Bereich derjenigen Aufgabenkomplexe eines IT-Leistungserstellers, die während der Betriebsphase von IT-Dienstleistungen erbracht werden, d. h. IT-Kerndienste sowie Beratungs-, Störungs-, Wartungs- und Pflegedienste. Inbetriebnahme-, Informations- und Schulungsdienste, die primär während der Gestaltungs- und Einführungsphase von IT-Dienstleistungen anfallen, liegen nicht im Fokus der Untersuchung.

Ergänzend können IT-Dienstleistungen auch in Abhängigkeit von den Optimierungszielen der IT-Leistungserstellung klassifiziert werden:[252]

- **Massendienste** sind darauf ausgerichtet, eine sehr große Zahl von Kunden zu minimalen Kosten zu versorgen. Der Dienstleister erbringt sie auf der Basis einer technischen Plattform, die für alle Kunden identische Prozesse vorsieht (z. B. Telefon- und E-Mail-Dienste).

- **Standarddienste** zielen auf einen Mittelweg zwischen effizienter und flexibler Leistungserbringung. Sie werden – ebenso wie die Massendienste – mittels einheitlicher Prozesse auf einer technischen Plattform erbracht. Die Kunden haben jedoch die Möglichkeit, die Dienstleistungen innerhalb vorgegebener Grenzen nach ihren Anforderungen konfigurieren zu lassen. Oftmals werden verschiedene Klassen eines Dienstes angeboten, die sich hinsichtlich ihrer Funktionalität unterscheiden (z. B. der Zugang zu einzelnen Modulen eines Standardanwendungssystems mit rollenbasierten Benutzerprofilen).

- **Individualdienste** bieten den Leistungsnehmern einen hohen Grad an Flexibilität. Sie werden nach Maßgabe der Anforderungen einzelner Kunden entworfen und realisiert. Die Implementierung beruht oftmals auf einer Kombination von Standard- und Massendiensten, deren Prozesse individuell konfiguriert und erweitert werden (z. B. Vertriebsunterstützungssystem für Key-Account-Manager eines Großanlagenbauers). Dies senkt die Effizienz der Leistungserstellung und führt zu höheren Kosten im Vergleich zu den Massen- und Standard-Diensten.

Das **IT-Dienstleistungsmanagement** umfasst die Aufgaben der Planung, Steuerung und Kontrolle der Erstellung und Lieferung von IT-Dienstleistungen und IT-Diensten

---

[251] Vgl. Hegering et al. (1999), S. 402f., Heinrich/Stelzer (2009), S. 318f., IEEE (1990), S. 46 sowie Mayerl (2001), S. 44.
[252] Vgl. im Folgenden Schmidt (2005), S. 10 sowie Berger (2005), S. 44f.

gemäß der oben abgeleiteten Definition. Die Umsetzung des IT-Dienstleistungsmanagements erfolgt auf Basis der Gestaltungsempfehlungen serviceorientierter Ansätze des Informationsmanagements. Sie richtet sich somit an den Grundsätzen der
Kunden-, der Produkt-, der Prozess- sowie der Lebenszyklusorientierung aus, um einen hohen Grad an Professionalität der IT-Leistungserstellung sicherzustellen.[253]

Rollen im Kontext des IT-Dienstleistungsmanagements

Im Rahmen des IT-Dienstleistungsmanagements können mehrere Rollen differenziert
werden:[254]

- **Anwender** oder IT-Dienstnehmer sind Kunden bzw. Käufer einer IT-Dienstleistung. Als Anwender treten Organisationseinheiten wie bspw. Unternehmen, Unternehmensbereiche oder Fachabteilungen auf, die für die Auswahl, den Entwurf,
die Gestaltung und den Einsatz von IT-Dienstleistungen verantwortlich sind. Sie be-
auftragen gewöhnlich IT-Dienstleister mit der Erstellung und Lieferung der IT-
Dienstleistungen. Anwender sind verantwortlich für die Steuerung der optimalen
Nutzung von IT-Dienstleistungen auf der Seite der Dienstnehmer. Zwischen dem
Anwender und dem IT-Dienstleister wird eine Vereinbarung über die zu erbringenden Leistungen geschlossen.

- **Endbenutzer**, kurz Nutzer, sind i. d. R. natürliche Personen, welche die Funktionalität einer IT-Dienstleistung zur Unterstützung der Erfüllung ihrer Aufgaben verwenden. Endbenutzer haben – im Gegensatz zu Anwendern – unmittelbaren Kontakt zu IT-Dienstleistungen.

- Ein **IT-Dienstleister** oder IT-Dienstgeber erstellt IT-Dienstleistungen für IT-
Anwender. Hierbei kann es sich sowohl um unternehmensinterne als auch um un-
ternehmensexterne Kunden handeln. Ein IT-Dienstleister ist für die dienstgebersei-
tige Einhaltung der Vereinbarung über die zu erbringenden IT-Dienstleistungen
verantwortlich. Er entwirft, realisiert und betreibt die vereinbarten IT-Dienstleistungen. Darüber hinaus koordiniert er gegebenenfalls vorhandene IT-Lieferanten.

---

[253] Vgl. Kemper et al. (2004), S. 23 sowie Heinrich/Stelzer (2009), S. 318ff.; zur Darstellung serviceorientierter Ansätze des Informationsmanagements sowie der Ableitung der Grundsätze der Kunden-, der
Produkt-, der Prozess- sowie der Lebenszyklusorientierung s. Kapitel 2.2.1.2.
[254] Vgl. im Folgenden Heinrich/Stelzer (2009), S. 18 und S. 317, Schmidt (2005), S. 16f. sowie Stahl-
knecht/Hasenkamp (2005), S. 12.

- **Externe IT-Lieferanten** sind Unterauftragnehmer eines IT-Dienstleisters. Ein IT-Lieferant trägt einen Teil zur Erstellung einer IT-Dienstleistung bei oder er erbringt sie vollständig. IT-Lieferanten werden üblicherweise einbezogen, wenn ein IT-Dienstleister nicht über alle erforderlichen Ressourcen zur wirtschaftlichen Erstellung einer IT-Dienstleistung verfügt. Es können auch Dienstleisterhierarchien mit mehreren IT-Lieferanten gebildet werden.

IT-Dienstvereinbarungen

Im Verhältnis zwischen Anwendern und IT-Dienstleistern kommt der IT-Dienstleistungs- bzw. IT-Servicequalität Bedeutung zu. In Anlehnung an den Qualitätsbegriff der Norm DIN EN ISO 9000:2005 gibt die IT-Dienstleistungsqualität Auskunft darüber, in welchem Ausmaß die Merkmale einer IT-Dienstleistung mit den vorab festgelegten Anforderungen übereinstimmen.[255] Die Erwartungshaltung der Anwender und der erforderliche Ressourcenverbrauch des IT-Dienstleisters zur Erbringung der IT-Dienstleistungen werden in einem gemeinsamen Prozess erhoben und gesteuert. Die daraus resultierenden Rechte und Pflichte beider Seiten werden strukturiert und mit Hilfe von IT-Dienstvereinbarungen formalisiert festgehalten.[256] **IT-Dienstvereinbarungen** bzw. IT-Service-Level-Agreements stellen kennzahlenbasierte Vereinbarungen zwischen einem IT-Dienstgeber und einem IT-Dienstnehmer über die zu gewährleistende Dienstleistungsqualität dar.[257] Auf der Basis ausgewählter, objektiv nachprüfbarer Kennzahlen wie z. B. den Reaktionszeiten oder der Verfügbarkeit von IT-Systemen soll mit Hilfe dieses Ansatzes die IT-Dienstleistungsqualität operationalisiert, gemessen und gesteuert werden. Hierdurch kann die erreichte Qualität der IT-Dienstleistungen gegenüber dem Kunden belegt und somit transparent dargestellt werden. In der Konsequenz werden eine Normierung und eine Garantie der vorab de-

---

[255] In Analogie zu DIN (2005), S. 18f., vgl. hierzu auch Heinrich/Stelzer (2009), S. 518 sowie Kopperger et al. (2009), S. 132. Zu einer Unterscheidung der verschiedenen Dimensionen von Dienstleistungs- und Produktqualität vgl. Garvin (1984), S. 25ff.

[256] Vgl. Bernhard et al. (2006), S. 21.

[257] Vgl. Burr (2002), S. 133, Berger (2005), S. 26 sowie Schmidt (2005), S. 25f. Für die Bezeichnung von IT-Dienstvereinbarungen hat sich im Deutschen noch keine einheitliche Übersetzung des englischen Begriffs IT-Service-Level-Agreement durchgesetzt. In der Literatur finden sich bspw. auch die Begriffe IT-Serviceebenen-Vereinbarung oder IT-Dienstgütevereinbarung, vgl. exemplarisch Heinrich/Stelzer (2009), S. 489ff. und Hegering et al. (1999), S. 81.

finierten Dienstleistungsqualität angestrebt.[258] Die Nutzenpotenziale von IT-Dienstvereinbarungen in der Beziehung zwischen einem IT-Dienstleister und seinen Kunden sowie seinen Lieferanten zeigt Abb. 2-15.

Abb. 2-15: Nutzenpotenziale von IT-Dienstvereinbarungen[259]

2.2.3 Ansätze des IT-Dienstleistungsmanagements

2.2.3.1 Überblick und Einordnung

Eine wesentliche Voraussetzung für die effektive und effiziente Bereitstellung von IT-Dienstleistungen durch einen IT-Dienstgeber ist ein Betriebskonzept, das die strategischen Vorgaben des Informationsmanagements in taktische und operative Aufgaben umsetzt. Es gibt die Aktivitäten vor, die zur Erfüllung der Anforderungen der Kunden

---

[258] Vgl. Burr (2002), S. 510; neben dem auf eine objektive Kennzahlenerfassung ausgerichteten Ansatz der IT-Dienstvereinbarungen existieren auch weiter gehende Konzepte zur Steuerung der Dienstleistungsqualität wie etwa die SERVQAL-Methode nach Zeithaml et al. (1990), die auch subjektiv interpretierbare Aspekte berücksichtigen – bspw. die Zuvorkommenheit oder die Vertrauenswürdigkeit des IT-Dienstgebers. Diese breiteren Ansätze sind in Praxis und Wissenschaft jedoch nicht ohne Kritik geblieben, da ihre Anwendung bei den Kunden unrealistisch hohen Erwartungen hervorrufen kann, die zu einer negativen Voreingenommenheit gegenüber der tatsächlich erlebten Dienstleistungsqualität führen, vgl. Burr/Stephan (2006), S. 178.

[259] Quelle: in Anlehnung an Zarnekow (2007), S. 150 sowie Bernhard (2004), S. 72ff.

erforderlich sind.[260] In den letzten Jahren haben sich eine Reihe von Ansätzen des IT-Dienstleistungsmanagements herausgebildet, die es Unternehmen ermöglichen, individuelle Betriebskonzepte zu entwickeln und organisatorisch zu implementieren. Ihre gemeinsamen Merkmale sind die Prozess- und Serviceorientierung, die den Kunden und dessen Anforderungen in den Mittelpunkt stellen.[261] Diese prozess- und serviceorientierten Ansätze des IT-Dienstleistungsmanagements werden meist als Referenzmodelle bezeichnet.[262]

Referenzmodellierung

Die Referenzmodellierung als Forschungsgebiet innerhalb der Wirtschaftsinformatik verfolgt das Ziel, aus vorgefertigten, generischen Informationsmodellen unternehmensspezifische Modelle abzuleiten. Referenzmodelle werden jeweils für die Ausgestaltung bestimmter Anwendungsbereiche – hier das IT-Dienstleistungsmanagement – konstruiert. Sie können auf konkrete Unternehmenskontexte bedarfsgerecht angepasst werden und unterstützen so den Transfer von betriebswirtschaftlichem Know-how. Durch die Wiederverwendung vorhandener Modelle soll die Effektivität und Effizienz der organisatorischen Implementierung gesteigert werden.[263] SCHÜTTE hat in einer empirischen Untersuchung festgestellt, dass im Bereich der Organisationsgestaltung Unternehmen den primären Nutzen des Einsatzes von Referenzmodellen in der Erkennung von Schwachstellen der eigenen Prozesse sowie in deren Behebung sehen.[264]

Referenzmodelle des IT-Dienstleistungsmanagements

In den letzten Jahren wurde eine Reihe sowohl von frei verfügbaren als auch von eingeschränkt zugänglichen Ansätzen des IT-Dienstleistungsmanagements vorgeschlagen, die von Unternehmen zur Ausgestaltung ihrer IT-Prozesse eingesetzt werden können. BON und VERHEIJEN bspw. haben 25 frei verfügbare Referenzmodelle identifi-

---

[260] Vgl. Mayerl (2001), S. 34 sowie Abeck (1995), S. 34.
[261] Vgl. Bon (2002), S. 1; zum Gedanken der Serviceorientierung im Rahmen der IT-Leistungserstellung s. nochmals Kap. 2.2.1.2.
[262] Vgl. Hochstein/Hunziker (2004), S. 135 sowie Walter/Krcmar (2006), S. 3.
[263] Vgl. Fettke/Loos (2005), S. 19, Becker et al. (2004), S. 1, Becker, Algermissen et al. (2002), S. 1392 sowie Schütte (1998), S. 69f. Zu einer ausführlichen Diskussion des Referenzmodellbegriffs in der Wirtschaftsinformatik vgl. Fettke et al. (2006), Thomas (2006) sowie Fettke/Loos (2004a).
[264] Vgl. Schütte (1998), S. 78f.

ziert, denen in der Unternehmenspraxis eine erkennbare Bedeutung zukommt.[265] Die Abb. 2-16 zeigt eine exemplarische Übersicht in der Literatur mehrfach behandelter Ansätze. Vertiefende Vergleiche und Bewertungen verschiedener Referenzmodelle des IT-Dienstleistungsmanagements finden sich z. B. in Publikationen von BON und VERHEIJEN[266], KAMLEITER und LANGER[267], LARSEN et al.[268], WALTER und KRCMAR[269], HÄUSLER et al.[270], HOCHSTEIN und HUNZIKER[271], SALLÉ[272], PROBST[273] sowie BON[274].[275]

FETTKE und LOOS differenzieren Referenzmodelle nach dem Kriterium der Zugänglichkeit. Referenzmodelle werden danach als uneingeschränkt zugänglich angesehen, wenn sie über die traditionellen Wege der Literaturversorgung wie bspw. Buchhandel, Bibliotheken oder Zeitschriften sowie über das Internet beschafft oder eingesehen werden können. Der Zugang wird als eingeschränkt betrachtet, wenn der vollständige Zugriff auf das Referenzmodell nur für einen geschlossenen Personenkreis möglich ist und Außenstehenden keine bzw. nur eingeschränkte Möglichkeiten zur Analyse und Verwendung des Referenzmodells eingeräumt werden.[276] Den gleichen Sachverhalt unterscheiden HOCHSTEIN und HUNZIKER mit den Begriffen Public-Domain- bzw. Non-Public-Domain-Referenzmodell.[277] Die Beschränkung des Zugangs erfolgt gewöhnlich bei herstellerspezifischen Referenzmodellen, die als kommerziell erwerbbare Produkte von Beratungs- und Softwareunternehmen am Markt angeboten werden.

---

[265] Diese Ansätze decken dabei jeweils unterschiedliche thematische Schwerpunkte ab. Sie wurden von BON und VERHEIJEN anhand ihrer Hauptcharakteristika den Kategorien IT Governance, Informationsmanagement, Qualitätsmanagement, Qualitätsverbesserung sowie Projektmanagement zugeordnet, vgl. Bon/Verheijen (2006), S. 3f.

[266] Vgl. Bon/Verheijen (Hrsg., 2006).

[267] Vgl. Kamleiter/Langer (2006).

[268] Vgl. Larsen et al. (2006).

[269] Vgl. Walter/Krcmar (2006).

[270] Vgl. Häusler et al. (2005).

[271] Vgl. Hochstein/Hunziker (2004).

[272] Vgl. Sallé (2004).

[273] Vgl. Probst (2003).

[274] Vgl. Bon (Hrsg., 2002).

[275] Neben den hier aufgeführten sowie den in den vertiefenden Quellen genannten Ansätzen, die primär auf das Management von IT-Dienstleistungen ausgerichtet sind, existieren weitere Referenzmodelle, die vor allem das Management technischer IT-Infrastrukturen unterstützen sollen (z. B. das *Common Information Model* (CIM)) oder die auf branchenspezifische Aspekte abzielen (z. B. *Enhanced Telecom Operations Map* (eTOM) für Telekommunikationsdienstleistungen), vgl. Hendriks (2006), S. 161ff., DMTF (2011), DMTF (2000) sowie TMF (2011).

[276] Vgl. Fettke/Loos (2004b), S. 6.

[277] Vgl. Hochstein/Hunziker (2004), S. 137.

Ansatz	Initiator	Kurzbeschreibung
Public Domain		
Standardisierungsansätze		
ITIL (IT Infrastructure Library)	OGC (Office of Government Commerce) & itSMF (IT Service Management Forum)	De-facto-Standard des serviceorientierten Informationsmanagements
ISO/IEC 20000 IT Service Management Standard	ISO/IEC (International Organization for Standardization & International Electrotechnical Commission)	Internationaler Standard des serviceorientierten Informationsmanagements
CobiT (Control Objectives for Information and related Technology)	ISACA (Information Systems Audit and Control Association) & ITGI (IT Governance Institute)	Standard zur Prüfung und Kontrolle des Informationsmanagements
Wissenschaftliche Ansätze		
MNM Service Model	Universität München	Generisches Modell zur Definition von servicebezogenen Ausdrücken, Konzepten und Strukturierungsregeln
IT Service CMM	Vrije Universität Amsterdam	Reifegradmodell des IT-Service-Managements
IT Balanced Scorecard	Verschiedene Autoren	Managementinstrument zur Umsetzung der IT-Strategie
Non Public Domain		
ASL	Pink Roccade	Referenzmodell für das Applikationsmanagement
HP IT Service Management Reference Model	Hewlett Packard	Auf ITIL basierendes Prozessmodell für das Informationsmanagement
IBM Tivoli Unified Process	IBM	Auf ITIL basierendes Prozessmodell für das Informationsmanagement
MOF (Microsoft Operations Framework)	Microsoft	Auf ITIL basierendes und auf Microsoft-Umgebungen fokussiertes Prozessmodell für das Informationsmanagement
IPW	Quint Wellington Redwood	Erstes auf ITIL basierendes Prozessmodell für das IT-Service-Management

Abb. 2-16:   Exemplarische Übersicht zu Ansätzen des IT-Dienstleistungsmanagements[278]

Initiatoren von Ansätzen des IT-Dienstleistungsmanagements

Die Entwicklung und Verbreitung von Ansätzen des IT-Dienstleistungsmanagements wird von verschiedenen Initiatoren wie Standardisierungsorganisationen, Wissenschaftlern und kommerziellen IT-Anbietern mit variierenden Zielsetzungen vorangetrieben. Die maßgeblichen Initiatoren werden im Folgenden kurz charakterisiert.

---

[278] Quelle: in Anlehnung an Hochstein/Hunziker (2004), S. 138, Böh/Meyer (2004), S. 103ff. sowie ISO (2005a), S. 1ff.

- **Standardisierungsansätze:**

Standardisierungsansätze im Kontext des Informationsmanagements verfolgen das Ziel, den Austausch von Informationen zwischen Akteuren zu vereinfachen und dadurch effektiver und effizienter zu gestalten.[279] Objekte der Standardisierung können IT-Produkte, IT-Prozesse und IT-Dienstleistungen sein. Für diese Standardisierungsobjekte werden gewöhnlich eine Erhöhung der Zweckdienlichkeit, der Kompatibilität, der Austauschbarkeit, der Sicherheit sowie eine Begrenzung der Variantenvielfalt angestrebt.[280] Standards können in Abhängigkeit von der initiierenden Körperschaft in De-jure- sowie De-facto-Standards[281] unterschieden werden. **De-jure-Standards** werden von national oder international anerkannten Standardisierungsorganisationen in einem formalisierten Standardisierungsprozess erarbeitet und verabschiedet. Auf nationaler Ebene sind dies bspw. das DEUTSCHE INSTITUT FÜR NORMUNG E. V. (DIN) in Deutschland oder die BRITISH STANDARDS INSTITUTION (BSI) im Vereinigten Königreich (UK). Auf zwischenstaatlicher Ebene agiert die INTERNATIONAL ORGANIZATION FOR STANDARDIZATION (ISO) als Vereinigung von nationalen Standardisierungsorganisationen zur Ausarbeitung internationaler Standards mit Sitz in Genf. **De-facto-Standards** hingegen stellen marktliche Standards dar, die von Interessengruppen, Anwender-, Dienstleistungs- oder Hersteller-Unternehmen am Markt durchgesetzt werden konnten und keinen formalen Standardisierungsprozess durchlaufen haben. Aufgrund einer hohen Akzeptanz und Verbreitung in den Unternehmen können sie gleichwohl eine vorherrschende Stellung erreichen.[282]

In der Praxis hat sich vor allen anderen Ansätzen des IT-Dienstleistungsmanagements die **IT Infrastructure Library (ITIL)** flächendeckend etablieren können. ITIL wird mehrheitlich als führendes Rahmenkonzept anerkannt und daher auch als De-facto-

---

[279] Vgl. Buxmann/König (1998), S. 122.

[280] In Analogie zu DIN (2007), S. 17 sowie S. 21ff.

[281] Die beiden Begriffe „Standard" und „Norm" (als Übersetzung des englischen Terminus „standard") werden in der deutschsprachigen Literatur nicht einheitlich voneinander abgegrenzt, vgl. Gebauer/Zinnecker (1992), S. 18. Standards, die von offiziellen Standardisierungsorganisationen verabschiedet worden sind, werden häufig als Normen bezeichnet. Hier soll in Übereinstimmung mit BUXMANN und KÖNIG der Begriff „Norm" als Spezialisierung des Begriffs „Standard" aufgefasst werden. Im Folgenden wird der Begriff „Standard" unabhängig von der initiierenden Körperschaft verwendet, vgl. Buxmann/König (1998), S. 122f. Zu einer detaillierten Begriffsabgrenzung vgl. Gebauer/Zinnecker (1992), S. 18ff.

[282] Vgl. Buxmann (2001), S. 434f., Jakobs (2000), S. 11ff., Jakobs (2006), S. 79ff. sowie Gebauer/Zinnecker (1992), S. 20.

Standard betrachtet.[283] Mehrere wissenschaftliche Studien belegen die Bedeutung und den Umfang der Nutzung der IT Infrastructure Library in Deutschland.[284] ITIL beinhaltet eine umfangreiche und frei verfügbare Zusammenstellung von Aufgaben, die im Rahmen der Planung, der Erbringung und der Unterstützung von IT-Dienstleistungen zu erfüllen sind.[285] Die IT Infrastructure Library wurde in den 1980er Jahren im Auftrag der britischen Regierung von der CENTRAL COMPUTER AND TELECOMMUNICATIONS AGENCY (CCTA) erarbeitet, die im Jahr 2001 in die Dienstleistungsorganisation OFFICE OF GOVERNMENT COMMERCE (OGC)[286] integriert worden ist. Das INFORMATION TECHNOLOGY SERVICE MANAGEMENT FORUM (itSMF) ist eine Vereinigung von Anwender- und Anbieterunternehmen der IT Infrastructure Library. Es existieren sowohl eine internationale itSMF-Dachorganisation als auch zahlreiche nationale Vereinigungen. Die kontinuierliche Weiterentwicklung und Verbreitung der IT Infrastructure Library erfolgt heute unter Federführung der OGC sowie des itSMF.[287]

Seit der Veröffentlichung des Standards **ISO/IEC 20000:2005 Information Technology – Service Management** durch die INTERNATIONAL ORGANIZATION FOR STANDARDIZATION (ISO) im Dezember 2005 ist ein internationaler De-jure-Standard des IT-Dienstleistungsmanagements verfügbar. ISO/IEC 20000 basiert auf dem britischen Standard BS 15000 der BRITISH STANDARDS INSTITUTION (BSI).[288] Er definiert *„requirements for a service provider to deliver managed services of an acceptable quality for its customers"*[289]. Der Standard kann bspw. herangezogen werden als Basis zur Zertifizierung von IT-Dienstleistungsorganisationen oder als Referenzmodell zur Gestaltung und Nutzung des IT-Dienstleistungsmanagements.[290] ISO/IEC 20000 ist strukturell und inhaltlich an der IT Infrastructure Library ausgerichtet. Die beiden Ansätze sind kompatibel. In dem Standard ISO/IEC 20000 werden primär Ziele des IT-Dienstleistungsmanagements formuliert. Die IT Infrastructure Library weist gegenüber

---

[283] Vgl. Kemper et al. (2004), S. 24 und S. 26, OGC (2006), S. 1, OGC (2004), S. 3, Rudd (2006), S. 149, Bon et al. (2005), S. 11 sowie Hochstein/Hunziker (2003), S. 47.
[284] Vgl. exemplarisch Kemper et al. (2004), Hadjicharalambous et al. (2004), Schmidt (2004), Paschke (2003) sowie Holzmüller et al. (2003).
[285] Vgl. Schneider (2004), S. 6.
[286] Die Dienstleistungsorganisation Office of Government Commerce (OGC) ist dem britischen Finanzministerium zugeordnet. Sie erbringt Unterstützungsleistungen für Organisationen des öffentlichen Sektors in Großbritannien im Bereich der Beschaffung sowie des Programm- und Projektmanagements, insbesondere durch die Entwicklung von Standards, vgl. OGC (2007h).
[287] Vgl. Bon et al. (2005), S. 35.
[288] Vgl. Dohle/Rühling (2006), 14.
[289] ISO (2005a), S. 1.
[290] Vgl. Macfarlane (2006), S. 46.

ISO/IEC 20000 einen höheren Detaillierungsgrad auf und beinhaltet Gestaltungshinweise zur Erreichung der in ISO/IEC 20000 adressierten Themenbereiche.[291] Während die IT Infrastructure Library und ISO/IEC 20000 vor allem die taktische und operative Aufgabenebene des Informationsmanagements betreffen, zielt der Ansatz **Control Objectives for Information and related Technology (CobiT)** auf die Führungsaufgaben des Informationsmanagements, die häufig unter dem Leitbegriff IT-Governance subsumiert werden.[292] CobiT stellt ein Referenzmodell dar, das die Umsetzung der IT-Governance in Unternehmen unterstützen soll und wird als De-facto-Standard im Bereich der IT-Governance angesehen. CobiT wurde seit den 1990er Jahren vom internationalen Berufsverband von IT-Revisoren INFORMATION SYSTEMS AUDIT AND CONTROL ASSOCIATION (ISACA) erarbeitet. Die Weiterentwicklung erfolgt inzwischen durch das IT GOVERNANCE INSTITUTE (ITGI), einer mit der ISACA verbundenen Organisation.[293]

- **Wissenschaftliche Ansätze:**

Die im vorigen Abschnitt vorgestellten Standardisierungsansätze betrachten den Untersuchungsgegenstand des IT-Dienstleistungsmanagements jeweils aus unterschiedlichen Perspektiven. In der Regel ergeben sich diese aus der Ausrichtung der initiierenden Organisation. Daher ist eine Kombination verschiedener Referenzmodelle möglich, um eine Abdeckung mehrerer Aufgabengebiete des Informationsmanagements zu erreichen. Bspw. kann ITIL als Ansatz des IT-Dienstleistungsmanagements den wirtschaftlichen Einsatz der IT-Ressourcen zur Erbringung von IT-Dienstleistungen unterstützen. Im gleichen Unternehmen kann CobiT herangezogen werden, um die Erreichung von Unternehmenszielen und regulatorischen Anforderungen durch den Einsatz der Informationstechnologie zu fördern und die hierbei auftretenden Risiken angemessen zu überwachen (vgl. Abb. 2-17).

Des Weiteren erfordern Standardisierungsansätze wie ITIL, ISO/IEC 20000 oder CobiT nicht unbedingt eine vollständige Implementierung. Vielmehr bieten sich in Abhängigkeit vom fachlichen, organisatorischen und technischen Unternehmenskontext eine sinnvolle Auswahl einzelner Komponenten der Ansätze sowie deren bedarfsorientierte Integration an.[294] Hieraus ergibt sich für die Wissenschaft die Aufgabe, Konzepte des

---

[291] Vgl. Bon/Nugteren/Polter (2006), S. 11f.
[292] Zu den Grundlagen der IT-Governance vgl. Kap. 2.2.1.1.
[293] Vgl. Hill (2006), S. 104f.
[294] Vgl. Johannsen/Goeken (2006), S 18f., IT Governance Institute/OGC (2005), S. 17ff. sowie Zarnekow et al. (2005b), S. 17.

IT-Dienstleistungsmanagements zu entwickeln, die eine Anpassung bestehender Ansätze an spezifische Anwendungskontexte – wie z. B. an den Bereich Business Intelligence – ermöglichen.

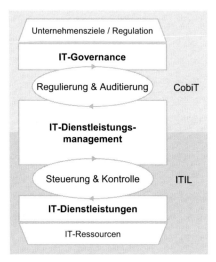

Abb. 2-17:   Kombination von Referenzmodellen des IT-Dienstleistungsmanagements[295]

• **Herstellerspezifische Ansätze:**

Neben den von Standardisierungsorganisationen und wissenschaftlichen Institutionen publizierten Ansätzen des IT-Dienstleistungsmanagements, die gewöhnlich frei zugänglich sind, wurden von kommerziellen Anbietern Referenzmodelle – meist aus der IT Infrastructure Library – abgeleitet. Diese Referenzmodelle werden als kommerzielle Beratungs- oder Software-Produkte vermarktet und sind daher nur eingeschränkt zugänglich (vgl. exemplarisch das Hewlett Packard IT Service Management Reference Model, den IBM Tivoli Unified Process oder das Microsoft Operations Framework; s. hierzu auch nochmals Abb. 2-16).[296] Sie veranschaulichen die Beziehungen zwischen einzelnen Prozessen des IT-Dienstleistungsmanagements auf der Basis detaillierter Input-Output-Schemata. Der wesentliche Nutzen dieser Referenzmodelle entfaltet sich in konkreten Beratungs- und Implementierungsprojekten durch eine vereinfachte

---

[295] Quelle: in Anlehnung an Andenmatten (2006), S. 13, Johannsen/Goeken (2006), S. 18 sowie Sallé (2004), S. 3.
[296] Vgl. Kemper et al. (2004), S. 23f. sowie Bon et al. (2005), S. 11.

und beschleunigte Informationsvermittlung zwischen den Beteiligten. Die Inhalte der Modelle basieren zwar – in unterschiedlichem Umfang – auf ITIL. Sie sind jedoch als Interpretationen der Anbieter zu verstehen, da aus den Veröffentlichungen der OGC zu ITIL kein eindeutiges und allgemein gültiges Prozessmodell abgeleitet werden kann.[297]

2.2.3.2   Standardisierungsansätze

2.2.3.2.1   ITIL

Die **IT Infrastructure Library (ITIL)** stellt ein Rahmenkonzept dar, das die Implementierung und dauerhafte Etablierung des IT-Dienstleistungsmanagements in Unternehmen unterstützt. Hierzu wird die Zielsetzung einer serviceorientierten IT-Leistungserstellung[298] verfolgt: IT-Bereiche sollen einen Wandel von technikorientierten IT-System-Betreibern hin zu kundenorientierten Anbietern von IT-Dienstleistungen vollziehen. Diese IT-Dienstleistungen werden auf der Basis der Anforderungen der Geschäftsbereiche entwickelt und präzise spezifiziert. ITIL ist als eine Sammlung von Common-Practice-Lösungen zu verstehen, die Ziele, Aufgaben, Aktivitäten und Prozesse der serviceorientierten IT-Leistungserstellung umfasst.[299] Die interne Organisation der IT-Leistungserbringer wird auf der Basis dieser Common-Practice-Lösungen prozessorientiert ausgerichtet. Common-Practice-Lösungen weisen eine hohe Verbreitung auf und gelten als erfolgreich erprobt. Des Weiteren können sie an die spezifischen Anforderungen des jeweiligen Unternehmens angepasst werden.[300]

[297] Vgl. Zarnekow et al. (2005b), S. 15.
[298] Zum Ziel der Serviceorientierung des Informationsmanagements vgl. nochmals Kap. 2.2.1.2.
[299] Vgl. Hendriks/Carr (2002), S. 134.
[300] ITIL wird häufig als Best-Practice-Ansatz bezeichnet, vgl. exemplarisch OGC (2006), S. 38, Bon et al. (2005), S. 33 sowie Liebe (2003), S. 325ff. Im Rahmen der Forschung zur Referenzmodellierung kann zwischen Common-Practice- und Best-Practice-Modellen unterschieden werden. Common-Practice-Modelle besitzen den Charakter von De-facto-Standards. Sie bieten durch den Vergleich von Soll-Empfehlungen mit der Ist-Situation von Unternehmen die Möglichkeit zur Identifikation von Schwachstellen und beinhalten konkrete Lösungsansätze zur Erreichung eines branchenüblichen Qualitätsniveaus. Best-Practice-Modelle stellen darüber hinaus innovative, theoriebasierte Erkenntnisse zur Erreichung komparativer Wettbewerbsvorteile bereit. Ihre Anwendung ist jedoch mit Risiken behaftet, da aufgrund des hohen Innovationsgrades eine Validierung in der Praxis für gewöhnlich noch nicht erfolgt ist, vgl. Becker, Algermissen et al. (2002), S. 1392f. ITIL fokussiert nicht auf die Präsentation solcher innovativer, theoriebasierter Ansätze. Vielmehr basiert ITIL auf Erkenntnissen des IT-Dienstleistungmanagements, die in der Unternehmenspraxis weit verbreitet und erprobt sind. Im Sinne dieser Unterscheidung stellt ITIL daher kein Best-Practice- sondern ein Common-Practice-Modell dar, vgl. Zarnekow/Hochstein/Brenner (2004), S. 383.

Das Zentrum der IT Infrastructure Library bilden die fünf Publikationsbände *Service Strategy*, *Service Design*, *Service Transition*, *Service Operation* sowie *Continual Service Improvement* (vgl. Abb. 2-18). Die Einteilung ist an den Lebenszyklusphasen von IT-Dienstleistungen orientiert. Jeder Band behandelt kohärente Aufgabenbündel des Informationsmanagements. Im Band *Service Strategy* werden die strategischen Aufgaben des Informationsmanagements erörtert. Die Bände *Service Design*, *Service Transition* und *Service Operation* entsprechen den taktischen und operativen Aufgabenbereichen des Informationsmanagements.[301] Aufgrund der hohen Interdependenzen der einzelnen Lebenszyklusphasen besitzen die planerischen Aktivitäten in einer Phase auch Auswirkungen auf die realisierenden und kontrollierenden Aktivitäten der nachfolgenden Phasen. Dieser Sachverhalt wird in Abb. 2-18 mit Hilfe der phasenübergreifenden waagerechten Balken visualisiert.

Der Band *Service Design* umfasst die Planung, Steuerung und Kontrolle der IT-Leistungserstellung sowie die Beziehungspflege zu den Anwendern. Der Komplex *Service Transition* setzt sich zusammen aus Aktivitäten zur Übernahme von veränderten und neuen IT-Dienstleistungen in den operativen Betrieb. Der Bereich *Service Operation* beinhaltet die operativen Prozesse der IT-Dienstleistungserstellung sowie unterstützende Zusatzdienste für die Endbenutzer.[302] Die taktischen und operativen Aufgabenbereiche weisen den höchsten inhaltlichen Detaillierungsgrad auf und bilden den Kern des IT-Dienstleistungsmanagements innerhalb der IT Infrastructure Library.[303] Verschiedene empirische Studien haben nachgewiesen, dass diese kundennahen Bereiche der IT Infrastructure Library in der Unternehmenspraxis am häufigsten implementiert worden sind.[304] Im Folgenden werden die Inhalte der ITIL-Bereiche und hierbei insbesondere diejenigen der taktischen und operativen Aufgabenebene skizziert.

---

[301] Vgl. OGC (2007a), S. 159ff. sowie Kneer (2003), S. 79ff.

[302] Vgl. OGC (2007a), S. 8f., Kemper et al. (2004), S. 24, Bon et al. (2005), S. 38 sowie Zarnekow et al. (2005b), S. 19f.

[303] Vgl. Hochstein et al. (2004), S. 71 sowie Hendriks/Carr (2002), S. 134; die Bereiche *Service Design*, *Service Transition* und *Service Operation* der ITIL Version 3 sind inhaltlich aus den Modulen *Service Delivery* und *Service Support* der ITIL Version 2 hervorgegangen.

[304] Vgl. exemplarisch die empirischen Untersuchungen Kemper et al. (2004), S. 26f., Schmidt et al. (2004), S. 27 sowie Materna (2006), S. 13; vgl. hierzu auch Fußnote 303.

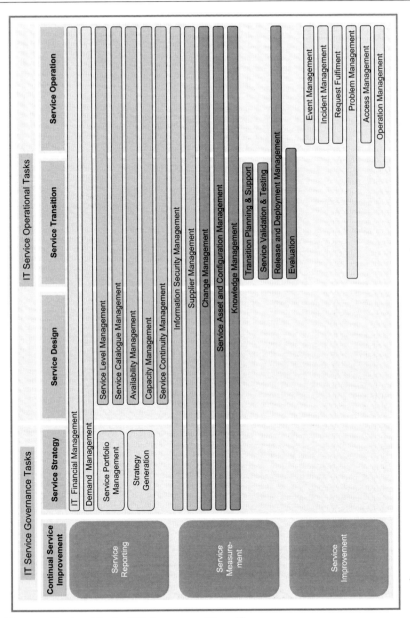

Abb. 2-18: Kernbereiche der IT Infrastructure Library[305]

Service Strategy

Der Bereich *Service Strategy* kann der strategischen Aufgabenebene des Informations-managements bzw. der IT-Governance zugerechnet werden.[306] Angestrebt wird eine Verknüpfung von Unternehmensstrategie und IT-Strategie, um die Umsetzung der übergeordneten Unternehmensziele durch die IT-Organisation zu unterstützen.[307] Die Ziele des Bereichs *Service Strategy* umfassen die Festlegung der internen und externen Märkte, des IT-Angebotsportfolios, der strategischen IT-Ressourcen sowie der Aufbau- und Ablauforganisation für den gesamten Lebenszyklus von IT-Dienstleistungen. Die Realisierung dieser Ziele erfolgt innerhalb der Aufgabenbündel des Financial Managements, des Service Portfolio Managements, des Demand Managements, der Organisationsentwicklung, des IT-Risikomanagements sowie des Sourcing Managements.[308] Hierdurch werden die normativen Rahmenbedingungen für die IT-Leistungserstellung auf der taktischen und der operativen Ebene des Informationsmanagements vorgegeben.

Service Design

Das *Service Design* zielt auf den Entwurf von IT-Dienstleistungen ab, welche die einem permanenten Wandel unterworfenen Anforderungen der Geschäftsbereiche erfüllen sollen. Der Bereich *Service Design* umfasst taktische Aufgaben des Informationsmanagements. Er liefert die Leitlinien für die Planung und den Entwurf der IT-Dienstleistungen und der Prozesse zur IT-Leistungserbringung. Die strategischen Vorgaben aus dem Bereich *Service Strategy* werden konkretisiert in Form von IT-Dienstleistungsportfolios und Ressourcen zur IT-Leistungserstellung. Das *Service Design* umschließt sowohl die Planung neuer als auch die Veränderung bestehender IT-Dienstleistungen. Die Kernaufgabenblöcke aus Abb. 2-18 werden im Folgenden kurz dargestellt.

- Das **Service Catalogue Management** hat die Bereitstellung einer zentralen Informationsquelle hinsichtlich aller vereinbarten IT-Dienstleistungen zum Inhalt. Alle betroffenen Unternehmensbereiche sollen eine präzise und konsistente Über-

---

[306] Vgl. hierzu nochmals die Ausführungen zu den Aufgaben des Informationsmanagements und der IT-Governance in Kap. 2.2.1.

[307] Vgl. Köhler (2005), S. 259ff., Chan (2002), S. 98f., Henderson/Venkatraman (1999), S. 475f. sowie Rudd (2006), S. 157.

[308] Vgl. OGC (2007a), S. 8f.

sicht der IT-Dienstleistungen, ihrer Detailinformationen und ihres aktuellen Status aus Kundensicht abrufen können.[309]

- Das **Service Level Management** dient der Verhandlung, Vereinbarung und Dokumentation der Zielvorgaben für IT-Dienstleistungen mit Hilfe von IT-Dienstvereinbarungen bzw. IT Service Level Agreements zwischen dem Leistungsersteller und dessen Kunden. Im Anschluss werden die erbrachten Leistungen sowie die Einhaltung der IT-Dienstvereinbarungen überwacht und die Ergebnisse an die Kunden berichtet.[310]

- Das **Capacity Management** besitzt die Aufgabe, die erforderlichen IT-Kapazitäten auf Basis der geschäftlichen Anforderungen rechtzeitig und wirtschaftlich zur Verfügung zu stellen. Dies beinhaltet sowohl die optimale Auslastung der vorhandenen als auch die Prognose der zukünftig erforderlichen IT-Ressourcen entsprechend der geplanten Nachfrage der Fachbereiche. Mit Hilfe des Capacity Managements können Überkapazitäten vermieden werden.[311]

- Mit Hilfe des **Availability Managements** wird sichergestellt, dass die Endbenutzer mit einem hohen Verfügbarkeitsgrad, der den IT-Dienstvereinbarungen entspricht, auf die IT-Dienstleistungen zugreifen können. Auftretende Ausfälle sollen schnell behoben werden. Die Verfügbarkeit der IT-Dienstleistungen wird von einer zuverlässigen und wartbaren IT-Infrastruktur sowie von einer leistungsfähigen IT-Betriebsorganisation positiv beeinflusst.[312] Das Availability Management umfasst sowohl vorbeugende Maßnahmen (wie bspw. die Entwicklung von Vorgaben für neue und zu ändernde IT-Dienstleistungen sowie für die IT-Betriebsorganisation) als auch reaktive Maßnahmen (wie bspw. die Überwachung und Kontrolle der Verfügbarkeit von Komponenten und IT-Dienstleistungen).[313]

- Das **IT Service Continuity Management** befasst sich mit Katastrophen im Sinne von Schadensereignissen, deren Eintrittswahrscheinlichkeit als niedrig und deren potenzieller Schadensumfang als hoch eingeschätzt werden wie z. B. Feuer, Blitzeinschlag, Wassereinbruch oder Gewalteinwirkung von außen.[314] Es schafft die Voraussetzungen, um im Fall einer Katastrophe, die zu einer Unterbrechung der IT-

---

[309] Vgl. OGC (2007b), S. 60f.
[310] Vgl. OGC (2007b), S. 65ff.
[311] Vgl. OGC (2007b), S. 79ff.
[312] Vgl. Bon et al. (2005), S. 183f.
[313] Vgl. OGC (2007b), S. 97ff.
[314] Vgl. Heinrich/Stelzer (2009), S. 196.

Leistungserstellung führt, den Betriebsablauf in einer angemessenen Zeit wieder aufzunehmen und Interimslösungen wie bspw. redundante Rechenzentren für die Stillstandszeit vorzuhalten. Aufgrund der in vielen Unternehmen hohen Abhängigkeit kritischer Geschäftsprozesse von der Verfügbarkeit der IT-Dienstleistungen soll das IT Service Continuity Management materielle und immaterielle Risiken – wie z. B. finanzielle Verluste oder eine Rufschädigung – minimieren.[315]

- Das **Information Security Management** zielt auf die Sicherstellung der Integrität, Verfügbarkeit und Vertraulichkeit der Informationsinfrastruktur eines Unternehmens. Ausgehend von den Vorgaben der IT-Strategie werden IT-Sicherheitsgrundsätze und -pläne entwickelt, deren Umsetzung mit Hilfe von regelmäßigen IT-Sicherheitsaudits überprüft wird.[316]

- Das **Supplier Management** beinhaltet die Steuerung der IT-Zulieferer sowie der von ihnen zur Verfügung gestellten Leistungen, um diese unter Einhaltung der Kundenanforderungen in das Gesamtportfolio der IT-Dienstleistungen zu integrieren. Aufgaben sind die Anbahnung, die Abwicklung und die Beendigung der Beziehung zu IT-Lieferanten sowie der damit verbundenen Rechtsverhältnisse auf der Basis von Verträgen. Die Leistungserbringung externer Lieferanten wird regelmäßig überwacht und auf ihre Wirtschaftlichkeit überprüft. Im Falle von Leistungsstörungen wird deren vertragsgerechte Beseitigung sichergestellt.[317]

Service Transition

Der Bereich *Service Transition* beinhaltet die Aufgaben des Informationsmanagements an der Schnittstelle zwischen dem Entwurf und dem kontinuierlichen Betrieb von IT-Dienstleistungen. Behandelt wird die Gestaltung der Rahmenbedingungen, die eine IT-Organisation befähigen, neu erstellte oder modifizierte IT-Dienstleistungen in den operativen Betrieb zu übernehmen. Das Ziel besteht in der Beherrschung der Komplexität, die durch eine Änderung von IT-Dienstleistungen und Prozessen des IT-Dienstleistungsmanagements entsteht. Unerwünschte Effekte im Rahmen der Umsetzung von Neuerungen sollen minimiert werden. Mögliche Änderungen können bspw. eine Einführung oder Modifikation von IT-Dienstleistungen, ein Wechsel von IT-Zulieferern, eine Änderung des verfügbaren Mitarbeiter-Know-hows, eine Abgabe bzw.

---

[315] Vgl. OGC (2007b), S. 125ff., Victor/Günther (2005), S. 83ff. sowie Bon et al. (2005), S. 169ff.
[316] Vgl. Heinrich/Stelzer (2009), S. 183ff., OGC (2007f), S. 23 sowie OGC (2007b), S. 141ff.
[317] Vgl. OGC (2007b), S. 149ff. sowie Heinrich/Stelzer (2009), S. 321f.

Hinzunahme von Endbenutzergruppen oder ein Wandel geschäftlicher Anforderungen sein. Es wird unterschieden zwischen Aufgaben, die primär innerhalb des Bereichs *Service Transition* relevant sind (*Transition Planning and Support, Release and Deployment Management, Service Testing and Validation, Evaluation*) sowie Aufgaben, die ausgeprägte Interdependenzen mit anderen Lebenszyklusphasen von IT-Dienstleistungen aufweisen (*Change Management, Service Asset and Configuration Management, Knowledge Management*) und für diese Phasen Unterstützungsleistungen erbringen (vgl. Abb. 2-18).[318]

- Das **Change Management** soll standardisierte Vorgehensweisen zur Durchführung von Änderungen an IT-Dienstleistungen bereitstellen, die eine Umsetzung geänderter geschäftliche Anforderungen ermöglichen und gleichzeitig negative Auswirkungen auf den IT-Betrieb minimieren. Unter einer Änderung wird eine Erweiterung, Modifikation oder Stilllegung einer genehmigten, geplanten bzw. unterstützten IT-Dienstleistung oder einer IT-Dienstleistungskomponente verstanden. Erforderliche Änderungen sind zu genehmigen, zu priorisieren, zu planen, zu testen, zu implementieren, zu evaluieren und zu dokumentieren.[319]

- Das Ziel des **Service Asset and Configuration Management** besteht in der sich über den gesamten Lebenszyklus erstreckenden Kontrolle der IT-Ressourcen. Diese werden als Configuration Items (CI) bezeichnet. Auf der Basis eines Configuration Management Systems (CMS) wird ein logisches Modell der IT-Dienstleistungen und der IT-Infrastrukturkomponenten sowie der Beziehungen zwischen diesen Elementen aufgebaut und gepflegt. Das CMS bildet ein zentralisiertes, konsistentes und redundanzfreies Informationssystem. Es dient der Versorgung der anderen Aufgabenbereiche des IT-Dienstleistungsmanagements mit Informationen über aktuelle, historische und geplante Betriebszustände der Configuration Items, um bspw. die Konsequenzen von Änderungen abschätzen, die Ursachen und Auswirkungen von Störungen erkennen oder die Kapazitätsauslastung optimieren zu können.[320]

- Das **Knowledge Management** besitzt die Aufgabe, die im Rahmen der IT-Leistungserstellung involvierten Mitarbeiter mit Daten, Informationen und Wissen im erforderlichen Umfang zum richtigen Zeitpunkt an der richtigen Stelle zu ver-

---

[318] Vgl. OGC (2007c), S. 6ff.
[319] Vgl. OGC (2007c), S. 42ff.
[320] Vgl. OGC (2007c), S. 65ff. sowie Zarnekow et al. (2005b), S. 215ff.

sorgen. Das Ziel besteht in einer qualitativen Verbesserung der Entscheidungsprozesse. Die Mitarbeiter sollen durch die Nutzung des verfügbaren Wissens über IT-
Betriebssituationen in die Lage versetzt werden, Handlungsoptionen richtig zu bewerten und in der Folge qualitativ hochwertige IT-Dienstleistungen zu erbringen.
Relevantes Wissen in einer konkreten Betriebssituation kann bspw. die Identität
eines betroffenen IT-Leistungsnehmers sein, die für ihn akzeptablen IT-Risiken,
seine IT-Qualitätserwartungen, aktuell verfügbare IT-Ressourcen oder zeitliche Re-
striktionen.[321]

- Der Bereich **Transition Planning and Support** umfasst die Planung und Koordination der Inbetriebnahme neuer und geänderter IT-Dienstleistungen. Hierzu gehören auch das Risiko- und Qualitätsmanagement sowie die Abstimmung der Planung mit den Kunden-, IT-Dienstleistungs- und Lieferantenportfolios.[322]

- Das **Release and Deployment Management** verfolgt die Aufgabe, neue, autorisierte und auf ihre Kompatibilität getestete Versionen von IT-Dienstleistungen zu
implementieren. Formalisierte Vorgehensweisen sollen helfen, die Aufrechterhaltung der Produktionsumgebung sowie der IT-Dienstleistungsqualität sicherzustellen. Es besteht eine enge inhaltliche Verbindung zum Change Management. Während das Change Management primär koordinierende Aufgaben übernimmt, ist das
Release and Deployment Management auf die Umsetzung von Änderungen in der
IT-Leistungserstellung ausgerichtet.[323]

- Im Rahmen des Bereichs **Service Testing and Validation** wird eine strukturierte
Vorgehensweise zur Qualitätssicherung angewendet, um einen objektiven Nachweis zu erbringen, dass eine neue oder veränderte IT-Dienstleistung die ausgehandelten IT-Dienstvereinbarungen einhalten kann. Diese Qualitätssicherung umfasst
die Prüfung der innerhalb eines Release ausgelieferten Komponenten einer IT-
Dienstleistung sowie deren Interaktion.[324]

- Der Bereich **Evaluation** beinhaltet die Aufgabe, eine ganzheitliche Analyse und
Bewertung der umgesetzten Änderungsvorhaben an IT-Dienstleistungen durchzuführen. Das tatsächliche Ergebnis eines Änderungsvorhabens wird mit den geplan-

---

[321] Vgl. OGC (2007c), S. 145ff.
[322] Vgl. OGC (2007c), S. 35ff.
[323] Vgl. OGC (2007c), S. 84ff. sowie Bon et al. (2005), S. 107ff.
[324] Vgl. OGC (2007c), S. 115ff.

ten Werten verglichen. Abweichungen zwischen den beiden Zuständen werden gegebenenfalls korrigiert.[325]

Service Operation

Der Bereich *Service Operation* kann der operativen Aufgabensphäre des Informationsmanagements zugeordnet werden. Er beinhaltet die Koordination und Ausführung der im Rahmen des *Service Design* entworfenen und im Rahmen der *Service Transition* implementierten IT-Dienstleistungen. Die fortlaufende Erbringung der IT-Dienstleistungen wird überwacht. Im Fall von Störungen werden Maßnahmen zu deren Behebung ergriffen. Die IT Infrastructure Library differenziert im Bereich *Service Operation* zwischen prozessorientiert zu erbringenden Aufgaben (*Event Management, Incident and Problem Management, Request Fulfilment, Access Management*) und der Aufbauorganisation zuzurechnenden funktionalen Einheiten (*Service Desk, Technical Management, IT Operations Management, Application Management*). Die Elemente des Bereichs *Service Operation* werden im Folgenden skizziert.

- Das **Event Management** dient der Überwachung und Analyse der Ereignisse, die während des Betriebs der IT-Infrastruktur auftreten. Normale Betriebszustände werden erfasst. Ausnahmeereignisse sollen erkannt und genutzt werden, um die ihnen zugrunde liegenden Störungen des IT-Betriebs zu beheben.[326]

- Die Bereiche **Incident and Problem Management** beschäftigen sich mit ungeplanten Unterbrechungen der IT-Leistungserstellung sowie Verminderungen der IT-Dienstleistungsqualität. Das Incident Management beseitigt solche Störungen so schnell wie möglich, um nachteilige Effekte für die Geschäftsprozesse des Unternehmens zu minimieren. Das Problem Management dagegen führt eine Ursachenanalyse durch, um die unbekannten Auslöser einer oder mehrer Störungen zu erkennen und zu beseitigen. Wiederkehrende Störungen sollen hierdurch vermieden werden.[327]

- Das **Request Fulfilment** dient der Bearbeitung von Benutzeranfragen. Hierbei handelt es sich oftmals um Auskünfte sowie kleine, standardisierte Änderungen wie bspw. eine Passwortänderung oder eine Software-Installation auf einem Ar-

---

[325] Vgl. OGC (2007c), S. 138ff.
[326] Vgl. OGC (2007d), S. 35ff.
[327] Vgl. OGC (2007d), S. 46 ff. sowie S. 58ff.

beitsplatzrechner. Benutzeranfragen sind in der Regel durch ein geringes Risiko gekennzeichnet, treten häufig auf und die Kosten eines Einzelfalls sind gering.[328]

- Das **Access Management** gewährt autorisierten Benutzern den Zugang zu IT-Dienstleistungen und verhindert einen unautorisierten Zugriff. Hierzu ist es erforderlich, autorisierte Benutzer korrekt identifizieren zu können und ihre Zugangsrechte in Abhängigkeit von ihrer Funktion im Unternehmen zu steuern.[329]

- Der **Service Desk** stellt die primäre Kontaktstelle für Benutzer dar. Er steuert die Kommunikation zwischen dem IT-Leistungserbringer und den Benutzern, die sich bspw. mit Anfragen zu IT-Dienstleistungen, einigen Arten von Änderungsanträgen oder im Falle von Störungen der Verfügbarkeit von IT-Dienstleistungen an den Service Desk wenden können.[330]

- Die Bereiche **IT Operations Management**, **Technical Management** sowie **Application Management** stellen technische Fähigkeiten und Ressourcen bereit, die zum fortlaufenden Betrieb von IT-Dienstleistungen, Anwendungssystemen und IT-Infrastrukturen erforderlich sind.[331]

Continual Service Improvement

Der Bereich *Continual Service Improvement* (CSI) als Querschnittsaufgabe beinhaltet das Qualitätsmanagement des IT-Dienstleistungsmanagements. Das Ziel besteht in einer permanenten Anpassung der IT-Leistungserstellung an die im Zeitablauf veränderlichen Anforderungen der Geschäftsbereiche. Hierzu sollen Optimierungsmöglichkeiten für die Bereiche *Service Strategy*, *Service Design*, *Service Transition* und *Service Operation* identifiziert und umgesetzt werden. Angestrebt wird eine kontinuierliche Verbesserung der IT-Dienstleistungen sowie der zugehörigen IT-Prozesse und IT-Infrastrukturen.[332] Wesentliche Aufgaben in diesem Zusammenhang sind die Implementierung eines Systems zur mehrdimensionalen Leistungsmessung (*Service Measurement*), eines Berichtswesens (*Service Reporting*) sowie eines dedizierten Verbesserungsprozesses (*Improvement Process*) für das IT-Dienstleistungsmanagement (vgl. Abb. 2-18).[333]

---

[328] Vgl. OGC (2007d), S. 55ff.
[329] Vgl. OGC (2007d), S. 68ff.
[330] Vgl. OGC (2007d), S. 109ff.
[331] Vgl. OGC (2007d), S. 107ff.
[332] Vgl. OGC (2007e), S. 14ff.
[333] Vgl. OGC (2007f), S. 13 sowie OGC (2007e), S. 43ff.

2.2.3.2.2   ISO/IEC 20000

Der Standard **ISO/IEC 20000** der INTERNATIONAL ORGANIZATION FOR STANDARDIZATION (ISO) spezifiziert ein Rahmenkonzept aus eng zusammenhängenden Managementprozessen der IT-Leistungserstellung, die es IT-Anbietern erlauben, ein fachgerechtes IT-Dienstleistungsmanagement aufzubauen und Leistungen entsprechend dem vereinbarten Qualitätsniveau an die Kunden auszuliefern (vgl. Abb. 2-19).[334]

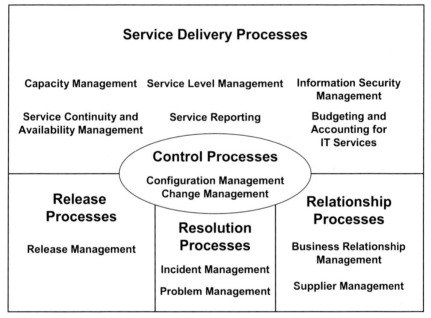

Abb. 2-19:   Prozesse des IT-Dienstleistungsmanagements nach ISO/IEC 20000[335]

Das in dem Standard abgebildete Rahmenkonzept zielt darauf ab, die relevanten Aufgabengebiete der IT-Leistungserstellung zu strukturieren und zu klassifizieren. Sowohl die Auswahl der Managementprozesse als auch die Terminologie sind eng an die IT Infrastructure Library angelehnt.[336]

---

[334] Vgl. Bon/Nugteren/Polter (2006), S. 13 sowie ISO (2005a), S. 1ff.
[335] Quelle: ISO (2005a), S. 1.
[336] Vgl. Dohle/Rühling (2006), S. 14f.; zu den Inhalten der Aufgabenbereiche der IT Infrastructure Library vgl. nochmals Kapitel 2.2.3.2.1.

Der Standard ISO/IEC 20000 trägt den Haupttitel **Information Technology Service Management** und ist in zwei Teile aufgegliedert. In dem Baustein **Part 1: Specification (ISO/IEC 20000-1)** wird die formale Beschreibung der Aufgabengruppen **Service Delivery Processes**, **Control Processes**, **Release Processes**, **Resolution Processes** sowie **Relationship Processes** dargelegt. Es handelt sich um verpflichtende Anforderungen, die von IT-Leistungserstellern erfüllt werden müssen, um eine Zertifizierung auf Basis des Standards erreichen zu können. Hierbei wird etwa hinsichtlich der Größe, des Typs, der Branchenzugehörigkeit oder einer unternehmensinternen bzw. -externen Zuordnung eines Leistungserstellers keine Unterscheidung getroffen. In dem Baustein **Part 2: Code of Practice (ISO/IEC 20000-2)** werden optionale Empfehlungen und Gestaltungshinweise zur Erreichung der Anforderungen aus dem obligatorischen Teil gegeben. Sie bestehen aus erprobten Common-Practice-Lösungen von IT-Auditoren, IT-Anwenderunternehmen und IT-Dienstleistern.[337]

2.2.3.2.3   CobiT

Das Leitbild der IT Governance[338] strebt eine Ausrichtung der Informationstechnologie auf die geschäftlichen Zielsetzungen eines Unternehmens, einen verantwortungsvollen Einsatz von IT-Ressourcen sowie einen angemessenen Umgang mit IT-Risiken an. Voraussetzung hierfür ist ein System aus Grundsätzen, Verfahren und Maßnahmen zur Steuerung und Überwachung von IT-Prozessen.[339] Der vom IT GOVERNANCE INSTITUTE publizierte Ansatz **CobiT (Control Objectives for Information and related Technology)** liefert ein generisches Rahmenkonzept zur Steuerung und Kontrolle der IT-Funktion in einem Unternehmen. CobiT besteht aus vier Aufgabenbereichen (*Domains*), die sich an den Lebenszyklusphasen von IT-Systemen orientieren. Es handelt sich um die Bereiche *Planung und Organisation*, *Beschaffung und Implementierung*, *Lieferung und Unterstützung* sowie *Überwachung und Evaluierung* (vgl. Abb. 2-20). Die Aufgabenbereiche werden in insgesamt 34 IT-Prozesse unterteilt. Diese repräsentieren originäre Aktivitäten eines IT-Leistungserstellers. Jedem IT-Prozess werden wiederum

---

[337] Vgl. Herzwurm/Pietsch (2009), S. 218ff., Bon/Nugteren/Polter (2006), S. 21, Dohle/Rühling (2006), S. 15 sowie Dugmore/Lacy (2006), S. 5.

[338] Zum Begriff der IT Governance vgl. nochmals Kapitel 2.2.1.1.

[339] Vgl. Grembergen et al. (2004), S. 20ff. sowie Meyer et al. (2003), S. 445f.

mehrere Kontrollziele (*Control Objectives*) zugeordnet, die eine aktive Steuerung der IT-Leistungserstellung ermöglichen.[340]

Zur Analyse und Bewertung der Implementierung der IT-Governance-Idee in einem Unternehmen liefert CobiT ein Reifegradmodell. Für jeden der 34 IT-Prozesse kann ein Reifegrad in sechs Abstufungen bestimmt werden von einer nicht existierenden Behandlung des Sachverhalts bis hin zu einer optimierten Prozessqualität.[341]

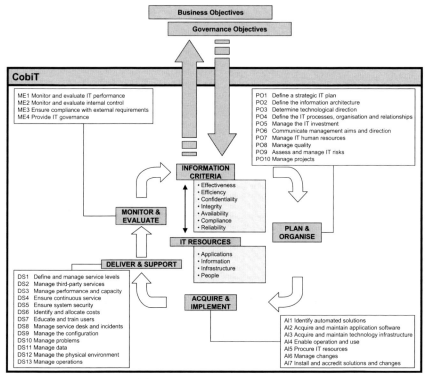

Abb. 2-20:   CobiT-Framework[342]

---

[340] Vgl. IT Governance Institute (2007), S. 12 ff., Brand/Boonen (2007), S. 25ff., Johannsen/Goeken (2007), S. 54ff., Gaulke (2006), S. 22 sowie Guldentops (2004), S. 277ff.

[341] Vgl. IT Governance Institute (2007), S. 17ff., Johannsen/Goeken (2007), S. 83ff., Grembergen et al. (2006), S. 154ff. sowie Gaulke (2006), S. 26.

[342] Quelle: in Anlehnung an IT Governance Institute (2007), S. 26.

2.2.3.3   Wissenschaftliche Ansätze

2.2.3.3.1   MNM-Dienstmodell

Das **MNM-Dienstmodell** der Forschungsgruppe MUNICH NETWORK MANAGEMENT (MNM) TEAM[343] stellt einen generischen Ansatz zur formalen Modellierung von IT-Dienstleistungen dar. Die primäre Zielsetzung besteht im Aufbau einer einheitlichen und konsistenten Terminologie für häufig verwendete Begriffe, Konzepte und Strukturen im Kontext des IT-Dienstleistungsmanagements. Das Modell kann eingesetzt werden, um Szenarien bestehend aus IT-Dienstleistungen und IT-Leistungsanbietern abzubilden und Anforderungen an eine geeignete Ausgestaltung des IT-Dienstleistungsmanagements zu erheben. Bei dem MNM-Dienstmodell handelt es sich um ein konzeptionelles Metamodell, das nicht auf eine direkte Implementierung abzielt. Es soll der Analyse, Identifikation und Strukturierung der im Rahmen der IT-Leistungserstellung erforderlichen Akteure – sowohl innerhalb einer Organisation als auch organisationsübergreifend – sowie ihrer Beziehungen dienen.[344]

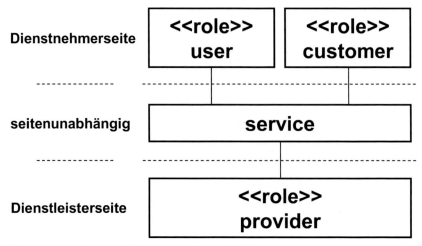

Abb. 2-21:   Basisdienstmodell des MNM-Dienstmodells[345]

---

[343] Die Forschungsgruppe *Munich Network Management (MNM) Team* besteht aus Wissenschaftlern der Ludwig-Maximilians-Universität München, der Technischen Universität München sowie des Leibniz-Rechenzentrums, vgl. Garschhammer et al. (2002), S. 710.

[344] Vgl. Garschhammer et al. (2001b), S. 297ff.

[345] Quelle: in Anlehnung an Garschhammer et al. (2002), S. 699.

Die Abb. 2-21 zeigt den als Basisdienstmodell bezeichneten Kernbereich des MNM-Dienstmodells mit den drei Akteuren Endbenutzer (*user*), Anwender (*customer*) und IT-Dienstleister (*provider*), die untereinander und mit einer IT-Dienstleistung in Beziehung stehen. Das Modell ist in die Sicht der Dienstnehmerseite, der Dienstleisterseite sowie in eine seitenunabhängige Perspektive unterteilt. Die Beschreibung einer IT-Dienstleistung erfolgt in der seitenunabhängigen Perspektive, um von der konkreten Realisierung eines Dienstleisters abstrahieren zu können.[346] Das MNM-Dienstmodell wurde von GARSCHHAMMER ET AL. in mehreren Tagungsbänden wissenschaftlicher Konferenzen veröffentlicht. Die verschiedenen Beiträge enthalten jeweils inkrementelle Erweiterungen des ursprünglichen Modells.[347]

Beispielhafte Einsatzszenarien des MNM-Dienstmodells behandeln technische IT-Infrastrukturdienstleistungen wie E-Mail und Web-Hosting, während betriebswirtschaftliche Anwendungssysteme nicht im Zentrum der Betrachtung der Publikationen liegen.[348] Eine Demonstration der Reichweite erfolgt am Beispiel einer Service-Desk-Implementierung in GARSCHHAMMER ET AL.[349] Die Anwendung des Modells auf das Aufgabenspektrum des IT-Dienstleistungsmanagements in seiner ganzen Breite wurde bisher nicht fokussiert.

2.2.3.3.2   IT Service CMM

Das **IT Service Capability Maturity Model (IT Service CMM)** von NIESSINK ET AL. (Vrije Universiteit Amsterdam) ist ein Reifegradmodell für Organisationen, die IT-Dienstleistungen erbringen. Es beinhaltet zwei Zielsetzungen. Zum einen sollen IT-Leistungsersteller in die Lage versetzt werden, den aktuellen Reifegrad ihrer eigenen Leistungsfähigkeit zu analysieren und zu bewerten. Zum anderen soll das IT Service CMM Hinweise für eine Verbesserung der Leistungserstellungsprozesse bieten.[350] Es basiert auf der Struktur des *Software Capability Maturity Model (Software CMM)* des *SOFTWARE ENGINEERING INSTITUTE* der *Carnegie Mellon University*. Während das Software CMM der Analyse des Reifegrades von Prozessen zur Entwicklung von Software-

---

[346] Vgl. Garschhammer et al. (2002), S. 699ff.
[347] Vgl. hierzu exemplarisch die Publikationen Garschhammer et al. (2001a), Garschhammer et al. (2001b) sowie Garschhammer et al. (2002).
[348] Vgl. hierzu bspw. Hanemann/Schmitz (2004) sowie Hanemann et al. (2004).
[349] Vgl. Garschhammer et al. (2001b).
[350] Vgl. Niessink et al. (2005), S. 9 sowie Niessink (2006), S. 53.

Produkten dient, fokussiert das IT Service CMM auf die Bewertung der Qualität von Betriebsprozessen zur Erstellung und Verteilung von IT-Dienstleistungen.[351]

Process categories / Levels	Management Service planning, management, etc.	Enabling Support and standardization	Delivery Actual service delivery
Optimizing		Technology Change Management Process Change Management	Problem Prevention
Managed	Financial Service Management	Quantitative Process Management	Service Quality Management
Defined	Integrated Service Management	Organization Service Definition Organization Process Definition Organization Process Focus Training Program Intergroup Coordination Resource Management Problem Management	Service Delivery
Repeatable	Service Commitment Management Service Delivery Planning Service Tracking and Oversight Subcontract Management	Configuration Management Service Request and Incident Management Service Quality Assurance	
Initial	Ad hoc processes		

Abb. 2-22:　Reifegrade, Prozesskategorien und Kernprozesse des IT Service CMM[352]

Die Abb. 2-22 zeigt die fünf Reifegrade (*Initial, Repeatable, Defined, Managed* und *Optimizing*), die drei Prozesskategorien (*Management, Enabling, Delivery*) sowie die zugeordneten Kernprozesse des IT Service CMM. Die Kernprozesse repräsentieren relevante Aufgabenbereiche im Rahmen des IT-Dienstleistungsmanagements. Ihre Imple-

---

[351] Vgl. Clerc/Niessink (2004), S. 17f.; das Software Engineering Institute der Carnegie Mellon University hat unter der Bezeichnung *CMMI for Services* ein Reifegrademodell für Dienstleistungsunternehmen veröffentlicht. *CMMI for Services* beinhaltet 24 Dienstleistungsprozesse, die aus ITIL, ISO/IEC 20000, CobiT und IT Service CMM abgeleitet wurden und daher inhaltlich im Wesentlichen mit diesen Ansätzen übereinstimmen. *CMMI for Services* richtet sich generell an Dienstleistungsunternehmen und ist nicht spezialisiert für IT-Dienstleister, vgl. SEI (2010), S. 7 sowie Allison et al. (2006), S. 3.

[352] Quelle: Niessink et al. (2005), S. 20.

mentierung soll sicherstellen, dass die erforderlichen Anforderungen der IT-Leistungserstellung erfüllt werden.[353]

2.2.3.4   Zusammenfassende Bewertung

Die vorgestellten Konzepte des IT-Dienstleistungsmanagements behandeln Ansätze zur Ausgestaltung relevanter Aufgabenbereiche des IT-Betriebs. Ihr gemeinsamer Grundgedanke ist die Ausrichtung an den Leitideen der Kunden-, Prozess-, Produkt- und Lebenszyklusorientierung im Rahmen der Erbringung und Auslieferung von IT-Leistungen.

Die Abb. 2-23 beinhaltet eine qualitative synoptische Gegenüberstellung der Gegenstandsbereiche der verschiedenen Ansätze des IT-Dienstleistungsmanagements. Da die Konzepte abweichende Intentionen verfolgen, kann hieraus keine Einordnung der Vorteilhaftigkeit im Rahmen der Unterstützung des IT-Betriebs abgeleitet werden. Es wird vielmehr die inhaltliche Reichweite und die Bandbreite der abgedeckten Themenstellungen verdeutlicht.[354]

Die zum Vergleich herangezogenen Konzepte ITIL, ISO/IEC 20000, CobiT sowie IT Service CMM weisen generell einen hohen Abdeckungsgrad der Themenstellungen des IT-Betriebs auf. Eine direkte Gegenüberstellung mit dem MNM-Dienstmodell bietet sich nicht an, da dieses als reines Metamodell keine ausgearbeiteten Gestaltungshinweise zu einzelnen Aspekten des IT-Betriebs enthält.

Die unterschiedlichen Zielsetzungen der Konzepte sollen im Folgenden verdeutlicht werden. Die IT Infrastructure Library zeichnet sich neben einer großen Themenbandbreite durch den von allen Ansätzen höchsten Detaillierungsgrad aus. Sie liefert somit im Vergleich zu den anderen Konzepten die umfangreichste, in fünf Publikationsbänden ausgeführte Darstellung zur Ausgestaltung des IT-Betriebs.

Vor dem Bezug von IT-Dienstleistungen ist angesichts ihres hohen Grads an Intangibilität im Vergleich zu materiellen Gütern nur eine eingeschränkte Qualitätsprüfung realisierbar.[355] Durch eine Zertifizierung auf der Basis des Standards ISO/IEC 20000 wird eine Ex-ante-Bewertung ermöglicht, bei der überprüft wird, ob ein IT-Leistungs-

---

[353] Vgl. Clerc/Niessink (2004), S. 41.
[354] Vertiefende Vergleiche der unterschiedlichen Ansätze des IT-Dienstleistungsmanagements können bspw. Bon/Verheijen (Hrsg., 2006), Kamleiter/Langer (2006), Larsen et al. (2006), Walter/Krcmar (2006), Häusler et al. (2005), Hochstein/Hunziker (2004), Sallé (2004), Probst (2003) oder Bon (Hrsg., 2002) entnommen werden.
[355] Zu den Charakteristika von Dienstleistungen und insbesondere IT-Dienstleistungen vgl. nochmals Kapitel 2.2.2.

anbieter konsistente, zuverlässige, wiederholbare und messbare IT-Betriebsprozesse implementiert hat. Aufgrund der Prozessorientierung von ISO/IEC 20000 kann der Standard unabhängig von den jeweiligen organisatorischen Strukturen und den zur Unterstützung des IT-Dienstleistungsmanagements verwendeten IT-Werkzeugen eines IT-Leistungsanbieters herangezogen werden.[356]

Aufgabenbereiche des IT-Dienstleistungsmanagements	ITIL	ISO/IEC 20000	CobiT	IT Service CMM
Service Strategy				
Financial Management	X	X	X	X
Service Portfolio Management	X		X	X
Demand Management	X	X	X	X
Strategy and Organization Development	X		X	X
Service Design				
Service Catalogue Management	X	X	X	X
Service Level Management	X	X	X	X
Capacity Management	X	X	X	X
Availability Management	X	X	X	X
IT Service Continuity Management	X	X	X	X
Information Security Management	X	X	X	X
Supplier Management	X	X	X	X
Service Transition				
Change Mgmt. / Transition Planning and Support	X	X	X	X
Service Asset and Configuration Management	X	X	X	X
Release and Deployment Management	X	X	X	X
Service Validation and Testing	X		X	X
Evaluation	X		X	X
Knowledge Management	X		X	
Service Operation				
Incident Mgmt. / Event Mgmt. / Request Fulfilment	X	X	X	X
Problem Management	X	X	X	X
Access Management	X		X	
Service Desk	X		X	X
IT Operations Mgmt. / Technical Mgmt. / Application Mgmt.	X		X	
Continual Service Improvement				
Service Reporting / Service Measurement	X	X	X	X
Service Improvement	X	X	X	X

Abb. 2-23: Synoptische Gegenüberstellung von Ansätzen des IT-Dienstleistungsmanagements[357]

CobiT zeichnet sich durch eine inhaltlich breite Orientierung aus. Der Ansatz stellt ein generisches Prozessschema, detaillierte Kontrollziele sowie ein Reifegradkonzept be-

---

[356] Vgl. Dugmore/Lacy (2006), S. 5.
[357] Quelle: eigene Darstellung. Die Gegenüberstellung orientiert sich an der Strukturierung der Aufgabenbereiche der IT Infrastructure Library. Bei den Themen, die durch Schrägstriche abgeteilt sind, handelt es sich um Strukturelemente, die innerhalb der IT Infrastructure Library detaillierter aufgegliedert sind als in anderen Ansätzen. Sie wurden hier zusammengefasst, um eine bessere Vergleichbarkeit zu erreichen.

reit. Für eine konkrete Implementierung werden hingegen wenige Anhaltspunkte geliefert. HILL ordnet CobiT daher als ein Konzept ein, dessen Stärken vorrangig in der Analyse sowie Bewertung und in geringerem Maße in der Gestaltung der IT-Funktion eines Unternehmens liegen. Er empfiehlt eine Kombination mit anderen Ansätzen, um die Nutzenpotenziale von CobiT im praktischen Einsatz realisieren zu können.[358] Das IT GOVERNANCE INSTITUTE und das OFFICE OF GOVERNMENT COMMERCE empfehlen im Kontext des IT-Dienstleistungsmanagements eine Anwendung zusammen mit dem detaillierteren Ansatz der IT Infrastructure Library vor.[359]

Das IT Service CMM wird von den Autoren als Vorschlag eines definierten Wachstumspfads zur Steigerung des Reifegrades verstanden, der die IT Infrastructure Library ergänzt. Erkennbar wird dies nicht zuletzt durch die verwendeten Bezeichnungen der Kernprozesse, die einen hohen Grad an Überdeckung zur ITIL-Terminologie aufweisen. Während jedoch frühere Versionen der IT Infrastructure Library eher statisch ausgerichtet waren, bietet die derzeitige Fassung mit dem Bereich *Continual Service Improvement* einen eigenen, dedizierten Ansatz zur Verbesserung der Strukturen und Prozesse der IT-Leistungserstellung.[360]

Der synoptische Vergleich zeigt, dass die verschiedenen Ansätze des IT-Dienstleistungsmanagements einen sehr hohen Grad an Übereinstimmung in den behandelten Aufgabengebieten aufweisen. Dies impliziert, dass die abgedeckten Themen wesentliche und relevante Aufgaben des IT-Betriebs darstellen. Weiterhin verdeutlichen die vorangehenden Betrachtungen, dass die IT Infrastructure Library unter Berücksichtigung sowohl der Bandbreite der behandelten Themen der IT-Leistungserstellung als auch des Detaillierungsgrads den umfangreichsten Beitrag zur Ausgestaltung des IT-Betriebs liefern kann. Daher wird im Weiteren die Strukturierung der Aufgaben der IT-Leistungserstellung der IT Infrastructure Library als Ausgangspunkt für eine empirische Untersuchung zum Betrieb von Business-Intelligence-Systemen in der Unternehmenspraxis herangezogen.

---

[358] Vgl. Hill (2006), S. 110f.
[359] Vgl. IT Governance Institute (2007), S. 28 sowie IT Governance Institute/OGC (2005), S. 17ff.
[360] Zu den Charakteristika der IT Infrastructure Library vgl. nochmals Kapitel 2.2.3.2.1.

3. Empirische Untersuchung zum Betrieb von Business-Intelligence-Systemen

Im vorangehenden Kapitel wurden die konzeptionellen Grundlagen zu den Themengebieten Business Intelligence und der IT-Leistungserstellung aus der Perspektive des IT-Dienstleistungsmanagements beleuchtet. Im Anschluss an diese theoriegeleiteten Überlegungen erfolgt eine empirische Untersuchung der tatsächlichen Ausgestaltung der BI-Leistungserstellung in der Unternehmensrealität. Hierzu wurde eine explorativ-quantitative Studie durchgeführt, die der Frage nachgeht, wie auf der Basis des Betriebs von Business-Intelligence-Systemen BI-Dienstleistungen erzeugt werden. Nach der in Kapitel 3.1 dargestellten Konzeptionalisierung der Untersuchung erfolgt die Vorstellung der Ergebnisse in Kapitel 3.2. Zusammenfassend werden die Handlungsbedarfe hinsichtlich der Ausgestaltung des BI-Betriebs in Kapitel 3.3 formuliert.

3.1 Konzeptionalisierung der Untersuchung

3.1.1 Zielsetzung

Parallel zum steigenden Einsatz von Business Intelligence in der Unternehmenspraxis seit den 1990er Jahren sind zu diesem Themenbereich quantitative empirische Erhebungen durchgeführt worden. Die Untersuchungen umfassen eine große Bandbreite von Fragestellungen. Es existieren inhaltlich weit gefächerte Studien zur Gestaltung und zum Einsatz von BI-Systemen bspw. von ARNOTT und PERVAN[361] oder WATSON et al[362]. Daneben liegen auch thematisch enger fokussierte Untersuchungen vor etwa zur BI-Erfolgsfaktorenforschung (exemplarisch WIXOM und WATSON[363] sowie HWANG und XU[364]), zu BI-Architekturen (exemplarisch WATSON und ARIYACHANDRA[365]) oder bspw. zu den Auswirkungen der BI-Nutzung aus Anwendersicht (exemplarisch CHEN et al.[366] sowie NELSON et al.[367]). Der Business-Intelligence-Betrieb wird indes nur in wenigen quantitativen empirischen Untersuchungen explizit behandelt. Oft stellt er hierbei lediglich einen Teilaspekt innerhalb einer Gesamtstudie dar wie etwa das DWH-

---

[361] Vgl. Arnott/Pervan (2008).
[362] Vgl. Watson, Annino et al. (2001) sowie Watson, Ariyachandra et al. (2001).
[363] Vgl. Wixom/Watson (2001).
[364] Vgl. Hwang und Xu (2005).
[365] Vgl. Watson/Ariyachandra (2005a) sowie Watson/Ariyachandra (2005b).
[366] Vgl. Chen et al. (2000).
[367] Vgl. Nelson et al. (2005).

Änderungsmanagement in einer Untersuchung von SEN et al.[368] oder organisatorische Fragen des BI-Betriebs von CHAMONI und GLUCHOWSKI[369]. Diese Untersuchungen liefern wertvolle Einsichten zur Gestaltung und zur Nutzung von BI-Systemen. Eine fokussierte Sicht auf den Business-Intelligence-Betrieb wird jedoch meist nicht gewährt. Aufgrund der bisherigen fragmentarischen Erhebungssituation kann die empirische Forschung zum Business-Intelligence-Betrieb in ein exploratives Frühstadium eingeordnet werden, die kein geschlossenes Bild der Unternehmensrealität liefert. Insbesondere fehlt bislang ein Einblick in die **Aufgaben des Business-Intelligence-Betriebs** unter besonderer Berücksichtigung des **IT-Dienstleistungsmanagements** sowie in den **Realisierungsgrad** dieser Betriebsaufgaben in der Unternehmenspraxis. Damit erscheint die Durchführung einer eigenständigen empirischen Untersuchung erforderlich, die den Business-Intelligence-Betrieb in den Mittelpunkt der Betrachtung stellt. Mittels der empirischen Untersuchung sollen die folgenden Fragen hinsichtlich des *Business-Intelligence-Betriebs in der Unternehmensrealität* beantwortet werden:

- Welche Ausprägungen von BI-Systemlandschaften existieren?
- Welche Charakteristika weist ein BI-Anwenderumfeld auf?
- In welchem Umfang werden Ansätze des IT-Dienstleistungsmanagements zur Realisierung des BI-Betriebs genutzt?
- Welche organisatorischen Einheiten sind in den BI-Betrieb involviert?
- Welche Charakteristika weist der BI-Betrieb auf?
- Welche Aufgabenbereiche des BI-Betriebs werden behandelt?
- Im welchem Umfang werden die Aufgabenbereiche des BI-Betriebs behandelt?
- Welche typischen Gestaltungsvarianten des BI-Betriebs können auf Basis der Aufgabenbereiche identifiziert werden?
- Welche Kontextfaktoren beeinflussen den BI-Betrieb?

Auf der Basis dieser Fragestellungen wird im folgenden Kapitel ein konzeptioneller Bezugsrahmen erstellt, der den Leitfaden zur Auswertung der empirischen Untersuchung bildet.

---

[368] Vgl. Sen et al. (2006).
[369] Vgl. Chamoni/Gluchowski (2004).

3.1.2 Konzeptioneller Bezugsrahmen

Die Konzeptionalisierung beinhaltet grundlegende Entscheidungen über den Aufbau und die Durchführung einer empirischen Untersuchung. In diesem Zusammenhang dient ein konzeptioneller Bezugsrahmen der Ordnung komplexer realer Problemzusammenhänge und erfüllt im Forschungsprozess eine Selektions- und Steuerungsfunktion.[370] Er erlaubt eine Strukturierung des Vorwissens über das Forschungsobjekt. Im Zentrum steht das *zu untersuchende Phänomen* als das zentrale Erkenntnisobjekt sowie dessen als relevant eingestufte Eigenschaften, die als *Merkmale* oder *Dimensionen* bezeichnet werden. Darüber hinaus enthält der Bezugsrahmen weitere als bedeutsam bewertete Kategorien wie eine *auslösende Bedingung, Kontextfaktoren* sowie vermutete wechselseitige *Beeinflussungsbeziehungen.*[371] Erst die Selektion der betrachteten Elemente reduziert die Komplexität eines realen Systems so weit, dass es einer empirischen Analyse zugänglich wird.[372] Das hierdurch entstehende Erhebungsraster erlaubt eine systematische Klassifizierung und Einordnung des beobachteten Phänomens.[373]

Die Abb. 3-1 zeigt den verwendeten konzeptionellen Bezugsrahmen zur empirischen Untersuchung des Business-Intelligence-Betriebs in der Unternehmenspraxis. Es wird die Annahme zugrunde gelegt, dass die Rahmenbedingungen des Business-Intelligence-Betriebs eines Unternehmens durch die Regelungen der **BI-Governance** bestimmt werden. Die BI-Governance wird hierbei als Bestandteil der IT-Governance[374] angesehen. Sie determiniert die organisatorischen Strukturen, die Prozessgestaltung sowie die Planung, Steuerung und Kontrolle des gesamten BI-Einsatzes eines Unternehmens mit dem Ziel, das BI-Konzept konsequent an der übergeordneten Unternehmensstrategie auszurichten.[375]

---

[370] Vgl. Kubicek (1975), S. 39.

[371] Vgl. Kubicek (1977), S. 17ff., Strauss/Corbin (1990), S. 96ff. sowie Wrona (2005), S. 21f.

[372] Vgl. Müller-Böling (1978), S. 19; KUBICEK weist darauf hin, dass die Auswahl der als relevant erachteten Komponenten konzeptioneller Bezugsrahmen notwendigerweise subjektive Elemente trägt und gerade durch das Explizieren eine intersubjektive Nachvollziehbarkeit des betrachteten Realitätsausschnitts entsteht, vgl. Kubicek (1977), S. 17.

[373] Vgl. Wrona (2005), S. 22.

[374] Zum Begriff der IT-Governance im Allgemeinen vgl. Grembergen et al. (2004) sowie zur IT-Governance im Kontext des IT-Dienstleistungsmanagements vgl. Kapitel 2.2.1.1.

[375] Vgl. Kemper/Baars (2009), S. 74ff. sowie Baars et al. (2010), S. 1065ff.

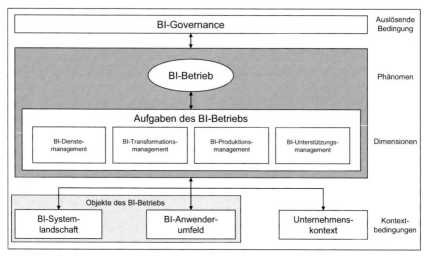

Abb. 3-1:   Konzeptioneller Bezugsrahmen der empirischen Untersuchung[376]

Im Mittelpunkt steht der **Business-Intelligence-Betrieb** als das zu untersuchende Phänomen. Das theoretische Konstrukt des Business-Intelligence-Betriebs ist ein abstrakter Begriff, der es ermöglicht, einen komplexen Sachverhalt erkennbar und diskutierbar zu machen. Durch die Zerlegung des Konstrukts in verschiedene Dimensionen, kann die Komplexität des Betrachtungsgegenstands reduziert werden.[377] Darüber hinaus werden die einzelnen Merkmale des BI-Betriebs einer detaillierteren Analyse zugänglich. In der Unternehmenspraxis hat sich die IT Infrastructure Library als dominierender Ansatz zur Ausgestaltung des allgemeinen IT-Betriebs durchgesetzt.[378] Daher soll an dieser Stelle davon ausgegangen werden, dass die Struktur der IT Infrastructure Library ebenfalls geeignet ist, die Ausprägungen des BI-Betriebs in der Unternehmenspraxis empirisch zu erheben. Die innere Struktur der IT Infrastructure Library wird geprägt durch im Rahmen des IT-Betriebs anfallenden

---

[376] Quelle: eigene Darstellung basierend auf der Rahmenstruktur von Wrona (2005), S. 22.

[377] Vgl. Kieser/Kubicek (1978), S. 16f.; ein theoretisches Konstrukt bildet eine abstrakte Größe, die ein nicht direkt messbares Phänomen – wie bspw. den BI-Betrieb – darstellt. Um ein Konstrukt näher untersuchen zu können, werden konkrete, empirisch messbare Variablen herangezogen. Diese werden als Indikatorvariablen bzw. als Indikatoren bezeichnet. Sie ermöglichen es, Ereignisse und Zustände eines realen Sachverhalts zu erfassen, der durch ein theoretisches Konstrukt repräsentiert wird, vgl. Bortz/Döring (2006), S. 6off. Zu einer detaillierten Erörterung vgl. exemplarisch Homburg/Giering (1998), S. 111ff., Bagozzi/Phillips (1982), S. 459ff. sowie Bagozzi/Edwards (1998), S. 45ff.

[378] Zur Verbreitung der IT Infrastructure Library vgl. Kapitel 2.2.3.1.

Tätigkeiten bzw. *Aufgaben.*[379] Nach KOSIOL kann unter einer Aufgabe ein Verrichtungsvorgang verstanden werden, der eine Zustandsänderung eines Objekts in Raum und Zeit anstrebt.[380] Demgemäß werden die **Aufgaben des BI-Betriebs** als Dimensionen herangezogenen, um die Merkmale und Eigenschaften des BI-Betriebs detaillierter darzustellen. Hierbei wird von der Prämisse ausgegangen, dass die folgenden, analog zur Struktur der IT Infrastructure Library entwickelten Aufgabenbündel wesentliche Dimensionen des BI-Betriebs repräsentieren:

- Das **BI-Dienstemanagement** dient dem Entwurf von BI-Dienstleistungen, welche die einem permanenten Wandel unterworfenen Anforderungen der Geschäftsbereiche abdecken sollen. Es beinhaltet die Leitlinien für die Planung und den Entwurf der BI-Dienstleistungen sowie der Prozesse der BI-Leistungserbringung. Die Rahmenbedingungen des BI-Dienstemanagements werden von der BI-Governance vorgegeben.

- Das **BI-Transformationsmanagement** sorgt an der Schnittstelle zwischen dem Entwurf und dem kontinuierlichen BI-Betrieb dafür, dass Änderungen an BI-Dienstleistungen reibungslos implementiert werden.

- Das **BI-Produktionsmanagement** ist für die Koordination und Ausführung der implementierten BI-Dienstleistungen verantwortlich. Es plant, überwacht und steuert die fortlaufende Leistungserbringung.

- Das **BI-Unterstützungsmanagement** besitzt die Aufgabe, die direkte Kommunikation zwischen den BI-Leistungserbringern und den BI-Systembenutzern zu steuern.

Die Kontextbedingungen werden von den Kategorien der BI-Systemlandschaft, des BI-Anwenderumfelds sowie des Unternehmenskontexts gebildet.[381] Die **BI-Systemlandschaft** umfasst die technischen BI-Infrastrukturen wie bspw. ETL-Prozesse, BI-Datenhaltungskomponenten und BI-Anwendungssysteme.[382] Das **BI-Anwenderumfeld** beinhaltet die Nutzungssphäre der BI-Anwendungssysteme durch die End-

---

[379] Zur Darstellung der Aufgabenstruktur der IT Infrastructure Library vgl. Kapitel 2.2.3.2.

[380] Vgl. Kosiol (1962), S. 43.

[381] Die Auswahl der Kontextbedingungen erfolgt in Analogie zu dem von KEMPER vorgeschlagenen und empirisch geprüften Bezugsrahmen zur Architektur, der Gestaltung und dem Einsatz von Management-Unterstützungs-Systemen, vgl. Kemper (1999), S. 64f.

[382] Zu einer detaillierten Darstellung dieser BI-Systemkomponenten und ihres Zusammenspiels im BI-Ordnungsrahmen vgl. Kapitel 2.1.

benutzer.[383] Dies schließt bspw. die Art der eingesetzten BI-Anwendungen oder die Anzahl der betreuten Endbenutzer ein. Den **Unternehmenskontext** bilden generelle unternehmensbezogene Rahmenbedingungen wie bspw. die Branchenzugehörigkeit oder die Unternehmensgröße.[384] Die BI-Systemlandschaft und das BI-Anwenderumfeld können auch als *Objekte des BI-Betriebs* betrachtet werden, da die im Rahmen des BI-Betriebs ergriffenen Maßnahmen – insbesondere durch die Ausführung der Aufgaben des BI-Betriebs – darauf abzielen, den Zustand dieser beiden Kategorien zu beeinflussen. Angenommene Interdependenzen zwischen den Kategorien werden in der Abb. 3-1 durch Doppelpfeile angedeutet.

3.1.3   Durchführung der Untersuchung

Die empirische Untersuchung zum Business-Intelligence-Betrieb wird, wie in Kapitel 1.3 dargelegt, als standardisierte, schriftliche und internetbasierte Befragung von Fachexperten durchgeführt.[385] Die Zielsetzung der Befragung besteht in der Erhebung und der Analyse des aktuellen Stands des Business-Intelligence-Betriebs.[386] Die Grundgesamtheit der Untersuchung bilden diejenigen Unternehmen in Deutschland, die Business-Intelligence-Systeme einsetzen. Da die Studie als Befragung von sachkundigen Business-Intelligence-Experten konzipiert ist, sind in die Stichprobe Unternehmen einbezogen worden, die durch eine hohe Affinität zum Themenkomplex Business Intelligence bzw. Data Warehousing gekennzeichnet sind.[387] Befragt wurden Probanden, die primär in IT-nahen Positionen in Unternehmen angesiedelt sowie mit BI-Aufgaben betraut sind und damit über Hintergrundwissen zum BI-Betrieb verfügen.[388] Entspre-

---

[383] Zu einer Veranschaulichung der grundsätzlichen Informationsbeziehungen zwischen betrieblichen Informationssystemen und deren Anwendern vgl. Ferstl/Sinz (2008), S. 2ff.

[384] Über die direkt unternehmensbezogenen Rahmenbedingungen hinaus existieren weitere politische, rechtliche und ökologische Umweltbedingungen, welche die Unternehmensaktivitäten beeinflussen. Diese vielfältigen und vielschichtigen Umweltbedingungen sind für gewöhnlich nicht oder nur marginal gestaltbar und werden daher im Folgenden nicht weiter in die Untersuchung einbezogen. Zu einer detaillierten Erörterung der Unternehmensumwelt als Gegenstand der Unternehmensführung vgl. exemplarisch Macharzina/Wolf (2010), S. 18ff.

[385] Zur Auswahl und Begründung des Forschungsdesigns vgl. Kapitel 1.3.

[386] Vgl. hierzu im Detail Kapitel 3.1.1.

[387] Bortz und Döring messen der Anwendung der Zufallsauswahl zur Bestimmung von Erhebungseinheiten in explorativen Untersuchungen – im Gegensatz zu Hypothesen prüfenden Studien – nur eine untergeordnete Bedeutung zu. Eine bewusste Auswahl von Fachexperten beinhaltet hingegen ein höheres exploratives Potential und lässt somit eine Gewinnung aussagekräftigerer Erkenntnisse erwarten, vgl. Bortz/Döring (2002), S. 74 und S. 377, Kromrey (2002), S. 273 sowie Kubicek (1975), S. 66f.

[388] Vgl. Kapitel 1.3 zur Definition des Begriffs Fachexperte sowie Kapitel 3.2.1.1 zur Analyse der Teilnehmerstruktur der Untersuchung.

chende Kontaktdaten sind von THE DATA WAREHOUSE INSTITUTE GERMANY (TDWI) E. V. bereitgestellt worden.[389] Im Rahmen internetbasierter Erhebungen ist zu berücksichtigen, dass nur solche Personen erreichbar sind, die das Internet aktiv nutzen.[390] Da die angestrebte Zielgruppe im IT-Kontext von Unternehmen positioniert ist, kann angenommen werden, dass die Probanden eine hohe Kompetenz und Bereitschaft zur Nutzung des Internets besitzen. Des Weiteren ist davon auszugehen, dass sie über Zugang zu E-Mail- und WWW-Diensten verfügen.

Die Befragung erfolgt standardisiert, um den Probanden die Beantwortung der Fragen zu erleichtern und so die Teilnahmebereitschaft zu erhöhen. Darüber hinaus wird die Auswertung der Daten durch die bessere Vergleichbarkeit der Antworten unterstützt. Die Inhalte des Fragebogens orientieren sich an dem in Kapitel 3.1.2 vorgestellten konzeptionellen Bezugsrahmen der Untersuchung. In einem Bereich des Fragebogens werden grundlegende Angaben zum Probanden und zum Unternehmenskontext erhoben. In einem zweiten Bereich sind die BI-spezifischen Rahmenbedingungen zusammengefasst. Er widmet sich der BI-Systemlandschaft und dem BI-Anwenderumfeld als den Objekten des BI-Betriebs sowie ausgewählten Aspekten der BI-Governance. Der dritte Bereich bildet den Schwerpunkt des Fragebogens und setzt sich intensiv mit den Dimensionen und weiteren Charakteristika des Business-Intelligence-Betriebs auseinander.[391] Da bei der Zielgruppe im Rahmen der Datenerhebung ein einheitliches Begriffsverständnis gewährleistet werden soll, wurde im Fragebogen nicht der übergeordnete Begriff *Business Intelligence* in den Vordergrund gestellt. Um für die Probanden einen direkten Bezug zu ihrer konkreten IT-Systemumgebung herzustellen, wurden die Bezeichnungen von BI-Systemelementen wie bspw. *Data Warehouse* und *Data Mart* für Datenhaltungskomponenten oder *Berichtssystem* und *Ad-hoc-Analysesystem* für analytische BI-Anwendungskomponenten verwendet.[392] Die Konstruktion des Erhebungsinstruments richtet sich an den Gestaltungsgrundsätzen der empirischen So-

---

[389] THE DATA WAREHOUSE INSTITUTE GERMANY (TDWI) E. V. ist die deutsche Niederlassung einer international tätigen Vereinigung mit dem Ziel der beruflichen Fort- und Weiterbildung im Themenfeld Business Intelligence und Data Warehousing, vgl. TDWI (2007).

[390] Vgl. Bortz/Döring (2002), S. 261.

[391] Im Hinblick auf die inhärente Komplexität des Forschungsgegenstandes wurde es den Probanden überlassen, die Fragen auf einen für sie abgrenzbaren Realitätsausschnitt zu beziehen. Die Antworten betreffen je etwa zur Hälfte das größte oder alternativ ein typisches BI-System des Unternehmens.

[392] Zur Einordnung dieser BI-Systemelemente in einen BI-Ordnungsrahmen vgl. Kapitel 2.1.2.

zialforschung für Fragebogen aus.[393] Des Weiteren sind die besonderen Leitlinien für die Erarbeitung teilnehmerfreundlicher Internet-Fragebögen berücksichtigt worden.[394] Um das Funktionsspektrum einer erprobten Umfrage-Software nutzen zu können und die Online-Verfügbarkeit des Fragebogens in der Feldphase zu gewährleisten, wurde für die Bereitstellung des Fragebogens im Internet ein professioneller Application Service Provider gewählt.[395] Zur Sicherstellung der Fragetechnik, der Verständlichkeit und der Eindeutigkeit des Fragebogens diente ein Pretest mit fünf Wissenschaftlern und zwei Praxisvertretern in Form einer Expertenvalidierung.[396] Mit Hilfe von Testprobanden wurde die korrekte Funktionsweise des Online-Fragebogens überprüft.

Die vorliegende empirische Studie ist als internetbasierte Umfrage des Lehrstuhls für Allgemeine Betriebswirtschaftslehre und Wirtschaftsinformatik I der Universität Stuttgart im Jahr 2006 durchgeführt worden. Die Einladung zur Teilnahme ist als personalisierte E-Mail versandt worden.[397] 812 Probanden haben den elektronischen Fragebogen geöffnet. In der Auswertung wurden die Antworten von 458 Teilnehmern berücksichtigt. Die Antworten wurden einer Plausibilitätsprüfung unterzogen und entsprechend der Festlegung der Grundgesamtheit sind diejenigen Fälle in die Auswertung einbezogen worden, in denen die Unternehmen zum Zeitpunkt der Befragung Business-Intelligence-Systeme im Einsatz haben.

3.1.4   Statistische Auswertungsmethoden

Die Anwendung statistischer Auswertungsmethoden im Rahmen empirischer Studien ermöglicht es, in den erhobenen Daten enthaltene Informationen zu verdichten und

---

[393] Eine Darstellung der generellen Normen zum Entwurf von Fragen im Kontext der empirischen Sozialforschung findet sich bspw. in Fowler (2002), S. 76ff. sowie in Kromrey (2002), S. 359ff.

[394] Hierzu gehören u. a. eine Formulierung der Fragen nach den Regeln der empirischen Sozialforschung, die Berücksichtigung der technischen Erfordernisse der Browser-Ausstattung der Teilnehmer, eine motivierende Willkommensseite, die Begrenzung der Fragen auf den sichtbaren Bildschirmbereich, eine Hilfefunktion, die Vermeidung von Pflichtfragen und eine Fortschrittsanzeige. Zu einer detaillierten Diskussion der Anforderungen an die Gestaltung von Internet-Fragebögen vgl. exemplarisch Gräf (1999), S. 155ff., Dillman (2000), S. 79ff., Schonlau et al. (2002), S. 41ff. sowie Shannon et al. (2002).

[395] Ein Application Service Provider bietet die Umfrage-Software zur Erstellung des Fragebogens, einen Web-Server zur Platzierung des Fragebogens im Internet sowie einen Datenbank-Server zur Speicherung der Eingaben der Probanden als integrierte Dienstleistung an. Kriterien für die Auswahl einer solchen Gesamtlösung sind bspw. eine intuitive Benutzeroberfläche, eine adaptive Filterführung, automatisierte Plausibilitätsprüfungen, ein flexibles Layout mit hinreichend vielen Fragen-Typen, eine geprüfte Browser-Kompatibilität, die Erfassung der Zugriffe in Log-Dateien, der Ausschluss von Mehrfachausfüllern, editierbare Hilfe- und Fehlermeldungen sowie Sicherheits- und Stabilitätsaspekte der technischen Infrastruktur, vgl. NEON (2003).

[396] Vgl. Bäckström/Henningson (2004), S. 154f., Pepels (2004), S. 295 sowie Atteslander (2003), S. 255.

[397] Vgl. Bortz/Döring (2002), S. 261.

damit sichtbar zu machen.[398] Als Software-Werkzeug zur Durchführung der statistischen Analyse wurde das Programmpaket SPSS in der Version 15.0 eingesetzt. Es bietet eine große Bandbreite statistischer Verfahren sowie die Möglichkeit zur grafischen Veranschaulichung der Resultate.[399] Das Datenmaterial wurde mit Hilfe univariater, bivariater und multivariater Analyseverfahren ausgewertet. Die verwendeten statistischen Verfahren und Maßgrößen werden im folgenden Überblick skizziert.[400]

Univariate Analyseverfahren wie etwa die Betrachtung von Häufigkeitsverteilungen dienen der Untersuchung von Daten, die aus der Beobachtung eines einzelnen Merkmals gewonnen werden. Als Maßzahlen zur Kennzeichnung der Lage einer Häufigkeitsverteilung werden in Abhängigkeit vom Skalenniveau[401] der *Median* und das *arithmetische Mittel* herangezogen.[402] *Bivariate Analyseverfahren* werden zur Untersuchung der gemeinsamen Verteilung von zwei Merkmalen verwendet. Die Darstellung zweier diskret verteilter Merkmale erfolgt mit Hilfe von Kreuztabellen. Die Bestimmung des Zusammenhangs zwischen den beiden Merkmalen beruht auf der Berechnung des Chi-Quadrat-(χ^2-)Koeffizienten.[403] Weiterhin wird das Signifikanzniveau berichtet. Die im Rahmen dieser Studie verwendete Interpretation und Kennzeichnung des Signifikanzniveaus zeigt die Tab. 3-1. Nach BORTZ und DÖRING sind Signifikanztests im Kontext explorativer Studien geeignet, um in den Untersuchungsdaten erkennbare Zusammenhänge durch ein präzises quantitatives Ergebnis zu ergänzen und daraus

---

[398] Vgl. Kromrey (2002), S. 405f. sowie Atteslander (2003), S. 272ff.

[399] Zu detaillierten Informationen über das Software-Werkzeug SPSS vgl. exemplarisch SPSS (2006a) sowie SPSS (2006b).

[400] Für eine ausführliche Darstellung der einschlägigen statistischen Methoden sei auf die maßgebliche und umfangreiche Literatur verwiesen; vgl. hierzu exemplarisch Bortz (2005), Fahrmeir et al. (2007), Bacher (1996) sowie Backhaus et al. (2003).

[401] Zu einer Darstellung der unterschiedlichen Skalenniveaus im Rahmen der empirischen Sozialforschung vgl. bspw. Atteslander (2003), S. 256 ff. sowie Kromrey (2002), S. 212ff.

[402] Wenn die Probanden zur Einschätzung eines Sachverhalts aufgefordert waren, wurden die Antwortmöglichkeiten grundsätzlich in Form einer ordinalskalierten, fünf- bzw. siebenstufigen Likert-Skala angeboten, vgl. Diekmann (2002), S. 209ff. In der Anwendung der Forschungspraxis ist es allgemein üblich und pragmatisch akzeptiert, für ordinal skalierte Daten statistische Verfahren wie etwa die Berechnung des arithmetischen Mittels zu nutzen, die aus theoretischer Sicht ursprünglich für Daten auf Intervallskalenniveau bestimmt sind. Dies beruht auf der Auffassung, dass die Abstände zwischen den Ausprägungen einzelner Items einer Ordinalskala als gleich interpretiert werden können und dass hierdurch eine Intervallskala approximiert wird, vgl. Benninghaus (2005), S. 53f., Schnell et al. (2008), S. 142 sowie Fahrmeir et al. (2007), S. 18f. Zu einer differenzierten Betrachtung der Thematik vgl. Diekmann (2002), S. 256ff.

[403] Vgl. Fahrmeir et al. (2007), S. 109ff.; der χ^2-Wert wird im Folgenden jeweils zusammen mit den Freiheitsgraden df, der Irrtumswahrscheinlichkeit p, dem Signifikanzniveau sowie dem Stichprobenumfang berichtet.

Hypothesen für weitere Untersuchungen abzuleiten.[404] BORTZ und DÖRING betonen, dass eine solche systematische Exploration einen unverzichtbaren Teil des wissenschaftlichen Erkenntnisprozesses bildet und den Prozess der Theoriebildung transparenter gestaltet.[405]

Irrtumswahrscheinlichkeit p	Signifikanzniveau	Symbol
p ≥ 0,08	nicht signifikant	n.s.
p < 0,08	tendenziell signifikant	+
p < 0,05	schwach signifikant	*
p < 0,01	signifikant	**
p < 0,001	hoch signifikant	***

Tab. 3-1:   Verwendete Interpretation und Kennzeichnung des Signifikanzniveaus[406]

Die Stärke und die Richtung des Zusammenhangs zweier Merkmale werden mit Hilfe von Korrelationskoeffizienten gemessen. Es existieren unterschiedliche Korrelationskoeffizienten, die in Abhängigkeit vom Skalenniveau der untersuchten Variablen herangezogen werden können.[407] Die Tab. 3-2 veranschaulicht eine Auswahl möglicher Korrelationskoeffizienten und zeigt, welche Korrelationsart in welcher Kombination von Skalenniveaus zum Einsatz kommen kann.

---

[404] Diese Vorgehensweise zur Generierung vorläufiger Hypothesen ist zu unterscheiden von einer statistischen Hypothesenprüfung. Diese liegt vor, wenn die zu prüfenden Aussagen im Sinne von A-priori-Hypothesen vor der Datenerhebung festgelegt werden und somit ein bestimmtes Ergebnis prognostiziert wird. Zur weiteren Darstellung des explorativen Signifikanztestens vgl. Bortz/Döring (2006), S. 379f. sowie die dort zitierten Literaturquellen. Zu einer ausführlichen Diskussion der statistischen Hypothesenprüfung vgl. Bortz/Döring (2006), S. 23ff.

[405] Vgl. Bortz/Döring (2006), S. 353f.

[406] Quelle: eigene Darstellung; zur Frage der Interpretation des Signifikanzniveaus vgl. exemplarisch Heller/Rosemann (1981), S. 185ff.

[407] Vgl. Bortz/Döring (2006), S. 507.

Übersicht bivariater Korrelationen				
Merkmal y	**Merkmal x**			
	Intervallskala	Ordinalskala	Dichotomie	Nominalskala
Intervallskala	Produkt-Moment-Korrelation r nach Pearson	Rangkorrelation r_s nach Spearman		Cramers V (V)
Ordinalskala		Rangkorrelation r_s nach Spearman		Cramers V (V)
Dichotomie			Phi-Koeffizient Φ	Cramers V (V)
Nominalskala				Cramers V (V)

Tab. 3-2:   Übersicht bivariater Korrelationen[408]

Eine Interpretationshilfe der Stärke des Zusammenhangs der in Tab. 3-2 wiedergegebenen Korrelationskoeffizienten stellen die in Tab. 3-3 gezeigten und häufig verwendeten Zahlenwerte dar. Sie sind jedoch nicht als starre Grenzen, sondern lediglich als Anhaltspunkte zur tendenziellen Einordnung eines Zusammenhangs zu verstehen.[409] Hierbei können die Produkt-Moment-Korrelation r nach Pearson, die Rangkorrelation r_s nach Spearman und der Phi-Koeffizient für dichotome Merkmale Werte zwischen -1 und +1 annehmen. Cramers V bewegt sich im positiven Bereich und der maximale Wert beträgt +1.[410]

Koeffizient k	**Stärke des Zusammenhangs**
$k = 0{,}0$	Kein Zusammenhang
$0{,}0 < \mid k \mid < 0{,}3$	Niedriger Zusammenhang
$0{,}3 \leq \mid k \mid < 0{,}7$	Mittlerer Zusammenhang
$0{,}7 \leq \mid k \mid < 1{,}0$	Hoher Zusammenhang
$\mid k \mid = 1{,}0$	Vollständiger Zusammenhang

Tab. 3-3:   Interpretation der Stärke von Korrelationskoeffizienten[411]

---

[408] Quelle: in Anlehnung an Bortz/Döring (2006), S. 508 sowie Janssen/Latz (2005), S. 261.
[409] Vgl. Duller (2007), S. 135 sowie Eckey et al. (2005), S. 176.
[410] Vgl. Toutenburg/Heumann (2006), S. 111ff. sowie Janssen/Latz (2005), S. 261.
[411] Quelle: in Anlehnung an Fahrmeir et al. (2007), S. 139, Müller-Benedict (2007), S. 197, Duller (2007), S. 135, Eckey et al. (2005), S. 176, Fleischer (1988), S. 71 sowie Heller/Rosemann (1981), S. 122.

Clusteranalytische Methoden gehören zu den multivariaten Auswertungsverfahren.[412] Sie werden an dieser Stelle eingesetzt, um eine empirische Klassifikation[413] des BI-Betriebs durchführen zu können. Ihr Ziel besteht darin, die Klassifikationsobjekte – wie bspw. die Aufgaben des BI-Betriebs – in homogene Gruppen einzuordnen, die auch als Cluster, Typen oder Klassen bezeichnet werden. Der Begriff der Homogenität in Zusammenhang mit der Clusteranalyse bedeutet, dass Objekte, die einem bestimmten Cluster zugeordnet werden, untereinander eine hohe Ähnlichkeit aufweisen sollen. Objekte, die in unterschiedliche Clustern eingruppiert werden, sollen hingegen abweichende Merkmale besitzen. Somit wird eine starke Homogenität innerhalb einer Gruppe sowie starke Heterogenität zwischen den gebildeten Gruppen angestrebt.[414]

Zwei bedeutende Methodengruppen der Clusteranalyse bilden die hierarchischen und die nichthierarchischen Fusionierungsalgorithmen. Im Rahmen der *hierarchischen Clusteranalyse* beginnt der Algorithmus mit der feinsten Aufteilung bzw. Partitionierung der Klassifikationsobjekte. Hierbei stellt jedes Objekt ein eigenes Cluster dar. In jedem weiteren Fusionierungsschritt werden diejenigen Cluster zusammengefasst, welche die größte Ähnlichkeit aufweisen. Der Algorithmus terminiert, wenn schließlich alle Objekte in einem einzigen Cluster vereint sind. Verfahren der *nichthierarchischen* bzw. *partitionierenden Clusteranalyse* beginnen mit einer vorgegebenen Startgruppierung der Objekte, d. h. einer anfänglichen Zuordnung der Objekte zu einem von k Clustern. Mit Hilfe eines Austauschalgorithmus werden die Objekte schrittweise zwischen den Clustern verschoben, bis eine vorab definierte Zielfunktion ihren Optimalwert erreicht hat.[415]

Die partitionierende Clusteranalyse stellt nach BORTZ einen geeigneten Ansatz dar, um die beste Aufteilung von Klassifikationsobjekten für eine festgelegt Anzahl k von Clustern zu ermitteln. Aufgrund der hohen Rechenintensität des Verfahrens ist es erforderlich, eine plausible Startpartition zu wählen.[416] Ein in der Forschungspraxis bewährter und häufig eingesetzter Ansatz ist hierbei das im Folgenden skizzierte dreistu-

---

[412] Vgl. Bortz/Döring (2006), S. 376 sowie Bortz (2005), S. 441ff. Zu einer ausführlichen Darstellung von Methoden der Clusteranalyse vgl. exemplarisch Milligan/Cooper (1987), Härdle/Simar (2007), S. 271ff. sowie Timm (2002), S. 515ff.

[413] Die Daten über die Klassifikationsobjekte entstammen hierbei aus einer empirischen Erhebung. Des Weiteren existieren auch logische Klassifikationen, die auf einer rein logisch abgeleiteten Ordnung von Nominaldefinitionen beruhen, vgl. Bortz/Döring (2006), S. 377.

[414] Vgl. Bacher (1996), S. 1f.

[415] Vgl. Backhaus et al. (2003), S. 499ff., Bortz (2005), S. 571ff. sowie Bacher (1996), S. 144ff.

[416] Vgl. Bortz (2005), S. 573f.

fige Vorgehen.[417] Im ersten Schritt wird das hierarchische *Single-Linkage-Verfahren* eingesetzt, um Ausreißerobjekte zu identifizieren und aus der weiteren Analyse auszuschließen. Das ebenfalls hierarchische *Ward-Verfahren* wird im zweiten Schritt genutzt, um Hinweise auf eine geeignete Anzahl von Clustern zu erhalten und eine geeignete Startgruppierung für ein partitionierendes Clusterverfahren zu erzeugen. Die Anzahl der Cluster wird an dieser Stelle mit Hilfe des inversen Scree-Tests[418] ermittelt. Den dritten Schritt schließlich bildet die Optimierung der Startgruppierung mittels des partitionierenden *k-Means-Verfahrens*.[419]

3.2 Ergebnisse der Untersuchung

Die Dokumentation und Interpretation der Ergebnisse ist in drei Bereiche unterteilt. Der erste Teil in Kapitel 3.2.1 beinhaltet dem vorgestellten Bezugsrahmen folgend eine Analyse der Kontextfaktoren des Business-Intelligence-Betriebs. Hierbei werden im Einzelnen der Unternehmenskontext, der gleichzeitig die Teilnehmerstruktur der Untersuchung aufzeigt, die BI-Systemlandschaft, das BI-Anwenderumfeld sowie das Thema der BI-Governance behandelt.

Der zweite Teil in Kapitel 3.2.2 stellt Merkmale dar, die das konkrete Handeln im Rahmen des Business-Intelligence-Betriebs bestimmen, und vermittelt so in der Gesamtsicht ein anschauliches Bild der Faktoren und Herausforderungen, die im BI-Betrieb regelmäßig auftreten.

Abschließend analysiert der dritte Teil in Kapitel 3.2.3 Ausgestaltungsvarianten der Aufgaben des Business-Intelligence-Betriebs. Hierzu wird zum einen der Realisierungsumfang von Aufgabenbündeln des BI-Betriebs in der Unternehmenspraxis vorgestellt. Zum anderen werden mittels einer empirischen Klassifikation unterschiedliche Gestaltungsvarianten des BI-Betriebs hinsichtlich des Realisierungsumfangs der Aufgabenbündel identifiziert. Als statistische Auswertungsmethode kommt hierbei eine Clusteranalyse zum Einsatz.

---

[417] Vgl. Backhaus et al. (2003), S. 518, Bortz (2005), S. 573f., S. 575 und S. 578, Bacher (1996), S. 339, Deimer (1986), S. 75f. sowie Milligan/Sokol (1980), S. 755ff.

[418] Vgl. Rapkin/Luke (1993), S. 269; zu einer Bewertung der Vorteile und Grenzen des inversen Scree-Tests vgl. Mojena (1977), Lathrop/Williams (1987), Lathrop/Williams (1989) sowie Lathrop/Williams (1990).

[419] Zu einer detaillierten Darstellung der genannten clusteranalytischen Auswertungsverfahren vgl. exemplarisch Bortz (2005), S. 565ff., Backhaus et al. (2003), S. 479ff. sowie Bacher (1996), S. 141ff.

3.2.1   Kontextfaktoren des BI-Betriebs

3.2.1.1   Teilnehmerstruktur und Unternehmenskontext

Die Untersuchung der Teilnehmerstruktur hinsichtlich der Positionierung der Probanden und der Unternehmen lässt Rückschlüsse auf die mit der Umfrage erfasste Population von BI-Anwenderfirmen zu. Dabei bilden die Daten zu den Unternehmen gleichzeitig den Unternehmenskontext innerhalb des konzeptionellen Bezugsrahmens der Studie ab.

Unternehmensbereiche und Funktionen der Probanden

Eine Analyse der Verteilung der Probanden auf unterschiedliche *Unternehmensbereiche* zeigt, dass die meisten Teilnehmer im IT-Bereich ihres Unternehmens tätig sind (45 %), gefolgt von spezialisierten Business-Intelligence-Organisationseinheiten (31 %). Die Fachbereichsvertreter bspw. aus den Ressorts Controlling, Marketing oder Vertrieb bilden 17 % der Teilnehmer. Mitglieder der Unternehmensleitung stellen 5 % der Probanden (vgl. Abb. 3-2).

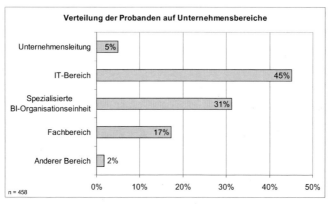

Abb. 3-2:   Verteilung der Probanden auf Unternehmensbereiche[420]

Hinsichtlich der *Funktionsbereiche*, für welche die Probanden im Business-Intelligence-Kontext zuständig sind, zeigt sich eine breite Auffächerung (vgl. Abb. 3-3). Da davon auszugehen ist, dass ein Mitarbeiter in der Unternehmenspraxis oftmals mehr als einen Aufgabenbereich betreut, konnten die Teilnehmer bei dieser Frage

---

[420] Quelle: eigene Darstellung.

mehrere Antwortalternativen zugleich auswählen. Die große Mehrzahl der Antworten ist direkt der Erbringung von BI-Leistungen zuzurechnen. Dies beinhaltet die BI-Projektleitung (56 %), die BI-Entwicklung (42 %), das BI-Programm-Management (28 %), das BI-Betriebsmanagement (24 %), die BI-Endbenutzer-Unterstützung (21 %) sowie das BI-Infrastruktur-Management (14 %). Ein kleinerer Teil der Antworten betrifft Funktionen in der BI-Nutzungssphäre. Hierzu gehören BI-Endbenutzer (15 %) und Business-Sponsoren der Fachbereiche (6 %).

Abb. 3-3:   BI-Funktionsbereiche der Probanden[421]

Die Zusammensetzung der Teilnehmer nach ihrer Zuordnung zu Unternehmensbereichen und nach ihrer funktionalen Verantwortung zeigt, dass die Befragten IT-nahe Positionen in den Unternehmen besetzen und direkt mit Aufgaben im Kontext des Managements, der Entwicklung bzw. des Betriebs von BI-Systemen betraut sind. Dies deutet darauf hin, dass die Probanden über Expertenwissen im Themenfeld Business Intelligence verfügen und in der Lage sind, valide Aussagen über den BI-Betrieb ihres Unternehmens zu treffen.

Erkenntnis 1:

Sowohl die organisatorische Einordnung der Umfrage-Teilnehmer als auch ihre funktionale Verantwortung lassen auf eine vorhandene BI-Expertise der Probanden schließen.

---

[421] Quelle: eigene Darstellung.

Unternehmenskontext

Zur Abbildung des Unternehmenskontextes der Probanden sind die jeweilige *Branchenzugehörigkeit*, die *Anzahl der Mitarbeiter* sowie die Höhe des *Jahresumsatzes* erfasst worden.

In der Abb. 3-4 wird die Branchenzugehörigkeit derjenigen Unternehmen veranschaulicht, auf die sich die Aussagen der Untersuchung beziehen. Die Auswertung der Branchenzugehörigkeit der Probanden zeigt einen Querschnitt durch die deutsche Wirtschaft. Industrieunternehmen besitzen den höchsten Anteil (26 %). Daneben sind informationsintensive Branchen wie Banken/Finanzinstitute (15 %), Telekommunikation/Medien (11 %), Handel (10 %), IT-Dienstleister (9 %) sowie Versicherungen (7 %) maßgeblich vertreten.

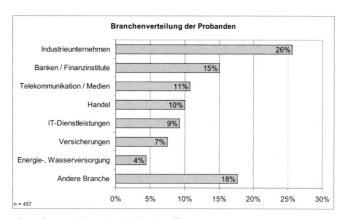

Abb. 3-4:   Branchenverteilung der Probanden[422]

Erkenntnis 2:

Die Branchenverteilung der Probanden verdeutlicht, dass der Business-Intelligence-Einsatz in einer großen Vielfalt von Wirtschaftszweigen als relevant angesehen wird. Besondere Häufungen treten im Industriesektor sowie in informationsintensiven Dienstleistungsbranchen auf.

---

[422] Quelle: eigene Darstellung.

Die Abb. 3-5 zeigt die Verteilung der Unternehmensgröße gemessen in der Anzahl der Mitarbeiter. Es wird deutlich, dass große und sehr große Unternehmen, denen mehr als 2.000 Mitarbeiter angehören, mit einem Anteil von 58 % die Mehrheit der Probanden stellen. Mittelgroße Unternehmen, deren Mitarbeiterzahl zwischen 501 und 2.000 Personen liegt, repräsentieren 24 % der Teilnehmer. Kleine Unternehmen mit bis zu 500 Mitarbeitern sind mit einem Anteil von 18 % vertreten.[423] Diese Verteilung korrespondiert mit den Ergebnissen anderer Studien, wonach der Durchdringungsgrad mit BI-Lösungen in Großunternehmen deutlich höher liegt als im Mittelstand und in Kleinunternehmen.[424]

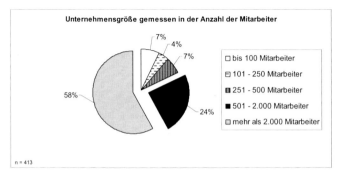

Abb. 3-5:   Unternehmensgröße gemessen in der Anzahl der Mitarbeiter[425]

Des Weiteren wurden der *Jahresumsatz* der Unternehmen bzw. die *Bilanzsumme* für die Teilgruppe der Banken sowie die *Beitragssumme* für Versicherungen erfasst. Wie der Abb. 3-6 entnommen werden kann, bilden Unternehmen, deren Jahresumsatz zwischen einer und zehn Milliarden Euro liegt, mit 37,6 % den relativ höchsten Anteil.

---

[423] Die in Abb. 3-5 verwendete Einteilung der Unternehmensgrößenklassen wurde gewählt, um die Teilnehmer der Stichprobe differenziert analysieren zu können. Die vom Statistischen Bundesamt Deutschland eingesetzte Einteilung der Beschäftigtenzahlen der Kommission der Europäischen Gemeinschaften vom 6. Mai 2003 ist primär auf die Untersuchung kleinster, kleiner und mittlerer Unternehmen ausgerichtet und wäre in diesem Fall nicht hinreichend trennscharf. Zum Gebrauch von Kriterien zur Einteilung von Unternehmensgrößen durch das Statische Bundesamt Deutschland vgl. bspw. Nahm/Philipp (2005), S. 938.
[424] Vgl. Seufert/Lehmann (2006), S. 22 sowie Chamoni/Gluchowski (2004), S. 124.
[425] Quelle: eigene Darstellung.

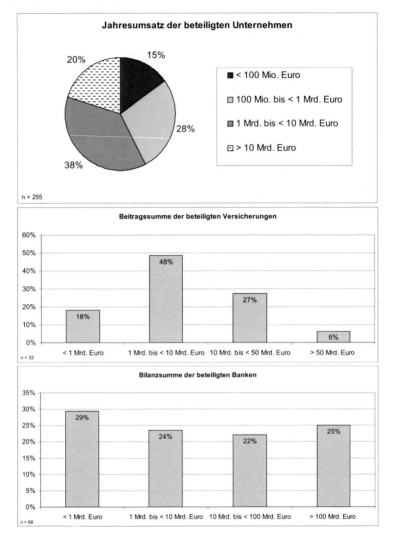

Abb. 3-6:   Jahresumsatz, Bilanzsumme und Versicherungssumme[426]

Die Bilanzsummen der beteiligten Banken sind über alle Größenklassen ähnlich verteilt. Innerhalb der Gruppe der Versicherungen stellen Unternehmen mit einer Bei-

---

[426] Quelle: eigene Darstellung.

tragssumme zwischen einer und zehn Milliarden Euro annähernd die Hälfte der Probanden (vgl. Abb. 3-6).

3.2.1.2 BI-Systemlandschaft

Im Folgenden wird die in Kapitel 3.1.1 formulierte Forschungsfrage untersucht, welche Ausprägungen von BI-Systemlandschaften in der Unternehmenspraxis existieren. Unter dem Oberbegriff der *BI-Systemlandschaften* sollen ausgewählte Charakteristika der in Kapitel 2.1 vorgestellten BI-Infrastrukturen subsummiert werden. Hierzu zählen bspw. die realisierte BI-Architektur, die Ausprägungen einzelner BI-Architekturkomponenten, das betreute BI-Datenvolumen sowie das akkumulierte Erfahrungswissen im BI-Betrieb. Die BI-Systemlandschaft kann als ein Objekt des BI-Betriebs aufgefasst werden, da dessen Maßnahmen darauf abzielen, den Zustand der BI-Systemlandschaft aktiv zu beeinflussen.[427] Daher stellt die Kenntnis realer Erscheinungsformen von BI-Systemlandschaften einen bedeutsamen Faktor für die Ausgestaltung des BI-Betriebs dar.

Architekturvarianten von BI-Datenhaltungskomponenten

Die *Architektur eines BI-Systems* dient – in Analogie zu einem Bauplan – der Identifikation und Deskription der Systemkomponenten, ihrer funktionalen Eigenschaften sowie ihres Zusammenwirkens.[428] WATSON und ARIYACHANDRA haben im Rahmen einer empirischen Studie ein Schema zur Erhebung unterschiedlicher Architekturvarianten von BI-Datenhaltungskomponenten vorgeschlagen.[429] In Anlehnung an dieses Schema von WATSON und ARIYACHANDRA wurden die Probanden befragt, welche Architekturvariante ihr Gesamtunternehmen am besten repräsentiert. Den größten Anteil mit 31 % bilden Core-Data-Warehouses (C-DWH) mit nachgeschalteten, abhängigen Data Marts (vgl. Abb. 3-7). Diese Erscheinungsform wird häufig auch als Hube-and-Spoke-Architektur bezeichnet. Weitere Ränge belegen etwas heterogenere Lösungen, die sowohl aus einem Core-Data-Warehouse als auch aus mehreren unabhängigen Data Marts bestehen (20 %) oder mehrere Core-Data-Warehouses umfassen (17 %). Zentral geführte C-DWH-Systeme sind mit 16 % vertreten. Den niedrigsten Anteil besitzen

---

[427] Vgl. Kapitel 3.1.2.
[428] Vgl. Kemper et al. (2006), S. 19 sowie Kemper et al. (2010), S. 21; zu einer detaillierten Darstellung von BI-Architekturkomponenten vgl. Kapitel 2.1.
[429] Vgl. Watson/Ariyachandra (2005a), S. 10f. sowie Ariyachandra/Watson (2006), S. 4ff.

rein Data-Mart-basierte Lösungen (13 %). Somit zeigt sich in den befragten Unternehmen mit einem Anteil von über 80 % eine deutliche Dominanz von Architekturvarianten mit einer oder mehreren Core-Data-Warehouse-Komponenten, die Daten für verschiedenartige Auswertungszwecke und zur Verwendung für eine große Zahl von Benutzern bereitstellen.

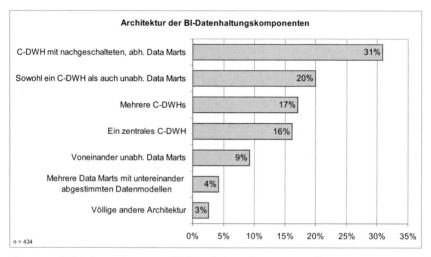

Abb. 3-7:   Architekturvarianten von BI-Datenhaltungskomponenten[430]

WATSON und ARIYACHANDRA haben als übergeordnete Faktoren für die Auswahl einer Architekturvariante die Informationsabhängigkeiten zwischen betroffenen Organisationseinheiten, die strategische Bewertung einer BI-Lösung zum Entscheidungszeitpunkt und den Informationsbedarf des oberen Managements identifiziert. Hiernach werden im Falle unternehmensbereichsbezogener Lösungen mit limitierten Entwicklungs- und Betriebsressourcen sowie einer eingeschränkten Erwartungshaltung hinsichtlich der Unterstützung durch einen internen IT-Bereich unabhängige Data Marts bevorzugt. Hub-and-Spoke-Architekturen sowie Varianten mit C-DWHs hingegen werden vor allem dann gewählt, wenn die IT-basierte Entscheidungsunterstützung als strategisch wichtig eingestuft und die Unterstützungsleistung des internen IT-

---

[430] Quelle: eigene Darstellung.

Bereichs als hoch empfunden wird sowie eine starke Informationsintegration zwischen Organisationseinheiten erforderlich ist.[431]

Anzahl der BI-Architekturkomponenten

Die *Anzahl der zu betreuenden BI-Architekturkomponenten* kann als potenzieller Aufwandstreiber des BI-Betriebs aufgefasst werden.[432] In der Tab. 3-4 wird die von den Befragten genannte Anzahl von BI-Architekturkomponenten aufgegliedert nach den verschiedenen Ebenen des in Kapitel 2.1.2 behandelten BI-Ordnungsrahmens dargestellt.

Ebenen des BI-Ordnungsrahmens	Anzahl BI-Architekturkomponenten				Median	n
	≤ 5	6-20	21-50	>50		
Operative Quellsysteme	45%	38%	14%	4%	7,0	341
ETL-Prozesse	46%	20%	12%	23%	10,0	288
Datenhaltungs-komponenten	75%	15%	5%	4%	2,0	293
Analytische Anwendungssysteme	71%	23%	4%	3%	3,0	304
Belieferte Portalsysteme	94%	5%	1%	0%	1,0	293

Tab. 3-4:   Anzahl von BI-Architekturkomponenten[433]

Aus der Tabelle wird ersichtlich, dass bei der Mehrheit der Probanden (56 %) mindestens sechs Quellsysteme für die Versorgung mit Rohdaten genutzt werden (Median: 7,0). Ebenso sind im Großteil der Fälle (55 %) sechs und mehr Architkekturkomponenten zur Daten-Extraktion, -Transformation und -Beladung implementiert (Median: 10,0). Die mittlere Anzahl der BI-Datenhaltungskomponenten ist hingegen deutlich niedriger. In 75 % der Fälle werden weniger als sechs Komponenten zur Datenspeicherung genutzt (Median: 2,0). Dieses Ergebnis korrespondiert mit der bereits festgestellten hohen Verbreitung von Core-Data-Warehouse-Komponten. Analytische BI-Funktionalitäten werden in der überwiegenden Mehrheit der Fälle (94 %) mit Hilfe

---

[431] Vgl. Watson/Ariyachandra (2005a), S. 51.

[432] Eine bspw. durch eine hohe Komponentenanzahl beeinflusste Komplexität von IT-Architekturen kann zu einer erkennbaren Steigerung des IT-Betriebsaufwands führen, vgl. Ross (2003), S. 7, Aier/Dogan (2005), S. 613f., Frohmüller/Kiefer (1999), S. 834, Schwinn/Winter (2005), S. 589 und S. 601 sowie Hafner/Winter (2005), S. 628f.

[433] Quelle: eigene Darstellung; als Kriterien zur Einstufung einer Architekturkomponente als analytisches BI-Anwendungssystem waren an dieser Stelle vorgegeben, dass eine regelmäßige Befüllung aus einem Data Warehouse erfolgt und mehr als ein Endbenutzer darauf zugreift.

von höchstens 20 unterschiedlichen BI-Anwendungen den Endbenutzern zur Verfügung gestellt (Median: 3,0). Gleichermaßen limitiert ist die Anzahl der mit BI-Inhalten belieferten Portalsysteme (Median: 1,0).[434]

Zusätzlich wurde die Einschätzung der Probanden hinsichtlich der Auswirkungen einer hohen *Anzahl von BI-Architekturkomponenten* auf den BI-Betrieb erhoben (n=281, Mehrfachnennungen möglich). Die Antworten stehen im Einklang zu den oben angeführten absoluten Häufigkeiten, mit denen BI-Architekturkomponenten in der Unternehmenspraxis vorkommen. In einer Vielzahl der Fälle werden die hohe Anzahl von operativen Quellsystemen (61 %) und von ETL-Prozessen (43 %) als gewichtige Faktoren eingestuft, die den BI-Betrieb erschweren. Der Menge an BI-Datenhaltungskomponenten (12 %) und an BI-Analysesystemen (9 %) wird ein merklicher Einfluss zugeschrieben. Die Anzahl an belieferten Portalsystemen (3 %) besitzt hingegen eine untergeordnete Bedeutung.

Diese Ergebnisse zeigen, dass in den befragten Unternehmen vor allem die nicht unwesentliche Anzahl zu betreuender Quellsysteme und ETL-Prozesse als potenzielle Aufwandstreiber des BI-Betriebs angesehen werden können.

BI-Lebenszyklusphasen und Dauer des BI-Produktivbetriebs

Das im Informationsmanagement zum Einsatz kommende Konzept des Lebenszyklus von IT-Systemen wurde aus dem Bereich des Managements von materiellen Produkten und Dienstleistungen übernommen. Es dient zur Charakterisierung der Abfolge von Phasen, die ein IT-System über seine gesamte Lebensdauer hinweg durchläuft.[435] WATSON, ARIYACHANDRA und MATYSKA haben das Lebenszyklus-Konzept auf BI-Systeme angewandt.[436] In einer Erweiterung der von WATSON, ARIYACHANDRA und MATYSKA aufgestellten Einteilung wurden die Probanden befragt, welcher Lebenszyklusphase sie die Business-Intelligence-Implementierung ihres Unternehmens zuordnen.[437] Die *Entwicklungs-* und *Einführungsphasen* dienen der erstmaligen Realisierung sowie der organisatorischen Implementierung von BI-Systemen. Die *Wachstumsphase* zeichnet

---

[434] Eine detailliertere Analyse der Ergebnisdaten zeigt, dass in 22 % der Fälle aktuell keine Portalanbindung realisiert ist und dass in 44 % der Fälle genau ein Portal beliefert wird.
[435] Vgl. Seibt (2001), S. 456ff., Matys (2005), S. 118ff. sowie Zarnekow (2007), 114ff.
[436] Watson et al. unterscheiden zwischen den empirisch ermittelten Stufen *Initiation, Growth* und *Maturity*. Sie gehen jedoch davon aus, dass diese Einteilung den Status quo zum Zeitpunkt der Durchführung ihrer Studie repräsentiert und in den Folgejahren um weitere Phasen zu ergänzen ist, vgl. Watson/Ariyachandra/Matyska (2001), S. 45.
[437] Vgl. hierzu auch Fußnote 391; zur Einteilung der Lebenszyklusphasen von IT-Systemen vgl. exemplarisch Krcmar (2010), S. 157, Brugger (2005), S. 11 sowie Heinrich/Stelzer (2009), S. 269ff.

sich durch stark zunehmende Endbenutzerzahlen, ein erheblich wachsendes Datenvolumen sowie die Ausweitung des BI-Einsatzes auf weitere Anwendungsfelder aus. Die Verfahrensweisen des BI-Betriebs sind nicht selten noch unvollkommen verwirklicht. In der *Reifephase* hat sich Business Intelligence im Unternehmen als integriertes Konzept der Entscheidungsunterstützung etabliert. Dies zeigt sich bspw. in einer hohen Anzahl aktiver Endbenutzer, in einem großen verfügbaren – auch historisierten – Datenvolumen sowie einer Anbindung zahlreicher fachlicher Anwendungsbereiche. Der BI-Betrieb hat in dieser Phase oftmals ein hohes Maß an Professionalisierung in Form von standardisierten und dokumentierten Verfahrensweisen erreicht.[438]

Eine *Reengineeringphase* mit dem Ziel einer grundlegenden Überarbeitung von BI-Systemen wird begonnen, wenn geänderte Anforderungen an den Systemeinsatz nicht mehr im laufenden Betrieb durch kontinuierliche Adaptionen umgesetzt werden können.[439] Wie die Abb. 3-8 zeigt, bescheinigen 86 % der Probanden, dass die BI-Systeme Entwicklungs- und Einführungsphasen verlassen haben. Sie befinden sich in Wachstums-, Reife- und Reengineering-Phasen, in denen der Nutzen des BI-Einsatzes realisiert wird.

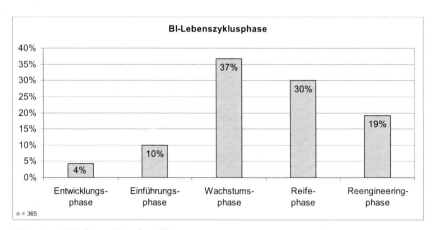

Abb. 3-8:   BI-Lebenszyklusphase[440]

---

[438] Vgl. Watson/Ariyachandra/Matyska (2001), S. 46ff.
[439] Vgl. Kemper et al. (2006), S. 171 sowie Kemper et al. (2010), S. 205f.
[440] Quelle: eigene Darstellung.

Die *Dauer des bisherigen produktiven BI-Einsatzes* kann als Indikator für das akkumulierte Erfahrungswissen mit dem BI-Betrieb interpretiert werden.[441] Die Abb. 3-9 veranschaulicht, dass 80 % der Probanden angeben, hinsichtlich des jeweils untersuchten BI-Systems über eine Betriebserfahrung zwischen zwei und zehn Jahren zu verfügen. Der Median liegt bei 4,3 Jahren.

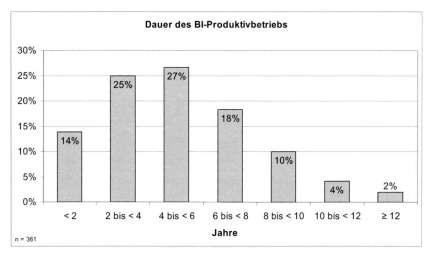

Abb. 3-9:   Dauer des BI-Produktivbetriebs[442]

Datenvolumen der BI-Datenhaltung

Die Untersuchung des *Datenvolumens der BI-Datenhaltung* als Maß für die Größe der zu steuernden BI-Systemumgebungen ergibt, dass in den befragten Unternehmen kleine BI-Systeme mit 29 % vertreten sind. Mittelgroße sowie große und sehr große BI-Implementierungen bilden mit einem Anteil von 71 % die Mehrheit (vgl. Abb. 3-10).[443]

---

[441] Zur Verwendung quantitativer Messungen von Zeiträumen, in denen eine Tätigkeit praktiziert wurde als Abschätzung der gesammelten Erfahrung vgl. exemplarisch Tesluk/Jacobs (1998), S. 326, Gruber/Mandl (1996), S. 18ff. sowie Schmidt et al (1986), S. 432ff.

[442] Quelle: eigene Darstellung.

[443] Eine Übersicht des Vorkommens großer und sehr großer BI-Datenhaltungen in der Unternehmenspraxis enthält Winter Corporation (2005).

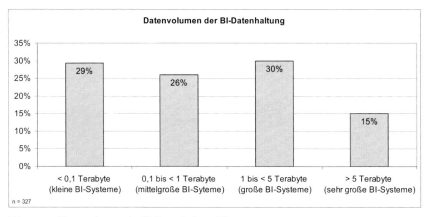

Abb. 3-10:   Datenvolumen der BI-Datenhaltung[444]

Erkenntnis 3:

Die Mehrzahl der Probanden verfügt über BI-Lösungen auf der Basis einer Architek-turvariante, die eine oder mehrere C-DWH-Komponenten enthält, und sich im Wachstum bzw. in der Konsolidierung befindet. Die Anzahl zu betreuender Quell-systeme und ETL-Prozesse kann als potenzieller Aufwandstreiber des BI-Betriebs angesehen werden. Erfahrungswissen über den BI-Betrieb wurde schwerpunktmäßig in einem Zeitraum zwischen zwei und zehn Jahren gesammelt. Im Produktivbetrieb gesteuert werden vor allem mittelgroße, große und sehr große BI-Implementierungen.

3.2.1.3   BI-Anwenderumfeld

In diesem Kapitel wird der Forschungsfrage nachgegangen, durch welche Charakteris-tika sich das BI-Anwenderumfeld in der Unternehmenspraxis auszeichnet.[445] Das BI-Anwenderumfeld umfasst Aspekte der Nutzungssphäre von BI-Systemen aus der Per-spektive der Endbenutzer. Hierzu werden die Art der eingesetzten BI-Anwendungen, die Anzahl der zu betreuenden Endbenutzer sowie die Kritikalität der BI-Anwendungssysteme aus Sicht der Fachbereiche betrachtet.

---

[444] Quelle: eigene Darstellung.
[445] Zur Darstellung der Forschungsfragen vgl. Kapitel 3.1.1.

Einsatz von BI-Anwendungssystemen

BI-Anwendungssysteme dienen der Überführung von Daten in einen applikationsorientierten Kontext, indem sie die Daten anwendungsspezifisch aufbereiten und den Endbenutzern präsentieren.[446] Wie die Abb. 3-11 veranschaulicht, dominieren unter den eingesetzten BI-Anwendungssystemen Berichtssysteme mit einem Anteil von 94 % sowie Ad-hoc-Analysesysteme mit 87 % deutlich. Des Weiteren werden freie Datenrecherchen (52 %), Systeme, die auf betriebswirtschaftlichen Konzepten beruhen (49 %), und modellgestützte Analysesysteme (47 %) in einem deutlichen Umfang eingesetzt.

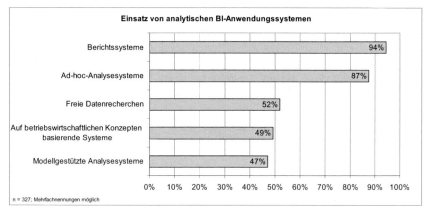

Abb. 3-11:   Einsatz von BI-Anwendungssystemen[447]

Eine bivariate Korrelationsanalyse zur Untersuchung des Aspekts, welche Arten von BI-Anwendungssystemen bevorzugt zusammen eingesetzt werden, zeigt für alle paarweisen Vergleiche einen hochsignifikanten Zusammenhang. Eine darüber hinaus gehende Analyse des Pearsonschen Korrelationskoeffizienten[448] als Maß der Stärke der wechselseitigen Beziehung kommt zu dem Ergebnis, dass die höchsten Zusammenhangswerte zwischen Berichtssystemen und Ad-hoc-Analysesystemen (r=0,465**) sowie zwischen freien Datenrecherchen und modellgestützten Analysesystemen (r=0,477**) beobachtet werden können. Somit liegt jeweils ein mittlerer Zusammen-

---

[446] Die Grundlagen zu den unterschiedlichen Arten von BI-Anwendungssystemen werden in Kapitel 2.1.4.1 beleuchtet.
[447] Quelle: eigene Darstellung.
[448] Für dichotome Variablen – wie sie in diesem Fall vorliegen – weist der Pearsonsche Produkt-Moment-Korrelationskoeffizient identische Werte wie der Phi-Koeffizent auf, vgl. Bortz (2005), S. 205 und S. 227.

hang vor. Eine mögliche Erklärung für diese Interdependenzen kann darin liegen, dass die beiden Arten von BI-Anwendungssystemen jeweils komplementär zueinander einsetzbar sind. Ad-hoc-Analysesysteme können bspw. genutzt werden, um in Standardberichten auftretende Abweichungen näher zu untersuchen, und mit Hilfe von freien Datenrecherchen können Hypothesen aufgestellt werden, um sie anschließend auf der Basis von modellgestützten Analysesystemen zu prüfen.

Anzahl von BI-Endbenutzern

Die Abb. 3-12 zeigt, dass die Gesamtzahl der aktiven, zu betreuenden BI-Endbenutzer in den befragten Unternehmen eine breite Streuung aufweist. In ca. 80 % der Fälle reicht die Bandbreite von einzelnen Personen bis zu 1.000 Endbenutzern. Eine Menge von mehr als 5.000 BI-Usern ist lediglich in wenigen Unternehmen anzutreffen. Den Median bilden 210 BI-Endbenutzer.[449]

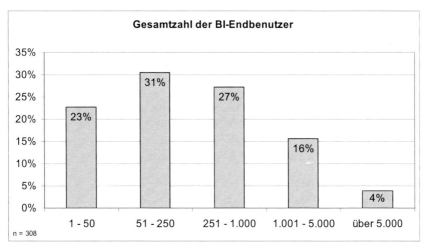

Abb. 3-12:   Gesamtzahl der BI-Endbenutzer[450]

---

[449] Die Gesamtzahl der BI-Endbenutzer wurde durch eine Addition der Nennungen der Probanden der Endbenutzerzahl der verschiedenen Arten von BI-Anwendungssystemen ermittelt. In der Unternehmenspraxis kann eine Person mehrere BI-Systemtypen verwenden und somit mehrere Endbenutzerrollen gleichzeitig inne haben. Daher sind die berechneten Werte als Indikator hinsichtlich der Gesamtzahl der eingenommen Rollen aller involvierten Personen zu verstehen. Zu einer vertiefenden Diskussion des Rollenbegriffs vgl. exemplarisch Fischer (1992), Sp. 2224ff.

[450] Quelle: eigene Darstellung.

Ein detaillierte Analyse der Anzahl der Endbenutzer nach den unterschiedlichen Arten von BI-Anwendungssystemen lässt erkennen, dass Berichtsysteme im Mittel den größ-ten Adressatenkreis aufweisen (Median: 150). Bereits mit deutlichem Abstand folgen Ad-hoc-Analysesysteme (Median: 30) und auf betriebswirtschaftlichen Konzepten ba-sierende Systeme (Median: 20). Freie Datenbankrecherchen (Median: 10) und modell-gestützte Analysesysteme (Median: 6) werden in der Mehrzahl der befragten Unter-nehmen nur von einer kleinen Personengruppe aktiv genutzt (vgl. Tab. 3-5).

Arten von BI-Anwendungssystemen	Anzahl Endbenutzer					Median	n
	1-10	11-50	51-100	101-500	>500		
Berichtssysteme	12%	20%	15%	30%	22%	150	291
Ad-hoc-Analysesysteme	29%	34%	13%	18%	7%	30	264
Freie Datenbankrecherchen	62%	28%	2%	7%	1%	10	150
Auf betriebswirtschaftlichen Konzepten basierende Systeme	39%	34%	6%	18%	3%	20	143
Modellgestützte Analysesysteme	67%	21%	6%	4%	1%	6	135

Tab. 3-5:   Anzahl der BI-Endbenutzer nach BI-Anwendungssystemen[451]

Aus den betrachteten Charakteristika des BI-Anwenderumfelds ergeben sich in Ab-hängigkeit von deren spezifischer Konstellation in einem Unternehmen unterschiedli-che Folgerungen für den BI-Betrieb. Berichtssysteme bedingen bspw. standardisierte und stabile Datenbewirtschaftungsprozesse, die eine pünktliche Belieferung einer ho-hen Anzahl von Endbenutzern in einer vordefinierten Darstellungsform erlauben. Da-gegen steht etwa bei Ad-hoc-Analysesystemen, freien Datenrecherchen und modellge-stützten Analysesystemen der Aspekt der Flexibilität im Vordergrund. Im Rahmen des BI-Betriebs ist hierbei für eine relativ kleine Anzahl aktiver Endbenutzer zur Erfüllung oftmals wechselnder Analyseaufgaben ein speziell abgegrenztes Ausgangsdatenmateri-al bereitzustellen. Zusätzlich muss gegebenenfalls eine individuelle methodische An-wendungsunterstützung für die Endbenutzer geleistet werden.

---

[451] Quelle: eigene Darstellung.

Erkenntnis 4:

Die sich aus den spezifischen Konstellationen von eingesetzten BI-Anwendungs-systemen und Endbenutzern ergebenden Ansprüche sind bei der unternehmensin-dividuellen Ausgestaltung des BI-Betriebs bspw. hinsichtlich der Stabilität der Da-tenbewirtschaftungsprozesse oder der Flexibilität der Endbenutzerunterstützung zu berücksichtigen.

Kritikalität der BI-Anwendungssysteme

Während frühe BI-Implementierungen primär darauf zielten, den Fachbereichen im Sinne einer Entscheidungsunterstützung die Analyse vergangenheitsbezogener Daten zu ermöglichen oder Prognosen über zukünftige Entwicklungen zu erstellen, werden BI-Anwendungssysteme heute zunehmend auch zur direkten Unterstützung der Ge-schäftsprozesse eines Unternehmens eingesetzt. Beispiele hierfür sind etwa endkun-dennahe vertriebs- und beratungsorientierte Tätigkeiten oder Supply-Chain-Applikationen.[452] In diesem Zusammenhang bezieht sich die *Kritikalität der BI-Anwendungssysteme* aus Sicht der Fachbereiche auf Risiken, die ihm Rahmen des Be-triebs von BI-Systemen entstehen und behandelt werden müssen, um Folgeschäden für die Geschäftsprozesse eines Unternehmens zu vermeiden oder zu minimieren.[453]

Die Abb. 3-13 veranschaulicht, wie hoch der relative Anteil der BI-Anwendungssysteme ist, die von den Probanden als existenziell für den Geschäftsbetrieb ihres Unterneh-mens eingestuft werden. Lediglich 5 % der Unternehmen geben an, dass keines ihrer BI-Anwendungssysteme eine elementare Bedeutung besitzt. In 42 % der Fälle wird bis zu einem Drittel der BI-Applikationen eine hohe Wertigkeit zugeschrieben. Den höchsten Anteil mit 53 % der Stichprobe bilden diejenigen Befragten, die mehr als ein Drittel ihrer BI-Anwendungen als existenziell ansehen.

---

[452] Vgl. Watson et al. (2006), S. 8, Nauck et al. (2008), S. 209ff., Elbashir/Williams (2007), S. 45ff. sowie Azvine et al. (2005), S. 216ff.
[453] In Analogie zu BMI-KBSt (2007), S. 3-39f.

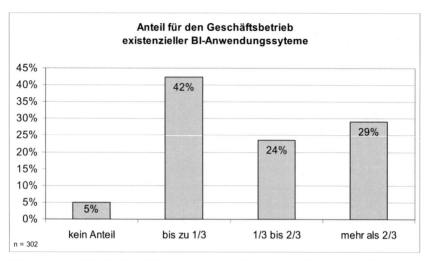

Abb. 3-13:   Anteil für den Geschäftsbetrieb existenzieller BI-Anwendungssysteme[454]

Bei dem Anteil der für den Geschäftsbetrieb wesentlichen BI-Anwendungssysteme zeigen sich signifikante Abweichungen zwischen verschiedenen Branchen[455] (Kruskal-Wallis-Test, n=205, p=0,006**). Telekommunikations- und Medien-Unternehmen verfügen über den durchschnittlich größten Anteil (Mittelwert: 55 %). In einer ähnlichen Höhe bewegen sich die Sektoren der Banken und Finanzinstitute (Mittelwert: 51 %) sowie des Handels (Mittelwert: 50 %). Mit einem deutlichen Abstand folgen Industrieunternehmen (Mittelwert: 39 %) und Versicherungen (Mittelwert: 37 %).

Die Intensität der Auswirkungen eines BI-Systemausfalls auf den Geschäftsbetrieb von Unternehmen kann nach der Zeitdauer differenziert werden. Zur Einstufung des Ausmaßes wurde eine siebenstufige bipolare Skala verwendet, die von „keine Auswirkungen" bis „existenz-bedrohende Auswirkungen" reicht.[456] Wie die Abb. 3-14 zeigt, ist bei den befragten Unternehmen ein enger Zusammenhang zwischen der verstrichenen Zeit nach einem BI-Systemausfall und dem Mittelwert der Beurteilung des Schweregrads zu erkennen (r=0,992***). Bis zu einer Stunde nach einem BI-Systemausfall werden mögliche Folgen noch als beherrschbar, aber durchaus als bereits erkennbar ein-

---

[454] Quelle: eigene Darstellung.
[455] In dieser Auswertung wurden diejenigen Branchen berücksichtigt, die bei der Frage nach der existenziellen Bedeutung von BI-Anwendungssystemen hinlänglich hohe Fallzahlen aufweisen.
[456] Dieser Skalentyp wird als semantisches Differential bezeichnet. Vgl. hierzu im Detail Bortz/Döring (2002), S. 184ff. sowie Schnell et al. (2008), S. 175ff.

gestuft. Dagegen werden nach einem Zeitraum von einem Tag bis einer Woche schon schwerwiegende Beeinträchtigungen des Geschäftsbetriebs erwartet. Wenn ein Monat und mehr Zeit vergangen ist, ohne dass ein BI-Systemausfall behoben werden konnte, nähert sich die Kurve dem Bereich, in dem Risiken hinsichtlich der Fortführung des Geschäftsbetriebs tangiert werden.

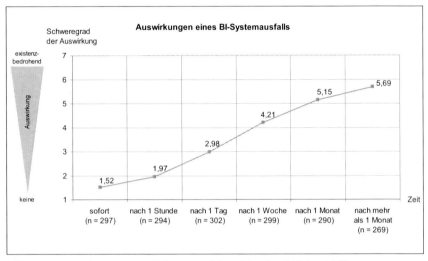

Abb. 3-14:   Auswirkungen eines BI-Systemausfalls auf den Geschäftsbetrieb[457]

Die Ergebnisse für sehr kurze und sehr lange Zeitspannen erweisen sich als nachvollziehbar. Bis zu einer Stunde nach einem Ausfall kann angenommen werden, dass oftmals organisatorische Ausweichregelungen realisierbar sind, um die fehlende Verfügbarkeit eines BI-Systems auszugleichen. Wenn die Ausfallzeit eines unternehmenskritischen BI-Systems mehr als einen Monat dauert, kann dies auf tiefer liegende interne Einflussfaktoren wie bspw. grundsätzliche Unzulänglichkeiten des Umgangs mit Risiken oder externe Faktoren wie etwa Naturkatastrophen hindeuten. Bedeutsam erscheinen insbesondere die relativ hohen Einstufungen des Schweregrads von BI-Systemausfällen im Tages- und Wochenbereich, die nicht einfach kompensiert werden können. Zu beachten ist, dass Konstellationen existieren, in denen auch eine kurzfristige Störung von BI-Systemen gravierende Folgen für den Geschäftsbetrieb eines Unternehmens haben kann. Dies ist bspw. der Fall, wenn mittels eines BI-Systems Infor-

---

[457] Quelle: eigene Darstellung.

mationsprodukte hergestellt werden, die direkt für die Endkunden bestimmt sind. Folglich beeinträchtigt ein BI-Systemausfall die Lieferfähigkeit des Unternehmens. Ein Beispiel für eine solche Nutzung stellt das BI-System der Unternehmensgruppe Deutsche Börse dar. Es handelt sich um ein System mit operativen und dispositiven Merkmalen, das einen beständigen Datenstrom zur Entscheidungsunterstützung vor allem an institutionelle Marktteilnehmer ausliefert und an das entsprechend hohe Anforderungen hinsichtlich der Verfügbarkeit gestellt werden.[458]

Insgesamt lässt sich feststellen, dass BI-Systeme, die als kritisch für die Geschäftsprozesse eines Unternehmens eingestuft werden, besondere Vorkehrungen des BI-Betriebs erfordern, um ihre Verfügbarkeit sicherzustellen. Dies ist durch ein aktives Risikomanagement erreichbar, das bspw. eine vorbeugende Risikoanalyse, eine redundante BI-Infrastruktur sowie definierte Verfahrensweisen zur raschen Erkennung und Behebung von Störungen umfassen kann.

Erkenntnis 5:

Eine überwiegende Mehrzahl der Unternehmen besitzt BI-Anwendungsysteme, die für die Geschäftsprozesse als kritisch bewertet werden, und deren Ausfall zu schwerwiegenden Auswirkungen auf den Geschäftsbetrieb führen kann. Unternehmenskritische BI-Systeme müssen daher identifiziert werden und es sind Vorkehrungen im Rahmen des BI-Betriebs zu implementieren, um ihre angemessene Verfügbarkeit sicherzustellen.

---

[458] Vgl. Detemple et al. (2006), S. 84ff.

3.2.1.4   BI-Governance

Eine bedeutende Aufgabe der BI-Governance besteht – wie in Kapitel 3.1.2 dargelegt – darin, die Rahmenbedingungen des BI-Betriebs vorzugeben. Daher werden im Folgenden ausgewählte Aspekte des BI-Betriebs untersucht, deren Ausgestaltung stark von Festlegungen im Rahmen der BI-Governance abhängt. Hierzu gehören die Fragen, ob und in welchem Umfang Konzepte des IT-Dienstleistungsmanagements zur Anwendung kommen, welche Organisationseinheiten mit der Ausführung des BI-Betriebs betraut werden und hierbei insbesondere, ob eine spezialisierte BI-Organisationseinheit eingerichtet wird.

Nutzung von Ansätzen des IT-Dienstleistungsmanagements

Die in Kapitel 2.2.3 vorgestellten Ansätze des IT-Dienstleistungsmanagements zielen auf eine Professionalisierung der IT-Leistungserstellung auf der Basis einer Serviceorientierung des Informationsmanagements. Bei den befragten Unternehmen zeigt sich eine generell hohe Akzeptanz zur Nutzung von Ansätzen des IT-Dienstleistungsmanagements wie bspw. ITIL oder CobiT zur Unterstützung des allgemeinen IT-Betriebs. Wie der Abb. 3-15 zu entnehmen ist, sind in etwa zwei Drittel der Fälle solche Konzepte bereits im Einsatz (46 %), oder die Nutzung wird konkret geplant (19 %). Lediglich etwa ein Drittel der Probanden sieht auch zukünftig keine Notwendigkeit der Implementierung (35 %).

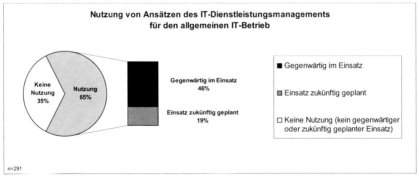

Abb. 3-15:   Nutzung des IT-Dienstleistungsmanagements für den allg. IT-Betrieb[459]

---

[459] Quelle: eigene Darstellung.

Bemerkenswert ist, dass auch für die Nutzung von IT-Dienstleistungskonzepten im Business-Intelligence-Kontext die Akzeptanzwerte in die gleiche Richtung weisen (vgl. Abb. 3-16). In 54 % der befragten Unternehmen werden diese Konzepte bereits im Business-Intelligence-Betrieb eingesetzt (29 %), oder es bestehen Vorhaben zur Umsetzung (25 %). Dies lässt den Schluss zu, dass der überwiegende Teil der befragten Unternehmen die Realisierung substanzieller Nutzenpotenziale durch die Verwendung von Konzepten des IT-Dienstleistungsmanagements im Business-Intelligence-Betrieb anstrebt.

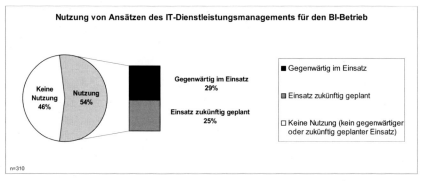

Abb. 3-16:   Nutzung des IT-Dienstleistungsmanagements für den BI-Betrieb[460]

Zwischen der Nutzung von Ansätzen des IT-Dienstleistungsmanagements für den allgemeinen IT-Betrieb und den Business-Intelligence-Betrieb zeigt sich ein hoch signifikanter Zusammenhang (vgl. Tab. 3-6). Von denjenigen Unternehmen, die IT-Dienstleistungskonzepte gegenwärtig im Einsatz haben, wenden 67 % diese auch aktuell schon auf den BI-Betrieb an, 21 % wollen zukünftig im BI-Bereich davon Gebrauch machen. Lediglich 12 % der Firmen aus dieser Gruppe planen nicht, den Einsatz auf den BI-Betrieb auszudehnen.

Die deutliche Mehrheit der Unternehmen (85 %), die IT-Dienstleistungskonzepte im allgemeinen IT-Betrieb erst zukünftig einführen wollen, beabsichtigt den BI-Bereich bei der Implementierung gleich miteinzubeziehen. Probanden, die keinen Nutzen in der gegenwärtigen oder zukünftigen Verwendung von IT-Dienstleistungskonzepten

---

[460] Quelle: eigene Darstellung.

für den allgemeinen IT-Betrieb sehen, streben dementsprechend mehrheitlich (96 %) auch keine Einsatz im BI-Bereich an.

Diese Ergebnisse zeigen, dass in den befragten Unternehmen die Einführung von IT-Dienstleistungskonzepten für den allgemeinen IT-Betrieb in der Mehrzahl der Fälle in einem erkennbaren zeitlichen Zusammenhang mit der Realisierung für den BI-Betrieb erfolgt. Wenn IT-Dienstleistungskonzepte für den allgemeinen IT-Betrieb bereits implementiert sind, besteht eine ersichtliche Bereitschaft, diese auch auf den BI-Betrieb auszudehnen.

Nutzung von Ansätzen des IT-Dienstleistungs-managements für den BI-Betrieb	Nutzung von Ansätzen des IT-Dienstleistungs-managements für den allg. IT-Betrieb			Gesamt
	Gegenwärtig im Einsatz	Einsatz zukünftig geplant	Kein gegenwärtiger oder zukünftiger Einsatz	
Gegenwärtig im Einsatz	67%	4%	1%	31%
Einsatz zukünftig geplant	21%	85%	3%	27%
Kein gegenwärtiger oder zukünftiger Einsatz	12%	11%	96%	42%
Gesamt	100%	100%	100%	100%
χ^2=293,465; df=4; p<0,001***; n=281				

Tab. 3-6:   Zusammenhang zwischen der Nutzung von ITSM-Ansätzen für den allg. IT-Betrieb und den BI-Betrieb[461]

Die Abb. 3-17 veranschaulicht, mit welcher Häufigkeit verschiedene Ansätze des IT-Dienstleistungsmanagements in den befragten Unternehmen vorzufinden sind (Mehrfachnennungen möglich). Unterschieden wird hierbei zwischen dem Einsatz im allgemeinen IT-Betrieb und der Verwendung im BI-Betrieb. Die Auswahl der Ansätze, zu denen Daten erhoben wurden, orientiert sich an der Studie von SCHMIDT (2004). Die Ergebnisse der Nutzungshäufigkeiten korrespondieren auch mit den Resultaten der genannten Umfrage.[462]

---

[461] Quelle: eigene Darstellung. Felder, deren Werte über dem Gesamtdurchschnitt liegen, sind in der Tabelle dunkelgrau hinterlegt.

[462] Vgl. hierzu Schmidt (2004), S. 10 sowie Schmidt et al. (2004), S. 26.

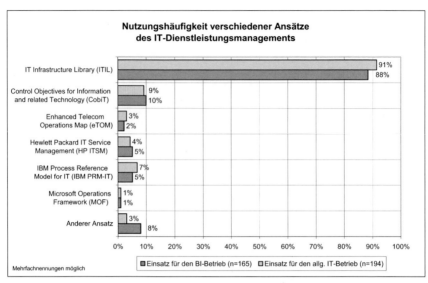

Abb. 3-17:   Nutzungshäufigkeit verschiedener ITSM-Ansätze [463]

In der Unternehmenspraxis zeigt sich eine klare Dominanz der IT Infrastructure Library, die in etwa 90 % der Fälle Verwendung findet (vgl. Abb. 3-17). Bereits mit weitem
Abstand folgt CobiT in etwa einem Zehntel der Unternehmen. Einen niedrigeren Anteil besitzen herstellerspezifische Ansätze, die jedoch oftmals Kompatibilität zu ITIL
anstreben und daher als Ableitungen aus ITIL aufgefasst werden können. Des Weiteren existieren branchenspezifische Ansätze wie die *Enhanced Telecom Operations Map
(eTOM)*, deren Struktur sich erkennbar von ITIL unterscheidet.[464] Sowohl für den allgemeinen IT-Betrieb als auch für den BI-Betrieb werden die in Abb. 3-17 untersuchten
Varianten von IT-Dienstleistungskonzepten in ähnlichem Umfang eingesetzt. Dies
steht im Einklang mit dem Ergebnis, dass IT-Dienstleistungskonzepte in beiden Bereichen oftmals in einem zeitlichen Zusammenhang eingeführt werden (vgl. hierzu
nochmals Tab. 3-6).

---

[463] Quelle: eigene Darstellung.
[464] Zu einer Einordnung der verschiedenen Ansätze des IT-Dienstleistungsmanagements vgl. nochmals
      Kap. 2.2.3 und die dort aufgeführten Literaturquellen.

> **Erkenntnis 6:**
>
> In den befragten Unternehmen besteht eine sehr hohe Akzeptanz und Verbreitung der Nutzung von Ansätzen des IT-Dienstleistungsmanagements sowohl für den allgemeinen IT-Betrieb als auch für den BI-Betrieb. Somit wird In der Unternehmenspraxis durch die Verwendung solcher Ansätze die Realisierung substanzieller Nutzenpotenziale erwartet. Es zeigt sich ein erkennbarer zeitlicher Zusammenhang zwischen der Einführung im allgemeinen IT- sowie im BI-Betrieb. Die Realisierung in beiden Bereichen basiert meist auch auf demselben IT-Dienstleistungskonzept. Hierbei dominiert mit weitem Abstand die IT Infrastructure Library (ITIL).

Organisation des BI-Betriebs

Die im Rahmen des Betriebs von Business-Intelligence-Systemen anfallenden Tätigkeiten können in der Unternehmenspraxis unterschiedlichen Organisationseinheiten zugeordnet werden.[465] Als Antwortalternativen wurde den Probanden eine Einteilung von Organisationseinheiten präsentiert, die sich an der Nähe zu den durch den BI-Einsatz unterstützten Geschäftsprozessen orientiert. Sie reicht von fachbereichsnahen Abteilungen über spezialisierte BI-Organisationseinheiten und IT-orientierten Einheiten bis hin zu externen Dienstleistern (vgl. Abb. 3-18). Als verdichtete Einteilung relevanter Tätigkeiten wurde zwischen dem *technischen BI-Betrieb*, dem *fachlichen BI-Betrieb* sowie der *BI-Endbenutzerunterstützung* unterschieden. Diese Strukturierung orientiert sich ebenso an der Nähe zu den unterstützten Geschäftsprozessen.[466]

Der technische BI-Betrieb beinhaltet die Verantwortung für die Steuerung der technischen BI-Infrastrukturen. Hierzu gehören etwa BI-Datenbanken, Betriebssysteme, Server oder die Basisadministration von BI-Softwarewerkzeugen. Der fachliche BI-Betrieb ist zuständig für die Bereitstellung der BI-Applikationssysteme. Diese Aufgabe umfasst die Erbringung spezifischer IT-Services wie z. B. das Management von Transformationsprozessen sowie von Data Warehouses, die Durchführung fachlicher BI-Systemmodifikationen, die im laufenden Betrieb umgesetzt werden können, oder die Auslieferung von Daten- und Berichtsprodukten an die Benutzer. Die BI-Endbenutzer-

---

[465] Zu den organisationstheoretischen Grundlagen der Zuordnung von Verrichtungen zu Organisationseinheiten vgl. exemplarisch Frese (1980), Sp. 214ff. sowie Kosiol (1962), S.171ff.

[466] Die gewählte Differenzierung anhand der Nähe zu den unterstützten Geschäftsprozessen erfolgt analog zu Baars et al. (2007a), S. 162f.

unterstützung besitzt die Aufgabe, die direkte Kommunikation mit den Endbenutzern sicherzustellen. In diesem Zusammenhang werden z. B. Lösungen für Probleme bei der Bedienung von BI-Applikationen vorgeschlagen oder Anfragen der BI-Endbenutzer bearbeitet.

Die Abb. 3-18 zeigt den mittleren Anteil, den die verschiedenen Organisationseinheiten in den untersuchten Fällen am technischen BI-Betrieb besitzen.[467] Es wird erkennbar, dass Organisationseinheiten wie zentrale IT-Bereiche, IT-Tochtergesellschaften oder externe IT-Dienstleister, zu deren Kernkompetenzen der Betrieb von IT-Systemen gehört, in der Summe den größten Anteil am technischen BI-Betrieb aufweisen.

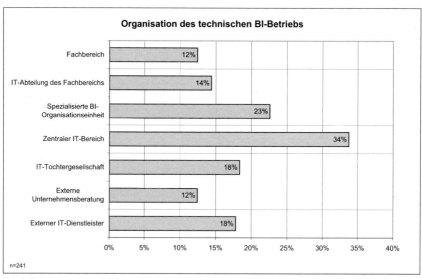

Abb. 3-18:   Organisation des technischen BI-Betriebs[468]

Der fachliche BI-Betrieb und die BI-Endbenutzerunterstützung werden hingegen bevorzugt Organisationseinheiten zugeordnet, die eine größere Nähe zu den Geschäftsprozessen der Unternehmen besitzen. Dabei handelt es sich um spezialisierte BI-Organisationseinheiten, die Fachbereiche sowie deren eingegliederte IT-Abteilungen.

---

[467] Vgl. auch Fußnote 468.
[468] Quelle: eigene Darstellung. Die Summation der Prozentangaben weicht von 100 % ab, da die zur Auswahl gestellten Typen von Organisationseinheiten nicht in allen untersuchten Fällen existierten.

Jedoch werden auch zentrale IT-Bereiche in deutlichem Maße in diesen Themenfeldern aktiv (vgl. Abb. 3-19).

Abb. 3-19: Organisation des fachlichen BI-Betriebs und der BI-Endbenutzerunterstützung[469]

Erkenntnis 7:

Einzelne Bereiche des BI-Betriebs wie der technische und fachliche BI-Betrieb sowie die BI-Endbenutzerunterstützung werden in den untersuchten Unternehmen in unterschiedlichen Anteilen verschiedenen Organisationseinheiten zugeordnet. Dies erfordert eine Abgrenzung relevanter Teilmodule des BI-Betriebs sowie die Erarbeitung eines Rahmenkonzepts zur Koordination dieser Teilmodule.

Verbreitung von spezialisierten BI-Organisationseinheiten

Unter spezialisierten BI-Organisationseinheiten werden zeitstabile aufbauorganisatorische Gliederungen verstanden, denen Querschnittsfunktionen im BI-Kontext zugeordnet sind.[470] Je nach ihrer unternehmensindividuellen Ausgestaltung – bspw. als *Kompetenzzentrum, Abteilung* oder *Team Business Intelligence* – übernehmen sie unter-

---

[469] Quelle: eigene Darstellung. Die Summation der Prozentangaben weicht von 100 % ab, da die zur Auswahl gestellten Typen von Organisationseinheiten nicht in allen untersuchten Fällen existierten.
[470] Die weiteren Ausführungen zur Verbreitung von spezialisierten BI-Organisationseinheiten sowie zu den Gestaltungsvarianten von BI-Organisationseinheiten sind angelehnt an Unger/Kemper (2008), S. 141ff. sowie Unger et al. (2008), S. 1ff.

schiedliche eigenständige, unterstützende oder koordinierende Aufgaben zur Verbesserung des BI-Einsatzes. Sie stellen ein Verbindungsglied zwischen den anwendungsorientierten Fachbereichen sowie den IT-Bereichen eines Unternehmens dar und verfügen daher über Fachwissen aus beiden Domänen. Dies ermöglicht eine kurzfristige Reaktion auf geänderte oder neue fachliche Anforderungen an BI-Systeme und erlaubt es, neue kreative Lösungen des BI-Einsatzes zu schaffen.[471]

In 76 % der befragten Unternehmen (n=403) existiert bereits eine spezialisierte BI-Organisationseinheit (65 %) bzw. deren Einführung ist konkret geplant (11 %). Nur 24 % der Teilnehmer besitzen keine solche Einheit und planen auch nicht deren Aufbau. Dieses Ergebnis impliziert, dass in der Unternehmenspraxis spezialisierte BI-Organisationseinheiten in hohem Maße akzeptiert sind. Darüber hinaus besteht ein signifikanter Zusammenhang zwischen der Unternehmensgröße und der Einführung der Einheiten. Es zeigt sich, dass die Mehrheit der befragten Unternehmen einen Bedarf für eigenständige BI-Organisationseinheiten besitzt. Speziell große und sehr große Unternehmen forcieren deren Aufbau (vgl. Tab. 3-7).

BI-Organisations-Einheit existent oder geplant	Unternehmensgröße gemessen am Gesamtumsatz			
	unter 100 Mio. Euro	100 Mio. bis unter 1 Mrd. Euro	1 Mrd. bis unter 10 Mrd. Euro	10 Mrd. Euro und mehr
Ja	69%	67%	85%	84%
Nein	31%	33%	15%	16%
Gesamt	100%	100%	100%	100%
χ^2=9,629; df=3; p=0,022*; n=229				

Tab. 3-7:   Existenz einer BI-Unterstützungseinheit und Unternehmensgröße[472]

Erkenntnis 8:

Die Mehrzahl der Unternehmen geht davon aus, dass dauerhafte Strukturen erforderlich sind, um BI-Anwendungssysteme wirkungsvoll entwickeln und betreiben zu können. Spezialisierte BI-Organisationseinheiten besitzen in diesem Zusammenhang eine hohe Akzeptanz.

---

[471] Vgl. Kolburn (2010), S. 9ff., Miehle/Gronwald (2010), S. 16ff., TDWI (2010), S. 5ff., Miller et al. (2006), S. 9f., Eckerson (2006), S. 43ff., Geiger et al. (2007), S. 26ff. sowie Totok (2006), S. 61ff.
[472] Quelle: vgl. Unger/Kemper (2008), S. 145.

In den befragen Unternehmen (n=288) sind die BI-Einheiten mehrheitlich dem IT-Bereich zugeordnet (71 %). In 14 % der Fälle berichten eigenständige BI-Einheiten direkt an die Unternehmensleitung. Einem betriebswirtschaftlichen Fachbereich haben 15 % der Probanden ihre BI-Einheit angegliedert. Dies verdeutlicht, dass gegenwärtig eine IT-orientierte organisatorische Einordnung von BI-Einheiten vorherrscht.

Eine weitergehende Untersuchung der hierarchischen Eingliederung der BI-Unterstützungseinheiten sowie der Unternehmensgröße zeigt statistisch hoch signifikante Zusammenhänge dieser beiden Aspekte.[473] Die Ergebnisse der Analyse verdeutlicht die Tab. 3-8. Kleinere Unternehmen ordnen eigenständige BI-Einheiten bevorzugt direkt der Geschäftsleitung unter. Je größer die befragten Unternehmen sind, desto stärker zeigt sich die Tendenz, BI-Organisationseinheiten im zentralen IT-Bereich anzusiedeln. Ein möglicher Grund hierfür kann in der unterschiedlichen Art der Beschaffung und Erzeugung von IT-Leistungen durch Unternehmen verschiedener Größenkategorien liegen. Mittlere und große Unternehmen verfügen gewöhnlich über ausreichend Personal und Know-how in den zentralen IT-Bereichen, um eine Gruppe von BI-spezifischen Mitarbeitern wirkungsvoll einbinden zu können. Kleinere Unternehmen hingegen beziehen IT-Dienstleistungen nicht selten primär von externen Lieferanten und beschäftigen in ihrem eigenen IT-Bereich vor allem generalistisch ausgerichtete Mitarbeiter, die als Koordinatoren der externen IT-Dienstleister auftreten.[474] Spezialisierte BI-Einheiten können demzufolge kaum effektiv in solche IT-Bereiche integriert werden.

Hierarchische Einordnung von spezialisierten BI-Organisations-einheiten	Unternehmensgröße gemessen am Gesamtumsatz			
	unter 100 Mio. Euro	100 Mio. bis unter 1 Mrd. Euro	1 bis unter 10 Mrd. Euro	über 10 Mrd. Euro
Unternehmensleitung	47%	17%	7%	0%
Fachbereich	21%	18%	18%	6%
Zentraler IT-Bereich	32%	65%	75%	94%
Gesamt	100%	100%	100%	100%
χ^2=35,892; df=6; p<0,001***; n=168				

Tab. 3-8:   Unternehmensgröße und organisatorische Einordnung von spezialisierten BI-Einheiten[475]

---

[473] Die Unternehmensgröße wurde an dieser Stelle durch die Höhe des Gesamtumsatzes gemessen.
[474] Zur Ausgestaltung der IT-Organisation kleiner Unternehmen vgl. exemplarisch Payr (2003), S. 1ff. sowie Southern/Tilley (2000), S. 138ff.
[475] Quelle: vgl. Unger/Kemper (2008), S. 146.

Erkenntnis 9:

Die Mehrheit der befragten Unternehmen bevorzugt eine IT-nahe Integration spezialisierter BI-Organisationseinheiten. Es zeigt sich hierbei ein hoch signifikanter Zusammenhang zwischen der Unternehmensgröße und der organisatorischen Einordnung der BI-Unterstützungseinheiten.

Weiterhin wurden die Mengengerüste der BI-Organisationseinheiten in den befragten Unternehmen untersucht. Die Abb. 3-20 veranschaulicht die Resultate hinsichtlich der BI-Endbenutzerzahl, der Anzahl der Mitarbeiter in den spezialisierten BI-Einheiten sowie des Datenvolumens der BI-Datenhaltung. Es wird deutlich, dass in 80 % der BI-Einheiten bis zu 20 Mitarbeiter tätig sind. BI-Einheiten, die mehr als 50 Mitarbeiter besitzen, liegen nur selten vor (6 %) und sind primär in sehr großen Unternehmen anzutreffen, die über 2.000 Mitarbeiter beschäftigen. Die BI-Endbenutzerzahl, für die eine BI-Einheit verantwortlich ist, zeigt eine breite Streuung zwischen wenigen einzelnen und mehreren Tausend Personen. Die überwiegende Mehrheit der BI-Einheiten (80 %) ist für bis zu 1.000 Endbenutzer zuständig. Bei der Analyse des zu betreuenden BI-Datenvolumens wird deutlich, dass 45 % der Unternehmen über große Data-Warehouse-Systeme mit einem Datenvolumen von mehr als einem Terabyte verfügen. In 14 % der untersuchten Fälle übersteigt das Datenvolumen fünf Terabyte.

Eine tiefergehende Untersuchung des Zusammenhangs zwischen der Personalausstattung von BI-Einheiten, der Anzahl der BI-Endbenutzer und dem betreuten BI-Datenvolumen auf der Basis von Kreuztabellen ergibt keine auffälligen Ergebnisse. Es zeigt sich eine breite Streuung der Antworten. Bspw. können auch kleine BI-Einheiten mit wenigen Mitarbeitern BI-Systeme mit einem Datenvolumen im Terabyte-Bereich steuern. Ebenso zeigen sich große Bandbreiten in der Relation der Zahl der BI-Mitarbeiter sowie der Anzahl der betreuten BI-Benutzer.

Eine mögliche Erklärung für diese Streubreite kann im differierenden Aufgabenspektrum der BI-Organisationseinheiten liegen. Die verschiedenen BI-Einheiten sind mit sehr unterschiedlichen Arten und Umfängen von Aktivitäten betraut. Diese reichen von einer reinen Datenbereitstellung bis zu einer umfassenden Erzeugung und Auslieferung von BI-Leistungen über deren gesamten Lebenszyklus. Darüber hinaus unterscheiden sich die zu betreuenden BI-Systemlandschaften und Endbenutzergruppen deutlich in Bezug auf ihre Komplexität und Heterogenität. Die Entwicklungs- und Betriebsaufgaben für innovative Data-Mining-Applikationen für eine überschaubare Benutzergruppe weichen bspw. deutlich von denjenigen Aufgaben ab, die zur Auslieferung statischer, wiederkehrender Standardberichte für mehrere Hundert oder Tausend Benutzer zu erfüllen sind.

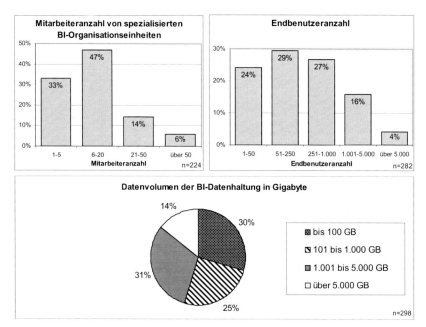

Abb. 3-20:   Mengengerüste der BI-Organisationseinheiten[476]

---

[476] Quelle: vgl. Unger/Kemper (2008), S. 147.

Erkenntnis 10:

Der überwiegende Teil der spezialisierten BI-Organisationseinheiten in den befragten Unternehmen beschäftigt bis zu 20 Mitarbeiter, ist für die Betreuung von bis zu 1.000 BI-Endbenutzern zuständig und verantwortet BI-Datenvolumina, die eine Bandbreite bis in den Terabyte-Bereich aufweisen. Zwischen der Anzahl der BI-Endbenutzer, dem BI-Datenvolumen und der Mitarbeiterzahl der BI-Unterstützungseinheiten sind entsprechend dem heterogenen Aufgabenfeld keine bedeutsamen Verbindungen identifizierbar.

Gestaltungsvarianten von BI-Organisationseinheiten

Center-Konzepte werden verwendet, um Aufgabenkomplexe aus den Fachbereichen eines Unternehmens herauszulösen und in einer speziellen Organisationseinheit zu bündeln. Ein Center bildet hierbei eine organisatorische Einheit, die die Verantwortung für bestimmte, ihr zugeordnete Leistungen trägt und die Aufgaben bereichsübergreifend erfüllt. So entsteht ein Leistungstransfer zwischen einem Center und mehreren internen Leistungsempfängern.[477] Um verschiedene in der Unternehmenspraxis in Form von Centern auftretende Konfigurationsvarianten von spezialisierten BI-Organisationseinheiten empirisch zu klassifizieren, wurde eine Clusteranalyse angewandt. Zentrale Aufgabenkomplexe, die im Lebenszyklus von BI-Applikationen zu erfüllen sind, bildeten in Anlehnung an BAARS ET AL. die Klassifikationsmerkmale.[478] Der Lebenszyklus kann in die Phasen der *BI-Systementwicklung* und des *BI-Systembetriebs* unterteilt werden. Im Rahmen der BI-Entwicklung werden die erstmalige Realisierung sowie Modifikationen der BI-Systeme durchgeführt. Dies erfolgt auf der Basis zeitlich begrenzter BI-Entwicklungsprojekte. Der BI-Betrieb ist für die dauerhafte Bereitstellung von BI-Applikationen bis zu deren Außerbetriebnahme verantwortlich. Die Aufgaben des Betriebs können weiter in die drei Bereiche des *technischen BI-Betriebs*, des *fachlichen BI-Betriebs* sowie der *BI-Endbenutzerunterstützung* gegliedert werden. Diese Unterteilung orientiert sich an der Nähe zu den durch den BI-Einsatz unterstützten

---

[477] Vgl. Krüger et al. (2007), S. 4.
[478] Vgl. Baars et al. (2007a), S. 162f.

Unternehmensprozessen.[479] Für eine Erläuterung der drei genannten Bereiche vgl. nochmals den Abschnitt *Organisation des BI-Betriebs*.[480]

Die Clusteranalyse wurde herangezogen, um zu untersuchen, welche relativen Anteile der oben angeführten BI-Entwicklungs- und BI-Betriebsaufgaben in den befragten Unternehmen von spezialisierten BI-Organisationseinheiten erbracht werden.[481] Im Folgenden werden die fünf Cluster charakterisiert, die im Datensample identifiziert werden konnten. In der Tab. 3-9 werden die Mittelwerte der von den verschiedenen Clustern übernommenen Aufgabenanteile veranschaulicht. In der Stichprobe zeigt sich, dass allen Cluster-Varianten durchgehend ein hoher Anteil von BI-Entwicklungsaufgaben zugeordnet ist.

BI-Cluster-Bezeichnung	Mittelwerte der Anteile der BI-Einheiten an den Aufgabenbereichen				n
	BI-Entwicklung	Techn. BI-Betrieb	Fachl. BI-Betrieb	BI-Support	
BI-Assistenz-Center	74%	49%	46%	26%	24
BI-Volldienstleister	95%	88%	96%	98%	41
Fachliches BI-Betriebs-Center	95%	18%	88%	81%	38
BI-Hosting-Center	91%	92%	63%	69%	32
BI-Entwicklungs-Center	94%	0%	4%	4%	12
					$n_{ges}=147$

Tab. 3-9:   Empirische Klassifikation von spezialisierten BI-Einheiten[482]

- Ein **BI-Assistenz-Center** besitzt in erster Linie eine moderierende Aufgabe zwischen dem IT-Bereich und den Fachbereichen. Es übernimmt keine der betrachteten Aufgabengebiete vollständig, sondern die Aufgaben werden in enger Kooperation mit anderen Organisationseinheiten erfüllt. So führen die Fachbereiche den größten Teil des fachlichen BI-Betriebs sowie der BI-Endbenutzerunterstützung

---

[479] Vgl. Baars et al. (2007a), S. 1162f.
[480] Vgl. Kap. 3.2.1.4 auf Seite 137ff.
[481] Die Clusteranalyse umfasste die folgenden Vorgehensschritte: Ein Ausreißer-Fall wurde mittels des vorab durchgeführten Single-Linkage-Verfahrens gekennzeichnet und aus dem Sample für die nachfolgende Analyse entfernt, vgl. Backhaus et al. (2003), S. 479ff. Um die Cluster zu identifizieren, wurde das Ward-Verfahren eingesetzt. Als Abstandsmaß diente hierbei die quadrierte Euklidische Distanz. Mit Hilfe des k-means-Algorithmus wurde schließlich die Zuordnung der einzelnen Fälle zu den Clustern optimiert, vgl. Bortz (2005), S. 565ff.
[482] Quelle: vgl. Unger/Kemper (2008), S. 149.

durch. Der technische BI-Betrieb wird zusammen mit einem zentralen IT-Bereich umgesetzt.

- Ein **BI-Volldienstleister** ist anders als ein BI-Assistenz-Center durchgehend für nahezu alle BI-Entwicklungs- und BI-Betriebsaufgaben verantwortlich. Er kann daher als zentraler BI-Leistungserbringer eines Unternehmens angesehen werden. Infolgedessen müssen die Mitarbeiter eines BI-Volldienstleisters ein breites Kompetenzspektrum für unterschiedlichste BI-Themengebiete aufweisen.

- Ein **fachliches BI-Betriebs-Center** übernimmt einen großen Anteil des fachlichen BI-Betriebs sowie der BI-Endbenutzerunterstützung. Zum fachlichen Betrieb gehören bspw. die Administration von ETL-Prozessen sowie von DWH-Systemen, die Implementierung kleiner fachlicher Modifikationen oder die Erzeugung von Daten- und Berichtsleistungen. Die Bereitstellung der technischen Infrastruktur wird hauptsächlich von einem zentralen IT-Bereich übernommen.

- Ein **BI-Hosting-Center** ist primär für die Bereitstellung der technischen BI-Infrastruktur verantwortlich bspw. in Form von Servern, Betriebssystemen, Datenbanksystemen oder der Basisadministration von BI-Systemen. Ebenso werden jedoch anteilig der fachliche BI-Betrieb sowie die BI-Endbenutzerunterstützung in Zusammenarbeit mit den Fachbereichen eines Unternehmens bewältigt.

- Ein **BI-Entwicklungs-Center** fokussiert seinen Aufgabenbereich klar auf die Gestaltung und Implementierung von BI-Anwendungssystemen. Die Aufgaben des technischen und fachlichen BI-Betriebs sowie des BI-Supports sind in einem BI-Entwicklungs-Center kaum angesiedelt.

Die Tab. 3-9 verdeutlicht, dass zwischen der Verteilung der Aufgabenanteile des fachlich ausgerichteten BI-Betriebs und des BI-Supports ein enger Zusammenhang in vier der fünf identifizierten Cluster besteht (r=0,584, p<0,01**). Dies impliziert, dass die beiden genannten Aufgabenblöcke vorzugsweise zu gleichen Teilen einer BI-Organisationseinheit zugewiesen werden. Im Rahmen einer Analyse der Cluster in Verbindung mit den Kontextbedingungen, die von der BI-Systemlandschaft, dem Umfeld der BI-Anwender sowie den Unternehmenscharakteristika gebildet werden, waren keine wesentlichen Zusammenhänge identifizierbar. Eine mögliche Ursache hierfür kann darin bestehen, dass Unternehmen die Entscheidung über die Ausgestaltung einer BI-Organisationseinheit nicht anhand eines einzelnen Faktors sondern auf der Basis einer Gesamtheit unternehmensindividueller und als relevant angesehener Umstände treffen.

Erkenntnis 11:

Spezialisierte BI-Organisationseinheiten sind in den befragten Unternehmen als BI-Assistenz-Center, BI-Volldienstleister, fachliches BI-Betriebs-Center, BI-Hosting-Center und BI-Entwicklungs-Center anzutreffen. Sie können anhand verschieden hoher Anteile an den Aufgaben der BI-Entwicklung, des technischen sowie des fachlichen BI-Betriebs und an der BI-Endbenutzerunterstützung differenziert werden. Zwischen den unternehmensbezogenen Kontextbedingungen und der Auswahl einer Center-Variante ist ein signifikanter Zusammenhang nicht zu beobachten.

3.2.2   Charakteristika des BI-Betriebs

Im vorliegenden Kapitel werden Merkmale untersucht, die das konkrete Handeln im Rahmen des Business-Intelligence-Betriebs bestimmen. Diese Merkmale charakterisieren den BI-Betrieb und vermitteln so im Gesamtblick ein anschauliches Bild der Faktoren und Herausforderungen, die im BI-Betrieb typischerweise auftreten. Hierzu werden die zur Verfügung stehenden Ressourcen in Form von *Personal* und *Betriebsbudgets* sowie deren Verteilung auf unterschiedliche *Kostenarten* beleuchtet. Des Weiteren werden *Ereignisse* und *Erschwernisfaktoren* analysiert, die im BI-Betrieb regelmäßig auftreten und für die sachgerechte Lösungen zu finden sind.

3.2.2.1   Ressourcen des BI-Betriebs

Ein wirkungsvoller Einsatz der verfügbaren IT-Ressourcen stellt für den Business-Intelligence-Betrieb einen wichtigen Erfolgsfaktor dar. Eine große Bedeutung kommt hierbei dem BI-Betriebspersonals zu. Daneben existieren weitere Ressourcen wie BI-Hardware und -Software als Infrastrukturkomponenten sowie extern bezogene IT-Dienstleistungen wie etwa Beratungs- oder Outsourcingleistungen.[483]

---

[483] Zu unterschiedlichen Arten der Einteilung von IT-Ressourcen und ihrer Steuerung vgl. exemplarisch Zarnekow et al. (2005a), S. 74, Heinrich/Stelzer (2009), S. 163 sowie Kargl/Kütz (2007), S. 78.

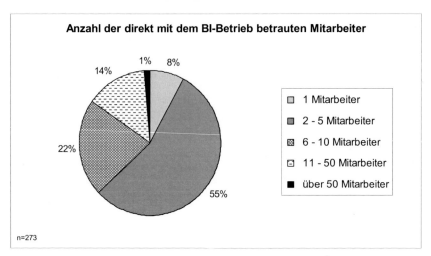

Abb. 3-21:   Anzahl der direkt mit dem BI-Betrieb betrauten Mitarbeiter[484]

In knapp zwei Dritteln der befragten Unternehmen (63 %) sind bis zu fünf Mitarbeiter direkt mit den Aufgaben des Business-Intelligence-Betriebs betraut (vgl. Abb. 3-21). Die größte Gruppe mit einem Anteil von 55 % bilden Unternehmen, die zwischen zwei und fünf Mitarbeiter im BI-Betrieb beschäftigen. Mehr als ein Drittel der Teilnehmer (36 %) weist deutlich höhere Zahlen von 6 bis zu 50 Mitarbeitern in diesem Bereich auf. Noch größere Betriebseinheiten sind kaum zu finden. Der Median liegt insgesamt bei 4 Mitarbeitern.

Die Abb. 3-22 zeigt die Höhe des verfügbaren Budgets für den Business-Intelligence-Betrieb pro Jahr. Den Median bildet ein BI-Betriebsbudget von 500.000 Euro. Von den Befragten setzen 24 % bis zu 100.000 Euro und weitere 29 % zwischen 100.000 und 500.000 Euro für den BI-Betrieb ein. 30 % der Teilnehmer besitzen einen Mittelbedarf zwischen 0,5 und 2 Millionen Euro. Sehr große Budgets mit mehr als 2 Millionen Euro werden lediglich in 17 % der Fälle in Anspruch genommen.

---

[484] Quelle: eigene Darstellung.

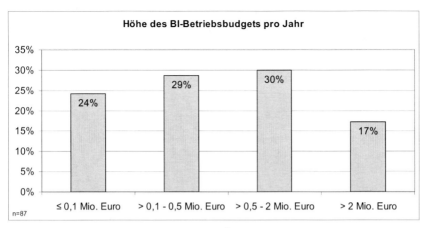

Abb. 3-22:   Höhe des BI-Betriebsbudgets pro Jahr[485]

Die qualitative Beurteilung des weiteren Trends der Höhe der BI-Budgets wird in Abb. 3-23 veranschaulicht. Hiernach schätzt die deutliche Mehrheit von 82 % der Teilnehmer BI-Budgets als gleichbleibend oder steigend ein. Dies kann als Hinweis darauf gedeutet werden, dass der Sicherstellung der Zuverlässigkeit des BI-Betriebs in den befragten Unternehmen ein hoher Stellenwert beigemessen wird.

Abb. 3-23:   Trendeinschätzung des BI-Betriebsbudgets für zwei Jahre[486]

---

[485] Quelle: eigene Darstellung.
[486] Quelle: eigene Darstellung.

Einen detaillierteren Einblick in die Verteilung des BI-Betriebsbudgets auf verschiedene Ressourcen erlaubt die Abb. 3-24. Sie zeigt, welchen Anteil wesentliche Kostenarten am gesamten BI-Betriebsbudget besitzen. Die Kostenanteile für Hardware und Software liegen in den einzelnen Unternehmen etwa auf gleicher Höhe. Sie machen bspw. bei 37 % bzw. 41 % der Befragten bis zu einem Viertel der geplanten Betriebskosten aus. Ein ebenfalls noch deutlich erkennbarer Anteil von 29 % bzw. 27 % der Teilnehmer setzt für Hardware- und Softwarekosten bis zur Hälfte des verfügbaren Finanzvolumens ein. Ein besonders klares Bild ergibt sich für die internen Personalkosten. So wenden 50 % der Teilnehmer bis zur Hälfte des Betriebsbudgets für Mitarbeiter auf. Bei der Inanspruchnahme externer Dienstleistungen tritt die größte Streuung auf. Jeweils etwa mehr als 20 % der Probanden nennen eine Spannbreite von einem fünfprozentigen Anteil bis hin zur Hälfte.

Diese Ergebnisse lassen vermuten, dass die Personalkosten des BI-Betriebs nur eine begrenzt steuerbare Kostenart darstellen. Sachkosten für BI-Software und BI-Hardware scheinen hingegen variabler gestaltbar zu sein – bspw. hinsichtlich der mit den Lieferanten ausgehandelten Lizenz- und Wartungs-Konditionen oder in Bezug auf eine bewusste Entscheidung für ein bestimmtes Preisniveau der technischen BI-Systemkomponenten. Die breite Streuung des Anteils externer Dienstleistungen deutet auf unternehmensindividuelle Einflussfaktoren hin – wie etwa das intern verfügbare BI-Betriebs-Know-how oder eine generelle Entscheidung im Rahmen der IT-Governance über den Anteil des Bezugs von Outsourcing-Leistungen.

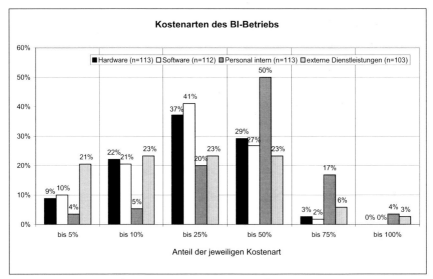

Abb. 3-24:   Kostenanteile von Ressourcen des BI-Betriebs[487]

Erkenntnis 12:

In der Mehrheit der befragten Unternehmen sind zwischen zwei und fünf Mitarbeiter direkt mit dem BI-Betrieb betraut und es steht im Mittel ein BI-Betriebsbudget von 0,5 Mio. Euro pro Jahr zur Verfügung. Die Höhe der Budgets wird als stabil oder ansteigend eingeschätzt. Während die Personalkosten meist etwa die Hälfte der Betriebsbudgets umfassen, ist bei Kosten für BI-Software, BI-Hardware und externen Dienstleistungen eine stärkere Streuung zu beobachten.

Eine in der Tab. 3-10 veranschaulichte Gegenüberstellung der Anzahl der BI-Betriebsmitarbeiter sowie der Höhe des BI-Betriebsbudgets mit verschiedenen Kontextfaktoren des BI-Betriebs zeigt teilweise hoch signifikante, positiv gerichtete Zusammenhänge. So besteht eine Beziehung zwischen der Anzahl operativer Quellsysteme und der Mitarbeiteranzahl (n=266; p=0,001**; r=0,302***) sowie dem Budget (n=85; p=0,012**; r=0,414***). Dies deutet darauf hin, dass etwa die kontinuierliche Steuerung des Zusammenspiels zwischen Quell- und BI-Systemen, die Einbindung neuer und die Ablö-

---

[487] Quelle: eigene Darstellung.

sung alter Quellsysteme oder zwischenzeitliche Änderungen an bestehenden Quellsystemen als Komplexitätstreiber einen erhöhten Arbeitsaufwand im BI-Betrieb erzeugen.[488]

Das Datenvolumen der BI-Datenhaltung und die Gesamtzahl der Endbenutzer können als Indikatoren für die Größe einer BI-Lösung interpretiert werden. Auch hier zeigt sich ein hoch signifikanter Zusammenhang mit der Mitarbeiterzahl sowie den verfügbaren Mitteln. Insbesondere die Höhe des Zusammenhangs des BI-Betriebsbudgets mit dem BI-Datenvolumen (n=84; p<0,001***; r=0,615***) sowie der Anzahl der Endbenutzer (n=83; p<0,001***; r=0,523***) ist auffällig. Dies impliziert, dass der erforderliche Ressourceneinsatz für den BI-Betrieb mit zunehmender Größe von BI-Installationen wächst. Darüber hinaus lässt dieses Ergebnis vermuten, dass der BI-Betrieb oftmals Aktivitäten und direkte Eingriffe des Betriebspersonals erforderlich macht und noch kein hoher Automatisierungsgrad des BI-Betriebs erreicht werden konnte.

Ausgewählte Kontext-faktoren des BI-Betriebs	Anzahl BI-Betriebsmitarbeiter	BI-Betriebsbudget in Mio. Euro
Anzahl operativer Quellsysteme	n=266; p=0,001**; r=0,302***	n=85; p=0,012**; r=0,414***
Datenvolumen der BI-Datenhaltung in Gigabyte	n=259; p<0,001***; r=0,261***	n=84; p<0,001***; r=0,615***
Gesamtzahl der BI-Endbenutzer	n=255; p<0,001***; r=0,307***	n=83; p<0,001***; r=0,523***
Unternehmensgröße gemessen in der Mitarbeiteranzahl	n=255; p<0,001***; r=0,265***	n=81; p=0,004**; r=0,429***
BI-Lebenszyklusphase	–	n=87; p=0,072+; V=0,275+

Tab. 3-10: Zusammenhang von Kontextfaktoren des BI-Betriebs und BI-Betriebsressourcen[489]

Es kann davon ausgegangen werden, dass die in der Tab. 3-10 dargestellte Beziehung zwischen der Unternehmensgröße und dem Umfang der BI-Betriebsressourcen (n=255; p<0,001***; r=0,265*** bzw. n=81; p=0,004**; r=0,429***) nicht unabhängig zu betrachten ist, sondern in Bezug zu der eben aufgezeigten Verbindung zwischen der Größe von BI-Installationen und den eingesetzten BI-Betriebsressourcen steht. Dies lässt sich zurückführen auf einen übergeordneten, positiv gerichteten Zusammenhang zwischen

---

[488] Dieses Ergebnis korrespondiert mit den in den Kapiteln 3.2.1.2 und 3.2.2.2gewonnenen Erkenntnissen über den Einfluss von operativen Quellsystemen.
[489] Quelle: eigene Darstellung.

der Unternehmensgröße und der Größe von BI-Installationen (n=306; p=0,001**; r=0,274***).

Des Weiteren zeigt sich in Tab. 3-10 ein tendenzieller Zusammenhang zwischen der Lebenszyklusphase von BI-Installationen und dem eingesetzten BI-Betriebsbudget (n=87; p=0,072$^+$; V=0,275$^+$). Es können relativ niedrige Budgets in Entwicklungs-, Einführungs- und Wachstumsphasen, hingegen vergleichsweise hohe Betriebskosten in Reife- und Reengineeringphasen beobachtet werden. Eine mögliche Erklärung hierfür kann sein, dass BI-Lösungen ihren geplanten Ausbauzustand hinsichtlich des Datenvolumens und der Endbenutzerzahl per Definition erst am Übergang von einer Wachstumsphase in die Reifephase erreichen. Weiterhin kann in Reengineeringphasen ein erhöhter Betriebaufwand auftreten – bspw. aufgrund eines zeitweisen Parallelbetriebs von Alt- und Neukomponenten im Rahmen von BI-Systemmigrationen.

Erkenntnis 13:

Zwischen dem Umfang der eingesetzten BI-Betriebsressourcen in Form von Mitarbeitern sowie Finanzmitteln und Kontextfaktoren des BI-Betriebs (Anzahl der operativen Quellsysteme, Datenvolumen der BI-Datenhaltung, Gesamtzahl der BI-Endbenutzer, Unternehmensgröße, BI-Lebenszyklusphase) kann ein teilweise hoch signifikanter statistischer Zusammenhang festgestellt werden. Dies impliziert, dass mit zunehmender Größe und Komplexität von BI-Installationen auch der Betriebsaufwand steigt und bislang noch kein hoher Automatisierungsgrad des BI-Betriebs vorliegt.

3.2.2.2   Ereignisse und Erschwernisfaktoren des BI-Betriebs

Die Abb. 3-25 zeigt die Häufigkeit verschiedener charakteristischer Ereignisse, die im Rahmen des BI-Betriebs wiederkehrend anzutreffen sind und die eine vorbeugende Steuerung erfordern, um eine Unterbrechung der Systemverfügbarkeit für die Endbenutzer zu vermeiden. Um zu ermitteln, wie häufig Modifikationen an einem BI-System zu erwarten sind, wurde nach der Anzahl von BI-System-Releases, in denen mehrere BI-Systemänderungen zu einem Paket gebündelt sind, sowie nach weiteren, in engeren Zeitabständen umgesetzten fachlichen und technischen Änderungen gefragt. In 16 % der Untersuchungseinheiten werden pro Jahr für ein BI-System mehr als fünf neue Releases in die Produktion übernommen. Der Medianwert beträgt zwei Releases (Md: 2) und das 90 %-Perzentil zehn Releases pro Jahr (P_{90}: 10). Das 90 %-Perzentil P_{90} ist derjenige Wert, unter dem in 90 % der untersuchten Fälle der ermittelte Messwert liegt, d. h. lediglich in 10 % der Fälle liegt der Messwert über P_{90}.[490] Deutlich häufiger werden fachliche Änderungen erforderlich. Hierunter können bspw. Überarbeitungen an Berichten oder OLAP-Würfeln verstanden werden. Fachliche Änderungen an einem BI-System werden in 44 % der Fälle mehr als fünf Mal pro Monat durchgeführt (Md: 5; P_{90}: 35) und besitzen damit den höchsten Anteil an den untersuchten Modifikationsarten. Technische Änderungen können bspw. Anpassungen am Datenbankmanagementsystem oder das Einspielen von Updates für BI-Software-Werkzeuge umfassen. Sie werden bei 14 % der Untersuchungseinheiten mehr als fünf Mal pro Monat umgesetzt (Md: 1; P_{90}: 10).

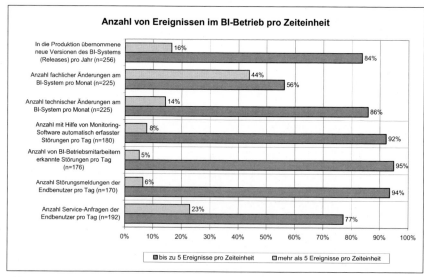

Abb. 3-25:   Anzahl von Ereignissen im BI-Betrieb pro Zeiteinheit[491]

Darüber hinaus wurde die Anzahl der aufgetretenen Störungen pro Tag ermittelt (vgl. Abb. 3-25). Diese sind differenziert nach automatisch mit Hilfe von Monitoring-Software erfassten (Md: 1; P_{90}: 5), von BI-Betriebsmitarbeitern erkannten (Md: 1; P_{90}: 4)

---

[490] Der Median entspricht somit dem 50 %-Perzentil P_{50}. Zu einer ausführlichen Darstellung der Perzentil-Werte vgl. exemplarisch Bortz (2005), S. 40 sowie Atteslander (2003), S. 343.
[491] Quelle: eigene Darstellung.

sowie von Endbenutzern gemeldeten Störungen (Md: 1; P_{90}: 5). Mögliche Störungen
können bspw. unterbrochene ETL-Jobs, Datenbank-Performance-Störungen, Unterbrechungen der Verfügbarkeit der Benutzer-Frontend-Systeme oder fehlerhafte Daten
in ausgelieferten Berichten sein. Service-Anfragen von den Endbenutzern werden in
23 % der Fälle mehr als fünf Mal pro Tag gestellt (Md: 1; P_{90}: 10).

Die Werte der Änderungen und Störungen pro Zeiteinheit sind in Verbindung mit der
relativ geringen Anzahl von Mitarbeitern zu sehen, die mit dem BI-Betrieb betraut sind
(vgl. nochmals Abb. 3-21). Daher kann davon ausgegangen werden, dass insbesondere
umfangreiche Release-Wechsel (P_{90}: 10) und fachliche Änderungen (P_{90}: 35) eine Herausforderung im Rahmen der verfügbaren Personalressourcen darstellen.

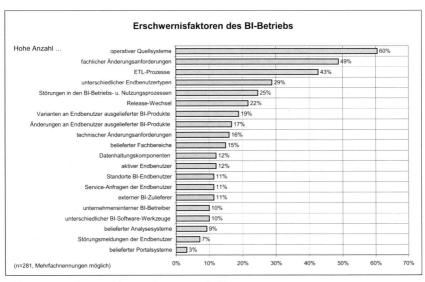

Abb. 3-26:   Erschwernisfaktoren des BI-Betriebs[492]

Dieses Ergebnis wird gestützt durch diejenigen Rahmenbedingungen, die von den Un-
tersuchungsteilnehmern als Erschwernisfaktoren des BI-Betriebs eingestuft werden.
Die Abb. 3-26 veranschaulicht, welche Faktoren aufgrund ihres Auftretens in einer hohen Anzahl als ungünstig betrachtet werden. Die Probanden stufen die hohe Anzahl
der Quellsysteme (60 %), der fachlichen Änderungsanforderungen (49 %) und der

---

[492] Quelle: eigene Darstellung.

ETL-Prozesse (43 %) als die größten Herausforderungen ein (n=281, Mehrfachnennungen möglich). Weiterhin werden vor allem die Behandlung einer großen Menge von unterschiedlichen Endbenutzer-Typen wie z. B. Power-Usern, regelmäßigen Nutzern, Gelegenheitsnutzern (29 %), von Störungen in den BI-Betriebs- und Nutzungsprozessen (25 %) sowie von Release-Wechseln (22 %) als aufwändig betrachtet.

Eine Vielzahl an Quellsystemen und ETL-Prozessen kann als Aufwandstreiber wirken, wenn bspw. keine Anbindung über standardisierte Schnittstellen realisierbar ist, nur begrenzte Zeitfenster für den Zugriff offen stehen oder häufige Änderungen an den Quellsystemen auftreten, deren Folgeeffekte für die ETL-Prozesse nicht rechtzeitig an die BI-Betriebsverantwortlichen gemeldet werden. Besondere Herausforderungen, die sowohl auf geplante Änderungen und Releases von BI-Systemen als auch auf ungeplante Störungen in den BI-Betriebs- und Nutzungsprozessen zurückgehen, können durch die Implementierung von IT-Managementansätzen ausgeglichen werden, die für solche Erschwernisse vorausgeplante Handlungsweisen bereitstellen.

Wie die Tab. 3-11 zeigt, bestehen zwischen den Häufigkeiten der verschiedenen untersuchten Ereignistypen des BI-Betriebs bemerkenswerte, teilweise hoch signifikante Zusammenhänge. So nehmen diejenigen der befragten Unternehmen, die eine hohe Anzahl von neuen BI-System-Releases pro Jahr einführen, auch in kürzeren Abständen oftmals fachliche Änderungen an BI-Systemen vor (n=236; p=0,000***; r=0,244**). Des Weiteren ist eine hohe Zahl fachlicher Änderungen häufig in Verbindung mit einer großen Menge an technischen Änderungen zu beobachten (n=216; p=0,000***; r=0,294**). Dies weist darauf hin, dass in der Unternehmenspraxis die technischen und fachlichen Aspekte von BI-Implementierungen noch nicht in großem Umfang entkoppelt sind. Eine solche Aufgliederung kann bspw. ermöglichen, dass einfache fachliche Anpassungen direkt von den Fachabteilungen selbst durchgeführt werden, ohne dass BI-Technikspezialisten hinzugezogen werden müssen. Mit Hilfe von grafischen Modellierungs-Werkzeugen können bspw. Berichts- und Analyseobjekte erzeugt oder Geschäftsregeln in ETL-Prozesse umgesetzt werden.[493]

---

[493] Vgl. exemplarisch Detemple et al. (2006), S. 91 sowie Schröer (2008); zu den Oberbegriffen *modellgetriebene Softwareentwicklung* bzw. *Model Driven Software Development* vgl. bspw. Stahl et al. (2007) sowie Pietrek et al. (2007).

Anzahl von Ereignissen im BI-Betrieb		In die Produktion übernommene neue Versionen des BI-Systems (Releases) pro Jahr	Fachliche Änderungen am BI-System pro Monat	Technische Änderungen am BI-System pro Monat	Mit Hilfe von Monitoring-Software automatisch erfasste Störungen pro Tag	Von BI-Betriebsmitarbeitern erkannte Störungen pro Tag	Störungs-meldungen der Endbenutzer pro Tag	Service-Anfragen der Endbenutzer pro Tag
In die Produktion übernommene neue Versionen des BI-Systems (Releases) pro Jahr	r p n							
Fachliche Änderungen am BI-System pro Monat	r p n	0,244** 0,000*** 236						
Technische Änderungen am BI-System pro Monat	r p n		0,294** 0,000*** 216					
Mit Hilfe von Monitoring-Software automatisch erfasste Störungen pro Tag	r p n	0,271** 0,000*** 166	0,205** 0,007** 171	0,180* 0,023* 160				
Von BI-Betriebsmitarbeitern erkannte Störungen pro Tag	r p n	0,191* 0,015* 162	0,159* 0,038* 169		0,623** 0,000*** 167			
Störungsmeldungen der Endbenutzer pro Tag	r p n	0,222** 0,005** 158		0,245** 0,002** 151	0,371** 0,000*** 159	0,576** 0,000*** 157		
Service-Anfragen der Endbenutzer pro Tag	r p n	0,171* 0,023* 178	0,154* 0,037* 185	0,289** 0,000*** 166	0,257** 0,001** 159	0,244** 0,002** 157	0,415** 0,000*** 163	

r = Produkt-Moment-Korrelation nach Pearson, p = Irrtumswahrscheinlichkeit, n = Anzahl der Untersuchungseinheiten

Tab. 3-11: Zusammenhang zwischen der Anzahl verschiedener Arten von Ereignissen im BI-Betrieb[494]

Es kann auch ein positiver signifikanter Zusammenhang zwischen verschiedenen Arten von Umgestaltungen an BI-Systemen (Release-Wechsel, fachliche sowie technische Änderungen) einerseits und Störungen im BI-Betrieb andererseits festgestellt werden (vgl. Tab. 3-11 sowie die dort aufgeführten Signifikanzniveaus). Dies impliziert, dass Modifikationen der BI-Systeme in den befragten Unternehmen oftmals nicht reibungslos vollzogen werden, sondern mit ungeplanten Beeinträchtigungen des laufenden BI-Betriebs einhergehen. Verstärkt wird diese Beobachtung noch durch den hoch signifikanten Zusammenhang zwischen der Anzahl der automatisiert (n=159; p=0,000***; r=0,371**) und durch BI-Betriebsmitarbeiter (n=157; p=0,000***; r=0,576**) erkannten Hindernissen einerseits sowie den Störungsmeldungen der Endbenutzer andererseits. Dieses Ergebnis signalisiert, dass Störungen häufig nicht auf die interne Sphäre des BI-Systembetreibers beschränkt bleiben, sondern dass die Auswirkungen auch für die Endbenutzer sichtbar sind und deren Arbeit behindern. Daher erscheint es geboten, Komplikationen durch ein aktives *Änderungs-* und *Release-Management* für den BI-Betrieb vorzubeugen und somit eine angemessene *Verfügbarkeit* der BI-Systeme für die Endbenutzer sicherzustellen sowie aufgetretene Unterbrechungen durch ein wirksames *Störungsmanagement* schnellstmöglich zu beheben.

---

[494] Quelle: eigene Darstellung.

Darüber hinaus veranschaulicht die unterste Zeile in Tab. 3-11 die enge Verbindung zwischen der Anzahl der Service-Anfragen der Endbenutzer und den Modifikationen an BI-Systemen sowie den aufgetretenen Störungen. Hier zeigt sich der Bedarf, für die User kompetente Ansprechpartner in Form einer permanenten *BI-Endbenutzerunterstützung* bereitzustellen. Die Korrelation zwischen der Anzahl der von BI-Betriebsmitarbeitern erkannten und der mit Hilfe von Monitoring-Software automatisch identifizierten Störungen (n=167; p=0,000***; r=0,623**) impliziert, dass geeignete Softwarewerkzeuge einen sinnvollen Beitrag zur Arbeit des *Störungsmanagements* leisten können.

Erkenntnis 14:

Modifikationen an BI-Systemen laufen oftmals nicht reibungslos ab und erfordern daher die Implementierung eines proaktiven BI-Änderungs- und BI-Release-Managements. Aufgetretene Beeinträchtigungen können durch ein BI-Störungsmanagement zeitnah behoben werden. Im Zusammenhang mit BI-Systemmodifikationen und -Störungen entsteht ein erhöhter Kommunikationsbedarf mit den Endbenutzern. Dieser kann durch eine institutionalisierte BI-Endbenutzerunterstützung gedeckt werden kann, die als kompetenter Ansprechpartner auftritt.

3.2.3   Aufgaben des BI-Betriebs

Im Folgenden werden die in Kapitel 3.1.2 dargestellten *Aufgaben des BI-Betriebs* herangezogen, um das Phänomen des BI-Betriebs näher zu beleuchten. Hierzu wird den Fragen nachgegangen, welche wesentlichen Aufgabenbereiche des BI-Betriebs in der Unternehmenspraxis behandelt werden (Kapitel 3.2.3.1) und – mittels einer empirischen Klassifikation auf der Grundlage einer Clusteranalyse – welche typischen Gestaltungsvarianten des BI-Betriebs identifiziert werden können (Kapitel 3.2.3.2).

3.2.3.1   Realisierungsumfang der Aufgabenbündel des BI-Betriebs

Als Aufgabenbündel[495] des BI-Betriebs werden an dieser Stelle diejenigen Tätigkeiten untersucht, die wesentlich sind, um den Anwendern BI-Leistungen in der Lebenszyk-

---

[495] Nach Kosiol wird unter einer *Aufgabe* ein Verrichtungsvorgang verstanden, der auf eine Zustandsänderung eines Objektes in Raum und Zeit abzielt, vgl. Kosiol (1962), S. 43.

lusphase des Betriebs von BI-Systemen bereitstellen zu können.[496] Es handelt sich hierbei um prozessorientierte integrierte Verrichtungskomplexe[497], deren Auswahl sich an den Aufgabenmodulen der IT Infrastructure Library (ITIL) anlehnt.[498]

Aufgaben des Business-Intelligence-Betriebs

Die Aufgaben, zu denen die Probanden befragt wurden, sind anhand der im Bezugsrahmen der Studie vorgeschlagenen Struktur in die Dimensionen BI-Dienstemanagement, BI-Transformationsmanagement, BI-Unterstützungsmanagement sowie BI-Produktionsmanagement untergliedert.[499]

Innerhalb des **BI-Dienstemanagements**[500] werden die BI-Dienstleistungen sowie die Prozesse der BI-Leistungserbringung geplant und entworfen. Das *BI-Service-Level-Management* besitzt die Aufgabe, Vereinbarungen zwischen einem BI-Leistungserbringer und seinen Kunden hinsichtlich der BI-Dienstgüte zu treffen und deren Einhaltung zu überwachen. Mit Hilfe des *BI-Finanzmanagements* werden Entscheidungsträgern die zur Planung, Steuerung und Kontrolle des Business-Intelligence-Ansatzes eines Unternehmens erforderlichen Informationen zur Verfügung gestellt. Das *BI-Kapazitätsmanagement* ist zuständig für die Dimensionierung des Leistungsvermögens einer BI-Infrastruktur, die den Anforderungen der BI-Anwender bspw. hinsichtlich der Antwortzeiten und des verfügbaren Datenvolumens genügt. Dem *BI-Verfügbarkeits- und Performancemanagement* obliegt es sicherzustellen, dass die BI-Anwender auf die BI-Leistungen im Rahmen der vereinbarten Dienstgüte zugreifen können und Regelungen zu treffen, die bei Bedarf eine schnelle Behebung von Problemen gewährleisten. Das *BI-Notfallmanagement* plant Maßnahmen, um unternehmenskritische BI-Leistungen in Katastrophenfällen schnellstmöglich wiederherstellen zu können.

Das **BI-Transformationsmanagement**[501] dient der Umsetzung von Änderungen an BI-Dienstleistungen. Der Fokus soll hierbei auf Änderungen liegen, die im laufenden

---

[496] Die Phase der Erstentwicklung sowie Reengineering- bzw. Weiterentwicklungsphasen, die einer grundlegenden Umgestaltung von BI-Systemen dienen, sind somit nicht Gegenstand der Analyse. Vgl. hierzu auch den konzeptionellen Bezugsrahmen der Untersuchung in Kapitel 3.1.2.

[497] Vgl. Gaitanides (2007), S. 32.

[498] Vgl. hierzu Kap. 2.2.3.2 sowie im Detail die umfangreiche Originalliteratur des OFFICE OF GOVERNMENT COMMERCE wie etwa OGC (2007a), OGC (2007b), OGC (2007c), OGC (2007d) sowie OGC (2007e).

[499] Vgl. hierzu Kapitel 3.1.2.

[500] In Analogie zu OGC (2007b).

[501] In Analogie zu OGC (2007c).

Betrieb durchgeführt werden können bzw. nur zu einer geringfügigen Betriebsunterbrechung führen.[502] Den Kern des BI-Transformationsmanagements bildet das *BI-Änderungsmanagement*, das den Prozess des Hinzufügens, des Modifzierens sowie des Entfernens von Elementen der BI-Leistungen steuert und hierbei mögliche Unterbrechungen minimiert. Das *BI-Releasemanagement* fasst einzelne Änderungen an Elementen von BI-Leistungen zusammen und steuert deren gemeinsamen Test sowie die Überführung in den Betrieb. Mit Hilfe des *BI-Konfigurationsmanagements* wird ein konsistentes logisches Modell der BI-Infrastruktur sowie der BI-Services bereit gestellt, das den jeweils aktuellen Stand der BI-Konfigurationen enthält und auf das im Rahmen der Erfüllung der weiteren BI-Betriebsaufgaben zugegriffen werden kann.

Das **BI-Unterstützungsmanagement**[503] dient der Koordination der direkten Kommunikation zwischen den BI-Leistungserbringern und den BI-Systembenutzern. Die *BI-Endbenutzerunterstützung* ist die zentrale Anlaufstelle für Anfragen und Störungsmeldungen von BI-Endbenutzern und bearbeitet deren Anliegen entweder selbst oder vermittelt den Kontakt zum verantwortlichen Ansprechpartner. Unter dem *BI-Störungsmanagement* soll die Behandlung von Störungen der Bereitstellung von BI-Leistungen sowie die Behebung tiefer liegender Probleme verstanden werden, welche die Ursache für Störungen darstellen. Die *BI-Zugriffskontrolle* muss garantieren, dass BI-Leistungen nur nach erfolgreicher Autorisierung Endbenutzern und anderen Informationssystemen zur Verfügung gestellt werden.

Im Rahmen des **BI-Produktionsmanagements**[504] erfolgt die Planung, Steuerung und Kontrolle der Erstellung der implementierten BI-Leistungen. Im Mittelpunkt der BI-Produktion steht das *BI-Prozessmanagement*. Es umfasst den kompletten Prozess der Datenbewirtschaftung vom Quellsystem bis zum Endbenutzer mit den Stufen der Datentransformation, der Datenbereitstellung, der Informationsgenerierung sowie des Informationszugriffs. Wesentliche Querschnittsaufgaben, die in diesem Zusammenhang anfallen, sind das Datenqualitäts- sowie das Metadatenmanagement.[505] Das *BI-Datenqualitätsmanagement* besitzt die Aufgabe, die Einhaltung der im jeweiligen Unternehmenskontext spezifizierten Anforderungen an die BI-Daten wie etwa hinsichtlich der Vollständigkeit, der Eindeutigkeit, des Bedeutungsgehalts oder der Korrektheit

---

[502] Vgl. hierzu auch Fußnote 496.
[503] In Analogie zu OGC (2007d).
[504] In Analogie zu OGC (2007d).
[505] Vgl. Bange (2006b), S. 91.

zu gewährleisten. Das *BI-Metadatenmanagement* steuert die Versorgung der anderen BI-Dienste sowie der technischen und fachlichen BI-Systemnutzer mit BI-Metadaten.[506]

Realisierungsumfang der Aufgaben des BI-Betriebs

Im Rahmen der Studie wurde erhoben, in welchem Umfang in den befragten Unternehmen Strukturen zur Erfüllung der Aufgaben des BI-Betriebs bestehen. Die Resultate können der Tab. 3-12 entnommen werden. Der Realisierungsumfang wurden mit Hilfe einer fünfstufigen Likert-Skala gemessen, die von 1 („gar nicht") bis 5 („umfassend") reicht.[507] Die einzelnen Aufgabenmodule BI-Dienstemanagement (M: 3,4), BI-Transformationsmanagement (M: 3,3), BI-Unterstützungsmanagement (M: 3,9) sowie BI-Produktionsmanagement (M: 3,7) weisen im Durchschnitt ähnliche Realisierungsumfänge auf, die sich leicht rechts von der Skalenmitte befinden.

An dieser Stelle ist die Frage, wie weit unvollständige Implementierungen des BI-Betriebs verbreitet sind, von besonderem Interesse. Hierzu wurden die Angaben für die Items „gar nicht" bis „teilweise realisiert" kumuliert, um den Anteil der Probanden zu identifizieren, die Realisierungslücken für einzelne Aufgabenbereiche aufweisen (vgl. Tab. 3-12).

Der Bereich **BI-Dienstemanagement** ist bei rund der Hälfte der Teilnehmer (je nach Aufgabenbereich 45 % bis 51 %) gar nicht oder nur ansatzweise umgesetzt. Somit werden in diesem Themenfeld durchgängig Defizite erkennbar. Beim **BI-Transformationsmanagement** ergibt sich ein differenzierteres Bild. Im Hinblick auf die Steuerung von Änderungsanforderungen (38 %) und neuen Releases (39 %) für BI-Systeme liegen in immerhin knapp 40 % der Fälle deutliche Einschränkungen vor. Den insgesamt niedrigsten Implementierungsgrad weist das BI-Konfigurationsmanagement auf (M: 2,6), das bei 76 % der Probanden nur rudimentär existiert.

---

[506] Vgl. hierzu nochmals Kapitel 2.1.

[507] Die *Validität* der auf multiplen Items basierenden Skalen wurden mit Hilfe einer exploratorischen Faktoranalyse geprüft (Hauptkomponentenanalyse, Varimax-Rotation), wobei die Faktorladungen Werte zwischen 0,762 und 0,934 annahmen. Die Überprüfung der *Reliabilität* wurde auf der Basis von Cronbachs Alpha durchgeführt. Hierbei bewegten sich die Werte für Cronbachs Alpha für die Skalen zwischen 0,633 und 0,912. Zu einer Darstellung der methodischen Vorgehensweise einer Faktoranalyse vgl. bspw. Härdle/Simar (2007), S. 251ff. sowie Timm (2002), S. 445ff. Zur Konstruktion von Likert-Skalen vgl. exemplarisch Bortz/Döring (2006), S. 224 sowie Diekmann (2002), S. 209ff.

BI-Betriebsaufgaben	Realisierungsumfang [Prozent]					Mittel-wert	"gar nicht" bis "teilweise realisert" kumuliert	n
	1 gar nicht	2	3 teil-weise	4	5 um-fassend			
BI-Dienstemanagement						3,4		
BI-Service-Level-Mgmt.	10%	15%	26%	31%	18%	3,3	51%	290
BI-Finanzmgmt.	9%	13%	29%	23%	27%	3,5	50%	296
BI-Kapazitätsmgmt.	3%	10%	32%	35%	20%	3,6	45%	297
BI-Verfügbarkeits- und Performancemgmt.	4%	19%	28%	31%	18%	3,4	51%	297
BI-Notfallmgmt.	7%	14%	27%	33%	19%	3,4	48%	295
BI-Transformationsmanagement						3,3		
BI-Änderungsmgmt.	5%	10%	24%	38%	24%	3,7	38%	285
BI-Releasemgmt.	5%	12%	22%	34%	27%	3,7	39%	296
BI-Konfigurationsmgmt.	22%	29%	25%	17%	6%	2,6	76%	272
BI-Unterstützungsmanagement						3,9		
BI-Endbenutzerunterstützung	6%	10%	20%	30%	34%	3,8	36%	285
BI-Störungsmgmt.	4%	9%	21%	39%	27%	3,8	34%	285
BI-Zugriffskontrolle	3%	6%	7%	27%	57%	4,3	16%	277
BI-Produktionsmanagement						3,7		
BI-Prozessmgmt.	4%	6%	14%	33%	43%	4,0	24%	282
BI-Datenqualitätsmgmt.	1%	7%	27%	38%	27%	3,8	35%	298
BI-Metadatenmgmt.	11%	18%	35%	22%	14%	3,1	64%	291

Tab. 3-12:   Realisierungsumfang der Aufgaben des BI-Betriebs[508]

Im Rahmen des **BI-Unterstützungsmanagements** zeigen sich jeweils in etwa einem Drittel der Fälle Lücken in der Endbenutzerunterstützung (36 %) sowie in der Behandlung von Störungen (34 %). Die Zugriffskontrolle weist den im Ganzen höchsten Implementierungsgrad auf (M: 4,3). Nur in etwa einem Sechstel der Fälle (16 %) zeigen sich hier deutliche Optimierungspotenziale. Das **BI-Produktionsmanagement** beinhaltet mit dem BI-Prozessmanagement die Aufgabe mit dem zweithöchsten Realisierungsumfang (M: 4,0). Dies kann als Indiz gewertet werden, dass die BI-Datenbewirtschaftungsprozesse in der Unternehmenspraxis einen hohen Professionalisierungsgrad aufweisen. Während das Management der BI-Datenqualität in 35 % der befragten Unternehmen Unvollkommenheiten erkennen lässt, liegen im BI-Metadatenmanagement erheblich größere Defizite vor (64 %).

---

[508] Quelle: eigene Darstellung.

Erkenntnis 15:

Bei den befragten Unternehmen bestehen noch deutliche Lücken in den Strukturen zur Erfüllung der BI-Betriebsaufgaben. Lediglich die BI-Datenbewirtschaftungsprozesse und die Zugriffskontrolle als zwei Kernbereiche des BI-Betriebs zeichnen sich durch einen sehr hohen Umsetzungsgrad aus. Optimierungspotenziale durch eine integrierte Planung von BI-Leistungen mit Hilfe des konzeptionell ausgerichteten Aufgabenbündels des BI-Dienstemanagements werden bislang nur eingeschränkt genutzt. Die stärksten Defizite zeigen sich im Management der BI-Konfigurationen und -Metadaten. Weitere Aufgabenbereiche wie bspw. das BI-Änderungs- und das BI-Störungsmanagement weisen immerhin in etwa einem Drittel der Fälle einen niedrigen Realisierungsumfang auf.

Zukünftiger Handlungsbedarf hinsichtlich der Aufgaben des BI-Betriebs

Zusätzlich zum aktuellen Implementierungsumfang wurden die Probanden nach ihrer Einschätzung des zukünftigen Handlungsbedarfs hinsichtlich der Realisierung einer organisatorischen Lösung zur der Bearbeitung der Aufgaben des BI-Betriebs befragt. Die Antworten können als Indikator dafür interpretiert werden, inwieweit die Teilnehmer eine Mangelsituation im BI-Betrieb ihres Unternehmens empfinden. Die Aufgabenmodule des BI-Betriebs weisen – wie bei der Erhebung des Realisierungsumfangs – ähnliche Mittelwerte auf, die sich um das Zentrum der fünfstufigen Likert-Skala bewegen (vgl. Tab. 3-13). Um Aufgabenbereiche mit einem besonders deutlichen Handlungsbedarf feststellen zu können, wurden die Werte der Items „teilweiser Bedarf" bis „sehr hoher Bedarf" kumuliert. Wie die Tab. 3-13 zeigt, sieht für nahezu alle Aufgabenbereiche mehr als die Hälfte der Probanden erheblichen Handlungsbedarf. Damit kann bei den Teilnehmern ein durchgängiger Wunsch zur Ausschöpfung von Optimierungspotenzialen im BI-Betrieb konstatiert werden.

BI-Betriebsaufgaben	Zukünftiger Handlungsbedarf [Prozent]					Mittel-wert	"teilweiser" bis "sehr hoher Bedarf" kumuliert	n
	1 kein weiterer Bedarf	2	3 teilweiser Bedarf	4	5 sehr hoher Bedarf			
BI-Dienstemanagement						2,7		
BI-Service-Level-Mgmt.	16%	21%	27%	24%	12%	2,9	63%	257
BI-Finanzmgmt.	21%	29%	31%	16%	3%	2,5	51%	243
BI-Kapazitätsmgmt.	15%	22%	37%	20%	6%	2,8	63%	251
BI-Verfügbarkeits- und Performancemgmt.	15%	33%	31%	13%	8%	2,6	51%	252
BI-Notfallmgmt.	17%	34%	28%	16%	5%	2,6	49%	256
BI-Transformationsmanagement						2,8		
BI-Änderungsmgmt.	9%	26%	31%	25%	8%	3,0	64%	264
BI-Releasemgmt.	12%	31%	34%	15%	8%	2,8	57%	263
BI-Konfigurationsmgmt.	12%	29%	37%	16%	6%	2,7	59%	257
BI-Unterstützungsmanagement						2,7		
BI-Endbenutzerunterstützung	12%	26%	26%	26%	10%	3,0	62%	266
BI-Störungsmgmt.	13%	35%	32%	12%	8%	2,7	52%	263
BI-Zugriffskontrolle	27%	32%	19%	12%	10%	2,5	41%	256
BI-Produktionsmanagement						3,1		
BI-Prozessmgmt.	13%	35%	32%	15%	5%	2,6	52%	260
BI-Datenqualitätsmgmt.	7%	12%	22%	36%	22%	3,5	80%	267
BI-Metadatenmgmt.	10%	17%	27%	31%	16%	3,3	74%	263

Tab. 3-13:   Zukünftiger Handlungsbedarf hinsichtlich der Aufgaben des BI-Betriebs[509]

Im Bereich des **BI-Dienstemanagements** wird insbesondere der Ausbau des BI-Service-Level-Managements (63 %) sowie des BI-Kapazitätsmanagements (63 %) angestrebt. Daher stehen innerhalb des **BI-Transformationsmanagements** die Institutionalisierung der Steuerung von Änderungen an BI-Systemen (64 %) und im **BI-Unterstützungsmanagement** der Support für die Endbenutzer (62 %) im Vordergrund. Das Interesse im Rahmen des **BI-Produktionsmanagements** liegt vor allem in einer Verbesserung des Datenqualitätsmanagements (80 %) und des Metadatenmanagements (74 %). Auffallend sind die hohen Mittelwerte sowohl für den aktuellen Realisierungsumfang des Datenqualitätsmanagements (M: 3,8; vgl. Tab. 3-12) als auch für den zukünftigen Handlungsbedarf (M: 3,5; vgl. Tab. 3-13). Dies kann als Indiz gedeutet werden, dass bereits umfangreiche Maßnahmen zur Steuerung der BI-Datenqualität implementiert worden sind, die jedoch nicht unbedingt zu den gewünschten Ergebnissen geführt haben.

---

[509] Quelle: eigene Darstellung.

Erkenntnis 16:

Der überwiegende Teil der befragten Unternehmen sieht durchgängig über alle Aufgabenbereiche des Business-Intelligence-Betriebs im Rahmen des Dienste-, Trans-
formations-, Unterstützungs- und Produktionsmanagement erhebliche Handlungsbedarfe, um zukünftig Optimierungspotenziale auf diesen Themenfeldern ausschöpfen zu können.

Zusammenhang von Realisierungsumfang und Handlungsbedarf

Zur Untersuchung des Zusammenhangs des aktuellen Realisierungsumfangs der Aufgaben im BI-Betrieb und der Einschätzung des zukünftigen Handlungsbedarfs durch
die Probanden wurde eine bivariate Korrelationsanalyse auf der Basis der Rangkorrelation r_s nach Spearman durchgeführt.[510]

Wie die Tab. 3-14 veranschaulicht, besteht für alle Aufgabenbereiche des BI-Betriebs
ein negativer, zum Teil hoch signifikanter Zusammenhang zwischen dem derzeitigen
Realisierungsumfang und der Bewertung des Handlungsbedarfs. Dies bedeutet, dass
Probanden, die einen niedrigen Implementierungsgrad des BI-Betriebs für ihr Unternehmen angegeben haben, tendenziell von einem hohen zukünftigen Handlungsbedarf ausgehen und umgekehrt. Ein solches Ergebnis erscheint plausibel und kann da-
hingehend interpretiert werden, dass die Probanden die Bedeutung einer professionellen Ausgestaltung des BI-Betriebs erkannt haben und identifizierte Lücken gezielt
schließen wollen.

Die stärksten negativen Zusammenhänge zeigen sich bei den BI-Betriebsthemen Not-
fall-, Änderungs-, Release-, Datenqualitäts- und Metadatenmanagement sowie der
Zugriffskontrolle (vgl. Tab. 3-14). Dies impliziert, dass Defizite in den genannten Bereichen als kritisch für eine BI-Implementierung eingestuft werden und die Nutzenstif-
tung durch den BI-Einsatz immens einschränken können. Daher kann davon ausgegangen werden, dass Mängel in diesen Themenfeldern bei den BI-Betreibern und den
BI-Anwendern eine besonders hohe Sichtbarkeit besitzen und in der Folge einen hohen Handlungsdruck auslösen.

---

[510] Vgl. Bortz/Döring (2006), S. 507f. sowie Bortz (2005), S. 232f.

BI-Betriebsaufgaben	r_s
BI-Dienstemanagement	
BI-Service-Level-Mgmt.	-0,051 ns
BI-Finanzmgmt.	-0,043 ns
BI-Kapazitätsmgmt.	-0,113 *
BI-Verfügbarkeits- und Performancemgmt.	-0,106 ns
BI-Notfallmgmt.	-0,236 ***
BI-Transformationsmanagement	
BI-Änderungsmgmt.	-0,259 ***
BI-Releasemgmt.	-0,226 ***
BI-Konfigurationsmgmt.	-0,064 ns
BI-Unterstützungsmanagement	
BI-Endbenutzerunterstützung	-0,099 ns
BI-Störungsmgmt.	-0,098 ns
BI-Zugriffskontrolle	-0,315 ***
BI-Produktionsmanagement	
BI-Prozessmgmt.	-0,126 *
BI-Datenqualitätsmgmt.	-0,291 ***
BI-Metadatenmgmt.	-0,244 ***

Tab. 3-14: Korrelation zwischen dem Realisierungsumfang der BI-Betriebsaufgaben und dem zukünftigem Handlungsbedarf [511]

Erkenntnis 17:

Die befragten Unternehmen sind sich der Bedeutung einer professionellen Ausgestaltung des BI-Betriebs bewusst und streben es an, identifizierte Defizite gezielt zu beheben.

3.2.3.2   Empirische Klassifikation der BI-Betriebsaufgaben

Eine empirische Klassifikation mittels einer Clusteranalyse wurde angewandt, um in der Unternehmenspraxis vorkommende Gestaltungsvarianten des BI-Betriebs auffinden zu können. Als zentrales Differenzierungskriterium kam der Realisierungsumfang der Aufgabenbündel des BI-Betriebs zum Einsatz. Eine Clusteranalyse hat zum Ziel, auf der Basis von Ähnlichkeiten festgelegter Merkmale die erhobenen Fälle zu Clustern zu gruppieren. Hierbei sollen innerhalb eines Clusters diejenigen Fälle zusammengefasst werden, die eine möglichst große Ähnlichkeit aufweisen. Gleichzeitig wird angestrebt, dass die Untersuchungsobjekte verschiedener Cluster durch eine möglichst große Unterschiedlichkeit gekennzeichnet sein sollen. Dieses Verfahren ermöglicht eine Identifikation homogener, durch ein spezifisches Merkmalsprofil charakterisierter Gruppen von Analyseobjekten in der Stichprobe. [512]

---

[511] Quelle: eigene Darstellung.
[512] Vgl. Bortz/Döring (2006), S. 377 sowie Laatz (1993), S. 411ff.

Zur Durchführung der Clusteranalyse wurde das in Kapitel 3.1.4 vorgestellte dreistufige Verfahren genutzt. Mit einer Anwendung des Single-Linkage-Verfahrens konnten im ersten Schritt neun Ausreißerfälle identifiziert werden, die im Weiteren nicht mehr berücksichtigt wurden. Den zweiten Schritt bildete das Ward-Verfahren, wobei die quadrierte Euklidische Distanz als Heterogenitätsmaß verwendet wurde. Der inverse Scree-Test legte hierbei eine Vier-Clusterlösung nahe. Die mit Hilfe des Ward-Verfahrens erzeugte Gruppierung wurde als Startpartition für die nachfolgende k-Means-Clusteranalyse zur Optimierung der Clusterzuordnung eingesetzt.[513] Ein zusätzlicher Kruskal-Wallis-Test wurde herangezogen, um die Unterschiedlichkeit der Mittelwerte der identifizierten Gruppen statistisch abzusichern.[514] Es zeigte sich für jede der Aufgaben des BI-Betriebs ein hochsignifikanter Unterschied zwischen den vier Clustern ($p<0,001$***). Somit besteht für die in der Stichprobe enthaltenen Fälle ein hochsignifikanter Zusammenhang zwischen der Clusterzugehörigkeit und dem Realisierungsumfang der jeweils betrachteten BI-Betriebsaufgabe. Hieraus kann geschlossen werden, dass jede der betrachteten Aufgaben einen Beitrag zur Abgrenzung der Gruppen leistet und somit die Charakterisierung der Cluster fundiert.

BI-Betriebsaufgaben	Cluster 1 (n = 20) "Sehr niedriger Realisierungsgrad"	Cluster 2 (n = 66) "Niedriger Realisierungsgrad"	Cluster 3 (n = 115) "Mittlerer Realisierungsgrad"	Cluster 4 (n = 95) "Hoher Realisierungsgrad"	Kruskal-Wallis-Test p
Gesamtmittelwerte	2,0	2,9	3,6	4,4	
BI-Dienstemanagement	2,2	2,6	3,4	4,3	
BI-Service-Level-Mgmt.	1,9	2,2	3,3	4,3	0,000 ***
BI-Finanzmgmt.	2,6	2,6	3,3	4,4	0,000 ***
BI-Kapazitätsmgmt.	2,1	2,9	3,6	4,4	0,000 ***
BI-Verfügbarkeits- und Performancemgmt.	2,2	2,6	3,5	4,2	0,000 ***
BI-Notfallmgmt.	2,3	2,5	3,5	4,3	0,000 ***
BI-Transformationsmanagement	1,9	2,5	3,4	4,2	
BI-Änderungsmgmt.	1,9	2,9	3,9	4,5	0,000 ***
BI-Releasemgmt.	2,1	2,9	3,7	4,5	0,000 ***
BI-Konfigurationsmgmt.	1,6	1,7	2,5	3,6	0,000 ***
BI-Unterstützungsmanagement	2,0	3,4	4,1	4,7	
BI-Endbenutzerunterstützung	2,0	2,8	4,0	4,7	0,000 ***
BI-Störungsmgmt.	1,8	3,1	3,9	4,6	0,000 ***
BI-Zugriffskontrolle	2,1	4,4	4,3	4,7	0,000 ***
BI-Produktionsmanagement	2,0	3,2	3,7	4,3	
BI-Prozessmgmt.	1,7	3,6	4,2	4,7	0,000 ***
BI-Datenqualitätsmgmt.	2,5	3,4	3,7	4,4	0,000 ***
BI-Metadatenmgmt.	1,7	2,5	3,1	3,8	0,000 ***

Tab. 3-15:   Clusteranalyse des Realisierungsumfangs der BI-Betriebsaufgaben[515]

---

[513] Zu den Literaturquellen, die eine ausführliche Darstellung der methodischen Grundlagen der eingesetzten clusteranalytischen Auswertungsverfahren enthalten, vgl. Fußnote 419.

[514] Vgl. Janssen/Laatz (2005), S. 545 sowie Bortz/Lienert (2003), S. 154ff.

[515] Quelle: eigene Darstellung; Mittelwerte von einzelnen BI-Betriebsaufgaben, die mindestens in den Clustern 3 und 4 über dem jeweiligen Gesamtmittelwert des Clusters liegen, sind unterstrichen.

Die Tab. 3-15 veranschaulicht die Resultate der Clusteranalyse zum Realisierungsumfang der BI-Betriebsaufgaben. Der Realisierungsumfang wurde, wie in Kapitel 3.2.3.1 erläutert, jeweils mit einer fünfstufigen Likert-Skala erhoben, die von 1 („gar nicht") bis 5 („umfassend") reicht. Die Tabelle enthält für jede der untersuchten Aufgaben des BI-Betriebs den gruppenspezifischen Mittelwert sowie das mit Hilfe des Kruskal-Wallis-Tests errechnete Signifikanzniveau. Es wurden vier verschiedene Cluster identifiziert, die im Folgenden mit den Termini **sehr niedriger** (Cluster 1), **niedriger** (Cluster 2), **mittlerer** (Cluster 3) sowie **hoher Realisierungsgrad** (Cluster 4) bezeichnet werden. Die Cluster können anhand ihrer aufgabenspezifischen Mittelwerte charakterisiert werden. Als bemerkenswertes Ergebnis lässt sich festhalten, dass die vier Gruppenprofile vier *graduelle Abstufungen* im Hinblick auf den Realisierungsumfang der BI-Betriebsaufgaben repräsentieren. Innerhalb eines Clusters weisen alle untersuchten Variablen somit ähnlich hohe Werte auf. Dies impliziert, dass der Gesamtmittelwert jedes Clusters als Indikator für den Professionalisierungsgrad des BI-Betriebs in den befragten Unternehmen gedeutet werden kann. Bei der Stichprobe liegt in etwa zwei Dritteln der Fälle (68 %) ein sehr niedriger bis mittlerer Realisierungsumfang vor, während sich etwa ein Drittel der Fälle (32 %) durch einen hohen Realisierungsumfang auszeichnet.

Erkenntnis 18:

Es können Gruppen von Unternehmen identifiziert werden, die hoch signifikante Unterschiede im Realisierungsumfang der BI-Betriebsaufgaben aufweisen. Dabei zeigt sich, dass Unternehmen, die in einem Aufgabenbereich durch niedrige bzw. hohe Werte gekennzeichnet sind, in den anderen Aufgabenbereichen durchgehend ähnliche Implementierungsgrade besitzen. Damit kann der Realisierungsumfang der BI-Betriebsaufgaben als ein Hinweis auf den Professionalisierungsgrad des BI-Betriebs gedeutet werden.

Bei **Cluster 1** mit einem insgesamt sehr niedrigen Realisierungsumfang (M: 2,0) fällt auf, dass selbst das BI-Prozessmanagement, das die Datenbewirtschaftungsprozesse als zentralen Bestandteil der BI-Leistungserstellung repräsentiert, deutliche Defizite aufweist (M: 1,7). Ebenfalls geringe Ausprägungen zeigen sich u. a. bei der Steuerung der

Änderungen an BI-Systemen (M: 1,9), der Verwaltung der Systemkonfigurationen (M: 1,6), der Behebung von Störungen (M: 1,8) sowie im Metadatenmanagment (M: 1,7). Es kann vermutet werden, dass in solchen Betriebsumgebungen bereits geringfügige Beeinträchtigungen ausreichen, um die Nutzung der BI-Systeme erkennbar zu beeinträchtigen.

Im Gegensatz hierzu zeigt sich in **Cluster 3** (M: 3,6) und **Cluster 4** (M: 4,4) mit einem mittleren bzw. einem hohen Realisierungsgrad sowie partiell auch in **Cluster 2** (M: 2,9), dass für einige Merkmale des BI-Betriebs die jeweiligen aufgabenspezifischen Mittelwerte teilweise deutlich *über dem Gesamtmittelwert des Clusters* liegen. Diejenigen Mittelwerte von BI-Betriebsaufgaben, die mindestens in den Clustern 3 und 4 den jeweiligen Gesamtmittelwert des Clusters übersteigen, sind in der Tab. 3-15 durch eine Unterstreichung hervorgehoben. Hierbei handelt es sich im Einzelnen im Rahmen des BI-Transformationsmanagements um die Steuerung der Änderungen und Releases, um den gesamten Bereich des BI-Unterstützungsmanagments sowie im BI-Produktionsmanagement um die Steuerung der Datenbewirtschaftungsprozesse und der Datenqualität. Eine besondere Bedeutung wird der BI-Zugriffskontrolle beigemessen. In den Clustern 2 bis 4 weist sie nicht nur relativ hohe Einordnungen im Verhältnis zum Gesamtmittelwert, sondern auch durchgängig hohe Absolutwerte auf. Die überdurchschnittlichen Implementierungsgrade können als Hinweis darauf interpretiert werden, dass die betroffenen Aufgabenbereiche aus Sicht der Unternehmenspraxis *Kernaufgaben des BI-Betriebs* darstellen und folglich einer besonders intensiven und sorgfältigen Umsetzung bedürfen (vgl. Tab. 3-16).

Kernaufgaben des BI-Betriebs aus Unternehmenssicht
BI-Transformationsmanagement
BI-Änderungsmgmt.
BI-Releasemgmt.
BI-Unterstützungsmanagement
BI-Endbenutzerunterstützung
BI-Störungsmgmt.
BI-Zugriffskontrolle
BI-Produktionsmanagement
BI-Prozessmgmt.
BI-Datenqualitätsmgmt.

Tab. 3-16:   Kernaufgaben des BI-Betriebs aus Unternehmenssicht[516]

---

[516] Quelle: eigene Darstellung.

Erkenntnis 19:

In Unternehmen mit einem tendenziell höheren Professionalisierungsgrad des BI-Betriebs zeichnen sich bestimmte BI-Tätigkeitsbündel durch einen überdurchschnittlichen Implementierungsgrad aus (Änderungs- u. Releasemgmt., Endbenutzerunterstützung, Störungsmgmt. u. Zugriffskontrolle sowie Prozess- und Datenqualitätsmgmt.). Diese Aufgabenbereiche können daher aus Sicht der Unternehmenspraxis als essenzielle Kernprozesse des BI-Betriebs aufgefasst werden.

Clusterzugehörigkeit und Unternehmensgröße sowie -branche

Eine Analyse der soziodemographischen Kontrollvariablen der Cluster zeigt signifikante Unterschiede hinsichtlich der Unternehmensgröße. Große und sehr große der befragten Unternehmen, die mehr als 2.000 Mitarbeitern beschäftigen, verfügen über einen höheren Realisierungsumfang der BI-Betriebsaufgaben als mittelgroße und kleine Unternehmen mit weniger als 2.000 Mitarbeitern (p=0,003**, vgl. Tab. 3-17). Ähnliche Resultate ergeben sich auch bei einem Vergleich des Realisierungsumfangs mit dem Gesamtumsatz der Unternehmen (p=0,025*) bzw. mit der Bilanzsumme bei Banken (p=0,079+) sowie der Beitragssumme bei Versicherungen (p=0,072+).

Unternehmens-größe gemessen in der Mitarbeiter-anzahl (MA)	Cluster (Realisierungsgrad der BI-Betriebsaufgaben)				Gesamt
	Cluster 1 (sehr niedrig)	Cluster 2 (niedrig)	Cluster 3 (mittel)	Cluster 4 (hoch)	
bis 2.000 MA	76%	50%	34%	36%	41%
mehr als 2.000 MA	24%	50%	66%	64%	59%
Gesamt	100%	100%	100%	100%	100%
χ^2=13,949; df=3; p=0,003**; n=278					

Tab. 3-17:   Unternehmensgröße und Realisierungsgrad der BI-Betriebsaufgaben[517]

Ein Vergleich der Clusterzugehörigkeit mit der Branchenverteilung der Probanden ergab keine signifikanten Unterschiede. Bei einer Betrachtung der kumulierten Anteile des Clusters 3 sowie des Clusters 4 – und damit derjenigen Unternehmen einer Branche, welche die größten Realisierungsumfänge der BI-Betriebsaufgaben besitzen –

---

[517] Quelle: eigene Darstellung. Felder, die über dem Gesamtdurchschnitt liegende Werte enthalten, sind in der Tabelle dunkelgrau hinterlegt.

können dennoch einige Muster beobachtet werden (n=202).[518] Die Gruppe mit dem größten kumulierten Anteil an den Clustern 3 und 4 umfasst IT-Dienstleister (83 %), Banken/Finanzinstitute (77 %) sowie Industrieunternehmen (73 %). Die zweite Gruppe bilden Telekommunikations-/Medienunternehmen (67 %) sowie Versicherungen (65 %). Der Handel (58 %) hingegen ist bereits durch einen erkennbaren Abstand zu den vorgenannten Gruppen charakterisiert, d. h. 42 % der befragten Handelsunternehmen gehören den Clustern 1 oder 2 an.

Erkenntnis 20:

In großen und sehr großen Unternehmen (> 2.000 Mitarbeiter) liegt der Realisierungsumfang der BI-Betriebsaufgaben signifikant höher als in mittleren und kleinen Unternehmen (≤ 2.000 Mitarbeiter). Durch besonders hohe Implementierungsgrade des BI-Betriebs zeichnen sich IT-Dienstleister, Banken/Finanzinstitute, Industrieunternehmen, Telekommunikations-/Medienunternehmen sowie Versicherungen aus.

Clusterzugehörigkeit und BI-Datenvolumen sowie Anzahl Endbenutzer

Der Zusammenhang zwischen dem Realisierungsumfang der BI-Betriebsaufgaben und der Unternehmensgröße wird gestützt durch einen Vergleich der Clusterzugehörigkeit mit dem Datenvolumen der BI-Datenhaltung sowie mit der Anzahl der Endbenutzer von Berichtssystemen.

BI-Datenvolumen in Gigabyte	Cluster (Realisierungsgrad der BI-Betriebsaufgaben)				Gesamt
	Cluster 1 (sehr niedrig)	Cluster 2 (niedrig)	Cluster 3 (mittel)	Cluster 4 (hoch)	
bis 100 GB	50%	43%	18%	26%	29%
101-1.000 GB	22%	27%	26%	24%	25%
1.001-5.000 GB	22%	20%	35%	33%	30%
über 5.000 GB	6%	10%	21%	17%	16%
Gesamt	100%	100%	100%	100%	100%
χ^2=19,732; df=9; p=0,020*; n=273					

Tab. 3-18: Clusterzugehörigkeit und BI-Datenvolumen[519]

---

[518] Branchen mit einer niedrigeren Teilnehmerzahl wurden in dieser Auswertung nicht berücksichtigt.
[519] Quelle: eigene Darstellung. Felder, deren Werte über dem Gesamtdurchschnitt liegen, sind in der Tabelle dunkelgrau hinterlegt.

In den Clustern 1 und 2 stellen jeweils Unternehmen mit einem kleineren Datenvolumen von bis zu 100 Gigabyte die relative Mehrheit (50 % bzw. 43 %). Hingegen sind in Cluster 3 (56 %) und Cluster 4 (50 %) Unternehmen mit einem höheren Datenvolumen von mehr als einem Terabyte überdurchschnittlich stark vertreten (p=0,020*, vgl. Tab. 3-18).

Darüber hinaus besteht ein hoch signifikanter Zusammenhang zwischen der Clusterzugehörigkeit und der Anzahl der Endbenutzer von Berichtsystemen (p<0,001***). Diese stellen – wie in Kap. 3.2.1.3 dargelegt – insgesamt die größte Benutzergruppe. In der Tab. 3-19 veranschaulichen die grau hinterlegten Felder, welche Werte über dem Gesamtdurchschnitt der betrachteten Fälle liegen. Es zeigt sich, dass eine höhere Anzahl von Reporting-Endbenutzern tendenziell mit einem umfangreicheren Realisierungsgrad der BI-Betriebsaufgaben einhergeht.

Anzahl Endbenutzer Berichtssysteme	Cluster (Realisierungsgrad der BI-Betriebsaufgaben)				Gesamt
	Cluster 1 (sehr niedrig)	Cluster 2 (niedrig)	Cluster 3 (mittel)	Cluster 4 (hoch)	
1-10	13%	18%	9%	7%	11%
11-50	56%	23%	13%	20%	20%
51-100	6%	20%	16%	12%	15%
101-500	25%	26%	38%	24%	30%
mehr als 500	0%	13%	24%	37%	24%
Gesamt	100%	100%	100%	100%	100%
χ^2=34,844; df=12; p<0,001***; n=257					

Tab. 3-19:   Clusterzugehörigkeit und Anzahl Endbenutzer Berichtssysteme[520]

Erkenntnis 21:

Je größer die BI-Implementierungen gemessen am Datenvolumen der BI-Datenhaltungen und der Anzahl der Endbenutzer von Berichtssystemen der befragten Unternehmen sind, desto höher ist der Realisierungsgrad der BI-Betriebsaufgaben.

---

[520] Quelle: eigene Darstellung. Felder, deren Werte über dem Gesamtdurchschnitt liegen, sind in der Tabelle dunkelgrau hinterlegt.

Clusterzugehörigkeit und Ansätze des IT-Dienstleistungsmanagements

Zwischen der Clusterzugehörigkeit und der Anwendung von Ansätzen des IT-Dienstleistungsmanagements bestehen erkennbare Zusammenhänge. Zur Unterstützung des *allgemeinen IT-Betriebs* werden in den Clustern 3 und 4 von mehr als 70 % der Probanden Konzepte wie bspw. die IT Infrastructure Library eingesetzt oder es bestehen konkrete Planungen hierfür. Für Cluster 2 ist dies in mehr als der Hälfte der Fälle festzustellen (vgl. Tab. 3-20).

ITSM-Ansätze für den allg. IT-Betrieb im Einsatz oder geplant	Cluster (Realisierungsgrad der BI-Betriebsaufgaben)				Gesamt
	Cluster 1 (sehr niedrig)	Cluster 2 (niedrig)	Cluster 3 (mittel)	Cluster 4 (hoch)	
Ja	44%	55%	72%	73%	67%
Nein	56%	45%	28%	27%	33%
Gesamt	100%	100%	100%	100%	100%
χ^2=9,771; df=3; p=0,021*; n=230					

Tab. 3-20: Clusterzugehörigkeit und Einsatz von Referenzmodellen für den allg. IT-Betrieb[521]

Im Bereich des *Betriebs von Business-Intelligence-Systemen* zeigt sich eine stärkere Diskrepanz zwischen den Clustern mit einem tendenziell stärkeren und solchen mit einem eher geringeren Realisierungsgrad der Betriebaufgaben. Während in den Clustern 3 und 4 jeweils 58 % bzw. 67 % der Befragten auf dem IT-Dienstleistungsmanagement basierende Konzepte als sinnvoll für den BI-Betrieb einstufen, weisen die Cluster 1 und 2 in diesem Punkt mit einem Anteil von 41 % einen niedrigeren Wert auf (vgl. Tab. 3-21).

ITSM-Ansätze für den BI-Betrieb im Einsatz oder geplant	Cluster (Realisierungsgrad der BI-Betriebsaufgaben)				Gesamt
	Cluster 1 (sehr niedrig)	Cluster 2 (niedrig)	Cluster 3 (mittel)	Cluster 4 (hoch)	
Ja	41%	41%	58%	67%	56%
Nein	59%	59%	42%	33%	44%
Gesamt	100%	100%	100%	100%	100%
χ^2=9,796; df=3; p=0,020*; n=241					

Tab. 3-21: Clusterzugehörigkeit und Einsatz von Referenzmodellen für den BI-Betrieb[522]

---

[521] Quelle: eigene Darstellung. Felder, die den Modalwert eines Clusters repräsentieren, sind in der Tabelle hellgrau hinterlegt.

[522] Quelle: eigene Darstellung. Felder, die den Modalwert eines Clusters repräsentieren, sind in der Tabelle hellgrau hinterlegt.

Erkenntnis 22:

Bei den befragten Unternehmen befürworten und realisieren diejenigen, die einen tendenziell höheren Professionalisierungsgrad des BI-Betriebs aufweisen, auch in größerem Umfang den Einsatz von Ansätzen des IT-Dienstleistungsmanagements.

Clusterzugehörigkeit und BI-Lebenszyklusphase

Wie die Tab. 3-22 veranschaulicht, liegt ein Zusammenhang zwischen der Clusterzuordnung und der BI-Lebenszyklusphase der Studienteilnehmer vor.[523] Hiernach gehören Unternehmen, deren BI-Systeme bereits eine höhere Reife erreicht haben, einem Cluster mit einem höheren Realisierungsgrad der BI-Betriebsaufgaben an. In Cluster 1 sind die auftretenden Lebenszyklusphasen breit gestreut. Die BI-Systeme der relativen Mehrheit der Unternehmen in Cluster 2 und 3 hingegen befinden sich in der Wachstumsphase (Cluster 2: 47 %, Cluster 3: 36 %). Noch weiter fortgeschritten sind die BI-Implementierungen in Cluster 4, die zu 42 % der Reifephase zugerechnet werden.

BI-Lebenszyklus-phase	Cluster (Realisierungsgrad der BI-Betriebsaufgaben)				Gesamt
	Cluster 1 (sehr niedrig)	Cluster 2 (niedrig)	Cluster 3 (mittel)	Cluster 4 (hoch)	
Entwicklungsphase	11%	0%	4%	5%	4%
Einführungsphase	16%	14%	9%	6%	10%
Wachstumsphase	26%	47%	36%	28%	35%
Reifephase	21%	16%	28%	42%	29%
Reengineeringphase	26%	23%	23%	19%	22%
Gesamt	100%	100%	100%	100%	100%
χ^2=21,946; df=12; p=0,038*; n=293					

Tab. 3-22:   Clusterzugehörigkeit und BI-Lebenszyklusphase[524]

Dieses Ergebnis impliziert, dass der Realisierungsumfang der BI-Betriebsaufgaben in einem Unternehmen nicht statisch bleibt, sondern im Einklang mit einer zunehmenden Reife der BI-Systeme dynamisch gesteigert wird. Eine Erklärung hierfür kann sein, dass mit einem wachsenden Erfahrungswissen hinsichtlich des BI-Einsatzes dem Thema des Business-Intelligence-Betriebs eine erhöhte Bedeutung beigemessen wird, um angestrebte Nutzenpotenziale besser realisieren zu können.

---

[523] Zur Erläuterung der verwendeten Lebenszykluseinteilung vgl. Kap. 3.2.1.2.
[524] Quelle: eigene Darstellung. In der Tabelle sind Felder hellgrau hinterlegt, die bei unimodaler Verteilung den Modalwert eines Clusters repräsentieren.

Erkenntnis 23:

Mit zunehmendem Reifegrad des BI-Einsatzes messen die befragten Unternehmen dem Thema des Business-Intelligence-Betriebs eine steigende Bedeutung hinsichtlich der Realisierung der angestrebten BI-Nutzenpotenziale bei und erhöhen den Implementierungsgrad der BI-Betriebsaufgaben.

Clusterzugehörigkeit und Kritikalität von BI-Anwendungssystemen

Die Tab. 3-23 beinhaltet die Clusterzugehörigkeit und den Anteil der für den Geschäftsbetrieb der befragten Unternehmen existenziellen BI-Anwendungssysteme. Zwischen den beiden Größen zeigt sich ein hoch signifikanter Zusammenhang (p<0,001***).

Anteil für den Geschäftsbetrieb existenzieller BI-Anwendungssysteme	Cluster (Realisierungsgrad der BI-Betriebsaufgaben)				Gesamt
	Cluster 1 (sehr niedrig)	Cluster 2 (niedrig)	Cluster 3 (mittel)	Cluster 4 (hoch)	
kein Anteil	11%	12%	2%	1%	5%
bis zu 1/3	39%	52%	41%	33%	41%
1/3 bis 2/3	28%	28%	22%	27%	25%
mehr als 2/3	22%	8%	35%	39%	29%
Gesamt	100%	100%	100%	100%	100%
χ^2=31,396; df=9; p<0,001***; n=267					

Tab. 3-23:   Clusterzugehörigkeit und Kritikalität von BI-Anwendungssystemen[525]

In den Unternehmen, die sich in Cluster 3 oder in Cluster 4 befinden, besitzen BI-Anwendungssysteme eine deutlich höhere Bedeutung für den Geschäftsbetrieb als bei den übrigen Teilnehmern. Unternehmen, in denen der Anteil kritischer BI-Anwendungssysteme zwischen einem Drittel und 100 % liegt, sind in Cluster 3 mit 57 % und in Cluster 4 mit einem Anteil von 66 % vertreten. Dies deutet darauf hin, dass in der Unternehmenspraxis mit einer starken Verzahnung von Business-Intelligence-Lösungen und Geschäftsprozessen auch ein Ausbau der BI-Betriebsaktivitäten einhergeht. Dies scheint erforderlich, um BI-Leistungen mit einer

---

[525] Quelle: eigene Darstellung. In der Tabelle sind Felder hellgrau hinterlegt, die den Modalwert eines Clusters repräsentieren.

hinreichenden Verfügbarkeit und Qualität in Geschäftsprozesse eingliedern zu können.

Erkenntnis 24:

Unternehmen, die Business-Intelligence-Lösungen eng in ihre Geschäftsprozesse integrieren, zeichnen sich durch einen hohen Implementierungsgrad der BI-Betriebsaufgaben aus, um eine hinreichende Qualität und Verfügbarkeit der BI-Leistungen
sicherstellen zu können.

3.3   Zusammenfassung und Implikationen

Im Folgenden werden die wichtigsten Erkenntnisse der in den vorigen Kapiteln detailliert analysierten Ergebnisse der empirischen Untersuchung zum Business-
Intelligence-Betrieb zusammengefasst und der sich daraus ergebende Handlungsbedarf aufgezeigt.

3.3.1   Zusammenfassung der Untersuchungsergebnisse

Die Darstellung der Untersuchungsergebnisse orientiert sich an den in der Zielsetzung
der Studie formulierten Fragestellungen.

**Unternehmenscharakteristika, BI-Systemlandschaften und BI-Anwenderum-
feld**

Die Teilnehmerstruktur der Untersuchung weist hinsichtlich der vertretenen Wirt-
schaftszweige eine große Bandbreite auf. Dies verdeutlicht, dass der Einsatz von Business-Intelligence-Systemen in unterschiedlichsten Branchen als relevant angesehen
wird. Besonders stark vertreten sind Unternehmen aus dem Industriesektor und aus
informationsintensiven Dienstleistungsbranchen. In der Mehrzahl der Unternehmen
sind BI-Lösungen implementiert, deren Systemarchitektur eine oder mehrere Core-
Data-Warehouse-Komponenten beinhaltet und die sich in einer Wachstums-oder in
einer Konsolidierungsphase befinden. Insbesondere eine hohe Anzahl zu betreuender
operativer Quellsysteme und ETL-Prozesse kann als Aufwandstreiber des BI-Betriebs
identifiziert werden. Der Zeitraum, in dem Erfahrungswissen über den BI-Betrieb ge-

sammelt werden konnte, liegt zwischen zwei und zehn Jahren. Im Produktivbetrieb befinden sich primär mittelgroße, große und sehr große BI-Implementierungen. Es sind sehr unterschiedliche Kombinationen aus der Anzahl der aktiven, zu betreuenden Endbenutzer und der eingesetzten Arten von BI-Anwendungssystemen anzutreffen. Die sich aus diesen spezifischen Konstellationen ergebenden Ansprüche, bspw. hinsichtlich der Stabilität der Datenbewirtschaftungsprozesse oder der Flexibilität der Endbenutzerunterstützung, sind bei der unternehmensindividuellen Ausgestaltung des BI-Betriebs zu berücksichtigen. Die überwiegende Mehrzahl der Unternehmen besitzt BI-Anwendungsysteme, die für die Geschäftsprozesse als kritisch bewertet werden, und deren Ausfall zu schwerwiegenden Auswirkungen auf den Geschäftsbetrieb führen kann. Unternehmenskritische BI-Systeme müssen daher identifiziert werden, und es sind Vorkehrungen im Rahmen des BI-Betriebs zu implementieren, um ihre angemessene Verfügbarkeit sicherzustellen.

Verwendung von Ansätzen des IT-Dienstleistungsmanagements im BI-Betrieb

Es kann eine sehr hohe Akzeptanz und auch Verbreitung der Nutzung von Ansätzen des IT-Dienstleistungsmanagements festgestellt werden – sowohl für den allgemeinen IT-Betrieb als auch für den BI-Betrieb. Somit wird die Realisierung substanzieller Nutzenpotenziale durch die Verwendung solcher Ansätze erwartet. Zwischen der Einführung im allgemeinen IT- sowie im BI-Betrieb besteht ein erkennbarer zeitlicher Zusammenhang. Die Realisierung in beiden Bereichen basiert in der Regel auch auf demselben Ansatz des IT-Dienstleistungsmanagements, wobei deutlich die IT Infrastructure Library (ITIL) dominiert.

Aufgabenträger des BI-Betriebs

Einzelne Bereiche des BI-Betriebs werden in den untersuchten Unternehmen in unterschiedlichen Anteilen verschiedenen Organisationseinheiten wie bspw. Fachbereichen, spezialisierten BI-Organisationseinheiten, zentralen IT-Bereichen oder externen IT-Dienstleistern zugeordnet. Dies erfordert eine Abgrenzung relevanter Teilmodule des BI-Betriebs und die Erarbeitung eines Rahmenkonzepts zur Koordination dieser Teilmodule.

Die Mehrzahl der Unternehmen geht davon aus, dass dauerhafte organisatorische Strukturen erforderlich sind, um BI-Anwendungssysteme wirkungsvoll entwickeln und betreiben zu können. Hierzu werden häufig spezialisierte BI-Organisationseinheiten implementiert, bei den zwischen den Typen BI-Assistenz-Center, BI-Volldienstleister, fachliches BI-Betriebs-Center, BI-Hosting-Center und BI-Entwicklungs-Center differenziert werden kann.

Charakteristika des BI-Betriebs

Um im Gesamtblick ein anschauliches Bild der Faktoren und Herausforderungen zu vermitteln, die im BI-Betrieb typischerweise auftreten, wurden die verfügbaren Ressourcen sowie die zu behandelnden Ereignisse und Erschwernisfaktoren des BI-Betriebs untersucht. Hierbei zeigt sich, dass in der Mehrheit der befragten Unternehmen zwischen zwei und fünf Mitarbeiter direkt mit dem BI-Betrieb betraut sind und im Mittel ein BI-Betriebsbudget von 0,5 Mio. Euro pro Jahr zur Verfügung steht. Die Höhe der Budgets wird als stabil oder ansteigend eingeschätzt. Dies kann als Indiz für die hohe Bedeutung gewertet werden, die einem zuverlässigen Betrieb von Business-Intelligence-Systemen beigemessen wird. Während die Personalkosten häufig etwa die Hälfte der Betriebsbudgets umfassen, ist bei Kosten für BI-Software, BI-Hardware und externen Dienstleistungen eine stärkere Streuung zu beobachten.

Zwischen dem Umfang der eingesetzten BI-Betriebsressourcen in Form von Mitarbeitern sowie Finanzmitteln einerseits und ausgewählten Kontextfaktoren des BI-Betriebs andererseits – wie der Anzahl operativer Quellsysteme, des Datenvolumens der BI-Datenhaltung, der Gesamtzahl der BI-Endbenutzer, der Unternehmensgröße sowie der BI-Lebenszyklusphase – kann ein teilweise hoch signifikanter statistischer Zusammenhang registriert werden. Dies deutet darauf hin, dass mit zunehmender Größe und Komplexität von BI-Installationen auch der Betriebsaufwand steigt und bislang noch kein hoher Automatisierungsgrad des BI-Betriebs vorliegt.

Modifikationen an BI-Systemen laufen oftmals nicht reibungslos ab und erfordern daher die Implementierung eines proaktiven *BI-Änderungs-* und *BI-Release-Managements*. Aufgetretene Beeinträchtigungen können durch ein *BI-Störungsmanagement* zeitnah behoben werden. In Zusammenhang mit BI-Systemmodifikationen und -Störungen entsteht ein erhöhter Kommunikationsbedarf mit den Endbenutzern, der durch eine institutionalisierte *BI-Endbenutzerunterstützung* als kompetentem Ansprechpartner gedeckt werden kann.

Aufgabenbereiche des BI-Betriebs und deren Realisierungsumfang

Die im Rahmen des BI-Betriebs zu erfüllenden Aufgaben wurden anhand der Teildimensionen **BI-Dienstemanagement**, **BI-Transformationsmanagement**, **BI-Unterstützungsmanagement** und **BI-Produktionsmanagement** im Detail analysiert. In der Unternehmenspraxis können noch deutliche Lücken in den Strukturen zur Erfüllung der BI-Betriebsaufgaben identifiziert werden. Lediglich die BI-Datenbewirtschaftungsprozesse und die Zugriffskontrolle als zwei Kernbereiche des BI-Betriebs zeichnen sich durch einen sehr hohen Umsetzungsgrad aus. Optimierungspotenziale durch eine integrierte Planung von BI-Leistungen mit Hilfe des konzeptionell ausgerichteten Aufgabenbündels des BI-Dienstemanagements werden bislang nur eingeschränkt genutzt. Die stärksten Defizite zeigen sich im Management der BI-Konfigurationen und -Metadaten. Weitere Aufgabenbereiche wie bspw. das BI-Änderungs- und das BI-Störungsmanagement weisen immerhin in etwa einem Drittel der Fälle einen niedrigen Realisierungsumfang auf.

Die Mehrzahl der Unternehmen sieht durchgängig über alle Aufgabenbereiche des Business-Intelligence-Betriebs im Rahmen des Dienste-, Transformations-, Unterstützungs- und Produktionsmanagement bedeutsame Handlungsbedarfe, um zukünftig Optimierungspotenziale in diesen Themenfeldern ausschöpfen zu können. Die Unternehmen sind sich der Bedeutung einer professionellen Ausgestaltung des BI-Betriebs bewusst und streben es an, identifizierte Defizite gezielt zu beheben.

Empirische Klassifikation der BI-Betriebsaufgaben

Es können Gruppen von Unternehmen identifiziert werden, die hoch signifikante Unterschiede in der Realisierungsumfängen der BI-Betriebsaufgaben aufweisen. Dabei wird deutlich, dass Unternehmen, die in einem Aufgabenbereich niedrige bzw. hohe Werte aufweisen, in den anderen Aufgabenbereichen durchgehend ähnliche Implementierungsgrade besitzen. Somit kann der Realisierungsumfang der BI-Betriebsaufgaben als ein Hinweis auf den Professionalisierungsgrad des BI-Betriebs gedeutet werden.

Bestimmte BI-Tätigkeitsbündel von Unternehmen, die einen tendenziell höheren Professionalisierungsgrad des BI-Betriebs aufweisen, zeichnen sich durch einen überdurchschnittlichen Implementierungsgrad aus (Änderungs- und Releasemanagement, Endbenutzerunterstützung, Störungsmanagement und Zugriffskontrolle sowie Prozess- und Datenqualitätsmanagement). Diese Aufgabenbereiche können daher aus

Sicht der Unternehmenspraxis als essenzielle Kernprozesse des BI-Betriebs aufgefasst werden.

Realisierungsumfang der BI-Betriebaufgaben und Kontextfaktoren

In großen und sehr großen Unternehmen, die mehr als 2.000 Mitarbeiter beschäftigen, liegt der Realisierungsumfang der BI-Betriebsaufgaben signifikant höher als in mittleren und kleinen Unternehmen mit weniger als 2.000 Mitarbeitern. Durch besonders hohe Implementierungsgrade des BI-Betriebs zeichnen sich IT-Dienstleister, Banken und Finanzinstitute, Industrieunternehmen, Telekommunikations- und Medienunternehmen sowie Versicherungen aus. Je größer die BI-Implementierungen gemessen am Datenvolumen der BI-Datenhaltungen und der Anzahl der Endbenutzer von Berichtssystemen der befragten Unternehmen sind, desto höher ist der Realisierungsgrad der BI-Betriebsaufgaben. Unternehmen mit einem tendenziell höheren Professionalisierungsgrad des BI-Betriebs befürworten und realisieren auch in größerem Umfang den Einsatz von Ansätzen des IT-Dienstleistungsmanagements.

Mit zunehmendem Reifegrad des BI-Einsatzes messen die befragten Unternehmen dem Thema des Business-Intelligence-Betriebs eine steigende Bedeutung hinsichtlich der Realisierung der angestrebten BI-Nutzenpotenziale bei und erhöhen den Implementierungsgrad der BI-Betriebsaufgaben. Unternehmen, die Business-Intelligence-Lösungen eng in ihre Geschäftsprozesse integrieren, zeichnen sich durch einen hohen Implementierungsgrad der BI-Betriebsaufgaben aus, um eine hinreichende Qualität und Verfügbarkeit der BI-Leistungen sicherstellen zu können.

3.3.2   Implikationen zur Ausgestaltung des BI-Betriebs

Die empirischen Ergebnisse zeigen die hohe Bedeutung, die der Einsatz von Business-Intelligence-System in der Unternehmenspraxis erreicht hat. Ebenso wird deutlich, dass noch ein erheblicher Handlungsbedarf hinsichtlich der Ausgestaltung des Business-Intelligence-Betriebs besteht. Auf der Basis dieser Beobachtungen können die folgenden Schlussfolgerungen gezogen werden:

- Um eine systematische und integrierte Steuerung der Aufgabenfelder des Business-Intelligence-Betriebs sicherstellen und eine Konzentration auf einzelne Teilaspekte vermeiden zu können, ist die Entwicklung eines Rahmenkonzepts erforderlich, das die relevanten Teilbereiche des BI-Betriebs aufzeigt.

- Ansätze des IT-Dienstleistungsmanagements haben sich bereits als geeignet erwiesen, um den BI-Betrieb zu strukturieren und organisatorisch zu implementieren. Insbesondere die IT Infrastructure Library (ITIL) besitzt hierbei eine hohe Akzeptanz und Verbreitung. Daher erscheint es sinnvoll, die IT Infrastructure Library als Ausgangspunkt für die Entwicklung eines Rahmenkonzepts des BI-Betriebs heranzuziehen.

- Die Reichweite bisheriger Umsetzungen des BI-Betriebs umfasst nicht selten nur Teilbereiche wie etwa operative und technische Aufgaben der Datenbewirtschaftung oder der Zugriffskontrolle. Um den gesamten Lebenszyklus des BI-Einsatzes betrachten zu können, muss ein Rahmenkonzept systematisch um übergeordnete Aspekte des BI-Dienstemanagements erweitert werden.

- Die aus der IT Infrastructure Library abgeleitete Gliederung der Aufgabenbereiche des BI-Betriebs in die Teildimensionen BI-Dienstemanagement, BI-Transformationsmanagement, BI-Unterstützungsmanagement sowie BI-Produktionsmanagement hat sich als geeignete Unterteilung gezeigt, welche die relevanten Handlungsfelder abdeckt, verschiedenartige Sachgebiete differenziert und kohärente Aspekte zusammenfasst.

Die aufgezeigten Erkenntnisse der empirischen Untersuchung verdeutlichen den Handlungsbedarf und die Nutzenpotenziale der Erstellung eines Rahmenkonzepts des BI-Betriebs auf der Basis der Grundgedanken des IT-Dienstleistungsmanagements. Im Folgenden wird ein Gestaltungsvorschlag für ein solches Rahmenkonzept des Managements der Business-Intelligence-Leistungserstellung entwickelt.

4. Entwicklung eines Rahmenkonzepts für das Management der BI-Leistungserstellung

In den vorangegangenen Kapiteln wurden die konzeptionellen Grundlagen der beiden Themenbereiche Business Intelligence und IT-Dienstleistungsmanagement beleuchtet. Des Weiteren sind mit Hilfe einer empirischen Untersuchung Handlungsbedarfe für den Betrieb von Business-Intelligence-Systemen analysiert worden. Es hat sich gezeigt, dass die Ansätze des IT-Dienstleistungsmanagements im Kontext des Business-Intelligence-Betriebs anwendbar sind und immanente Nutzenpotenziale mit sich bringen.

Aufbauend auf diesen Erkenntnissen wird in Kapitel 4 ein Vorschlag eines **Rahmenkonzepts für das Management der Business-Intelligence-Leistungserstellung** entwickelt und dargelegt. Hierzu werden in Kapitel 4.1 die Zielsetzung sowie die inhaltliche Fokussierung des Vorgehens erörtert. Des Weiteren werden begriffliche Grundlagen vorgestellt. Die Gesamtstruktur des Rahmenkonzepts wird in Kapitel 4.2 aufgezeigt. In den Kapiteln 4.3 bis 4.6 werden die Elemente des Rahmenkonzepts – die Handlungsfelder des **BI-Dienstemanagements**, des **BI-Transformationsmanagements**, des **BI-Produktionsmanagements** sowie des **BI-Unterstützungsmanagements** – erarbeitet. Das Kapitel 4 schließt mit einer kurzen Zusammenfassung.

4.1   Zielsetzung, Fokussierung und begriffliche Grundlagen

Den Ausgangspunkt der Entwicklung des Rahmenkonzepts für das Management der BI-Leistungserstellung bilden die Formulierung der Zielsetzung und die Ableitung der thematischen Fokussierung des Rahmenkonzepts. Im Anschluss wird das Verständnis der Begrifflichkeiten im Umfeld von BI-Lösungen und BI-Dienstleistungen beleuchtet.

Zielsetzung und Fokussierung

Das Ziel des 4. Hauptkapitels besteht in der Entwicklung und Erläuterung eines Vorschlags für ein **Rahmenkonzept des Managements der Business-Intelligence-Leistungserstellung**, in das die konzeptionellen Grundlagen der Themengebiete Business Intelligence und IT-Dienstleistungsmanagement sowie die empirisch gewonnenen Erkenntnisse aus den vorangegangenen Kapiteln einfließen. Aufgrund der Berücksichtigung der Charakteristika des IT-Dienstleistungsmanagements wird im Folgenden von einer **serviceorientierten** Ausgestaltung des Zielkonzepts gesprochen.[526]

Ein **Rahmenkonzept** – oftmals auch als Ordnungsrahmen oder im angloamerikanischen Sprachraum als Framework bezeichnet – dient der Strukturierung eines betrachteten Ausschnitts der Realwelt. Hierzu werden als relevant erachtete Elemente und deren Zusammenhänge auf einer hohen Abstraktionsebene nach einer zuvor gewählten Ordnung gegliedert. Damit bietet ein Rahmenkonzept, eine wichtige Orientierungshilfe für die Ausgestaltung der Realität.[527] Wie KIRSCH betont, erlaubt ein solches Rahmenkonzept, *„akzeptable Problemdefinitionen zu formulieren, komplexe Probleme in einfachere Teilprobleme zu zerlegen und hierfür Lösungshypothesen zu generieren"*[528], ohne *„schlecht-strukturierte Entscheidungsprobleme [...] gleich zu wohldefinierten Entscheidungen zu machen."*[529] Ein Rahmenkonzept besitzt somit per Definition eine inhärente Abstraktionseigenschaft. Demzufolge steht an erster Stelle die Behandlung übergeordneter Strukturen, während die Darstellung von Detailelementen und ihren Beziehungen in den Hintergrund rückt.[530] Hierdurch kann erreicht werden, dass ein Rahmenkonzept für eine große Klasse von Organisationen anwendbar ist und für einen angemessenen Zeitraum stabil gegenüber Veränderungen bleibt.[531]

Ein Rahmenkonzept kann im Kontext der BI-Leistungserstellung für verschiedene Zwecke eingesetzt werden. Es besitzt eine *Einordnungs-* und *Orientierungsfunktion*, indem das Gebiet der BI-Leistungserstellung in seiner Breite abgedeckt wird. Hierbei bietet das Rahmenkonzept die Möglichkeit, Teilaspekte der BI-Leistungserstellung in

---

[526] Zum Begriff der Serviceorientierung im Kontext des IT-Service-Managements vgl. nochmals Kap. 2.2.1.2. Von dem Begriffsverständnis der Serviceorientierung, die ihren Ursprung im IT-Service-Management hat, ist deutlich das Konzept der Serviceorientierten Architekturen abzugrenzen. Serviceorientierte Architekturen (SOA) basieren auf einer Softwarearchitektur, die Servicekomponenten als Grundbausteine für die Komposition von Geschäftsprozessen verwendet und so traditionelle IT-Anwendungssysteme ersetzt. Unter einem Service wird in diesem Kontext eine in sich abgeschlossene Softwarekomponente verstanden, die eine spezifizierte Funktionalität über eine ebenfalls spezifizierte Schnittstelle zur Verfügung stellt. Der SOA-Ansatz repräsentiert ein primär technisches Paradigma, das auf den Konzepten der Modularisierung und der Objektorientierung aus dem Forschungsbereich der Informatik fußt, vgl. Johannsen/Goeken (2007), S. 189f.

[527] Vgl. Becker/Meise (2005), S. 133f. sowie Meise (2001), S. 61ff.; zu den weiteren Funktionen eines Rahmenkonzepts im Kontext des BI-Betriebs vgl. nochmals Kapitel 1.3.

[528] Kirsch (1971), S. 242.

[529] Kirsch (1971), S. 242f.

[530] Vgl. Meise (2001), S. 62.

[531] Vgl. Karer (2007), S. 28; KARER führt in diesem Zusammenhang aus, dass Ansätze, die einen hohen Detaillierungsgrad aufweisen, oftmals zu komplex und zu spezifisch sind, um eine organisationsunabhängige Anwendbarkeit zu unterstützen. Des Weiteren sind sie durch eine relativ hohe Veränderungsdynamik gekennzeichnet, die häufige Aktualisierungen erforderlich machen bzw. zu einer schnellen Alterung der Inhalte führen kann, vgl. Karer (2007), S. 28.

den übergeordneten Zusammenhang einzuordnen und macht diese somit einer Diskussion in Entscheidungsprozessen zugänglich.[532] Im Rahmen einer *Analysefunktion* kann der aktuelle Zustand der Betriebsstruktur einer BI-Systemumgebung untersucht, dokumentiert und vergleichbar gemacht werden. Hierdurch wird eine Identifizierung von Optimierungspotenzialen einer BI-Implementierung unterstützt. Des Weiteren liegt eine *Spezifikationsfunktion* vor, indem das Rahmenkonzept einen Beitrag zur Definition eines angestrebten Ziel-Zustands einer Struktur der BI-Leistungserstellung leisten kann.[533]

Die **Aufgaben**, die im Rahmen des **Managements der BI-Leistungserstellung** durch den Einsatz von **Business-Intelligence-Systemen** zu erfüllen sind, bilden die Elemente des zu entwickelnden Rahmenkonzepts. Nach KOSIOL kann unter einer Aufgabe ein Verrichtungsvorgang verstanden werden, der eine Zustandsänderung eines Objektes in Raum und Zeit anstrebt.[534] Im Mittelpunkt des serviceorientierten Managements steht als direktes Objekt der Verrichtungen die Erstellung und Auslieferung des BI-Leistungsprogramms in Form von **BI-Dienstleistungen** bzw. **BI-Services**. Diese stellen IT-Dienstleistungen im Sinne des serviceorientierten IT-Dienstleistungsmanagements dar.[535] Sie werden primär mit Hilfe von BI-Anwendungssystemen produziert und den BI-Endbenutzern zur Verfügung gestellt.

Abgeleitet aus der IT-Governance[536], die ein breites Aufgabenspektrum von der Abstimmung der IT mit den Unternehmenszielen, der Festlegung der erforderlichen aufbau- und ablauforganisatorischen Maßnahmen bis hin zur Steuerung der Entwicklung und des Betriebs von IT-Anwendungssystemen beinhaltet, ist auch eine wirksame **BI-Governance** erforderlich. Sie verfolgt das Ziel, das BI-Konzept eines Unternehmens konsequent an der übergeordneten Geschäftsstrategie auszurichten. In diesem Zusammenhang ist festzulegen, wie der gesamte BI-Kontext eines Unternehmens in die Organisationsstruktur eingebettet, prozessual gestaltet und gesteuert wird.[537]

Der BI-Governance untergeordnet sind das Management der BI-Leistungserstellung sowie das Management von BI-Entwicklungsprojekten. Die Abb. 4-1 veranschaulicht

---

[532] In Analogie zu Meise (2001), S. 62.
[533] In Analogie zu Akker (2006), S. 122.
[534] Vgl. Kosiol (1962), S. 43.
[535] Zum Themenbereich des allgemeinen IT-Dienstleistungsmanagements sowie der serviceorientierten Erstellung von IT-Leistungen vgl. im Detail Kapitel 2.2 sowie die dort aufgeführten Literaturquellen.
[536] Zu einer Erörterung der Definition und der Aufgaben der IT-Governance vgl. Kapitel 2.2.1.1.
[537] Vgl. Kemper/Baars (2009), S. 74, Horakh et al. (2008), S. 2 sowie Gutierrez (2006), S. 2ff.

den Zusammenhang. Das **Management der BI-Leistungserstellung** beinhaltet diejenigen Aufgaben, die in der *Lebenszyklusphase des Betriebs von BI-Anwendungssystemen* zu erledigen sind. Diese sind durch eine *permanente* Bereitstellung von BI-Dienstleistungen für die BI-Endbenutzer gekennzeichnet. Modifikationen an den BI-Systemen werden lediglich in einem begrenzten Umfang vorgenommen.

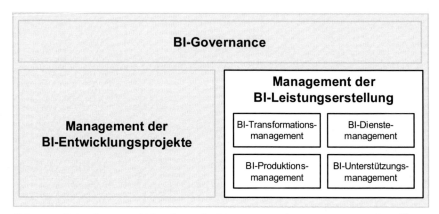

Abb. 4-1:   Fokussierung und Einordnung des Managements der BI-Leistungserstellung[538]

Hiervon ist das **Management der BI-Entwicklungsprojekte** abzugrenzen. Dieses verantwortet die Aufgaben der *Planungs- und Erstentwicklungsphase*, die der initialen Gestaltung von BI-Systemen dient, sowie der *Reengineering-Phasen*, die deutliche Umgestaltungen von BI-Systemen zum Ziel haben. Die beiden letztgenannten Phasen laufen grundsätzlich in Form von IT-Entwicklungsprojekten ab und weisen als ein wesentliches Merkmal eine *zeitliche Limitierung* auf. Die Abfolge dieser Einteilung von Lebenszyklusphasen für ein einzelnes BI-Anwendungssystem veranschaulicht die Abb. 4-2.[539]

---

[538] Quelle: eigene Darstellung.
[539] Zu einer Einteilung der Lebenszyklusphasen von IT-Dienstleistungen und Produkten im Allgemeinen vgl. exemplarisch Zarnekow et al. (2005a), S. 46f. sowie Matys (2005), S. 118ff.

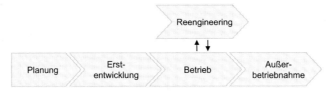

Abb. 4-2:   Lebenszyklusphasen eines einzelnen BI-Anwendungssystems[540]

Die Aufgaben des Managements der BI-Leistungserstellung können weiter differenziert werden. Wie im Rahmen der Erörterung der Strukturen des IT-Service-Managements sowie der empirischen Untersuchung aufgezeigt wurde, sind sowohl Aufgaben zum Aufbau des BI-Produktionspotenzials zu erfüllen als auch die konkrete Produktion und Auslieferung der BI-Dienstleistungen an die Endbenutzer sowie deren direkte Unterstützung im Falle von Anfragen oder Störungen sicherzustellen. Diese zentralen Aufgabenfelder der BI-Leistungserstellung werden durch die Bereiche des BI-Dienstemanagements, des BI-Transformationsmanagements, des BI-Produktionsmanagements sowie das BI-Unterstützungsmanagement abgedeckt.[541] Im Fokus der Betrachtung wird im Folgenden das **Management der BI-Leistungserstellung** und damit die Behandlung der **Erzeugung und Auslieferung von BI-Dienstleistungen auf der Basis des Betriebs von BI-Anwendungssystemen** liegen. Somit werden übergeordnete Führungsaufgaben der BI-Governance, das BI-Kundenmanagement im Sinne eines Marketing-Mix, der Aspekte wie eine Produkt-, Preis-, Kommunikations- und Distributionspolitik für BI-Leistungen umfasst, sowie das BI-Lieferantenmanagement nicht Teil der Konzeptentwicklung sein. Auf der Basis der vorangehenden thematischen Einordnung und Fokussierung wird die folgende Zielsetzung abgeleitet:

Es soll ein Rahmenkonzept für das Management der Business-Intelligence-Leistungserstellung entwickelt werden, das auf einer hohen Abstraktionsebene die Aufgaben des BI-Dienstemanagements, des BI-Transformationsmanagements, des BI-Produktionsmanagements sowie des BI-Unterstützungsmanagements beinhaltet. Die Abb. 4-1 visualisiert diese thematische Einordnung des Rahmenkonzepts für das Management der BI-Leistungserstellung.

---

[540]   Quelle: in Anlehnung an Zarnekow et al. (2005a), S. 44.
[541]   Zur Erörterung der Aufgabenfelder des IT-Servicemanagements sowie der empirisch abgeleiteten Anforderungen an die Struktur der BI-Leistungserstellung vgl. nochmals Kapitel 2.2.2 und 2.2.3 sowie Kapitel 3.2 und 3.3.

Begriffliche Grundlagen zu BI-Lösungen und BI-Dienstleistungen

Unter **BI-Lösungen** (synonym: **BI-Produkte**) werden einer von BAARS ET AL. vorge-schlagenen Einteilung folgend geschlossene, fachliche abgrenzbare BI-Lösungen ver-standen, die Geschäftsprozesse der Anwender unterstützen und für diese einen Nutzen generieren.[542] Typische Beispiele für BI-Lösungen können Data Warehouses, Data Marts oder Analysesysteme sein. Daneben sind auch feingranularere BI-Lösungen möglich. Es können etwa einzelne, dynamisch veränderliche Kennzahlen, die auf spe-ziellen Berechnungen beruhen – wie z. B. ein Kundenwert zur Entscheidungs-unterstützung am Kunden-Kontaktpunkt oder Produkt-Scoring-Werte zur Liefer-kettenoptimierung – erzeugt und an die Anwender ausgeliefert werden.[543] Aus der Sicht eines BI-Leistungserstellers ist es für die Erbringung von BI-Lösungen erforder-lich, eine Vielzahl vorgelagerter Aktivitäten durchzuführen. Diese können als eigen-ständige **BI-Dienstleistungen** aufgefasst werden. Eine BI-Lösung besteht somit aus einer definierten Bündelung von BI-Dienstleistungen. Hierbei kann es sich bspw. um die Bereitstellung von BI-Hardware und BI-Softwarewerkzeugen, um die regelmäßige Befüllung einer BI-Datenhaltungskomponente über ETL-Prozesse aus den operativen Quellsystemen oder um die Unterstützung und Beratung der BI-Endbenutzer han-deln.[544] Eine BI-Dienstleistung kann wiederum aus mehreren anderen vorgeschalteten BI-Dienstleistungen zusammengesetzt sein. Durch eine solche mehrstufige Beziehung entsteht, der industriellen Fertigung vergleichbar, eine Strukturstückliste aus BI-Lösungen und BI-Dienstleistungen.[545] Die Abb. 4-3 veranschaulicht den Zusammen-hang.

In **BI-Dienstleistungsvereinbarungen** wird die verabredete Güte der vom BI-Leistungsersteller an den BI-Leistungsnehmer zu liefernden BI-Lösungen vertraglich festgelegt. Sie stellen die Verbindung zwischen der produktionsorientierten Sichtweise des Erstellers und der anwendungsorientierten Perspektive des Abnehmers dar (vgl. Abb. 4-3). Die konkrete Ausgestaltung der Produktion von BI-Lösungen und BI-Dienstleistungen ist nicht Teil von BI-Dienstleistungsvereinbarungen. Sie liegt in der

---

[542] Vgl. Baars et al. (2007b), S. 26.
[543] Vgl. Frisius (2006), S. 23.
[544] Vgl. Baars et al. (2007b), S. 26.
[545] In Analogie zu Uebernickel et al. (2006), S. 202; zum Stücklisten-Konzept in der industriellen Ferti-gung vgl. exemplarisch Westkämper (2006), S. 126ff. sowie Dyckhoff/Spengler (2007), S. 53.

Entscheidungsfreiheit des BI-Leistungserbringers unter der Randbedingung, dass die BI-Dienstleistungsvereinbarungen eingehalten werden.[546]

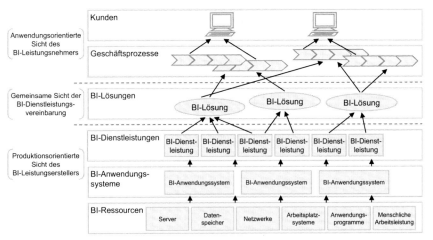

Abb. 4-3:   Bündelung von BI-Lösungen aus BI-Dienstleistungen[547]

BI-Lösungen und BI-Dienstleistungen werden auf der Grundlage von **BI-Anwendungssystemen** bereitgestellt (vgl. Abb. 4-3). Die Abgrenzung der Begriffe BI-Lösung und BI-Dienstleistung einerseits und BI-Anwendungssystem andererseits ergibt sich primär aus der Kundenorientierung und der BI-Leistungsgranularität. BI-Anwendungssysteme beliefern in einer technikorientierten Perspektive eine große Anzahl von Geschäftsprozessen eines Unternehmens mit einer großen Bandbreite an Informationsinhalten. BI-Lösungen und BI-Dienstleistungen hingegen fokussieren auf einen einzelnen Kundengeschäftsprozess. Hierzu lassen sich BI-Dienstleistungen aus mehreren BI-Anwendungssystemen in einer BI-Lösung integrieren. Im Sinne einer kundenorientierten Perspektive kann so die BI-Systemlandschaft in einem unternehmensspezifischen Detaillierungsgrad in Form von BI-Lösungen und BI-Dienstleistungen feingranular und flexibel gegliedert werden.[548]

---

[546] In Analogie zu Schmidt (2005), S. 25 und 34 sowie Garschhammer (2001a), S. 725ff.
[547] Quelle: eigene Darstellung in Analogie zu Baars et al. (2007), S. 26, Uebernickel et al. (2006), S. 199ff., Schmidt (2005), S. 8 sowie Rands (1992), S. 196.
[548] Vgl. Baars et al. (2007b), S. 26; zur Methodik der ingenieurmäßigen Entwicklung von IT-Dienstleistungen vgl. exemplarisch Uebernickel et al. (2006), S. 199ff.

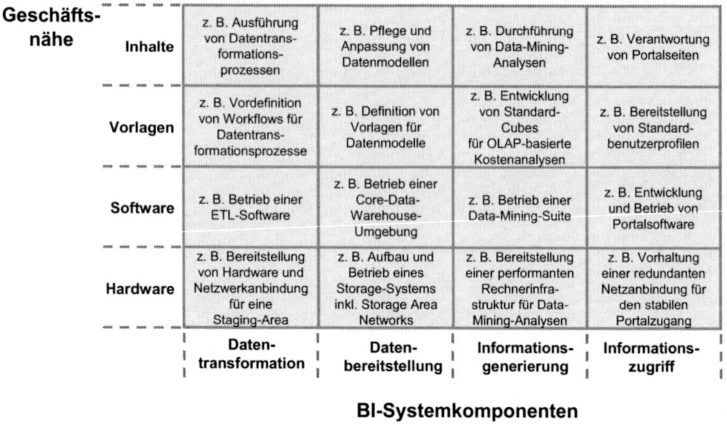

Geschäfts- nähe	Inhalte	z. B. Ausführung von Datentrans-formations-prozessen	z. B. Pflege und Anpassung von Datenmodellen	z. B. Durchführung von Data-Mining-Analysen	z. B. Verantwortung von Portalseiten
	Vorlagen	z. B. Vordefinition von Workflows für Datentrans-formationsprozesse	z. B. Definition von Vorlagen für Datenmodelle	z. B. Entwicklung von Standard-Cubes für OLAP-basierte Kostenanalysen	z. B. Bereitstellung von Standard-benutzerprofilen
	Software	z. B. Betrieb einer ETL-Software	z. B. Betrieb einer Core-Data-Warehouse-Umgebung	z. B. Betrieb einer Data-Mining-Suite	z. B. Entwicklung und Betrieb von Portalsoftware
	Hardware	z. B. Bereitstellung von Hardware und Netzwerkanbindung für eine Staging-Area	z. B. Aufbau und Betrieb eines Storage-Systems inkl. Storage Area Networks	z. B. Bereitstellung einer performanten Rechnerinfra-struktur für Data-Mining-Analysen	z. B. Vorhaltung einer redundanten Netzanbindung für den stabilen Portalzugang
		Daten-transformation	Daten-bereitstellung	Informations-generierung	Informations-zugriff

BI-Systemkomponenten

Abb. 4-4:   Schema zur Strukturierung von BI-Dienstleistungen[549]

BI-Dienstleistungen werden hierbei mit Hilfe unterschiedlicher **Komponenten von BI-Anwendungssystemen** erbracht. Eine Abgrenzung der Komponenten kann auf der Basis der Ebenen des in Kapitel 2.1.2 vorgestellten Business-Intelligence-Ordnungsrahmens erfolgen. Die Matrix in Abb. 4-4 zeigt auf der horizontalen Achse eine solche Unterteilung in die Schichten Datentransformation, Datenbereitstellung, Informationsgenerierung sowie Informationszugriff. Weiterhin können BI-Dienst-leistungen, wie auf der vertikalen Achse in Abb. 4-4 dargestellt, nach ihrer **Nähe zu den unterstützten Geschäftsprozessen** differenziert werden. Auf der *Hardware*- und *Software*-Ebene sind technisch orientierte, infrastrukturnahe BI-Dienstleistungen angesiedelt. Die Ebenen der *Inhalte* und *Vorlagen* enthalten primär fachlich orientierte BI-Dienstleistungen. Die Ebene der *Inhalte* repräsentiert hierbei BI-Dienstleistungen, welche die eigentlichen Geschäftsinhalte betreffen wie bspw. die Strukturierung, Auf-bereitung, Transformation und Bereitstellung von dispositiven Daten. Unter *Vorlagen* können vorkonfigurierte Schablonen etwa für lauffähige Datenstrukturen oder Trans-formationsprozesse verstanden werden, die mehrfach verwendbar sind und z. B. for-malisiertes Wissen über Branchenspezifika beinhalten. Ihre Anwendung kann eine BI-Implementierung vereinfachen und beschleunigen.[550]

---

[549] Quelle: in Anlehnung an Baars et al. (2007b), S. 26.
[550] Vgl. Baars et al. (2007b), S. 27.

4.2   Struktur des Rahmenkonzepts der BI-Leistungserstellung

Das vorliegende Kapitel dient dazu, die Struktur des Rahmenkonzepts für das Management der BI-Leistungserstellung aufzuzeigen. Hierzu werden die Hauptaufgaben der BI-Leistungserstellung vorgestellt und ihre Beziehungen beleuchtet. Um eine Einordnung der BI-Leistungserstellung in den Gesamtbereich des BI-Ansatzes eines Unternehmens zu ermöglichen, wird des Weiteren das Verhältnis zu den Handlungsfeldern der BI-Governance sowie der BI-Entwicklung erörtert.

4.2.1   Einordnung der BI-Leistungserstellung in einen Gesamtkontext

Business Intelligence wird als ein integrierter, unternehmensspezifischer und IT-basierter Gesamtansatz zur betrieblichen Entscheidungsunterstützung aufgefasst.[551] Hieraus wird ersichtlich, dass es für die dauerhafte Erbringung von BI-Leistungen erforderlich ist, unternehmensindividuelle Konzepte zu entwickeln und organisatorisch zu implementieren. Aus wissenschaftlicher Sicht erscheint es sinnvoll, Rahmenkonzepte zu erarbeiten, die relevante, wiederkehrende Aufgaben der BI-Leistungserstellung beinhalten und Gestaltungshinweise für die BI-Leistungserbringung geben können. BI-Anwenderorganisationen können einen solchen Analyse- und Handlungsrahmen zur Ableitung unternehmensindividueller Ausprägungen von Konzepten der IT-Leistungserstellung heranziehen.[552] Die Abb. 4-5 veranschaulicht den Vorschlag des Rahmenkonzepts für das Management der BI-Leistungserstellung im Kontext der gesamthaften BI-Leistungserbringung. Unter der BI-Leistungserbringung wird im Folgenden die Gesamtheit der Aufgaben der BI-Governance, der BI-Entwicklung, der BI-Leistungserstellung sowie der Verknüpfungen zu den BI-Lieferanten und den BI-Leistungsabnehmern verstanden. Der in der Abb. 4-5 dick umrandete Bereich der **BI-Leistungserstellung** repräsentiert den **Gestaltungsbereich** der vorliegenden Arbeit, für den im Folgenden zentrale Aufgabengebiete diskutiert werden.

---

[551] Zur Abgrenzung des Begriffs Business Intelligence vgl. nochmals Kapitel 2.1.1.
[552] Zur Thematik der Ableitung unternehmensindividueller Konzepte für die Steuerung der IT-Leistungserstellung auf Basis des IT-Service-Managements vgl. exemplarisch Huber (2009), S. 29ff.

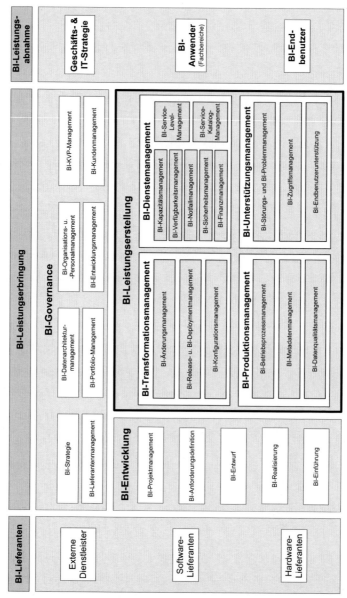

Abb. 4-5:   Einordnung des Gestaltungsbereichs der BI-Leistungserstellung in den Gesamt-
kontext der BI-Leistungserbringung[553]

---

[553] Quelle: eigene Darstellung in Anlehnung an die Rahmenstruktur von Mayerl et al. (2006), S. 30 sowie
Hochstein/Hunziker (2004), S. 139.

Den Kern der BI-Leistungserstellung bilden diejenigen Aufgaben, die erforderlich sind, um BI-Anwendungssysteme betreiben und auf deren Basis den BI-Leistungsabnehmern BI-Dienstleistungen und BI-Lösungen zur Verfügung stellen zu können. In der empirischen Untersuchung zum Betrieb von BI-Systemen in der Unternehmenspraxis in Kapitel 3 hat sich gezeigt, dass die Strukturierung der Aufgaben des allgemeinen IT-Betriebs – wie sie in den Ansätzen des IT-Dienstleistungsmanagements zu finden ist – auch zur Gliederung der Aufgaben des BI-Betriebs geeignet ist.[554] Insbesondere die IT Infrastructure Library (ITIL) besitzt bereits eine bedeutende Akzeptanz und Verbreitung im BI-Betrieb. BI-Anwenderunternehmen gehen davon aus, dass durch den Einsatz von ITIL im BI-Betrieb substanzielle und praktisch relevante Nutzenpotenziale realisierbar sind.[555]

Insgesamt zeigt sich aus empirischer und theoretischer Sicht, dass die in der IT Infrastructure Library verwendete Aufgabenstruktur des IT-Betriebs zweckmäßig ist, um auch die Aufgabenstruktur des BI-Betriebs abzubilden. BI-spezifische Themen, die sich aus dem Betrieb von BI-Anwendungssystemen ergeben, können durch eine Adaption aus den Bereichen *IT Operations Management* sowie *Application Management* des ITIL-Aufgabenfelds *Service Operations* abgebildet werden.[556] Diese Adaption wurde in der Abb. 4-5 unter der Bezeichnung *BI-Produktionsmanagement* in das Rahmenkonzept integriert.

Da BI-Leistungserbringer im Vergleich zum gesamten IT-Bereich eines Unternehmens in der Regel geringere finanzielle Mittel und ein niedrigeres Verhältnis von BI-Mitarbeitern zu BI-Endbenutzern aufweisen, kommt einer effizienten Verwendung der verfügbaren BI-Ressourcen eine besondere Bedeutung zu. TAYLOR und MACFARLANE empfehlen, in kleineren IT-Organisationen – wie BI-Leistungserbringer sie grundsätzlich darstellen – nicht alle Aufgabenbereiche der IT Infrastructure Library vollständig zu implementieren, sondern sie sinnvoll auszuwählen.[557] Daher werden im Folgenden Teilbereiche von ITIL, die Randthemen der BI-Leistungserstellung betreffen und in der Regel bereits durch das allgemeine IT-Management eines Unternehmens gesteuert werden, nicht in das Rahmenkonzept aufgenommen.

---

[554] Vgl. hierzu nochmals die empirischen Erkenntnisse in Kapitel 3.2.3.1.
[555] Vgl. hierzu nochmals die empirischen Erkenntnisse in Kapitel 3.2.1.4.
[556] Zu einer detaillierten Darstellung des ITIL-Aufgabenfelds *Serivce Operation* vgl. OGC (2007d).
[557] Vgl. Taylor/Macfarlane (2005), S. 4ff.

Für einige der in der Abb. 4-5 gezeigten Unteraufgaben der BI-Leistungserbringung liegen bereits Veröffentlichungen vor. Meist werden sie jedoch nicht in eine Gesamt-konzeption eingeordnet sondern für sich allein behandelt. In dem von BAUER und GÜNZEL herausgegebenen Sammelband bspw. werden u. a. die Themenbereiche War-tung und Pflege, Performanzmanagement, Qualitätsüberwachung, Kapazitätsplanung, Anwenderbetreuung, Schutz- und Sicherheitsmanagement, DWH-Strategie und Evolu-tionskontrolle behandelt.[558] Andere Veröffentlichungen stellen v. a. einzelne technisch orientierte Aspekte in den Vordergrund. RUNDENSTEINER et al., CHEN et al. sowie AGRAWAL et al. beleuchten etwa den Umgang mit Änderungen in Data-Warehouse-Datenbank-Schemata und Änderungen in DWH-Quellsystemen.[559] ENGSTRÖM et al. beschäftigen sich mit der Wartung von *Materialzied Views* in Data-Warehouse-Systemen.[560] MANNINO und WALTER sowie ROCHA et al. schlagen Ansätze zur Optimie-rung des Betriebs von ETL-Prozessen vor.[561] Solche Einzelveröffentlichungen können wertvolle Beiträge für die Ausgestaltung von Teilelementen der BI-Leistungserstellung liefern. Sie ersetzen jedoch nicht eine umfassende, integrierte Betrachtung der Thema-tik.

Neben der BI-Leistungserstellung als dem Gestaltungsbereich der vorliegenden Arbeit zeigt die Abb. 4-5 auch die Handlungsfelder der BI-Governance sowie der BI-Entwicklung, die in Zusammenhang mit der BI-Leistungserstellung stehen. Der Be-reich der **BI-Governance** determiniert als Führungsaufgabe die Rahmenbedingungen für die BI-Leistungserstellung. Die BI-Governance wird aus der IT-Governance abgelei-tet, um das BI-Konzept eines Unternehmens konsequent an der Geschäftsstrategie auszurichten. Sie trifft Festlegungen hinsichtlich der Frage, wie der gesamte BI-Kontext eines Unternehmens in die Organisationsstruktur eingebettet, prozessual ges-taltet und gesteuert werden soll.[562] Auf der Basis von IT-Entwicklungsprojekten ver-folgt die **BI-Entwicklung** das Ziel der Erst- oder Weiterentwicklung von BI-Anwendungssystemen. Die *begrenzte zeitliche Dauer* dieser Projekte stellt ein wesent-liches Abgrenzungskriterium zur Betriebsphase von BI-Systemen dar. Die im Rahmen des BI-Betriebs zu erfüllenden Aufgaben sind erforderlich, damit die Endbenutzer mit

---

[558] Vgl. Bauer/Günzel (Hrsg., 2009), S. 477ff.
[559] Vgl. Rundensteiner et al. (2000), S. 57ff., Chen et al. (2002), S. 247ff. sowie Agrawal et al. (2002), S. 33ff.
[560] Vgl. Engström et al. (2002), S. 317ff., Engström et al. (2003), S. 71ff. sowie Engström (2002), S1ff.
[561] Vgl. Mannino/Walter (2006), S. 121ff. sowie Rocha et al. (2003).
[562] Vgl. Kemper/Baars (2009), S. 74, Horakh et al. (2008), S. 2 sowie Gutierrez (2006), S. 2ff.

BI-Lösungen und BI-Dienstleistungen beliefert werden können, die mit Hilfe von BI-Anwendungssystemen produziert werden. Die Aufgaben des BI-Betriebs müssen deshalb *dauerhaft* für jede BI-Anwendung bis zu deren Außerdienststellung erbracht werden. Die BI-Leistungserstellung erfordert somit zur Erfüllung ihrer Aufgaben **permanente** organisatorische Strukturen, wohingegen die BI-Entwicklung im Rahmen einer **temporären** Projektorganisation ablaufen kann.[563]

4.2.2   Struktur des Managements der BI-Leistungserstellung

Die **Struktur des Managements der BI-Leistungserstellung** verdeutlicht die Abb. 4-5. Die dort aufgeführten Teilaufgaben sind anhand der bereits im Bezugsrahmen der empirischen Studie vorgeschlagenen Struktur in die Dimensionen BI-Dienstemanagement, BI-Transformationsmanagement, BI-Unterstützungsmanagement sowie BI-Produktionsmanagement untergliedert.[564]

Innerhalb des **BI-Dienstemanagements**[565] erfolgen die Planung und der Entwurf von BI-Dienstleistungen sowie der Prozesse der BI-Leistungserbringung. Das *BI-Service-Level-Management* besitzt die Aufgabe, Vereinbarungen zwischen einem BI-Leistungserbringer und seinen Kunden hinsichtlich der BI-Dienstgüte zu treffen und deren Einhaltung zu überwachen. Das *BI-Service-Katalog-Management* stellt in Form des BI-Service-Katalogs die verbindliche zentrale Informationsquelle über alle zwischen BI-Leistungserbringer und BI-Leistungsbeziehern vereinbarten BI-Dienstleistungen zur Verfügung. Mit Hilfe des *BI-Finanzmanagements* werden im Sinne eines IT-Controllings Entscheidungsträgern die zur Planung, Steuerung und Kontrolle des Business-Intelligence-Ansatzes eines Unternehmens erforderlichen Informationen zur Verfügung gestellt. Das *BI-Kapazitätsmanagement* ist zuständig für die Dimensionierung des Leistungsvermögens einer BI-Infrastruktur, die den Anforderungen der BI-Anwender bspw. hinsichtlich der Antwortzeiten und des verfügbaren Datenvolumens genügt. Dem *BI-Verfügbarkeitsmanagement* obliegt es sicherzustellen, dass die BI-Anwender auf die BI-Leistungen im Rahmen der vereinbarten Dienstgüte zugreifen können, und Regelungen zu treffen, die bei Bedarf

---

[563] Die personelle Ausstattung von BI-Entwicklungsprojekten kann unterschiedlich erfolgen. Bspw. können Mitarbeiter des BI-Betriebs sowie der Fachbereiche zeitlich begrenzt BI-Entwicklungsprojekten zugeordnet werden. Es kann, v. a. in größeren Unternehmen, ein Pool aus BI-Entwicklern gebildet werden, die nacheinander oder parallel in unterschiedlichen BI-Projekten arbeiten. Möglich ist auch, dass BI-Entwicklungsleistungen von externen IT-Dienstleistern erbracht werden.

[564] Vgl. hierzu nochmals Kapitel 3.1.2.

[565] In Analogie zu OGC (2007b).

eine schnelle Behebung von Problemen gewährleisten. Das *BI-Sicherheitsmanagement* ist dafür zuständig, auf der Basis des übergeordneten Geschäfts- und IT-Sicherheitsmanagements des Unternehmens Sicherheitsrichtlinien für den BI-Einsatz zu erarbeiten und umzusetzen. Maßnahmen zu planen, um unternehmenskritische BI-Leistungen in Katastrophenfällen schnellstmöglich wiederherstellen zu können, ist Aufgabe des *BI-Notfallmanagements*.

Das **BI-Transformationsmanagement**[566] dient der Umsetzung von Änderungen an BI-Dienstleistungen. Der Fokus soll hierbei auf Änderungen liegen, die im laufenden Betrieb vorgenommen werden können bzw. nur zu einer geringfügigen Betriebsunterbrechung führen.[567] Den Kern des BI-Transformationsmanagements bildet das *BI-Änderungsmanagement*, das den Prozess des Hinzufügens, des Modifzierens sowie des Entfernens von Elementen der BI-Leistungen steuert und hierbei mögliche Unterbrechungen minimiert. Vom *BI-Release- und -Deploymentmanagement* werden einzelne Änderungen an Elementen von BI-Leistungen zusammengefasst und deren gemeinsamer Test sowie die Überführung in den Betrieb gesteuert. Mit Hilfe des *BI-Konfigurationsmanagements* wird ein konsistentes logisches Modell der BI-Infrastruktur und der BI-Leistungen bereit gestellt, das den jeweils aktuellen Stand der BI-Konfigurationen enthält und auf das im Rahmen der Erfüllung der weiteren BI-Betriebsaufgaben zugegriffen werden kann.

Im Rahmen des **BI-Produktionsmanagements**[568] erfolgt die Planung, Steuerung und Kontrolle der Erstellung der implementierten BI-Leistungen. Das *BI-Betriebsprozessmanagement* steht im Mittelpunkt der BI-Produktion. Es umfasst den kompletten Prozess der Datenbewirtschaftung vom Quellsystem bis zum Endbenutzer. Wesentliche Querschnittsaufgaben, die in diesem Zusammenhang anfallen, sind das Datenqualitäts- sowie das Metadatenmanagement.[569] Die Aufgabe des *BI-Datenqualitätsmanagement* besteht darin, die Einhaltung der im jeweiligen Unternehmenskontext spezifizierten Anforderungen an die BI-Daten wie etwa hinsichtlich der Vollständigkeit, der Eindeutigkeit, des Bedeutungsgehalts oder der Korrektheit zu gewährleisten. Vom *BI-Metadatenmanagement* wird die Versorgung der anderen BI-Dienste sowie der technischen und fachlichen BI-Systemnutzer mit BI-Metadaten gesteuert.

---

[566] In Analogie zu OGC (2007c).
[567] Vgl. hierzu auch Fußnote 496.
[568] In Analogie zu OGC (2007d).
[569] Zur Bedeutung von BI-Datenqualitäts- und BI-Metadatenmanagement vgl. exemplarisch Bange (2006b), S. 91.

Das **BI-Unterstützungsmanagement**[570] dient der Koordination der direkten Kommunikation zwischen den BI-Leistungserbringern und den BI-Systembenutzern. Die *BI-Endbenutzerunterstützung* ist die zentrale Anlaufstelle für Anfragen und Störungsmeldungen von BI-Endbenutzern und bearbeitet deren Anliegen entweder selbst oder vermittelt den Kontakt zum verantwortlichen Ansprechpartner. Unter dem *BI-Störungs- und BI-Problemmanagement* soll die Behandlung von Störungen der Bereitstellung von BI-Leistungen sowie die Behebung tiefer liegender Probleme verstanden werden, welche die Ursache für Störungen darstellen. Das *BI-Zugriffsmanagement* muss garantieren, dass BI-Leistungen nur nach erfolgreicher Autorisierung Endbenutzern und anderen Informationssystemen zur Verfügung gestellt werden.

4.2.3   Struktur der BI-Governance und der BI-Entwicklung

Die **BI-Governance** und die **BI-Entwicklung** sind nicht Teil des Gestaltungsbereichs der vorliegenden Arbeit. Gleichwohl werden innerhalb der BI-Governance die Rahmenbedingungen für die BI-Leistungserstellung festgelegt und durch die BI-Entwicklung BI-Anwendungssysteme entworfen und realisiert, welche die Ausgangsbasis für die Erzeugung von BI-Services durch die BI-Leistungserstellung bilden. Daher soll im Folgenden ein Überblick der wesentlichen Aufgabengebiete der BI-Governance und der BI-Entwicklung gemäß der Darstellung in Abb. 4-5 gegeben werden.[571]

BI-Governance

Innerhalb des Aufgabenbereichs der **BI-Governance** dient die **BI-Strategie** der Planung der Ziele sowie der Abschätzung der Chancen und Risiken des BI-Einsatzes in einem Unternehmen. Eine zentrale Aufgabe der BI-Strategie liegt in der optimalen Unterstützung der Realisierung der strategischen Unternehmensziele. Daher ist eine BI-Strategie an der jeweiligen Unternehmensstrategie auszurichten. Die Verwendung von BI-Technologien kann die Umsetzung von unternehmensindividuellen Erfolgsfaktoren unterstützen und damit bspw. die Ausdehnung von Marktanteilen oder die Steigerung der Produktivität begünstigen. Hierzu ist im Rahmen der Ausarbeitung einer BI-Strategie eine Bewertung der Potenziale des BI-Einsatzes durchzuführen, um ein

---

[570] In Analogie zu OGC (2007d).
[571] Die Auswahl der vorgestellten Aufgaben der BI-Governance basiert auf einer Detaillierung und Verfeinerung der in Kemper et al. (2006), S. 149ff. sowie Kemper et al. (2010), S. 167ff. vorgeschlagenen Einteilung von übergeordneten BI-Führungsaufgaben.

Gleichgewicht von den Kosten- und Nutzengrößen angestrebter BI-Systeme sicherzustellen.[572]

Das **BI-Datenarchitekturmanagement** steuert die abstrahierte Gesamtstruktur der entscheidungsorientierten Informationsversorgung in einem Unternehmen.[573] Die BI-Datenarchitektur beinhaltet hierbei die grundlegenden führungsrelevanten Informationsobjekte und ihre Beziehungen zueinander auf einer hohen Abstraktionsebene. Sie dient als Referenzstruktur für die in einzelnen BI-Entwicklungsprojekten sukzessive implementierten BI-Datenmodelle. Die Gesamtheit aller projektspezifisch implementierten BI-Datenmodelle bildet die konkretisierte und verfeinerte BI-Datenarchitektur eines Unternehmens.[574]

Im Rahmen des **BI-Portfolio-Managements** wird die BI-Systemarchitektur entwickelt. Sie repräsentiert die Menge aller BI-Anwendungssysteme sowie deren Komponenten und ihre Beziehungen.[575] Hierzu werden auf der Basis der BI-Datenarchitektur abgrenzbare BI-Anwendungssysteme identifiziert und deren Implementierungspriorität ermittelt. Wesentliche Kriterien für eine Festlegung der Dringlichkeit der Realisierung von BI-Anwendungssystemen sind etwa der Beitrag zur Umsetzung der BI-Strategie, die hierbei auftretenden Risiken, der erforderliche Integrationsgrad und der Implementierungsaufwand.[576] Es kann unterschieden werden zwischen einer fachlichen und einer technischen Perspektive der BI-Systemarchitektur. Die fachliche Architekturperspektive stellt die angestrebte Funktionalität der BI-Anwendungssysteme aus der Sicht der Anwender in den Vordergrund, während die technische Architekturperspektive die BI-Komponenten und deren Zusammenhänge primär aus der Sicht der BI-Leistungsersteller beleuchtet.

Das **BI-Entwicklungsmanagement** steuert die Erstentwicklung und das Reengineering von BI-Anwendungssystemen, die gewöhnlich in Form von IT-Entwicklungs-

---

[572] Vgl. Kemper et al. (2006), S. 149ff., Kemper et al. (2010), S. 170ff., Totok (2006), S. 56 sowie Gonzales/Wells (2007), S. 5ff.

[573] Zu einer detaillierten Betrachtung des Begriffs der Architektur von Informationssystemen vgl. exemplarisch Krcmar (2010), S. 261ff. und Heinrich/Stelzer (2009), S. 61ff. sowie die dort zitierten Quellen.

[574] Vgl. Kemper et al. (2006), S. 153f., Kemper et al. (2010), S. 182ff., Reindl (1991), S. 281 sowie Rhefus (1992), S. 33.

[575] Zum Begriff der Architektur von IT-Anwendungssystemen vgl. Heinrich/Stelzer (2009), S.63ff.

[576] Vgl. Kemper et al. (2006), S. 155f. sowie Kemper et al. (2010), S. 174ff.; zu einer detaillierten Darstellung des Themas BI-Portfoliomanagement vgl. exemplarisch Bensberg (2010), S. 97ff.

projekten umgesetzt werden.[577] Hierzu werden Richtlinien hinsichtlich der Verwendung von Vorgehensmodellen und Werkzeugen der IT-Systementwicklung, der Implementierung kulturkonformer Zugriffskonzepte oder der Integration von BI-Anwendungssystemen in Unternehmensportale festgelegt.[578] Teil des BI-Entwicklungsmanagements ist auch ein Multiprojektmanagement, das der übergeordneten und integrierenden Planung, Steuerung und Kontrolle der in einem Unternehmen durchgeführten BI-Einzelprojekte dient. Hierdurch soll die Ausrichtung dieser unterschiedlichen Einzelprojekte an den Vorgaben der BI-Strategie sowie des BI-Datenarchitektur- und des BI-Portfolio-Managements sichergestellt werden.[579]

Das **BI-Organisations- und BI-Personalmanagement** schafft die internen Strukturen der BI-Leistungserstellung. Das BI-Organisationsmanagement definiert die aufbau- und ablauforganisatorischen Regelungen für die Erbringung von BI-Leistungen. Die Aufbauorganisation kann hierbei durch eine Koordination bestehender Einheiten im Unternehmen gebildet werden, oder es werden dedizierte BI-Organisationseinheiten gegründet.[580] Im Rahmen des BI-Personalmanagements wird der Bedarf an spezialisierten BI-Mitarbeitern analysiert und durch Personalbeschaffungsmaßnahmen abgedeckt.[581] Des Weiteren wird der Einsatz der BI-Mitarbeiter gesteuert.

Das **Management des kontinuierlichen Verbesserungsprozesses** der BI-Leistungserbringung (**BI-KVP-Management**) besitzt die Aufgabe, eine systematische Planung, Steuerung und Kontrolle des BI-Einsatzes im Unternehmen im Sinne einer dauerhaften Optimierung durchzuführen. Es deckt somit den ITIL-Bereich *Continual Service Improvement (CSI)* ab, der als Querschnittsaufgabe das Qualitätsmanagement des

---

[577] Bei einem *Projekt* handelt es sich um ein Vorhaben, das im Wesentlichen durch seine in der Gesamtheit einmaligen Rahmenbedingungen gekennzeichnet ist – wie z. B. der konkreten Zielvorgabe, der zeitlichen, finanziellen und personellen Beschränkungen, der Abgrenzung gegenüber anderen Vorhaben sowie einer projektspezifische Organisationsform, vgl. DIN 69901-5 (2007), S. 9. Dabei liegt das entscheidende Merkmal in der Einmaligkeit der Rahmenbedingungen. Weitere Hauptkriterien sind die Eindeutigkeit der Aufgabenstellung, die definierte Dauer mit einem festen Endtermin, das beschlossene Kostenvolumen und die klare Zuordnung der Verantwortlichkeit, vgl. Burghardt (2007), S. 19.

[578] Vgl. Kemper et al. (2006), S. 157 sowie Kemper et al. (2010), S. 185.

[579] Multiprojektmanagement wird in der Norm DIN 69901-5 als ein organisatorischer und prozessualer Rahmen definiert, der das Management mehrer Einzelprojekte koordiniert, vgl. DIN 69901-5 (2007), S. 8. Zu einer detaillierten Diskussion des Begriffs Multiprojektmanagement vgl. auch Kunz (2007), S. 19ff. und Adler/Sedlaczek (2005), S. 113ff. sowie die dort zitierte Literatur.

[580] Vgl. Kemper et al. (2006), S. 163f. sowie Kemper et al. (2010), S. 189f.; zu möglichen Gestaltungsvarianten von BI-Organisationseinheiten vgl. Kapitel 3.2.1.4.

[581] Zu einer Analyse der Ausbildungswege für BI-Mitarbeiter vgl. Wixom et al. (2010), S. 26ff.

IT-Dienstleistungsmanagements beinhaltet.[582] Hierzu werden im Rahmen eines Controllings der BI-Strukturen interne und externe Veränderungsprozesse etwa hinsichtlich strategischer, organisatorischer, verhaltensorientierter und technologischer Rahmenbedingungen analysiert und mögliche Handlungsoptionen zur Weiterentwicklung der BI-Leistungserstellung aufgezeigt.[583]

Mit Hilfe des **BI-Lieferantenmanagements** wird die Beschaffung von BI-Leistungen an externen Märkten gesteuert. Diese Aufgabe umfasst zum einen den Einkauf von Hardware-Komponenten, von BI-Software-Werkzeugen, von Personal-Ressourcen (z. B. als BI-Anwendungsentwickler) sowie den Bezug von kompletten BI-Lösungen (etwa in Form von Application Service Providing) und zum anderen die Koordination komplexer BI-Outsourcing-Beziehungen, in denen unternehmensinterne Einheiten primär die Aufgabe besitzen, unternehmensextern erbrachte BI-Leistungen zu integrieren.[584]

Das **BI-Kundenmanagement** dient der systematischen und kundenorientierten Ausrichtung der BI-Leistungserstellung an den Bedarfen der BI-Leistungsabnehmer und besitzt somit eine Schnittstellenfunktion zwischen diesen beiden Bereichen. Zur aktiven Steuerung der Beziehungen zwischen BI-Leistungserbringern und BI-Leistungsabnehmern werden eine Produkt-, Preis-, Kommunikations- und Distributionspolitik für BI-Leistungen definiert und umgesetzt. Die kombinierte und aufeinander abgestimmte Erfüllung dieser Aufgaben wird auch als Marketing-Mix bezeichnet.[585]

BI-Entwicklung

Während im Rahmen der BI-Governance die Rahmenbedingungen für eine erfolgreiche BI-Leistungserstellung geschaffen werden, erfolgt im Bereich der **BI-Entwicklung** die tatsächliche Implementierung und Gestaltung abgrenzbarer BI-Anwendungssysteme in Form von einzelnen IT-Entwicklungsprojekten.[586] Die hierbei zu erfüllenden Teilaufgaben ergeben sich aus dem generellen Aufgabenfeld des Software Enginee-

---

[582] Zum Thema *Continual Service Improvement (CSI)* vgl. auch Kapitel 2.2.3.2; KRCMAR betont die hohe Bedeutung, die der Umsetzung eines kontinuierlichen Verbesserungsprozesses in der Unternehmenspraxis beigemessen wird, vgl. Krcmar (2010), S. 141.

[583] Vgl. Kemper et al. (2006), S. 162 sowie Kemper et al. (2010), S. 187f.

[584] Vgl. Kemper et al. (2010), S. 182.

[585] Zum Themenfeld Kundenbeziehungsmanagement interner IT-Dienstleister vgl. bspw. Dous (2007). Zu einer detaillierten Diskussion des Marketing-Mix-Konzepts vgl. exemplarisch Kotler/Keller (2008) sowie Lovelock/Wirtz (2007).

[586] Vgl. hierzu nochmals Abb. 4-5.

ring.[587] Die Festlegung, in welcher Reihenfolge von welchen Akteuren die Teilaufgaben der BI-Entwicklung erfüllt und welche Ergebnisse erzeugt werden, hängt wesentlich vom gewählten Vorgehensmodell ab. Zur Entwicklung von BI-Systemen haben sich iterativ ausgerichtete Vorgehensmodelle bewährt, da mit ihrer Hilfe zeitnah einsatzfähige BI-Lösungen implementierbar sind und veränderliche Anforderungen berücksichtigt werden können, die von den Endbenutzern zu Beginn der Entwicklung oftmals nicht vollständig spezifiziert werden können. Insgesamt erlauben sie flexiblere Reaktionen auf Änderungen technischer und benutzerbezogener Faktoren während des Entwicklungsprozesses im Vergleich zu statisch ausgerichteten Vorgehensmodellen wie bspw. dem Wasserfallmodell.[588] Für jedes BI-Entwicklungsprojekt wird ein **BI-Projektmanagement** etabliert, das die Planung, Steuerung und Kontrolle des Projekts verantwortet. Die übergeordnete Koordination mehrerer BI-Entwicklungsprojekte im Sinne eine Multiprojektmanagements erfolgt durch das im Kontext der BI-Governance angesiedelte BI-Entwicklungsmanagement.[589] Innerhalb eines BI-Entwicklungsprojekts sind die Vorgaben und Richtlinien des BI-Entwicklungsmanagements zu konkretisieren. Hierzu werden u. a. der Projektauftrag formuliert, die temporäre Projektorganisation eingerichtet, das Vorgehensmodell der BI-Entwicklung projektspezifisch angepasst[590], die Projektziele, -phasen und -meilensteine geplant, die Projektüberwachung installiert, im Fall von Abweichungen Maßnahmen der Projektsteuerung umgesetzt sowie die Projektbeteiligten geführt bzw. zur Kooperation angeleitet.[591]

Die Zusammenarbeit zwischen der BI-Entwicklung und der BI-Leistungserstellung gestaltet sich wie folgt.[592] Das BI-Service-Level-Management erhebt für neue oder zu ändernde BI-Dienstleistungen die BI-Service-Level-Anforderungen der BI-Anwender wie

---

[587] Zu einer ausführlichen Darstellung des Software Engineering vgl. bspw. Sommerville (2011).

[588] Vgl. hierzu nochmals Kap. 2.1.5; zu einer Diskussion der Vor- und Nachteile verschiedener Vorgehensmodelle der BI-Entwicklung vgl. exemplarisch Kemper et al. (2006), S. 139ff., O'Donnell et al. (2002), S. 1ff. sowie List et al. (2002), S. 203ff.

[589] Zum Begriff des Multiprojektmanagements im Rahmen der BI-Governance vgl. auch S. 199.

[590] Die Adaption eines Vorgehensmodells dient der Skalierung des Entwicklungsprozesses in Bezug auf die Anforderungen eines konkreten Projekts. Der Vorgang des Anpassens wird auch als Tailoring („Maßschneidern") bezeichnet. Hierbei ist zu entscheiden, welche Aktivitäten für die Durchführung eines Projektes notwendig sind und welche Ergebnisse bzw. Artefakte im Rahmen der Entwicklung zu generieren sind. Es soll eine Beschränkung auf solche Tätigkeiten erfolgen, die zur Erreichung des angestrebten Gesamtziels erforderlich sind, damit der eingesetzte Aufwand den Anforderungen entspricht, vgl. BMI-KBSt (2007), S. 1-23f. sowie Kunstmann (1995), S. 49ff.

[591] In Analogie zu Krcmar (2010), S. 213ff., Heinrich/Stelzer (2009), S. 412, Wieczorrek/Mertens (2007), S. 7ff. sowie Kargl, (2000), S. 1ff.

[592] Vgl. im Folgenden in Analogie zu Kneuper (2007), S. 133ff., Greb et al. (2006), S. 1ff. sowie Hegering et al. (1999), S. 411ff.

etwa hinsichtlich Verfügbarkeit, Servicezeiten oder Kosten. Diese Anforderungen werden innerhalb des BI-Dienstemanagements bspw. in Bezug auf die vorhandenen Kapazitäten an BI-Infrastrukturkomponenten und mögliche Notfallmaßnahmen abgestimmt. Die Projektdetailplanung wird zwischen dem BI-Projektmanagement einerseits sowie dem BI-Änderungsmanagement und dem BI-Release- und BI-Deploymentmanagement andererseits koordiniert. Die **Anforderungsdefinition** und der **Entwurf** von BI-Services erfolgen innerhalb des BI-Entwicklungsprojekts. Das BI-Verfügbarkeitsmanagement und das BI-Kapazitätsmanagement werden hierbei involviert, um eine technische BI-Architektur zu entwerfen, die den Leistungsanforderungen der BI-Anwender entspricht und optimal betrieben werden kann. Sicherheitsanforderungen werden mit dem BI-Sicherheits- sowie dem BI-Notfallmanagement in Einklang gebracht. Die **Realisierung** wird primär in der Verantwortung des BI-Entwicklungsprojekts durchgeführt. Eine wesentliche Aufgabe kommt der BI-Leistungserstellung – insbesondere dem BI-Release- und BI-Deploymentmanagement sowie dem BI-Änderungsmanagement – zu, wenn sie im Auftrag des Projekts die technische Abnahmeprüfung sowie den Integrationstest vornimmt. Im Rahmen der Abnahmeprüfung wird festgestellt, ob die in der Anforderungsdefinition festgelegten Spezifikationen der BI-Services erreicht wurden und ein zu den BI-Servicel-Level-Vereinbarungen konformer Betrieb möglich ist. Mit Hilfe des Integrationstests wird überprüft, ob neue oder geänderte BI-Services entsprechend ihrer Funktion in die existierende BI-Systemlandschaft eingefügt werden können und andere BI-Services nicht negativ beeinträchtigt werden. Während der **BI-Einführung** kooperieren die BI-Entwicklung und das BI-Transformationsmanagement. Die BI-Entwicklung paketiert und liefert die abgenommene Endversion eines BI-Service. Diese wird vom BI-Release- und BI-Deploymentmanagement übernommen und in einem Rollout in den operativen Betrieb überführt. Der Verantwortungsübergang von der Entwicklung zum Betrieb erfolgt in der Regel am Ende des Rollouts.[593]

---

[593] In Analogie zu Kneuper (2007), S. 133ff., Greb et al. (2006), S. 1ff. sowie Hegering et al. (1999), S. 41ff.; mögliche Themen im Rahmen der BI-Realisierung, zu denen die BI-Leistungserstellung hinzugezogen wird, sind etwa Auswirkungen von Änderungen im BI-Entwicklungsprojekt auf die technische BI-Infrastruktur (z. B. neue Datenbank- oder Betriebssystem-Versionen), die erforderlichen Kapazitäten der BI-Infrastruktur im Sinne eines Application Sizing, hardwarebezogene Authentifizierungsmerkmale (z. B. MAC-Adressen und autorisierte IP-Adressbereiche) oder die BI-Betriebsdokumentation. Weiterhin kann die BI-Leistungserstellung für ein BI-Entwicklungsprojekt Services in Form von BI-Entwicklungs- und BI-Testumgebungen zur Verfügung stellen, in Analogie zu Kneuper (2007), S. 134f.

4.2.4   Zusammenfassung

Das Zusammenspiel der verschiedenen Teilbereiche der BI-Leistungserstellung wird in Abb. 4-6 veranschaulicht. Die Pfeile skizzieren die Hauptbewegungsrichtung des Lebenszyklus einer BI-Dienstleistung. Die Anforderungen der BI-Anwender werden im Bereich der BI-Governance zu Strategien, Richtlinien und Leitlinien des BI-Einsatzes umgesetzt. Die BI-Governance schafft die Rahmenbedingungen für die BI-Entwicklung und die BI-Leistungserstellung.

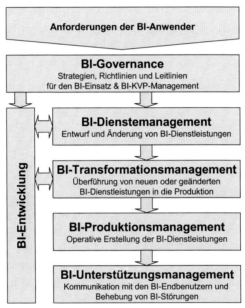

Abb. 4-6:   Zusammenspiel der Teilbereiche der BI-Leistungserbringung[594]

Innerhalb der BI-Leistungserstellung ist das BI-Dienstemanagement die übergeordnete Instanz für den Entwurf und die Änderung konkreter BI-Dienstleistungen. Für die technische Implementierung einer BI-Dienstleistung wird wie oben ausgeführt eine temporäre BI-Entwicklungsorganisation in Projektform etabliert. Die Überführung von neuen oder geänderten BI-Dienstleistungen in die Produktion verantwortet das BI-Transformationsmanagement. Das BI-Produktionsmanagement dient der operativen Erstellung und Auslieferung der BI-Dienstleistungen. Innerhalb des BI-Unterstüt-

---

[594] Quelle: eigene Darstellung.

zungsmanagements wird der BI-Endbenutzer-Support einschließlich der Behebung von Störungen erbracht. Für eine kontinuierliche Optimierung des Gesamtansatzes schließlich ist das BI-KVP-Management innerhalb der BI-Governance zuständig.

Im Folgenden werden die Aufgabenbereiche des BI-Dienstemanagements, des BI-Transformationsmanagements, des BI-Produktionsmanagements sowie des BI-Unterstützungsmanagements detailliert erörtert.

4.3   BI-Dienstemanagement

In einer lebenszyklusorientierten Betrachtung der Erstellung von BI-Leistungen folgt der BI-Governance das **BI-Dienstemanagement**. Der BI-Governance obliegt die Bestimmung der Rahmenbedingungen und der übergeordneten Zielsetzungen der BI-Leistungserstellung. Im Rahmen des BI-Dienstemanagements werden die strategischen Vorgaben der BI-Governance aufgegriffen und in den operativen Betrieb von BI-Systemen umgesetzt. Daher kann das BI-Dienstemanagement der Ebene der taktischen Aufgabenebene des Informationsmanagements zugeordnet werden.[595] Das BI-Dienstemanagement umfasst die Planung und die Gestaltung von BI-Dienstleistungen. Die Ausgestaltung der BI-Dienstleistungen wird zwischen BI-Leistungsbeziehern und BI-Leistungserbringern verhandelt. Hierbei werden die Funktionalität, die Qualitätskriterien, die Menge sowie die Verrechnungspreise der BI-Dienstleistungen vereinbart. Die Absprachen werden mit Hilfe von Service Level Agreements festgehalten, deren Einhaltung kontinuierlich zu überwachen ist.

EBERLEIN und FRISIUS, ROSENBERG, BRINKMANN ET AL. sowie BROBST betonen, dass neben den funktionalen Anforderungen an den Betrieb von BI-Dienstleistungen auch nicht-funktionale Qualitätskriterien wie die Kosten, die Skalierbarkeit, die Verfügbarkeit, die Performance und die Ausfallsicherheit von BI-Dienstleistungen sicherzustellen sind.[596] Das BI-Dienstemanagement wird daher im Folgenden in Analogie zum Themenblock *Service Design*[597] der IT Infrastructure Library eingeteilt in die Bereiche

- BI-Service-Katalog-Management,
- BI-Service-Level-Management,
- BI-Kapazitätsmanagement,

---

[595] Zu einer Einteilung der Aufgabenebenen des Informationsmanagements vgl. Kap. 2.2.1.2.

[596] Vgl. Eberlein/Frisius (2007), S. 50, Rosenberg (2006), S. 7ff., Brinkmann et al. (2005), S. 1ff. sowie Brobst (2001).

[597] Vgl. OGC (2007b), S. 59ff.

- BI-Verfügbarkeitsmanagement,
- BI-Notfallmanagement,
- BI-Sicherheitsmanagement sowie in das
- BI-Finanzmanagement (vgl. Abb. 4-7).

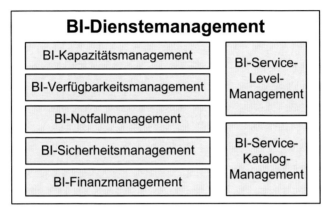

Abb. 4-7:   BI-Dienstemanagement[598]

Die Ergebnisse der empirischen Untersuchung in Kapitel 3 zeigen, dass die Optimierungspotenziale durch eine integrierte Planung von BI-Leistungen mit Hilfe des konzeptionell ausgerichteten Aufgabenbündels des BI-Dienstemanagements in der Unternehmenspraxis bislang nur eingeschränkt genutzt werden. Rund die Hälfte der Befragten hat angegeben, die Teilaufgaben des BI-Dienstemanagements gar nicht oder nur
ansatzweise realisiert zu haben. Gleichzeitig sehen mehr als die Hälfte der Probanden
einen zukünftigen Handlungsbedarf für den Ausbau des BI-Dienstemanagements.[599]

4.3.1   BI-Service-Katalog-Management

Im Kontext der BI-Governance wird das BI-Portfolio erstellt. Es enthält Informationen
zur BI-Systemarchitektur.[600] Der BI-Service-Katalog konkretisiert das BI-Portfolio und
beschreibt, welche BI-Dienstleistungen mit Hilfe der BI-Systeme erbracht werden.

---

[598] Quelle: eigene Darstellung.
[599] Vgl. Kapitel 3.2.3.1.
[600] Vgl. hierzu auch die Ausführungen zum BI-Portfolio-Management als Teilaufgabe der BI-Governance
in Kapitel 4.2 auf Seite 198.

Zielsetzung

Das **BI-Service-Katalog-Management** besitzt in Analogie zu ITIL die Aufgabe, ein umfassendes Verzeichnis aller BI-Dienstleistungen zu etablieren und zu pflegen. RU-DOLPH, BÖHMANN und KRCMAR fordern, dass IT-Service-Kataloge die beteiligten Leistungserbringer und Leistungsnehmer im Rahmen der Beschreibung, Dokumentation und Vereinbarung von IT-Leistungen unterstützen sollen. Hierbei soll auch eine modulare Aufteilung von IT-Leistungen möglich sein. Im internen Service-Verhältnis sind die IT-Leistungsumfänge und Möglichkeiten der Ausgestaltung transparent zu machen. Die Struktur von IT-Service-Katalogen soll einheitliche Beschreibungskriterien zur Dokumentation wichtiger inhaltlicher und organisationsbezogener Informationen hinsichtlich der IT-Leistungserbringung beinhalten.[601]

Grundbegriffe

Das Ergebnis ist ein **BI-Service-Katalog**, der die für die BI-Entwicklung und den BI-Betrieb relevanten Informationen sowie Statuszustände aller vorhandenen und geplanten BI-Dienstleistungen beinhaltet. Der BI-Service-Katalog stellt für BI-Leistungserbringer und BI-Leistungsbezieher die verbindliche zentrale Informationsquelle über alle vereinbarten BI-Dienstleistungen dar. In der Unternehmenspraxis sind BI-Infrastrukturen und -Analysesysteme häufig historisch gewachsen und erzeugen nicht selten hunderte Varianten von Informationsprodukten, die an die Fachbereiche ausgeliefert werden. Ein zentraler BI-Service-Katalog ermöglicht es allen beteiligten Mitarbeitern, sich einfach und schnell darüber zu informieren, welche BI-Dienstleistungen angeboten werden, wie sie den Kunden bereitgestellt werden, zu welchem Zweck sie von den Kunden verwendet werden und welche Qualitätskriterien vereinbart worden sind. Die Voraussetzung zur Produktion der im BI-Service-Katalog gesammelten BI-Dienstleistungen bilden die im Rahmen des **BI-Portfoliomanagements** initiierten BI-Anwendungssysteme.[602]

Aufgabeninhalte

Zwischen BI-Leistungsersteller und BI-Leistungsempfängern ist ein gemeinsames Verständnis über die Definition des Begriffs BI-Dienstleistung herzustellen.[603] Dies ist er-

---

[601] Vgl. Rudolph et al. (2008), S. 653f.

[602] In Analogie zu OGC (2007b), S. 6of.; zu einer Darstellung der Aufgaben des BI-Portfoliomanagements im Kontext der BI-Governance vgl. Kap. 4.2.3.

[603] Vgl. im Folgenden in Analogie zu OGC (2007b), S. 61ff.

forderlich, da Endbenutzer und IT-Mitarbeiter nicht selten unterschiedliche Auffassungen über den Gegenstand einer BI-Dienstleistung besitzen.[604] Die Schnittstellen mit dem BI-Portfolio-Management sind zu definieren und die Inhalte des BI-Portfolios sowie des BI-Service-Katalogs zu koordinieren. Der BI-Service-Katalog wird in enger Abstimmung mit dem BI-Portfolio-Management erstmalig erstellt und weiterhin fortlaufend gepflegt. Vom BI-Leistungserbringer und den Fachbereichen werden die Abhängigkeiten zwischen den Geschäftsprozessen des Unternehmens und den BI-Dienstleistungen identifiziert und dokumentiert. Beispiele für BI-Dienstleistungen werden in der Abb. 4-4 auf Seite 190 veranschaulicht. Der BI-Leistungerbringer berücksichtigt ebenso die Abhängigkeiten und Schnittstellen zwischen den an die Kunden ausgelieferten BI-Dienstleistungen sowie seinen internen, unterstützenden Leistungen, Systemkomponenten und *BI Configuration Items*. Unter einem *BI Configuration Item* bzw. BI-Konfigurationselement werden in Anlehnung an die IT Infrastructure Library (ITIL) alle IT-Komponenten verstanden, die zu verwalten sind, um eine BI-Dienstleistung bereitstellen zu können.[605] Die Verwaltung von BI-Konfigurationselementen ist Aufgabe des BI-Konfigurationsmanagements.[606]

Den unterschiedlichen Benutzertypen des Verzeichnisses werden mit einem BI-Business-Service-Katalog sowie einem BI-Technik-Service-Katalog zwei Perspektiven auf den BI-Service-Katalog angeboten. Die anwendungsorientierte Sicht der Kunden sowie die gemeinsame Sicht des Leistungserbringers und des Leistungsnehmers in Form von BI-Service-Level-Agreements werden in der Perspektive des **BI-Business-Service-Katalogs** abgebildet.[607] Diese Betrachtungsweise bietet einen Blick auf die Zusammenhänge von Geschäftsprozessen und BI-Dienstleistungen sowie auf alle relevanten Informationen über die an die Kunden ausgelieferten BI-Dienstleistungen wie bspw. Service-Beschreibungen, Verantwortlichkeiten, Verwendungsrichtlinien, Verrechnungspreise oder Lieferbedingungen. Die Tab. 4-1 zeigt eine mögliche Struktur zur

---

[604] Veranschaulichen kann dies das pointierte Beispiel zweier Mitarbeiter mit einem unterschiedlichen fachlichen Hintergrund, die in einem Unternehmen tätig sind, das keine explizite Vereinbarung über den Umfang der zu erbringenden BI-Dienstleistungen getroffen hat. Ein Mitarbeiter der Controlling-Abteilung kann bspw. die Bereitstellung eines Umsatzberichts des Vormonats am ersten Werktag eines Monats mit einer definierten Datenqualität an seinem Rechnerarbeitsplatz als Leistung erwarten. Hingegen ist es durchaus möglich, dass ein in die Berichtsproduktion involvierter Mitarbeiter der IT-Abteilung bereits die Überprüfung der Verfügbarkeit der betroffenen Reporting-Applikation auf dem Server als ausreichend einstuft.

[605] In Analogie zu OGC (2007b), S. 295.

[606] Zu einer detaillierten Darstellung des BI-Konfigurationsmanagements vgl. auch Kapitel 4.4.3 ab Seite 258.

[607] Vgl. hierzu auch Abb. 4-3.

Dokumentation einer einzelnen BI-Dienstleistung innerhalb eines Business-Service-Katalogs.

Mögliche Strukturierung der Informationsinhalte	Beschreibung
BI-Dienstleistung	
Bezeichnung	Bezeichnung der BI-Dienstleistung
Funktionalität	Beschreibung des Funktionsumfangs der BI-Dienstleistung
Klassifizierung	Kategorisierung bspw. hinsichtlich Geschäftsnähe, genutzter BI-Systemkomponenten und Lebenszyklusphase der BI-Dienstleistung
Unterstützende BI-/IT-Dienstleistungen	Weitere BI-/IT-Dienstleistungen, die eine Voraussetzung für die Erbringung der betrachteten BI-Dienstleistung bilden oder diese erweitern
Verantwortlicher Fachbereich	Fachbereich, der die fachliche Verantwortung für die BI-Dienstleistung trägt
Leistungsempfangender Fachbereich	Fachbereich, der als Kunde die BI-Dienstleistung nutzt
BI-Dienstleistungsmanager	Verantwortliche Person im Bereich des BI-Dienstleistungserstellers, die für die Sicherstellung der Bereitstellung der BI-Dienstleistung verantwortlich ist
Auswirkungen der Beeinträchtigung der Verfügbarkeit	Maß für die negative Folgen für den Fachbereich im Falle der Beeinträchtigung der Verfügbarkeit der BI-Dienstleistung
Dringlichkeit	Maß für die Zeitdauer zwischen dem Beginn der Beeinträchtigung der Verfügbarkeit der BI-Dienstleistung und dem Eintritt relevanter negativer Folgen für den Fachbereich
Prioritätseinstufung Fachbereich	Kategorisierung, um die Beeinträchtigung der Verfügbarkeit der BI-Dienstleistung auf Basis der prognostizierten Effekte und der Dringlichkeitsstufe bewerten zu können
BI-Service-Level-Agreement	Vereinbarung zwischen dem BI-Leistungserbringer und dem BI-Leistungsabnehmer, die den Funktionsumfang, das Mengenvolumen und die Qualitätsmerkmale der BI-Dienstleistung regelt
BI-Service-Zeiten	Vereinbarter Zeitraum, in dem die BI-Dienstleistung für den Fachbereich verfügbar ist
Eskalationsregelungen	Leitfaden für die Einbindung zusätzlicher Ressourcen, wenn die Verfügbarkeit der BI-Dienstleistung beeinträchtigt ist und ein BI-Service-Level-Agreement ansonsten nicht eingehalten werden kann (funktionale Eskalation: Einbinden zusätzlicher Fachexperten für die BI-Leistungserbringung; hierarchische Eskalation: Einbinden übergeordneter Hierarchie-Ebenen des Managements)
BI-Service-Berichtswesen	Regelmäßige Berichte für BI-Leistungserbringer und BI-Leistungsempfänger hinsichtlich der Einhaltung der BI-Service-Level-Vereinbarung
BI-Service-Reviews	Vorab definierte Analysepunkte im Lebenszyklus der BI-Dienstleistung zur Überprüfung der Einhaltung der BI-Service-Level-Vereinbarungen sowie zur Feststellung von Optimierungsmöglichkeiten

Tab. 4-1:   Mögliche Dokumentationsstruktur einer BI-Dienstleistung im BI-Business-Service-Katalog[608]

---

[608] Quelle: eigene Darstellung basierend auf der Rahmenstruktur von OGC (2007b), S. 259.

Die Perspektive des **BI-Technik-Service-Katalogs** stellt die produktionsorientierte Sicht des BI-Leistungserbringers in den Vordergrund. Sie beinhaltet Informationen, die für die Erzeugung von BI-Dienstleistungen wesentlich sind. Dies können etwa Abhängigkeiten zu internen BI-Diensten des BI-Leistungserstellers (z. B. die Steuerung von ETL-Prozessen oder die Administration von Core-Data-Warehouse-Datenbanken) und zu IT-Basis-Services eines Unternehmens (z. B. die Bereitstellung von Netzwerk-Diensten, Server-Hardware und Server-Betriebssystemen) sein. Ebenso sind technische Informationen zu den BI-Infrastrukturkomponenten sowie den *BI Configuration Items* hinterlegt.

Als Input-Informationen des BI-Service-Katalog-Managements werden die im Rahmen der BI-Governance erstellten Vorgaben genutzt, insbesondere das BI-Service-Portfolio. Das wesentliche Ergebnis des BI-Service-Katalog-Managements ist der jeweils gültige BI-Service-Katalog mit den darin enthaltenen Definitionen von BI-Dienstleistungen. Des Weiteren erfolgt eine regelmäßige Rückmeldung an das BI-Service-Portfolio-Management, um das BI-Service-Portfolio ebenfalls aktuell zu halten. Der BI-Service-Katalog kann in ein Informationssystem zur Unterstützung des BI-Konfigurations-managements integriert werden. In diesem Fall wird jede BI-Dienstleistung als ein *BI Configuration Item* innerhalb eines BI-Konfigurations-Management-Systems definiert. Abhängigkeiten im Sinne von direkten oder indirekten wechselseitigen Beziehungen zwischen BI-Dienstleistungen werden erfasst und dokumentiert. Die Inhalte des BI-Service-Katalogs stehen dann auch für andere Aufgabenbereiche der BI-Leistungs-erstellung zur Verfügung. Beispielsweise können diese Informationen für die Fehler-analyse im BI-Störungsmanagement, zur Bearbeitung von *Requests for Change* im BI-Änderungsmanagement oder zur Kapazitätsplanung für BI-Applikationen eingesetzt werden. Voraussetzung hierfür ist, dass alle Änderungen am BI-Service-Katalog konse-quent durch das BI-Änderungsmanagement gesteuert werden, um sicherzustellen, dass der BI-Service-Katalog jederzeit den jeweils aktuellen Status der BI-Dienstleistungen widerspiegelt.

Steuerungsgrößen

Als Indikatoren zur fortlaufenden Steuerung des BI-Service-Katalog-Managements können bspw. die folgenden Maßgrößen herangezogen werden:[609]

- *Relevanz des BI-Service-Katalogs:*
  Anzahl der im BI-Service-Katalog enthaltenen BI-Dienstleistungen im Verhältnis zur Anzahl der von den Fachbereichen tatsächlich nachgefragten BI-Dienstleistungen.

- *Korrektheit des BI-Service-Katalogs:*
  Anzahl der identifizierten Abweichungen zwischen der realen Umwelt und den im BI-Service-Katalog enthaltenen Informationen.

- *Vollständigkeit des BI-Business-Service-Katalogs:*
  Anzahl der im BI-Business-Service-Katalog enthaltenen BI-Dienstleistungen im Verhältnis zur (kalkulierten) Anzahl der den Fachbereichen tatsächlich angebotenen BI-Dienstleistungen.

- *Vollständigkeit des BI-Technik-Service-Katalogs:*
  Anzahl der im BI-Technik-Katalog enthaltenen BI Configuration Items im Verhältnis zur (kalkulierten) Anzahl der tatsächlich vorhandenen BI Configuration Items.

- *Verfügbarkeit von Informationen für Mitarbeiter der BI-Endbenutzerunterstützung zur Behebung von Störungen in BI-Systemen:*
  Anteil von bearbeiteten Störungsfällen ohne verfügbare Informationen über BI-Dienstleistungen.

4.3.2   BI-Service-Level-Management

Der Erfolg von Business-Intelligence-Lösungen in Unternehmen ist sehr stark davon abhängig, in welchem Umfang sie die Anforderungen der Anwender erfüllen. BI-Lösungen, mit denen versucht wird, die Anforderungen der Anwender zu übertreffen, sind oftmals zu teuer und zu spät verfügbar. BI-Applikationen, welche die Anwenderanforderungen nicht erfüllen, weisen häufig Lücken bspw. hinsichtlich der Datenaktualität sowie der System-Performance und -Verfügbarkeit auf. BROBST hebt hervor, dass

---

[609] Vgl. im Folgenden in Analogie zu OGC (2007b), S. 64.

Service-Level-Vereinbarungen eine geeignete Möglichkeit bieten, die Anforderungen der BI-Anwender hinsichtlich der BI-Lösungen zu identifizieren und umzusetzen.[610] Das BI-Service-Level-Management stellt in Analogie zu ITIL die Schnittstelle zwischen den BI-Leistungsbeziehern, d. h. den Geschäftsbereichen eines Unternehmens, und dem BI-Leistungserbringer eines Unternehmens dar. In den im Rahmen der empirischen Untersuchung befragten Unternehmen ist das BI-Service-Level-Management in 51 % der Fälle nicht oder nur ansatzweise organisatorisch implementiert. Zugleich konstatieren 63 % der Teilnehmer einen teilweisen bis sehr hohen Handlungsbedarf für die Umsetzung des BI-Service-Level-Managements.[611]

Zielsetzung

Das **BI-Service-Level-Management** repräsentiert den BI-Leistungserbringer gegenüber den Kunden und diesen wiederum gegenüber der internen Organisation des BI-Leistungserbringers. Es ist dafür verantwortlich, dass die BI-Service-Level-Ziele eingehalten werden. Diese beruhen sowohl auf den Anforderungen der Kunden an die BI-Produkte als auch auf den im Rahmen der BI-Governance getroffenen Festlegungen – bspw. hinsichtlich der BI-Strategie, der BI-Datenarchitektur oder des BI-Portfoliomanagements – die im dauerhaften Betrieb von BI-Applikationen und bei Weiterentwicklungen einzuhalten sind. Durch das BI-Service-Level-Management werden hierzu BI-Service-Level-Agreements geplant, mit den Kunden verhandelt, vereinbart und in den BI-Betrieb umgesetzt. **BI-Service-Level-Agreements** (BI-SLAs) stellen verbindliche, in der Regel schriftliche Vereinbarungen zwischen einem BI-Leistungsanbieter und seinen Kunden dar. Ein BI-Service-Level-Agreement beinhaltet eine Beschreibung der Funktionalität, der Qualitätskriterien, der Menge sowie der Preise einer BI-Dienstleistung. Weiterhin werden die Verantwortlichkeiten des Leistungsanbieters sowie des Kunden festgelegt.[612] Die Einhaltung der BI-Service-Level-Agreements wird durch ein regelmäßiges Monitoring überwacht. Durch eine Berichterstattung der Er-

---

[610] Vgl. Brobst (2001)
[611] Vgl. Kapitel 3.2.3.1.
[612] Solche Vereinbarungen können auch Beistellleistungen des Kunden umfassen, die ein BI-Leistungserbringer u. U. nicht selbst erbringen kann, da er nicht über das erforderliche fachspezifische Knowhow verfügt. Beispielhaft sind hier zu nennen eine fachliche Datenqualitätskontrolle von regelmäßigen Standardberichten durch einen sog. Power User eines Geschäftsbereichs, bevor diese Berichte für alle Benutzer freigegeben werden, oder die Bereitstellung ausreichender Personalkapazitäten eines Geschäftsbereichs für die Spezifikation von Anforderungen für Veränderungen an bestehenden BI-Applikationen.

gebnisse sowohl an die Leistungserbringer als auch an die Kunden kann ein kontinuierlicher Verbesserungsprozess der BI-Leistungserstellung unterstützt werden.[613]

Grundbegriffe

Eine **BI-Dienstleistung** wird von einem BI-Dienstleister für einen oder mehrere Kunden zur Verfügung gestellt. Sie wird mit Hilfe von BI-Anwendungssystemen erzeugt
und von den Kunden zur Unterstützung ihrer Geschäftsprozesse verwendet. Zur Produktion von BI-Dienstleistungen verwendet ein BI-Dienstleister Ressourcen in Form
von Personen, Prozessen und BI-Infrastrukturen. Die Rahmenbedingungen der Leistungserbringung werden in Form von BI-Service-Level-Agreements vereinbart. Die
Begriffe BI-Dienstleistung und BI-Service können synonym verwendet werden. Ein **BI-
Dienstleister** ist diejenige Organisationseinheit, die BI-Dienstleistungen produziert
und an Kunden ausliefert. Innerhalb eines BI-Dienstleisters ist ein Vertreter zu benennen, der berechtigt ist, mit Kunden Vereinbarungen über die BI-Leistungserstellung zu
schließen. Ein zentraler BI-Dienstleister ist oftmals dem IT-Bereich eines Unternehmens zugeordnet und erzeugt BI-Dienstleistungen für mehr als einen Fachbereich.[614]
Es können jedoch auch mehrere BI-Dienstleister in einem Unternehmen existieren, die
jeweils Teil eines Fachbereichs sind.[615] In der empirischen Untersuchung in Kapitel
3.2.1.4 wurden in der Praxis häufig auftretende Gestaltungsvarianten von BI-Organisationseinheiten analysiert. Hierbei konnten die Varianten des BI-Assistenz-Centers,
des BI-Volldienstleisters, des fachlichen BI-Betriebs-Centers, des BI-Hosting-Centers
sowie des BI-Entwicklungs-Centers identifiziert werden.[616] Ein **Kunde** (synonym: BI-
Leistungsempfänger, BI-Leistungsbezieher, BI-Anwender) ist eine Organisationseinheit, die BI-Dienstleistungen bezieht. Ein BI-Dienstleister vereinbart BI-Service-Level-
Agreements mit seinen Kunden. Innerhalb der Kundenorganisation sind die BI-
Endbenutzer angesiedelt. Bei ihnen handelt es sich um Personen, die BI-
Dienstleistungen im Rahmen ihrer Tätigkeit für das Unternehmen üblicherweise nut-
zen. In **BI-Service-Level-Anforderungen** (synonym: BI-Service-Level-Requirements,

---

[613] In Analogie zu OGC (2007b), S. 65f. sowie S. 310.

[614] Zu einer detaillierteren Analyse der hierarchischen Einordnung von spezialisierten BI-Unterstützungseinheiten in der Unternehmenspraxis vgl. Kapitel 3.2.1.4.

[615] Darüber hinaus kann ein BI-Dienstleister naturgemäß auch unternehmensübergreifend für externe
Kunden tätig sein. Die sich für diesen Fall ergebenden Besonderheiten – wie z. B. juristische Regelungen für Haftungsfragen – werden im Rahmen der vorliegenden Arbeit nicht behandelt.

[616] Zu einer Darstellung dieser in der Unternehmenspraxis auftretenden Varianten von BI-
Organisationseinheiten sowie deren Häufigkeit vgl. Kapitel 3.2.1.4.

BI-SLR) werden die Anforderungen der Kunden an BI-Dienstleistungen dokumentiert. Sie bilden die Grundlage zur Vereinbarung und Änderung von BI-Service-Level-Agreements. Ein **BI-Service-Level-Agreement** (BI-SLA) stellt eine Vereinbarung zwischen einen BI-Dienstleister und einem Kunden hinsichtlich der zu erbringenden BI-Dienstleistungen und deren Eigenschaften dar. In einem BI-Service-Level-Agreement werden gewöhnlich eine Beschreibung der jeweiligen BI-Dienstleistung und die angestrebten Service-Level-Ziele festgeschrieben sowie die Verantwortlichkeiten des BI-Dienstleisters und seines Kunden dokumentiert. Eine einzelne BI-Service-Level-Vereinbarung kann Festlegungen sowohl für mehrere BI-Dienstleistungen als auch für mehrere Kunden beinhalten. Ein **BI-Operational-Level-Agreement** (BI-OLA) wird zwischen dem BI-Dienstleister und einer unternehmensinternen IT-Organisationseinheit geschlossen. Eine solche Abmachung stellt eine Vereinbarung auf Betriebsebene dar und unterstützt die Bereitstellung der BI-Dienstleistungen für die Kunden. In einem BI-Operational-Level-Agreement werden die Lieferung von Basis-IT-Leistungen sowie die Verantwortlichkeiten der beteiligten Organisationseinheiten festgelegt. Mögliche Objekte von BI-Operational-Level-Agreements können bspw. die Verfügbarkeit des Netzwerks für den Zugriff von Endbenutzer-Arbeitsplätzen auf BI-Applikationsserver, die Reaktions- und Lösungszeit des Service Desks für Störungen von BI-Dienstleistungen oder etwa die Verfügbarkeit von operativen Quellsystemen für den Zugriff von ETL-Prozessen sein. Ein **BI-Absicherungsvertrag mit dritten Parteien** (synonym: BI-Underpinning-Contract, BI-UC) wird zwischen dem BI-Dienstleister und einem unternehmensexternen IT-Dienstleister geschlossen.[617] In einem solchen Vertrag werden – ähnlich zum BI-Operational-Level-Agreement, jedoch mit einer juristisch selbständigen Organisationseinheit – Vereinbarungen zur Lieferung von IT-Leistungen getroffen, die die Versorgung der Kunden mit BI-Dienstleistungen unterstützen. Beispielhafte Vertragsobjekte von BI-Absicherungsverträgen mit dritten Parteien können etwa die Durchführung von Änderungen und Erweiterungen an bestehenden BI-Dienstleistungen durch eine auf den BI-Bereich spezialisierte

---

[617] Die sich aus unternehmensübergreifenden juristischen Verträgen ergebenden Besonderheiten werden – wie bereits in Fußnote 615 dargestellt – im Rahmen der vorliegenden Arbeit nicht behandelt.

Unternehmensberatung, ein Business Process Outsourcing[618] der Steuerung von ETL-Prozessen oder das Hosting von BI-Applikationsservern durch einen Rechenzentrums-anbieter sein.[619]

Aufgabeninhalte

Die folgenden Aspekte gehören zu den Aufgabenbereichen des BI-Service-Level-Managements:[620]

- **Etablierung eines BI-SLM-Rahmenkonzepts**

Die Schaffung der Rahmenbedingungen beinhaltet die Festlegung der Zielsetzung, des Handlungsbereichs sowie der Struktur des BI-Service-Level-Managements. Es stehen verschiedene Varianten zur Gliederung von BI-Service-Level-Agreements zur Verfügung. Innerhalb einer **servicebasierten BI-SLA-Gliederung** wird jede BI-Dienstleistung einmal definiert und diese Regelung gilt in der Folge für alle Empfänger der BI-Dienstleistung. Beispielsweise können für eine unternehmensweite Reporting-plattform einheitliche Berichtslayouts und Aktualisierungshäufigkeiten festgelegt werden. Kundenindividuelle Anforderungen – wie etwa die Auslieferung weiterer, ge-schäftsfeldbezogener Kennzahlen oder kürzere Aktualisierungszyklen – lassen sich in diesem Fall oftmals nur begrenzt berücksichtigen. Im Rahmen einer **kundenbasier-ten BI-SLA-Gliederung** wird mit jedem Kunden eine Vereinbarung getroffen, die alle für diesen Kunden bestimmten BI-Dienstleistungen abdeckt. Mit dem Marketing- und Vertriebsbereich eines Unternehmens können etwa BI-SLAs für alle bereitgestellten BI-Dienstleistungen – bspw. ein regelmäßiges Standard-Reporting, eine komplexe Da-ta-Mining-Anwendung mit zugehörigen Support-Leistungen sowie die Bereitstellung von Kunden-Scoringwerten innerhalb einer CRM-Anwendung – in einem Servicever-trag geregelt werden. Aus Sicht der BI-Anwender ist diese Variante vorteilhaft, da die Gesamtheit der BI-Service-Anforderungen an einer Stelle konzentriert wird. Eine **mehrstufige BI-SLA-Gliederung** basiert auf einer Kombination der vorgenannten Strukturierungsvarianten. Auf der *Unternehmensebene* angesiedelte BI-SLAs regeln generische Sachverhalte, die für alle Kunden und alle BI-Dienstleistungen gültig sind,

---

[618] Unter dem Begriff *Business Process Outsourcing* wird die selektive Auslagerung von einzelnen Ge-schäftsprozessen verstanden. Im Gegensatz zu anderen Formen des Outsourcings steht hierbei nicht die Übertragung eines Teils der Aufbauorganisation, sondern eines Ausschnitts der Ablauforganisati-on an einen externen Dienstleister im Vordergrund, vgl. Dibbern et al. (2004), S. 6ff., Jouanne-Diedrich (2004) S. 130, Bernroider/Koch (2005), S. 77 sowie Schwarze/Müller (2005), S. 11ff.

[619] In Analogie zu OGC (2007b), S. 66 sowie S. 296ff.

[620] Vgl. im Folgenden in Analogie zu OGC (2007b), S. 67ff.

wie etwa eine Standard-Servicequalität hinsichtlich Service-Zeiten, Wartungszeiten oder Datensicherungsintervallen. Hierbei handelt es sich gewöhnlich um zeitstabile Regelungen. BI-SLAs der *Kunden-Ebene* decken die für einzelne Kunden oder Kundengruppen relevanten Sachverhalte ab. BI-SLAs der *Service-Ebene*, die unterhalb der Kunden-Ebene einzuordnen ist, behandeln Themen, die für spezifische BI-Dienstleistungen eines bestimmten Kunden oder einer Kundengruppe von Bedeutung sind. Eine solche mehrstufige Gliederung differenziert BI-SLAs auf mehreren Ebenen nach ihrer Spezifität. Die Gesamtanzahl an BI-SLAs wird hierdurch reduziert, sodass einem zusätzlichen Aufwand durch die mehrfache Pflege redundanter Inhalte sowie durch häufige Änderungen vorgebeugt werden kann.

- **Definition von BI-Service-Level-Anforderungen**

Wenn die Struktur des BI-Service-Katalogs aufgebaut und ein BI-SLA-Rahmenkonzept festgelegt wurden, können die Anforderungen der BI-Leistungsempfänger an die BI-Dienstleistungen in Zusammenarbeit des BI-Dienstleisters mit den Kunden erhoben und in Form von BI-Service-Level-Requirements dokumentiert werden. Wesentliche Bestandteile der BI-SLRs aus Kundensicht sind die Anforderungen an eine BI-Dienstleistung hinsichtlich der Funktionalität, der Servicezeiten[621], der Verfügbarkeit, der vorausgesetzten IT-Leistungen, der zu beachtenden BI-Governance-Richtlinien sowie u. U. bereits bestehender, anzupassender BI-Service-Level-Agreements. Die Anforderungen aus Kundensicht entsprechen der Perspektive des BI-Business-Service-Katalogs.[622]

Die Beschreibung der Anforderungen aus Kundensicht ist in die interne Sicht des BI-Dienstleisters zu überführen und zu spezifizieren. Dies beinhaltet eine eindeutige und detaillierte Definition der BI-Dienstleistungen sowie der erforderlichen *BI Configuration Items*. Des Weiteren werden aus den BI-Service-Level-Requirements Vorschläge für BI-Service-Level-Ziele abgeleitet. Es ist zu planen, welche Leistungen im Rahmen des BI-Transformations-, des BI-Produktions- sowie des BI-Unterstützungsmanagements erbracht werden müssen, um die BI-Dienstleistungen ausliefern zu können.[623] Die interne Sicht des BI-Leistungserstellers korrespondiert mit der Perspektive des BI-Technik-Service-Katalogs.[624] Mit der Unterstützung der weiteren Handlungsge-

---

[621] BI-Servicezeiten sind diejenigen Zeiträume, in denen eine BI-Dienstleistung verwendbar sein soll.

[622] Zur Thematik des BI-Business-Service-Katalogs vgl. Kapitel 4.3.1 auf Seite 207.

[623] Vgl. hierzu im Detail die Kapitel 4.4 BI-Transformationsmanagement, 4.5 BI-Produktionsmanagement sowie 4.6 BI-Unterstützungsmanagement.

[624] Die Thematik des BI-Technik-Service-Katalogs wird in Kapitel 4.3.1 auf Seite 209 näher beleuchtet.

biete des BI-Dienstemanagements – insbesondere des BI-Kapazitäts-, des BI-Verfügbarkeits-, des BI-Sicherheits- und BI-Notfall-, sowie des BI-Finanzmanagements[625] – wird geprüft, ob die von den Kunden gewünschten BI-Dienstleistungen mit den angestrebten BI-Service-Level-Zielen wirtschaftlich erbracht werden können. Die Unterscheidung zwischen der Kundensicht des BI-Business-Service-Katalogs und der produktionsorientierten internen Sicht des BI-Leistungserbringers im BI-Technik-Service-Katalog erlaubt es, dass die Kunden sich nicht mit komplexen Details der BI-Leistungserstellung auseinandersetzen müssen. Der Kommunikationsprozess mit den Kunden wird hierdurch vereinfacht.

• **Verhandlung und Abschluss von BI-Service-Level-Agreements**

Die BI-Service-Level-Anforderungen der Kunden sowie die daraus abgeleitete produktionsorientierte Spezifikation der BI-Dienstleistungen des Leistungserbringers stellen den Ausgangspunkt der Verhandlung von BI-Service-Level-Agreements dar. Hierbei werden die konkreten Inhalte der BI-SLAs vereinbart. Falls Diskrepanzen zwischen den von den Kunden gewünschten und den vom BI-Dienstleister als praktikabel eingestuften BI-Service-Levels bestehen sollten, ist im Verhandlungsprozess ein realistisch umsetzbarer Kompromiss anzustreben.

Im Rahmen der Gespräche sollten die Interessen der unterschiedlichen Gruppen innerhalb der Kundenorganisation berücksichtigt werden. Als Verhandlungspartner des BI-Dienstleisters agieren in der Regel Managementvertreter des Kunden, die primär die Wirtschaftlichkeit der zu beziehenden BI-Dienstleistungen fokussieren. Die Endbenutzer der Fachbereiche, die zur Ausübung ihrer beruflichen Tätigkeit die BI-Dienstleistungen direkt einsetzen, fordern hingegen eher eine angemessene Benutzerfreundlichkeit sowie eine hohe Verfügbarkeit der BI-Services.

Die vereinbarten BI-Service-Level-Agreements werden in den BI-Service-Katalog mit den beiden Perspektiven des BI-Business- und des BI-Technik-Service-Katalogs aufgenommen. Darüber hinaus muss der BI-Dienstleister gegebenenfalls mit seinen internen Lieferanten auch BI-Operational-Level-Agreements sowie mit den externen Zulieferern BI-Absicherungsverträge schließen, um die Produktion der BI-Dienstleistungen sicherstellen zu können.

---

[625] Die genannten Teilgebiete des BI-Dienstemanagements werden in den entsprechenden Unterkapiteln des Kapitels 4.3 eingehend betrachtet.

- **Überwachung der BI-Service-Level-Agreements**

Nach der Vereinbarung der BI-SLAs bildet deren fortlaufende Überwachung eine zentrale Aufgabe des BI-Service-Level-Managements. Bei erkannten Abweichungen von den Zielwerten sind geeignete Gegenmaßnahmen zu initiieren. Um den Zielerreichungsgrad eindeutig ermitteln zu können, dürfen in die BI-SLAs nur klar definierte und messbare Zielvorgaben aufgenommen werden.

Die Einhaltung der BI-SLAs sollte aus der Perspektive der Kunden überwacht werden. Ein relevantes Ziel der Überwachung kann bspw. die Verfügbarkeit der BI-Dienstleistungen für die Endbenutzer sein.[626] Dabei sollte sich die Messung hierbei nicht auf einzelne Infrastruktur-Komponenten wie IT-Netzwerke oder BI-Anwendungsserver beschränken, sondern in einer integrierten Sichtweise sämtliche für die Auslieferung eines BI-Services erforderlichen Teilleistungen berücksichtigen. Die Voraussetzung für eine solche durchgängige Erhebung der Gesamtverfügbarkeit ist die Dokumentation der Abhängigkeiten zwischen BI-Dienstleistungen und den zu erbringenden Vorleistungen im Rahmen des BI-Konfigurationsmanagements.[627]

Weitere beispielhafte Objekte der Überwachung können die Einhaltung der geforderten BI-Datenqualitätsziele über die gesamte Bearbeitungskette von der Datenextraktion aus den Quellsystemen bis zur Auslieferung an die BI-Endbenutzer oder die Geschwindigkeit der Umsetzung von Änderungen an BI-Dienstleistungen sein.

- **BI-SLA-Berichtswesen**

Die Kunden werden mit Berichten beliefert, die die ermittelten Ist-Werte der BI-Leistungserstellung den Zielwerten der BI-SLAs gegenüberstellen und beide miteinander vergleichen. Hierbei kann zwischen regelmäßigen Standardberichten, Abweichungsberichten – die bei der Überschreitung vordefinierter Toleranzgrenzen erforderlich sein können und Steuerungsmaßnahmen unterstützen – sowie weiteren Bedarfsberichten unterschieden werden.[628]

Mögliche Inhalte der Standardberichte orientieren sich an den o. g. Objekten der Überwachung von BI-SLAs wie etwa die Verfügbarkeit der BI-Dienstleistungen aus Sicht der Endbenutzer in einem bestimmten Zeitraum, die Antwortzeiten der BI-Systeme, die Verwendungshäufigkeit einzelner BI-Dienstleistungen durch die Endbe-

---

[626] Vgl. exemplarisch Adelman et al (2005), S. 164ff. sowie Brobst (2001).
[627] Zum Themengebiet BI-Konfigurationsmanagement vgl. im Detail Kapitel 4.4.3.
[628] Zur Abgrenzung unterschiedlicher Berichtsarten innerhalb von Berichtssystemen vgl. exemplarisch Horváth (2009), S. 541ff.

nutzer, die Anzahl von BI-Datenqualitätsabweichungen, die Anzahl und die Geschwindigkeit von Änderungen an BI-Dienstleistungen oder die Kosten der ausgelieferten BI-Services.

• **Evaluierung und Verbesserung**

In regelmäßigen Abständen werden die BI-Dienstleistungen vom Leistungserbringer und dem Kunden evaluiert. Hierbei werden die BI-Dienstleistungen daraufhin geprüft, ob die angestrebten Ziele erreicht werden konnten und ob zukünftige Anpassungsbedarfe absehbar sind. Gegebenenfalls wird ein Verbesserungsprogramm initiiert und umgesetzt.

Steuerungsgrößen

Die nachfolgend vorgestellten relevanten Maßgrößen können die Steuerung des BI-Service-Level-Managements unterstützen:[629]

• *Anzahl nicht eingehaltener BI-SLA-Ziele:*
  Anzahl von Störungen in der BI-Leistungserstellung, die zu Verstößen gegen BI-Service-Level-Agreements geführt haben.

• *Anzahl bedrohter BI-SLA-Ziele:*
  Anzahl von Störungen in der BI-Leistungserstellung, die beinahe zu Verstößen gegen BI-Service-Level-Agreements geführt hätten.

• *Zufriedenheit der Kunden mit der Einhaltung der BI-SLAs:*
  Messung der subjektiven Zufriedenheitsperspektive der Kunden hinsichtlich der Einhaltung der BI-SLAs im Rahmen von Service Reviews und durch Kundenbefragungen.

• *Reduktion von Verstößen gegen BI-SLAs aufgrund von BI-OLAs:*
  Verringerung der Anzahl von Verstößen gegen BI-SLAs aufgrund des Abschlusses von BI-Operational-Level-Agreements mit unternehmensinternen IT-Dienstleistern.

• *Reduktion von Verstößen gegen BI-SLAs aufgrund von BI-UCs:*
  Verringerung der Anzahl von Verstößen gegen BI-SLAs aufgrund des Abschlusses von BI-Underpinning-Contracts mit unternehmensexternen IT-Dienstleistern.

---

[629] Vgl. im Folgenden in Analogie zu Brooks et al. (2006), S. 131ff.

4.3.3   BI-Kapazitätsmanagement

Das Kapazitätsmanagement von BI-Dienstleistungen stellt eine wesentliche Teilaufgabe dar, da BI-Lösungen sich im Hinblick auf das geplante Wachstum des Datenvolumens und der Anzahl der Endbenutzer sowie der Zugriffsarten deutlich von operativen
IT-Anwendungssystemen unterscheiden.[630] 45 % der im Rahmen der empirischen Untersuchung befragten Unternehmen gaben an, das BI-Kapazitätsmanagement bisher
gar nicht oder nur ansatzweise realisiert zu haben. Demgegenüber steht ein Anteil von
63 % der Probanden, die einen teilweisen bis sehr hohen Bedarf für eine Einführung
bzw. Optimierung des BI-Kapazitätsmanagements sehen. [631]

Zielsetzung

Das **BI-Kapazitätsmanagement** besitzt die Aufgabe sicherzustellen, dass die Kapazitäten der BI-Dienstleistungen sowie der sie versorgenden BI-Infrastrukturkomponenten angemessen dimensioniert werden, um die vereinbarten BI-Service-Level-
Agreements einhalten zu können. Die Kapazität wird determiniert durch den maxima-
len Durchsatz, den die jeweiligen BI-Infrastrukturen bewältigen können.[632]
Zentrale Einflussfaktoren auf die Kapazitätsanforderungen der BI-Infrastrukturen sind
hierbei die Anzahl der BI-Endbenutzer, das BI-Datenvolumen, der Umfang und die
Komplexität der BI-Systemabfragen sowie die BI-Systemauslastung durch Betriebsaufgaben wie etwa ETL-Prozesse, Software-Updates, Datensicherungen oder Datenbank-
Reorganisationsläufe. HAHN ET AL. und ADELMAN ET AL. legen dar, dass eine Volumen-

---

[630] Zugriffe auf BI-Lösungen sind durch eine Reihe von Besonderheiten gekennzeichnet, die im Rahmen
der BI-Kapazitätsplanung zu berücksichtigen sind. Die Systembelastung von BI-Applikationen kann
bspw. für verschiedenartige Abfragen zwischen wenigen Sekunden und mehreren Stunden variieren.
Abfragen können nicht immer auf vordefinierte Datenbank-Indizes zurückgreifen, sondern durchsuchen oftmals Datenvolumina im Giga- oder Terabyte-Bereich. Häufig besitzen Abfragen sehr große
Ausgabenmengen mit bis zu mehreren Millionen Datensätzen. Diese erfordern zahlreiche nebenläu-
fige Ein-/Ausgabe-Vorgänge, die wiederum die Abfragezeiten und die Ressourcenauslastung beeinflussen. SQL-Programmcode für Abfragen wird nicht nur von ausgebildeten BI-Experten sondern
auch von BI-Endbenutzern erstellt – zunehmend mit Hilfe von grafischen Modellierungswerkzeugen.
Des Weiteren kommt komplexer SQL-Programmcode zum Einsatz, der nur aufwändig optimiert
werden und die verfügbaren BI-Systemressourcen für längere Zeiträume vollständig auslasten kann,
vgl. Hahn et al. (2000), S. 11 sowie Wasserman et al. (2005), S. 7.
[631] Vgl. Kapitel 3.2.3.1.
[632] In Analogie zu Bordewisch et al. (2001b), S. I/16ff. Der Begriff Kapazität stammt ursprünglich aus
dem Lateinischen und kann mit Fassungsvermögen übersetzt werden. Unter Kapazität wird gewöhnlich *„das Leistungsvermögen einer technischen oder wirtschaftlichen Einheit beliebiger Art, Größe und
Struktur in einem Zeitabschnitt"* verstanden (Kern (1962), S. 27). Zu einer detaillierten Diskussion des
Kapazitätsbegriffs in der Betriebswirtschaftslehre im Allgemeinen und in der Dienstleistungserstellung im Besonderen vgl. exemplarisch Schnittka (1998), S. 15ff., Stuhlmann (2000), S. 1ff. und Haller
(2005), S. 221ff. sowie die dort zitierten Literaturquellen.

steigerung der genannten Einflussfaktoren ohne geeignete Anpassungen der Kapazitäten der BI-Infrastrukturen zu deutlichen Beeinträchtigungen des Nutzenpotenzials
von Business-Intelligence-Anwendungen bspw. durch eine Verschlechterung der Antwortzeiten sowie zu einer Erschwerung der BI-Betriebsaufgaben führen kann.[633]

Grundbegriffe

Im Rahmen der **BI-Kapazitätsplanung** werden die für die Bereitstellung der BI-
Dienstleistungen erforderlichen Ressourcen wie bspw. BI-Anwendungssysteme, BI-
Softwarewerkzeuge, BI-Hardware oder menschliche Arbeitsleistung gesteuert. Die Planung umfasst sowohl eine Analyse der aktuellen Situation als auch unterschiedliche
Prognosevarianten, die den zukünftigen BI-Einsatz unter Einhaltung der BI-SLAs berücksichtigen. Mit Hilfe von **BI-Kapazitätsmodellen** können die Prognosen erarbeitet werden. So ist es möglich, verschiedene Szenarien der voraussichtlichen Steigerung
der Kundennachfrage nach BI-Dienstleistungen sowie deren Auswirkungen auf die BI-
Ressourcen in Rechenmodellen abzubilden. Hierdurch kann geprüft werden, ob die
vorhandenen Kapazitäten der BI-Ressourcen ausreichen oder gegebenenfalls aufzusto-
cken sind.[634] Die Ermittlung der Kapazitätsanforderungen an bestehende oder neue BI-
Anwendungssysteme kann in diesem Zusammenhang auch als **BI-Applikationsskalierung** bezeichnet werden.[635]

Aufgabeninhalte

Das BI-Kapazitätsmanagement erfolgt in Analogie zur IT Infrastructure Library auf
drei Ebenen.[636] Eine solche Betrachtung ermöglicht eine integrierte, einzelsystemüber-
greifende Analyse und Steuerung der Kapazitätsauslastung von BI-Infrastrukturen.[637]
Ausgehend von den Anforderungen der Kunden an BI-Lösungen (*Kapazitätsmanagement der BI-Lösungsebene*) werden die erforderlichen Kapazitäten für die Bereitstellung von BI-Dienstleistungen und BI-Anwendungssystemen abgeleitet *(Kapazitätsmanagement der BI-Dienstleistungs- und BI-Anwendungssystemebene)*. Die Dimensionierung der zur BI-Leistungserstellung benötigten Ressourcen wird schließlich im Rah-

---

[633] Vgl. Hahn et al. (2000), S. 12 sowie Adelman et al. (2005), S. 166ff.
[634] In Analogie zu OGC (2007b), S. 79ff. sowie S. 293.
[635] In Analogie zu Eckerson/Howson (2005), S. 28.
[636] Vgl. im Folgenden in Analogie zu OGC (2007b), S. 82ff.
[637] In Analogie zu Bordewisch et al. (2001b), S. I/20ff.

men des *Kapazitätsmanagements der BI-Ressourcen* durchgeführt. Die Verknüpfung dieser drei Betrachtungsebenen veranschaulicht die Abb. 4-3 auf Seite 189.

Das **Kapazitätsmanagement der BI-Lösungsebene** erfasst und spezifiziert die Anforderungen der Kunden an die Menge, den Preis und die Qualität bestehender und zukünftig geplanter BI-Lösungen aus der Sicht des BI-Service-Level-Managements. Zukünftige Anforderungen an BI-Kapazitäten sind aus den im Rahmen des BI-Strategieentwurfs und des BI-Portfolio-Managements geplanten BI-Lösungen herzuleiten. Kapazitätsanpassungen können hierbei etwa erforderlich werden durch vollständig neue, geänderte oder auch bestehende BI-Services, deren Endbenutzerzahl oder Datenvolumen sich im Wachstum befindet. Weitere Informationen kann eine Extrapolation der aktuellen Auslastungsdaten liefern.

Das **Kapazitätsmanagement der BI-Dienstleistungs- und BI-Anwendungssystemebene** fokussiert auf die Planung und Steuerung der Kapazitäten der konkreten BI-Dienstleistungen und BI-Anwendungssysteme in der Produktionsperspektive des BI-Leistungerstellers. Es ist sicherzustellen, dass die aus der Kapazitätsauslastung resultierende Verfügbarkeit der BI-Leistungen dauerhaft überwacht und mit den Vorgaben der BI-Service-Level-Agreements abgeglichen wird, um Kapazitätsengpässe etwa in Spitzenlastzeiten und deren Gründe zu identifizieren. Diese sind gegebenenfalls durch geeignete Maßnahmen zu behandeln. Bspw. können sich die Antwortzeiten einer Reporting-Plattform deutlich verschlechtern, wenn die Endbenutzerzahl – in einem geplanten Umfang – stark zunimmt. Mögliche Ursachen sind etwa in einer zu geringen Kapazität der Netzwerkanbindung und der Server-Hardware zu finden oder in einer zu starken Systembelastung durch gleichzeitig durchgeführte Datenbeladungen und ressourcenintensive Abfragezugriffe. Das Kapazitätsmanagement kann solche Kapazitätsengpässe lösen, die durch eine Redimensionierung der BI-Ressourcen oder deren Auslastung begründet sind. Andere Ursachen wie etwa grundlegende Defizite des Systementwurfs (bspw. einem Datenmodell der BI-Anwendung, das eine Skalierung der Anzahl der Abfragen nur unzureichend unterstützt) sind durch das BI-Änderungsmanagement zu analysieren und zu behandeln.

Das **Kapazitätsmanagement der BI-Ressourcen** beschäftigt sich mit der Planung und Steuerung der Kapazitätsauslastung einzelner BI-Ressourcen wie Servern, Datenspeichern, Netzwerken, Endbenutzer-Clients, BI-Anwendungssystemen und menschlicher Arbeitsleistung im Kontext des BI-Betriebs. Im Betrieb wird hierzu der Auslastungsgrad aller BI-Ressourcen – die gewöhnlich über eine endliche Kapazität verfügen – regelmäßig überwacht. Automatisierte Monitoring-Prozesse mit definierten Schwellenwerten für eine Benachrichtigung der Verantwortlichen sollten etabliert werden. Sie gestatten es, die technischen BI-Infrastrukturkomponenten wirksamer zu steuern, Kapazitätsengpässe, die zu Verstößen gegen BI-Service-Level-Agreements führen, schneller zu erkennen und geeignete Gegenmaßnahmen zu ergreifen.

Die folgenden Aufgaben sind im Rahmen des BI-Kapazitätsmanagements zu erfüllen. Sie treten in unterschiedlichem Umfang auf den oben charakterisierten drei Ebenen des BI-Kapazitätsmanagements auf:

- **Erstellung und Pflege eines BI-Kapazitätsplans**

Mit Hilfe eines BI-Kapazitätsplans werden die jeweils aktuelle Kapazität der BI-Infrastruktur und die angestrebte zukünftige Entwicklung der BI-Kapazitäten transparent gemacht. Der Plan beinhaltet zukünftige Anforderungen an die BI-Infrastruktur, die daraus abgeleiteten Anpassungsbedarfe, um die BI-Service-Level-Vereinbarungen einhalten zu können sowie die hierfür erforderlichen Aufwendungen. Zentrale Informationen für die Erstellung eines BI-Kapazitätsplans sind die Anzahl der BI-Endbenutzer, das BI-Datenvolumen, der Umfang und die Komplexität der BI-Systemzugriffe sowie die Auslastung durch BI-Betriebsaufgaben.[638]

- **Modellierung der BI-Kapazitäten**

Prognosemodelle unterstützen die Vorhersage der zukünftigen Auslastung der BI-Kapazitäten.[639] Die Bandbreite der Ansätze reicht von reinen Schätzungen, die auf Erfahrungswerten und der aktuellen Auslastung von BI-Ressourcen beruhen, über BI-Pilot-Studien bis hin zu umfangreichen BI-Prototypen. In ihrem Realisierungsaufwand weisen die Varianten deutliche Unterschiede auf. Schätzungen und Pilot-Studien bspw. sind relativ einfach zu realisieren und eignen sich im Rahmen der operativen Kapazitätssteuerung. Aufwändigere Ansätze wie die Entwicklung von größeren BI-Prototypen hingegen können zur Unterstützung der Kapazitätsplanung von strategisch wichtigen, neuen oder veränderten BI-Dienstleistungen genutzt werden.

In der IT Infrastructure Library werden eine Reihe weiterer Modellierungsansätze erörtert, die genauere Resultate liefern als reine Schätzungen und deren Umsetzung weniger aufwändig ist als die Implementierung von BI-Prototypen. Hier sind insbesondere Trendanalysen, analytische Modelle, Simulationsmodelle und Benchmark-Vergleiche

---

[638] Vgl. Hahn et al. (2000), S. 19ff., Wasserman et al. (2004), S. 135ff. sowie Wiel (2005), S. 28ff. Zu einer exemplarischen Darstellung eines Kapazitätsplans vgl. Dugmore/Lacy (2005), S. 20ff.

[639] Vgl. Hahn et al. (2000), S. 123ff.

zu nennen.[640] Bordewisch et al. differenzieren in diesem Zusammenhang zwischen den Ansätzen der stochastischen Modellierung, Lastsimulationen, Lasttests sowie kundenindividuellen und Standard-Benchmark-Vergleichen.[641]

- **BI-Applikationsskalierung**

Eine BI-Applikationsskalierung ist primär dann durchzuführen, wenn ein BI-Anwendungssystem, mit dessen Hilfe BI-Dienstleistungen erstellt werden können, neu geplant wird oder kapazitätsrelevante Änderungen an einer bestehenden BI-Anwendung umgesetzt werden.[642] Im Rahmen der BI-Applikationsskalierung wird der erforderliche Umfang der BI-Ressourcen ermittelt, die einzusetzen sind, um die vereinbarten BI-Service-Level-Agreements einhalten zu können. Daher sollte die BI-Applikationsskalierung als integraler Bestandteil im Lebenszyklus von BI-Anwendungssystemen etabliert werden.

- **Überwachung der BI-Auslastung**

Die Überwachung der BI-Auslastung dient der kontinuierlichen, möglichst automatisierten Messung der Kapazitätsausschöpfung der BI-Ressourcen, um die Einhaltung der BI-Service-Level-Vereinbarungen prüfen und gegebenenfalls Gegenmaßnahmen einleiten zu können. Objekte der Messung können bspw. die Prozessor- und Hauptspeicherauslastung der BI-Server, das BI-Datenvolumen, das monatliche Wachstum des BI-Datenvolumens, die Anzahl aktiver BI-Endbenutzer, die Zugriffsmuster auf die BI- Daten oder die BI-Systemauslastung durch Datenbeladungsprozesse sein.[643]

- **Feinabstimmung der BI-Auslastung**

Die durch die Überwachung und Analyse der BI-Infrastrukturen gewonnenen Informationen können zur Feinabstimmung der BI-Auslastung verwendet werden. Diese auch als Tuning bezeichnete Vorgehensweise zielt darauf ab, eine bestmögliche Nutzung der BI-Ressourcen unter Einhaltung der BI-Service-Level-Vereinbarungen zu erreichen. Bordewisch et al. unterscheiden zwischen technischen, applikationsbezogenen und organisatorischen Feinabstimmungsmaßnahmen.[644] Die technischen Maßnahmen beziehen sich auf technische BI-Systemkomponenten wie bspw. BI-Hardware, Betrieb-

---

[640] Vgl. OGC (2007b), S. 92f.

[641] Eine detaillierte Erörterung der unterschiedlichen Ansätze findet sich bei Bordewisch et al. (2001a), S. I/39ff.

[642] Zum Themenbereich der Kapazitätsplanung als Teilaufgabe der Software-Entwicklung vgl. bspw. Ebert et al. (2005), S. 181ff.

[643] Vgl. Hahn et al. (2000), S. 19ff. sowie die dort ausführlich dargestellten Merkmale der BI-Kapazitätsauslastung.

[644] Vgl. Bordewisch et al. (2001a), S. I/45ff.

systeme oder Netzwerke und sollen sicherstellen, dass die anfallende Last zwischen den Komponenten ohne Engpässe verarbeitet werden kann. Den Schwerpunkt applikationsbezogener Feinabstimmungen bilden Verbesserungen innerhalb von BI-Applikationssystemen. Diese beziehen sich bspw. auf Datenzugriffsalgorithmen, die optimale Größe von Datenbanktabellen oder die Datenbank-Indexverwaltung.[645] Organisatorische Maßnahmen beinhalten die Anpassung von Aktivitäten des BI-Betriebs wie etwa eine zeitliche Trennung von Datenbeladungsprozessen und ressourcenintensiven Datenabfragen.

- **BI-Implementierung**

Die Zielsetzung der BI-Implementierung besteht in der Umsetzung der durch die Überwachung, die Analyse und die Vorschläge zur Feinabstimmung der BI-Kapazitätsauslastung abgeleiteten Anpassungsmaßnahmen in den laufenden Betrieb der BI-Dienstleistungen. Dies erfolgt im Rahmen eines formalen Prozesses in enger Abstimmung mit dem BI-Änderungsmanagement, da Kapazitätsanpassungen erhebliche Auswirkungen auf die Kundendienstleistungen haben können.

- **BI-Nachfragemanagement**

Das BI-Nachfragemanagement bezieht sich auf die aktive Steuerung der Nachfrage nach BI-Dienstleistungen, um die BI-Kapazitätsauslastung zu verbessern. Hierzu ist ein Verständnis erforderlich, welche kapazitätsrelevanten Zusammenhänge zwischen den BI-Dienstleistungen und den BI-Ressourcen bestehen. Die Information, welche BI-Dienstleistungen welche BI-Ressourcen zu welchem Zeitpunkt in welchem Umfang verwenden, erlaubt es, durch gezielte Maßnahmen die BI-Kapazitätsauslastung zu beeinflussen.

Ein kurzfristiges BI-Nachfragemanagement kann bspw. erforderlich werden, wenn ein teilweiser Ausfall kritischer BI-Systemkomponenten umgehend kompensiert werden muss. In diesem Fall ist eine Priorisierung der BI-Ressourcenzuteilung anhand der Kritikalität der Geschäftsprozesse durchzuführen, die durch die betroffenen BI-Dienstleistungen unterstützt werden. Ein langfristiges BI-Nachfragemanagement zielt hingegen darauf ab, kostenintensive Erweiterungen der BI-Kapazitäten zu vermeiden, die primär durch hohe Lastspitzen zu bestimmten Uhrzeiten verursacht werden.

---

[645] Vgl. Hahn et al. (2000), S. 33ff.

- **Erstellung und Pflege eines BI-Kapazitätsinformationssystems**

Die im Rahmen der voranstehend beleuchteten Teilaufgaben des BI-Kapazitätsmanagements gewonnenen Informationen können mit Hilfe eines BI-Kapazitätsinformationssystems gespeichert und zur weiteren Verwendung zur Verfügung gestellt
werden. Dieses System lässt sich auch als Bestandteil des BI-Konfigurationsmanagementsystems realisieren.

Steuerungsgrößen

Die folgenden Maßgrößen können das BI-Kapazitätsmanagement bei der Abstimmung
der Kundennachfrage nach BI-Kapazitäten und den verfügbaren BI-Ressourcen unterstützen:[646]

- *Anzahl nicht eingehaltener BI-SLA-Ziele für BI-Lösungen aufgrund von Kapazitätsengpässen:*
Anzahl von Störungen in der BI-Leistungserstellung, die zu Verstößen gegen BI-
Service-Level-Agreements für BI-Lösungen aufgrund von Kapazitätsengpässen geführt haben (relevant für das Kapazitätsmanagement der BI-Lösungsebene).

- *Anzahl nicht eingehaltener BI-SLA-Ziele für BI-Dienstleistungen und BI-Anwendungssysteme aufgrund von Kapazitätsengpässen:*
Anzahl von Störungen in der BI-Leistungserstellung, die zu Verstößen gegen BI-
Service-Level-Agreements für BI-Dienstleistungen und BI-Anwendungssysteme aufgrund von Kapazitätsengpässen geführt haben (relevant für das Kapazitätsmanagement der BI-Dienstleistungs- und BI-Anwendungssystemebene).

- *Anzahl nicht eingehaltener BI-SLA-Ziele für BI-Ressourcen aufgrund von Kapazitätsengpässen:*
Anzahl von Störungen in der BI-Leistungserstellung, die zu Verstößen gegen BI-
Service-Level-Agreements für BI-Ressourcen aufgrund von Kapazitätsengpässen geführt haben (relevant für das Kapazitätsmanagement der BI-Ressourcenebene).

- *Anzahl von Störungen von BI-Dienstleistungen aufgrund von Kapazitätsengpässen:*
Überwachung der Anzahl von Störungen von BI-Dienstleistungen aufgrund von Kapazitätsengpässen, die durch Trendanalysen und Feinabstimmungsmaßnahmen
minimiert werden soll.

---

[646] Vgl. im Folgenden in Analogie zu Brooks et al. (2006), S. 147ff.

- *Anzahl ungeplanter BI-Kapazitätserweiterungen:*
  Anzahl ungeplanter Erweiterungen von BI-Ressourcen wie etwa die Inbetriebnahme leistungsfähigerer BI-Server-Hardware, BI-Software-Werkzeuge oder BI-Datenhaltungskomponenten, die nicht im BI-Kapazitätsplan enthalten waren.
- *Prozentuale Abweichung von den geplanten Aufwendungen für BI-Kapazitätserweiterungen:*
  Prozentuale Abweichung von den im BI-Kapazitätsplan vorgesehenen Aufwendungen für Erweiterungen von BI-Ressourcen als Maß für die Genauigkeit der Planung; Abweichungen aufgrund neuer Kundenanforderungen sollten zu einer Anpassung des BI-Kapazitätsplans führen.

4.3.4   BI-Verfügbarkeitsmanagement

Mit der zunehmenden Verwendung von entscheidungsunterstützenden Informationen im Kontext unternehmenskritischer Geschäftsprozesse steigen auch die Anforderungen an die Verfügbarkeit von BI-Dienstleistungen.[647] In 51 % der Fälle haben die im Rahmen der empirischen Untersuchung befragten Teilnehmer ein BI-Verfügbarkeitsmanagement jedoch gar nicht oder nur teilweise verwirklicht. Im gleichen Umfang (51 %) gaben die Probanden an, einen deutlichen Handlungsbedarf für die Implementierung des BI-Verfügbarkeitsmanagements zu sehen.[648]

Zielsetzung

Das **BI-Verfügbarkeitsmanagement** ist dafür verantwortlich, dass die BI-Dienstleistungen, zu dem Zeitpunkt an dem sie von den Endbenutzern nachgefragt werden, die in den BI-SLAs vereinbarten Funktionen tatsächlich erfüllen. Die Verfügbarkeit von BI-Dienstleistungen wird wesentlich beeinflusst durch die Faktoren Zuverlässigkeit, Wartbarkeit und Servicefähigkeit. Die Ermittlung der Verfügbarkeit kann auf Basis der Ausfallzeit von BI-Dienstleistungen bzw. der vereinbarten Servicezeit erfolgen.[649]

Grundbegriffe

Die **Zuverlässigkeit** (*Reliability*) von BI-Dienstleistungen oder *BI Configuration Items* stellt ein Maß für die Wahrscheinlichkeit dar, dass das jeweilige Objekt die vereinbarte

---

[647] Vgl. Wiel (2005), S. 28ff. sowie Hahn et al. (2000), S. 11f.
[648] Vgl. Kapitel 3.2.3.1.
[649] In Analogie zu OGC (2007b), S. 97f.

Funktionalität ohne Unterbrechung zur Verfügung stellen kann. Als Maßgrößen werden im ITIL-Umfeld häufig die Kennzahlen *Mean Time Between Service Incidents* (MTBSI) sowie *Mean Time Between Failures* (MTBF) herangezogen. Die **Wartbarkeit** (*Maintainability*) misst die Schnelligkeit und Wirksamkeit, mit der BI-Dienstleistungen nach Störungen wieder in den normalen Betrieb überführt werden können. Hierzu wird als Indikator die Kennziffer *Mean Time To Restore Service* (MTRS) verwendet. Mit der **Servicefähigkeit** (*Serviceability*) wird die Eignung eines externen Lieferanten beschrieben, die vereinbarten Teilbeiträge zur Erstellung von BI-Dienstleistungen zu erbringen.[650]

Aufgabeninhalte

Die im Rahmen des BI-Service-Level-Managements definierten BI-Service-Level-Agreements bilden für das BI-Verfügbarkeitsmanagement die Ausgangsbasis zur Ableitung der Anforderungen an die Verfügbarkeit der BI-Dienstleistungen sowie der internen Leistungen des BI-Leistungserstellers. Des Weiteren sind die Verfügbarkeit der BI-Dienstleistungen regelmäßig zu überwachen und Aktivitätspläne zur Optimierung der Verfügbarkeit zu erarbeiten:[651]

Die Ermittlung und Analyse der **Anforderungen an die Verfügbarkeit** der BI-Dienstleistungen erfolgt in Zusammenarbeit mit dem BI-Service-Level-Management. Die Verfügbarkeitsanforderungen werden aus der anwendungsorientierten Sicht der Fachbereiche erhoben und in die produktionsorientierte Sichtweise des BI-Leistungserstellers transformiert. Hierbei werden die Verfügbarkeiten bspw. von BI-Anwendungssystemen, BI-Infrastrukturkomponenten und die Bereitschaftszeiten von BI-Betriebsmitarbeitern abgeleitet, die erforderlich sind, damit die Endbenutzer auf BI-Dienstleistungen wie etwa Berichtssysteme, OLAP- oder Data-Mining-Applikationen im vereinbarten Umfang zugreifen können. Relevant für die Durchführung der Anforderungsanalyse sind insbesondere Informationen über die bedeutendsten Geschäftsprozesse des Unternehmens, die durch BI-Dienstleistungen unterstützt werden, ein einheitliches Begriffsverständnis, unter welchen Umständen eine BI-Dienstleistung als nicht verfügbar eingestuft wird, die Folgen ungeplanter Ausfallzeiten für die Geschäftsprozesse sowie die Service- und Wartungszeiträume.

---

[650] In Analogie zu OGC (2007b), S. 100f.; dort werden auch weitere gebräuchliche Kennzahlen des Verfügbarkeitsmanagements erläutert.
[651] Vgl. im Folgenden in Analogie zu OGC (2007b), S. 103ff. sowie OGC (2001), S. 230ff.

Die **Planung der Verfügbarkeit** umfasst proaktive und reaktive Aspekte. Eine proaktive Verfügbarkeitsplanung zielt auf die vorbeugende Vermeidung von Ausfallzeiten. Dies kann bereits in der Entwurfsphase von BI-Dienstleistungen erfolgen. Hier ist darauf zu achten, die den BI-Dienstleistungen zugrunde liegenden BI-Infrastrukturen und BI-Ressourcen so zu konstruieren, dass die Einhaltung die Verfügbarkeitsregelungen der BI-SLAs unterstützt wird. Dies kann etwa durch die Eliminierung von Engpass-Komponenten[652] geschehen. Für Hochverfügbarkeits-BI-Applikationen, deren Informationsoutput als marktfähiges Produkt an externe Kunden verkauft wird oder direkt in unternehmenskritische Geschäftsprozesse einfließt, können kritische Komponenten redundant ausgelegt werden, um die Ausfallwahrscheinlichkeit deutlich zu reduzieren. Eine reaktive Verfügbarkeitsplanung ist darauf ausgerichtet, ausgefallene BI-Dienstleistungen in einem kurzfristigen, mit den Kunden vereinbarten Zeitraum wiederherzustellen. Hierzu wird die Verfügbarkeit der BI-Dienstleistungen permanent gemessen und auf Besonderheiten hin analysiert. Ein zu geringer Grad der Verfügbarkeit kann so frühzeitig identifiziert und behoben werden.

Die **Steuerung der Wartungsaktivitäten** beinhaltet das Management der geplanten Ausfallzeiten von BI-Dienstleistungen. Hierzu gehören etwa die Löschung oder Archivierung aktuell nicht benötigter Daten in BI-Datenhaltungskomponenten, Datenreorganisationsprozesse zur Steigerung der Abfrageperformance oder Datensicherungsläufe.[653] Durch solche regelmäßige Wartungsmaßnahmen kann ungeplanten Beeinträchtigungen der Verfügbarkeit von BI-Dienstleistungen vorgebeugt werden. Die Wartungsaktivitäten sind möglichst zu Zeitpunkten einzuplanen, an denen die Kundennachfrage gering ist wie etwa in den Nachtstunden.

Eine kontinuierliche **Verbesserung der Verfügbarkeit** kann durch einen langfristigen Maßnahmenplan unterstützt werden, der sowohl bestehende als auch neu einzuführende BI-Dienstleistungen berücksichtigt. Hierzu ist eine Abstimmung mit den anderen Aufgabenbereichen des BI-Dienstemanagements durchzuführen. Zur Identifizierung von Verbesserungspotenzialen werden im Rahmen der IT Infrastructure Library

---

[652] Im Rahmen der IT Infrastructure Library wird für solche Engpass-Komponenten der Begriff *Single Point Of Failure* verwendet. Dieser Ausdruck bezeichnet *Configuration Items*, deren Ausfall zu Störungen in der Bereitstellung von IT-Dienstleistungen führen kann, wenn keine geeigneten Gegenmaßnahmen implementiert werden, vgl. OGC (2007b), S. 112.

[653] Vgl. Hahn et al. (2000), S. 100.

verschiedene Methoden wie Component Failure Impact Analysis (CFIA), Single Point of Failure Analysis (SPoFA) oder Fault Tree Analysis (FTA) vorgeschlagen.[654] Die **Überwachung der Verfügbarkeit** sollte neben der Messung der Ausfallzeiten einzelner BI-Komponenten auch die Gesamtverfügbarkeit von BI-Dienstleistungen aus der Perspektive der BI-Benutzer fokussieren. Hierbei wird die Benutzersicht primär durch die Häufigkeit und die Dauer von Ausfällen sowie durch die geschäftlichen Auswirkungen der Ausfallzeiten beeinflusst.

Steuerungsgrößen

Um die Bereitstellung von BI-Dienstleistungen mit einer angemessenen Verfügbarkeit auf der Basis einer zuverlässigen und wartbaren BI-Infrastruktur zu unterstützen, kann das BI-Verfügbarkeitsmanagement die folgenden Maßgrößen nutzen:[655]

- *Ausfallzeit einer BI-Dienstleistung / eines BI-Anwendungssystems / einer BI-Infrastrukturkomponente (gemessen in Minuten):*
  Zeitraum, in dem eine BI-Dienstleistung / ein BI-Anwendungssystem / eine BI-Infrastrukturkomponente während eines vereinbarten Service-Zeitraums nicht verfügbar war.

- *Kritische Ausfallzeit einer BI-Dienstleistung (gemessen in Minuten):*
  Zeitraum, in dem eine BI-Dienstleistung während eines vereinbarten Service-Zeitraums, der für den unterstützten Geschäftsprozess als kritisch definiert ist, nicht verfügbar war.[656]

- *Wiederherstellungszeit einer BI-Dienstleistung (gemessen in Personenstunden):*
  Zeitraum in Personenstunden, der benötigt wurde, um eine ausgefallene BI-Dienstleistung wiederherzustellen.

---

[654] Die Component Failure Impact Analysis (CFIA) kann herangezogen werden zur Voraussage und Bewertung der Auswirkungen von Ausfällen von BI-Komponenten. Eine Single Point of Failure Analysis (SPoFA) ermöglicht es, kritische BI-Komponenten zu identifizieren, für die keine geeigneten Sicherheitsreserven eingeplant sind und deren Ausfall daher Unterbrechungen der Verfügbarkeit von BI-Dienstleistungen zur Folge haben kann. Eine Fault Tree Analysis (FTA) erlaubt es, Wirkungsketten zu erkennen, die zum Ausfall von BI-Dienstleistungen führen können. Zu einer detaillierten Darstellung der Methoden vgl. OGC (2007b), S. 115ff.

[655] Vgl. im Folgenden in Analogie zu Brooks et al. (2006), S. 157ff.

[656] Bspw. kann der kritische Service-Zeitraum für ein Finanzreporting-System, das den Geschäftsprozess „Erstellung Monatsabschluss" beliefert, jeweils die letzten vier Werktage eines Monats umfassen.

- *Anzahl wiederholter Ausfälle einer BI-Dienstleistung:*
  Anzahl von Ausfällen von BI-Dienstleistungen, die mehrfach nicht verfügbar waren (als Instrument zur Identifikation problematischer BI-Komponenten).

- *Mean Time Between Service Incidents (MTBSI):*
  Durchschnittlicher Zeitraum zwischen dem Beginn zweier aufeinander folgender Störungen einer BI-Dienstleistung (als Maß für die Zuverlässigkeit dieses BI-Service).

- *Mean Time Between Failures (MTBF):*
  Durchschnittlicher Zeitraum, in dem eine BI-Dienstleistung in dem verabredeten Funktionsumfang ununterbrochen verfügbar ist (als Maß für die Zuverlässigkeit dieses BI-Service).

- *Mean Time To Restore Service (MTRS):*
  Durchschnittlicher Zeitraum bis zur Wiederherstellung einer nicht verfügbaren BI-Dienstleistung (als Maß für die Wartbarkeit dieses BI-Service).

4.3.5   BI-Notfallmanagement

Von RUPPRECHT wird hervorgehoben, dass Business-Intelligence-Lösungen, in denen Daten aus zahlreichen unterschiedlichen Quellen integriert sind, mit ihren Analysepotenzialen einen bedeutenden Wettbewerbsfaktor für Unternehmen darstellen. Er legt dar, dass Ausfälle, Manipulationen oder Beschädigungen dieser als wertvoll einzustufenden Ressource deutlich negative Folgen für ein Unternehmen haben können und dass daher ein konsistentes Notfallkonzept für BI-Lösungen erforderlich ist.[657]

Wie die Ergebnisse der empirischen Untersuchung in Kapitel 3.2.1.3 gezeigt haben, besitzt die Mehrzahl der befragten Unternehmen BI-Applikationen, die kritische Geschäftsprozesse unterstützen und deren Ausfall daher zu Beeinträchtigungen des Geschäftsbetriebs führen kann. Solche kritischen BI-Applikationen sowie die darauf aufbauenden BI-Dienstleistungen sind zu identifizieren und geeignete Vorkehrungen zu treffen, um Betriebsunterbrechungen vorzubeugen.[658]

---

[657] Vgl. Rupprecht (2003), S. 113.
[658] Vgl. den Abschnitt zur Kritikalität von BI-Anwendungssystemen in Kapitel 3.2.1.3.

Zielsetzung

Das **BI-Notfallmanagement** besitzt die Aufgabe, präventiv diejenigen Risiken zu steuern, die schwerwiegende Betriebsunterbrechungen von BI-Dienstleistungen zur Folge haben und sich bis auf den allgemeinen Geschäftsbetrieb eines Unternehmens auswirken können.[659] Mögliche Folgen können sich etwa in Form von Unterbrechungen von Geschäftsprozessen, signifikanten finanziellen Verlusten, Verstößen gegen regulatorische Vorschriften oder einer Beschädigung der Unternehmensreputation zeigen. Zur Aufrechterhaltung eines zu definierenden Mindestumfangs von BI-Dienstleistungen bezweckt das BI-Notfallmanagement eine Reduktion möglicher Risiken. Des Weiteren werden Notfallpläne für eine schnelle Wiederherstellung von BI-Services im Schadensfall vorbereitet.[660]

Grundbegriffe

Unter einem **Risiko** wird an dieser Stelle ein mögliches Ereignis verstanden, das die Einhaltung von BI-Service-Level-Vereinbarungen signifikant gefährden und Schäden verursachen kann. Zur Bewertung eines solchen Risikos werden die Wahrscheinlichkeit des Risikoeintritts, die Schwachstellen von BI Configuration Items gegenüber dem Risiko sowie potenzielle Konsequenzen des Risikoeintritts herangezogen. Ein **Notfall** stellt im Kontext der BI-Leistungserstellung ein realisiertes Ereignis dar, das die Bereitstellung von BI-Dienstleistungen in einem so großen Umfang negativ beeinflusst, dass die Wiederherstellung nur mit einem hohen Aufwand möglich ist. Daher sind die schädlichen Auswirkungen eines Notfalls in der BI-Leistungserstellung deutlich höher als die einer Störung.[661]

Aufgabeninhalte

Das BI-Notfallmanagement als Element des übergeordneten Krisenmanagements auf Unternehmensebene beinhaltet die folgenden Aufgaben als wesentliche Bestandteile:[662]

Den Ausgangspunkt bilden eine **Anforderungsanalyse** und die **Strategiedefinition** des BI-Notfallmanagements. Die Anforderungsanalyse dient der Erhebung der Auswir-

---

[659] Das BI-Notfallmanagement unterstützt somit das übergeordnete Krisenmanagement auf Unternehmensebene. Zum generell auf den operativen Geschäftsbetrieb eines Unternehmens bezogenen Krisenmanagement vgl. exemplarisch Elliott et al (2002), S. 48ff. sowie Schettler et al. (2003), S. 3ff.

[660] In Analogie zu OGC (2007b), S. 125f.

[661] In Analogie zu OGC (2001), S. 164ff.

[662] Vgl. im Folgenden in Analogie zu OGC (2007b), S. 128ff.

kungen von Unterbrechungen der BI-Dienstleistungen auf den Geschäftsbetrieb. Hierzu werden die Integration von BI-Dienstleistungen in kritische Geschäftsprozesse sowie die Folgen eines Ausfalls für die BI-Leistungsabnehmer untersucht. Die Resultate dieser Analyse fließen in die Strategiedefinition des BI-Notfallmanagements ein. Die BI-Notfallstrategie soll ein ausgewogenes Gleichgewicht von Maßnahmen zur vorbeugenden Reduktion möglicher Ausfallrisiken von BI-Dienstleistungen und zur Wiederherstellung unterbrochener BI-Services beinhalten. Im Rahmen des BI-Notfallmanagements können zur präventiven Risikoreduktion u. a. verbesserte Überwachungsmaßnahmen zur Entdeckung von BI-Service-Unterbrechungen, eine umfassende Strategie zur BI-Datensicherung- und -wiederherstellung, die Beseitigung von BI-Systemengpässen (*Single Points of Failure*) oder der Bezug von Outsourcing-Leistungen von mehreren Lieferanten herangezogen werden. Vorab geplante reaktive Maßnahmen zur Wiederherstellung von BI-Dienstleistungen können nach der Zeitdauer unterteilt werden, die bis zur Wiedererreichung des vereinbarten BI-SLAs vergeht. Es kann zwischen manuellen Work-Around-Lösungen des BI-Betriebspersonals, einer allmählichen, stufenweisen Wiederherstellung über Tage oder Wochen (*Cold Standby*), einer mittelfristigen Wiederherstellung nach einer vorab definierten Zeitperiode (*Warm Standby*), einer kurzfristigen Wiederherstellung innerhalb von 24 Stunden (*Hot Standby*) sowie einer sofortigen Wiederherstellung unterschieden werden. Hierbei wird auf redundante BI-Infrastrukturen zur Erstellung kritischer BI-Services zurückgegriffen (*Mirroring, Split Site*). Je kürzer der akzeptable Zeitraum bis zur Wiederherstellung der Verfügbarkeit der BI-Services ist, desto höher ist der Aufwand für die Vorhaltung einer produktionsbereiten BI-Ersatzinfrastruktur.

Anschließend erfolgt die **Implementierung** der BI-Notfallstrategie. Dies beinhaltet die Festlegung organisatorischer Zuständigkeiten und Abläufe für den Fall der Unterbrechung der Verfügbarkeit von BI-Dienstleistungen. Die präventive Maßnahmen zur Risikoreduktion sowie die oben genannten, nach dem Zeitraum bis zur Wiedererreichung der BI-SLAs differenzierten Wiederherstellungsmaßnahmen sind umzusetzen. Es sind Verfahrenvorschriften für BI-Notfälle und Wiederherstellungspläne auszuarbeiten. Die Wirksamkeit der BI-Notfallplanung wird mit Hilfe wirklichkeitsnaher Tests überprüft.

Zu den Aufgaben der **Steuerung des laufenden Betriebs** des BI-Notfallmanagements gehört es, die betroffenen Mitarbeiter mit den BI-Notfallplänen vertraut zu machen, die Planungen periodischen Prüfungen zu unterziehen, regelmäßige Tests der kritischen BI-Infrastrukturen und der BI-Notfall-Verfahrensweisen durchzuführen sowie alle Änderungen an den BI-Dienstleistungen, BI-Applikationen und BI-Infrastruktur-komponenten auf ihre Auswirkungen für die Notfallplanung hin zu überprüfen.

Steuerungsgrößen

Das BI-Notfallmanagement ist darauf gerichtet, das allgemeine Krisenmanagement eines Unternehmens zu unterstützen, indem ausgefallene BI-Dienstleistungen sowie die vorgelagerten Inputleistungen im Rahmen der erforderlichen und vereinbarten Zeiträume wiederhergestellt werden können. Hierzu können die folgenden Maßgrößen einen Beitrag leisten.[663]

- *Anzahl kritischer BI-Dienstleistungen, die nicht vom BI-Notfallmanagement abgedeckt werden:*
  Anzahl von BI-Dienstleistungen, deren Verfügbarkeit für die Geschäftsprozesse des Unternehmens als kritisch eingestuft wird und die dennoch nicht in den BI-Notfallplanungen berücksichtigt werden.

- *Verzögerungen der Prüfung der BI-Notfallplanung (gemessen in Tagen):*
  Zeitliche Verzögerung in Tagen zwischen einem anberaumten Testtermin eines BI-Notfallplans und dem aktuellen Datum als Maß für die Korrektheit des BI-Notfall-plans.

- *Anzahl offener Probleme, die während der letzten Prüfung der BI-Notfallplanung entdeckt und noch nicht behoben wurden:*
  Anzahl offener Probleme, die während der letzten Prüfung der BI-Notfallplanung entdeckt und noch nicht behoben wurden als Maß für die Korrektheit des BI-Notfallplans.

- *Ergebnisse einer Mitarbeiterumfragung zum Bewusstsein der Bedeutung der BI-Notfallplanung:*
  Befragung der betroffenen Fachbereichs- und IT-Mitarbeiter hinsichtlich der wahrgenommen Bedeutung der Ausfallsicherheit kritischer BI-Dienstleistungen und der BI-Notfallplanung als Maß für die angemessene Kommunikation des BI-Notfallmanagements.

---

[663] Vgl. im Folgenden in Analogie zu Brooks et al. (2006), S. 153ff.

4.3.6   BI-Sicherheitsmanagement

Business-Intelligence-Lösungen stellen oftmals zentrale Informationsquellen zur Entscheidungsunterstützung in Unternehmen dar und enthalten daher häufig sensible Daten. Mögliche Inhalte können bspw. wettbewerbsrelevante finanzielle Kennzahlen oder auch gesetzlich geschützte personenbezogene Daten von Kunden sein.[664] Unberechtigte Zugriffe auf solche Daten können für betroffene Unternehmen zu erheblichen finanziellen Schäden und Beeinträchtigungen der Reputation führen.

SOLER ET AL. legen dar, dass Konzepte des Requirements Engineering für BI-Applikationen häufig die Anforderungen an das Datenmodell in den Vordergrund stellen, wohingegen die BI-Sicherheitsaspekte erst zu einem späteren Zeitpunkt in den Implementierungsprozess einbezogen werden. Sie verdeutlichen, dass durch eine frühzeitige Berücksichtigung der BI-Sicherheitsanforderungen der Nutzwert von BI-Lösungen für die Anwender gesteigert werden kann.[665]

Zielsetzung

Das **BI-Sicherheitsmanagement** zielt darauf ab, auf der Basis des übergeordneten Geschäfts- und IT-Sicherheitsmanagements des Unternehmens Sicherheitsrichtlinien für den BI-Einsatz zu erarbeiten und umzusetzen sowie die Erfüllung der in den BI-Service-Level-Agreements vereinbarten Sicherheitsanforderungen zu garantieren.[666]

Grundbegriffe

Zu den wesentlichen Merkmalen der Sicherheit von BI-Dienstleistungen gehört es, dass von den Kunden benötigte Informationen verfügbar sind, die BI-Applikationen und die BI-Infrastrukturen Angriffsversuchen widerstehen können sowie Ausfälle verhindert bzw. in angemessener Zeit behoben werden können (**BI-Verfügbarkeit**).[667] Des Weiteren ist der Zugriff auf BI-Dienstleistungen ausschließlich befugten Personen zu gewähren (**BI-Vertraulichkeit**). Veränderungen an den BI-Datenbeständen und den BI Configuration Items dürfen nur von autorisierten Mitarbeitern nach hierzu freigegebenen Verfahren durchgeführt werden (**BI-Integrität**). Im Rahmen des Aus-

---

[664] Zu einer Darstellung verschiedener nationaler und internationaler gesetzlicher Regelungen, die den Schutz von Kundendaten im Business-Intelligence-Kontext betreffen vgl. exemplarisch Elson/LeClerc (2005), S. 52f.

[665] Vgl. Soler et al. (2008), S. 104ff.

[666] In Analogie zu OGC (2007b), S. 141f.

[667] Hier zeigt sich eine enge Verwandtschaft mit dem Themenbereich BI-Verfügbarkeitsmanagement, das in Kapitel 4.3.4 beleuchtet wird.

tauschs von BI-Daten – bspw. in Form von standort- oder unternehmensübergreifenden BI-Dienstleistungen – müssen eine eindeutige Zuordnung zum Absender sowie ein Nachweis, dass keine unzulässige Veränderungen der Daten vorgenommen wurden, möglich sein (**BI-Authentizität**).[668]

Aufgabeninhalte

Die **Planung** des BI-Sicherheitsmanagements beinhaltet die Konkretisierung und Detaillierung der Sicherheitsanforderungen.[669] Diese ergeben sich aus den vorgelagerten Festlegungen der gesamtunternehmensbezogenen Corporate Governance, der IT-Governance sowie der BI-Governance. Weiterhin fließen Anforderungen aus den BI-Service-Level- und den BI-Operational-Level-Vereinbarungen sowie den Verträgen mit externen BI-Zulieferern ein. Auf der Basis dieser Informationen werden erforderliche Sicherheitsmaßnahmen des BI-Einsatzes abgeleitet und deren Umsetzung vorbereitet.

PIATTINI und RODERO heben die besonderen Herausforderungen des Sicherheitsmanagements im BI-Kontext hervor, die sich aus den häufig komplexen Infrastrukturen ergeben. Sie schlagen daher ein Sicherheitskonzept vor, dass an der BI-Ebenenarchitektur[670] ansetzt. Für jede Schicht werden hierbei die Sicherheitsanforderungen analysiert und geeignete Maßnahmen erarbeitet. Sie empfehlen etwa bereits auf der ETL-Ebene im Falle des Datenaustauschs zwischen verschiedenen IT-Systemen – insbesondere über öffentliche Netze – die hieraus resultierenden Sicherheitsanforderungen in das BI-Sicherheitskonzept zu übernehmen. Auf der Datenhaltungsebene kann bspw. betrachtet werden, inwieweit eine Datenverschlüsselung erforderlich ist und für welche Datengranularität Benutzerrechte vergeben werden. Für die Ebene des Endbenutzerzugriffs legen sie u. a. nahe, Abfragen, die sich auf sensible Informationen wie finanzielle, medizinische oder Personalangelegenheiten beziehen und somit für unautorisierte Abrufe prädestiniert sind, automatisch im Rahmen des BI-Systembetriebs verfolgen zu lassen.[671]

ELSON und LECLERC empfehlen als generische Maßnahmen des BI-Sicherheitsmanagements insbesondere die Ausarbeitung von BI-Sicherheitsregeln, die Einrichtung von BI-Sicherheitsverfahren (wie z. B. einer Endbenutzer-Authentifizierung, die

---

[668] In Analogie zu OGC (2007b), S. 141.
[669] Vgl. im Folgenden in Analogie zu OGC (2007b), S. 141ff. sowie Cazemier et al. (2010), S. 91ff.
[670] Vgl. hierzu die Ebenen des BI-Ordnungsrahmens in Kapitel 2.1.2.
[671] Zu einer detaillierten Darstellung der von PIATTINI und RODERO vorgeschlagenen BI-Sicherheitskonzeption vgl. Piattini/Rodero (1999), S. 255ff.

Durchführung von Zugriffskontrollen und die Verschlüsselung sensibler Daten), eine Begrenzung des physischen Zugangs zu den BI-Systemen in der Rechenzentrumsumgebung sowie regelmäßige Evaluationen der BI-Sicherheitsprozeduren.[672]

WANG und JAJODIA fokussieren spezielle Herausforderungen, die sich aus der Absicherung von aggregierten Daten und möglichen Rückschlüssen auf geschützte Daten in OLAP-Systemen ergeben.[673]

Die **Implementierung** des BI-Sicherheitsmanagements zielt darauf ab, geeignete Verfahren und Prozeduren im Unternehmen zu verankern, um die BI-Sicherheitsanforderungen zu erreichen. Als bedeutsam für eine erfolgreiche Umsetzung kann insbesondere eine eindeutige Zuordnung der Verantwortlichkeiten für Sicherheitsfragen von BI-Dienstleistungen und allgemein von BI Configuration Items angesehen werden. Des Weiteren sind die BI-Daten sowie die BI-Datenhaltungskomponenten anhand ihrer Schutzwürdigkeit und möglicher Auswirkungen von Sicherheitsverstößen (z. B. die Veröffentlichung sensibler Daten) zu klassifizieren.[674]

Durch eine regelmäßige **Evaluierung** des BI-Sicherheitsmanagements kann überprüft werden, ob die jeweils aktuell angewendeten Prozeduren und Verfahrensweisen mit den Sicherheitsanforderungen in BI-Service-Level-Agreements und BI-Operational-Level-Agreements übereinstimmen. Darüber hinaus sollten auch die technischen BI-Infrastrukturen periodisch in Bezug auf die Einhaltung der Sicherheitsanforderungen begutachtet werden.

Im Rahmen der **Aktualisierung** des BI-Sicherheitsmanagements werden sowohl die in den BI-Service-Level- und BI-Operational-Level-Agreements vereinbarten Sicherheitsregelungen an neue Anforderungen angepasst als auch Verbesserungen an bereits implementierten BI-Sicherheitsmaßnahmen und deren Steuerungsstrukturen vorgenommen.

Steuerungsgrößen

Zur Unterstützung des BI-Sicherheitsmanagements bei der Umsetzung der Sicherheitsanforderungen, die sich aus Corporate-, IT- und BI-Governance-Richtlinien ergeben sowie aus BI-SLAs und BI-OLAs abgeleitet werden, können die folgenden Maßgrößen genutzt werden:[675]

---

[672] Vgl. Elson/LeClerc (2005), S. 54f.
[673] Vgl. Wang/Jajodia (2008), S. 191ff.
[674] In Analogie zu OGC (2007b), S. 143.
[675] Vgl. im Folgenden in Analogie zu Brooks et al. (2006), S. 163ff.

- *Anzahl sicherheitsrelevanter Störungen von BI Configuration Items:*
  Anzahl von Störungen, die die Sicherheit von BI Configuration Items beeinträchtigen (Ziel: Reduktion der Anzahl und der Schwere sicherheitsrelevanter BI-Störungen im Verlauf der Zeit).

- *Anzahl identifizierter Sicherheitsrisiken von BI Configuration Items:*
  Anzahl von erkannten und nach ihrem Schadenspotenzial klassifizierten Sicherheitsrisiken von BI Configuration Items (Verwendung als Gütemaß der Risikoanalyse innerhalb des BI-Sicherheitsmanagements, da in komplexen IT-Umgebungen sicherheitsrelevante Beeinträchtigungen nicht völlig auszuschließen sind).

- *Anzahl ungelöster sicherheitsrelevanter Probleme von BI Configuration Items:*
  Anzahl von Problemen, die die Sicherheit von BI Configuration Items beeinträchtigen und die zum Betrachtungszeitpunkt ungelöst sind (Gütemaß des BI-Sicherheitsmanagements).

- *Anteil von BI-Service-Level-Agreements mit expliziten Sicherheitsspezifikationen:*
  Prozentualer Anteil von BI-Service-Level-Agreements, die eine explizite und in einem ggf. vorhandenen BI-Konfigurationsinformationssystem hinterlegte Regelung zu den Sicherheitsanforderungen enthalten (möglichst nicht als Standardformulierung).

- *Anteil von BI-Operational-Level-Agreements mit expliziten Sicherheitsspezifikationen:*
  Prozentualer Anteil von BI-Operational-Level-Agreements, die eine explizite und in einem ggf. vorhandenen BI-Konfigurationsinformationssystem hinterlegte Regelung zu den Sicherheitsanforderungen enthalten (möglichst nicht als Standardformulierung).

- *Anteil von BI-Underpinning-Contracts mit expliziten Sicherheitsspezifikationen:*
  Prozentualer Anteil von BI-Underpinning-Contracts, die eine explizite und in einem ggf. vorhandenen BI-Konfigurationsinformationssystem hinterlegte Regelung zu den Sicherheitsanforderungen enthalten (möglichst nicht als Standardformulierung).

4.3.7 BI-Finanzmanagement

BENSBERG, SIMON sowie WATSON und HALEY führen aus, dass der monetäre Nutzen des Einsatzes von BI-Lösungen oftmals nicht direkt messbar ist. Mit Hilfe von BI-Dienstleistungen werden Informationsprodukte erzeugt und den Anwendern bereitgestellt. Entscheidungen auf der Basis dieser Informationen werden von den Anwendern in den

Unternehmensfachbereichen getroffen. Neben den BI-Informationsprodukten wirken regelmäßig auch weitere Einflussfaktoren auf den Entscheidungsprozess ein und prägen dessen Ergebnis.[676] In der Folge ist der konkrete Nutzen des BI-Einsatzes in vielen Fällen nur eingeschränkt quantifizierbar. Daher kommt der aktiven Steuerung des Ressourceneinsatzes der BI-Leistungserstellung im Rahmen des BI-Finanzmanagements eine umso höhere Bedeutung zu. LÖNNQVIST und PIRTTIMÄKI legen dar, dass die Produktion von BI-Dienstleistungen ein unzureichendes Kosten-Nutzen-Verhältnis aufweisen kann, wenn die gelieferten Informationen nicht fehlerfrei sind oder nicht den Anforderungen der Endbenutzer entsprechen. Das BI-Finanzmanagement ist darauf ausgerichtet, die Kosten der BI-Leistungserstellung transparent zu machen, eine kontinuierliche Verbesserung der BI-Dienstleistungen zu unterstützen sowie hieraus resultierend die Akzeptanz des BI-Einsatzes im Unternehmen zu steigern.[677]

Wie die Ergebnisse der empirischen Untersuchung in Kapitel 3.2.2.1 gezeigt haben, sind in den befragten Unternehmen Budgets von bis zu mehreren Millionen Euro pro Jahr für den Betrieb von Business-Intelligence-Lösungen vorgesehen. Die größten Anteile des BI-Betriebsbudgets umfassen die Bereiche interne Personalkosten sowie Software- und Hardware-Kosten, wobei sich ein Zusammenhang zwischen der Größe von BI-Lösungen und der Höhe des Ressourceneinsatzes des BI-Betriebs erkennen lässt.[678]

Zielsetzung

Das **BI-Finanzmanagement** zielt darauf ab – im Sinne eines IT-Controllings – Entscheidungsträgern die zur Planung, Steuerung und Kontrolle des Business-Intelligence-Ansatzes eines Unternehmens erforderlichen Informationen zur Verfügung zu stellen.[679]

Grundbegriffe

Die **BI-Budgetierung** umfasst die finanzielle Planung der BI-Leistungserstellung. Hierzu werden die erforderlichen Geldmittel prognostiziert und in einem regelmäßigen, meist jährlichen Verhandlungsprozess vereinbart. Mit Hilfe der **BI-Kosten-**

---

[676] Vgl. Bensberg (2003), S. 233, Simon (1998), S. 45ff. sowie Watson/Haley (1998), S. 35. Zu ausführlichen Untersuchungen des Nutzens von Business-Intelligence-Lösungen vgl. auch Ghilic-Micu et al. (2008), Smith/Crossland (2008), Williams/Williams (2007) und Gessner/Volonino (2005) sowie die dort zitierten Literaturquellen.
[677] Vgl. Lönnqvist/Pirttimäki (2006), S. 33.
[678] Vgl. Kapitel 3.2.2.1.
[679] In Analogie zu OGC (2007a), S. 97f.

rechnung werden die tatsächlichen Ist-Kosten der BI-Leistungserstellung dokumentiert, mit dem geplanten BI-Budget abgeglichen und so einer Steuerung zugänglich gemacht. Die **BI-Leistungsverrechnung** dient dazu, den Kunden die empfangenen BI-Dienstleistungen in Rechnung zu stellen. Die Anwendung einer BI-Leistungsverrechnung ist optional und hängt davon ab, welche Kosten- und Erlösverantwortung der BI-Leistungsersteller im Unternehmen trägt.[680] Eine innovative Erweiterung der vorgenannten kostenorientierten Ansätze stellt die **BI-Balanced-Scorecard** dar. Mit Hilfe des Konzepts der BI-Balanced-Scorecard können sowohl finanzielle als auch nicht-finanzielle Perspektiven der BI-Leistungserstellung integriert werden. Sie ermöglicht somit eine übergreifende Analyse, die neben den Kosten- auch die Nutzenaspekte des BI-Einsatzes berücksichtigt.

Aufgabeninhalte

Mit der zunehmenden Bedeutung des BI-Einsatzes in den Anwenderunternehmen steigt der Kostenanteil der BI-Leistungserstellung am insgesamt verfügbaren IT-Budget. In der Folge erhöhen sich auch die Anforderungen an die Wirtschaftlichkeit der BI-Leistungserstellung. In Analogie zur IT Infrastructure Library können die BI-Budgetierung, die BI-Kostenrechnung und die BI-Leistungsverrechnung sowie darüber hinaus die auf den Vorschlägen von BENSBERG beruhende BI-Balanced-Scorecard eingesetzt werden, um die Wirtschaftlichkeit der BI-Leistungserstellung eines Unternehmens transparent zu machen.[681]

Um den monetären Einsatz für die BI-Leistungserstellung ganzheitlich analysieren und steuern zu können, ist es erforderlich, die Aufwendungen für BI-Dienstleistungen über deren gesamte Lebensdauer zu berücksichtigen. BULLINGER ET AL. verstehen unter einer solchen Total-Cost-of-Ownership-Sichtweise die Betrachtung aller im Zusammenhang mit komplexen IT-Systemen anfallenden Kosten über den kompletten Le-

---

[680] In Analogie zu OGC (2001), S. 59f.; zu einer Methodendiskussion der Preisfindung von IT-Produkten vgl. exemplarisch Herzwurm et al. (2010), S. 529ff.

[681] BENSBERG schlägt ein Konzept für eine solche Balanced-Scorecard zur Performancesteuerung einer Umgebung für IT-gestützte Entscheidungsunterstützungssysteme vor. Er verwendet hierfür den Begriff ,Data Warehouse Balanced Scorecard'. Zu einer detaillierten Darstellung dieses Ansatzes vgl. Bensberg (2003), S. 233ff.

benszyklus von der initialen Implementierung über die Betriebsphase bis zur Außerdienststellung.[682]

Die **BI-Budgetierung**[683] zielt darauf ab, die Kosten der BI-Leistungserstellung zu planen und zu steuern. Aus den Vorgaben der BI-Strategie und des angestrebten BI-Portfolios wird die Höhe der BI-Budgetansätze abgeleitet. Hieraus ergeben sich die Budgetpläne, die die erforderlichen Mittel für die Entwicklung sowie für den Betrieb von BI-Dienstleistungen beinhalten. Die BI-Budgetansätze werden in Abhängigkeit von der Fristigkeit der strategischen BI-Ziele zyklisch aktualisiert. In Anlehnung an das Geschäftsjahr eines Unternehmens kann bspw. eine jährliche oder unterjährig eine monatliche Planung der Budgets für laufende BI-Entwicklungsprojekte und den operativen BI-Betrieb angesetzt werden. Um die mittel- und langfristigen Aufwendungen für die im Rahmen BI-Leistungserstellung anfallenden Aktivitäten und Ressourceneinsätze planen zu können, werden globale BI-Budgets bspw. für Zeiträume von drei oder fünf Jahren aufgestellt.

Die **BI-Kostenrechnung** nutzt die BI-Budgets als Planvorgaben der BI-Mittelverwendung und gleicht sie mit dem tatsächlichen Mittelverbrauch ab. Mit Hilfe der BI-Kostenrechnung erhält ein BI-Leistungsersteller die Möglichkeit, die tatsächlichen Aufwendungen für die Produktion von BI-Dienstleistungen und für die BI-Infrastruktur zu identifizieren. Durch eine Abweichungsanalyse von Plan- und Ist-Kosten können Steuerungsinformationen für BI-Leistungserbringung abgeleitet werden. Auf der Basis von Erfahrungswerten lassen sich etwa für eine Kosten-Nutzen-Analyse die anfallenden Kosten für einzelne Teilaufgaben der BI-Leistungserstellung, wie z. B. die Änderung eines bereits bestehenden BI-Services, prognostizieren.

Die **BI-Leistungsverrechnung** dient dazu, den Aufwand für die BI-Leistungserstellung verursachungsgerecht auf die Kunden zu verteilen. Im BI-Bereich ergibt sich die Besonderheit, umfangreiche BI-Infrastrukturen wie z. B. Core-Data-Warehouse-Plattformen, die zur BI-Produktion für eine Vielzahl von Kunden genutzt werden, zu

---

[682] Vgl. Bullinger et al. (1998), 13ff. Die grundlegende Idee einer Total-Cost-of-Ownership-Betrachtung zielt darauf ab, die durch den Einsatz von IT-Infrastrukturen entstehenden Kosten transparent zu machen und in der Folge steuern zu können. Sie unterstützt somit die betriebswirtschaftlichen Ziele der Kostensenkung und Gewinnmaximierung. Kritisch bewertet wird die in einigen Total-Cost-of-Ownership-Modellen zu findende Konzentration auf die Kosten des IT-Einsatzes, während der entstehende Nutzen für die Geschäftsprozesse eines Unternehmens nur am Rande einbezogen wird. Zu einer breiten Darstellung und kritischen Diskussion der Total-Cost-of-Ownership-Thematik vgl. exemplarisch Treber et al. (2004), S. 8ff., David et al. (2002), S. 101ff. sowie Wild/Herges (2000), S. 3ff.

[683] Vgl. im Folgenden in Analogie zu OGC (2001), S. 59ff. sowie OGC (2007a), S. 97ff.

verrechnen. Insbesondere wenn ein Unternehmen sich in der BI-Einführungs- und -Wachstumsphase befindet, wird oftmals frühzeitig ein bedeutender Teil der dispositiven Datenhaltung der BI-Infrastruktur aufgebaut, der bereits Vorleistungen für später geplante BI-Lösungen enthält. Hierdurch entsteht ein sog. altruistischer Aufwand in der BI-Leistungsbereitstellung, der bspw. als unternehmensbezogene Infrastrukturmaßnahme abgerechnet werden kann.[684]

Ein Instrument zur Verknüpfung finanzieller und nicht-finanzieller Ziele der BI-Leistungserstellung bildet die **BI-Balanced-Scorecard**. Die Ziele werden aus der BI-Strategie abgleitet und ihr Erreichungsgrad mit Hilfe geeigneter Messgrößen ermittelt. Die Abb. 4-8 zeigt eine exemplarische Ausprägung einer BI-Balanced-Scorecard in Anlehnung an BENSBERG.

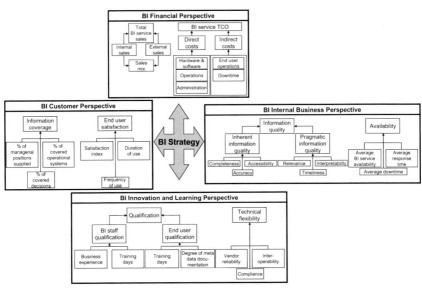

Abb. 4 8:   Beispielhafte Darstellung einer Business-Intelligence-Balanced-Scorecard[685]

Die Ziele der Finanz-, der Kunden-, der internen Geschäfts- sowie der Innovations- und Lernperspektive sind jeweils unternehmensindividuell zu konkretisieren:[686]

---

[684] Vgl. Kemper et al. (2006), S. 169 sowie Kemper et al. (2010), S. 201.
[685] Quelle: in Anlehnung an Bensberg (2003), S. 236ff.
[686] Vgl. im Folgenden Bensberg (2003), S. 236ff.; zu einer detaillierten Darstellung einer für den Bereich des IT-Service-Managements ausgeprägten Balanced Scorecard vgl. exemplarisch Schomann/Röder (2008), S. 324ff.

- Innerhalb der *Finanzperspektive* ist erkennbar, dass der BI-Leistungserbringer eine Erlösverantwortung trägt und dementsprechend die BI-Dienstleistungen an unternehmensinterne und -externe Kunden verrechnet.[687] Die Kosten der BI-Dienstleistungsproduktion werden im Sinne eines Total-Cost-of-Ownership-Ansatzes über den gesamten Lebenszyklus eines BI-Service berücksichtigt und weiter in direkt zurechenbare sowie indirekte Kosten differenziert.

- Im Rahmen der *Kunden-Perspektive* wird analysiert, in welchem Umfang BI-Dienstleistungen wie bspw. Berichtsplattformen, OLAP-Anwendungen oder Data-Mining-Applikationen die Anforderungen der verschiedenen Kundensegmente – z. B. der Management-Ebene oder operativer Entscheidungsträger – abdecken. Des Weiteren sollte die Zufriedenheit der Endbenutzer mit den ausgelieferten BI-Services durch direkte Befragungen und eine Untersuchung des Nutzungsverhaltens erhoben werden.

- Die *interne Geschäftsperspektive* beinhaltet in diesem Beispiel die Informationsqualität als zentrales Ziel der BI-Leistungserstellung. Anhand der inhärenten sowie der pragmatischen Informationsqualität erfolgt die Bewertung.[688] Weiterhin wird die Verfügbarkeit der BI-Dienstleistungen als wesentlicher Aspekt betrachtet, der die Zufriedenheit der Endbenutzer sowie indirekt – durch mögliche Zeiten der Betriebsunterbrechung – auch die Total-Cost-of-Ownership beeinflusst. Daher werden Messgrößen wie die Verfügbarkeit der BI-Dienstleistungen, die Antwortzeiten und Zeiten der BI-Betriebsunterbrechung ausgewiesen.

- Die *Innovations- und Lernperspektive* dokumentiert die Fähigkeit eines Unternehmens, aktuelle und zukünftige Anforderungen der BI-Leistungserstellung flexibel erfüllen zu können. Dies hängt von der Qualifikation sowohl der BI-Mitarbeiter als auch der Endbenutzer ab. Die Kompetenzen der BI-Mitarbeiter können bspw. anhand der Kenntnis der Geschäftsprozesse des Unternehmens, der Berufserfahrung

---

[687] BI-Leistungserbringer werden oftmals als Cost Center eingestuft oder sind Teil einer größeren IT-Organisationseinheit, die wiederum als Cost Center behandelt wird. Einem BI-Leistungserbringer die Rolle eines Profit Centers zuzuweisen erscheint primär dann sinnvoll, wenn diese Einheit Informationsprodukte am unternehmensexternen Markt anbietet. Zu einer kritischen Diskussion der Einordnung einer BI-Organisationseinheit als Profit Center vgl. Gibbons et al. (2008), S. 31ff.

[688] Die Messung der inhärenten Informationsqualität ist unabhängig von der konkreten Verwendung der BI-Informationsinhalte und beruht auf statistischen Kenngrößen wie der Vollständigkeit der Datenwerte, deren Fehlerfreiheit sowie ihrer Zugänglichkeit im Bedarfsfall. Dagegen bezieht sich die pragmatische Informationsqualität auf die Eignung der BI-Informationsinhalte zur Unterstützung spezifischer Geschäftsprozesse. Hierbei wird die Relevanz, die Aktualität sowie die Interpretierbarkeit der BI-Daten berücksichtigt, vgl. Bensberg (2003), S. 238f. sowie English (1999), S. 142.

im BI-Umfeld sowie des Umfangs der BI-spezifischen Weiterbildungen bewertet werden. Darüber hinaus lässt sich die Leistungsfähigkeit der BI-Infrastruktur als Betrachtungskriterium heranziehen.[689]

Steuerungsgrößen

Ein wesentlicher Aspekt der Aufgaben des BI-Finanzmanagements besteht darin, eine Kennzahlensystematik zur Steuerung der übrigen Teilbereiche der BI-Leistungserstellung zu entwickeln und anzuwenden. Mögliche Steuerungskennzahlen der verschiedenen Teilmodule der BI-Leistungserstellung werden jeweils in den einzelnen Kapiteln zu diesen Modulen aufgezeigt. Darüber hinaus ist es auch erforderlich, Maßgrößen zur internen Lenkung des BI-Finanzmanagements einzusetzen:[690]

- *Prozentualer Anteil der BI-Kosten, die im Rahmen der BI-Kostenrechnung berücksichtigt werden:*

  Prozentualer Anteil der im Rahmen der BI-Kostenrechnung berücksichtigten BI-Kosten an den gesamten Kosten, die durch die BI-Leistungserstellung verursacht werden (Maß für den Abdeckungsgrad der BI-Kostenrechnung).

- *Anzahl von Änderungen am Algorithmus der BI-Leistungsverrechnung:*

  Anzahl von Änderungen am Algorithmus der BI-Leistungsverrechnung als Maß für die Stabilität der Verrechnungssystematik.

- *Verzögerungen in der Auslieferung von BI-Finanzberichten (gemessen in Tagen):*

  Anzahl von Tagen, die der tatsächliche Auslieferungszeitpunkt nach dem geplanten Zeitpunkt liegt (Maß für die Prozessreife des BI-Finanzberichtswesens).

- *Prozentuale Abweichung der BI-Finanzvorausschau:*

  Prozentuale Abweichung zwischen Plan- und Ist-Werten der BI-Kostengrößen (Maß für die Genauigkeit der BI-Finanzvorschau).

- *Anzahl der Anfragen und Beanstandungen zur BI-Leistungsverrechnung:*

  Anzahl der Anfragen und Beanstandungen der Kunden zur BI-Leistungsverrechnung – z. B. gegenüber dem BI-Service-Desk oder in BI-SLA-Besprechungen – als

---

[689] Hierzu schlägt BENSBERG vor, die technische Flexibilität der BI-Infrastruktur auf der Basis mehrer Detailkriterien zu analysieren. Er nennt die Zuverlässigkeit der BI-Software-Anbieter – gemessen an der Anzahl der stabilen Releases der BI-Software pro Jahr, die ohne große Änderungen produktiv eingesetzt werden können. Des Weiteren empfiehlt er die Einhaltung von Compliance-Richtlinien (z. B. gesetzliche Regelungen oder unternehmensbezogene Vorgaben) und die Interoperabilität der BI-Systemkomponenten zu prüfen, vgl. Bensberg (2003), S. 239 sowie Vassiliadis (2000), S. 2.23ff.

[690] Vgl. im Folgenden in Analogie zu Brooks et al. (2006), S. 143ff.

Maß für die überzeugende Vermittlung der Angemessenheit und Korrektheit der Kosten der BI-Leistungserstellung.

4.4   BI-Transformationsmanagement

Das **BI-Transformationsmanagement** dient der Planung, Steuerung und Kontrolle der Überführung von neuen und geänderten BI-Dienstleistungen in den operativen Betrieb. Damit besitzt das BI-Transformationsmanagement eine Schnittstellenfunktion. Im Lebenszyklus von BI-Services ist es zwischen der Umsetzung der Vorgaben der BI-Governance-Ebene durch das BI-Dienstleistungsmanagement und der Leistungserstellung im BI-Produktionsmanagement angesiedelt. Das BI-Transformationsmanagement ist dafür verantwortlich, im Kontext von Neueinführungen und Änderungen von BI-Services mögliche Risiken zu erkennen und zu behandeln, die zu einer Beeinträchtigung oder zum vollständigen Ausfall der BI-Leistungserstellung führen können.[691]

Business-Intelligence-Lösungen weisen tendenziell eine höhere Änderungshäufigkeit auf als transaktionsorientierte Enterprise-Resource-Planning-Systeme. Hierfür existieren unterschiedliche Ursachen. Die Implementierung von BI-Applikationen erfolgt, wie in Kapitel 2.1.5 dargelegt, oftmals in mehreren Iterationen, so dass den Endbenutzern bereits nach kurzer Entwicklungszeit erste BI-Services ausgeliefert werden können. In der Folge ergeben sich auch mehrere Einführungszeitpunkte, an denen BI-Services in den operativen Betrieb übernommen werden. Des Weiteren können Endbenutzer durch die konkrete Nutzung von BI-Services häufig ihr Verständnis für das Potential des BI-Einsatzes erweitern und formulieren neue Anforderungen, die wiederum in Form von Neuerungen oder Veränderungen in die BI-Produktion eingeführt werden. Und nicht zuletzt entstehen durch Anpassungen der Geschäftsmodelle und Geschäftsprozesse von Unternehmen Modifikationsbedarfe hinsichtlich der BI-Services.[692]

Die kontrollierte Steuerung von Änderungen an BI-Services und deren Überführung in den Betrieb stellen daher eine wesentliche Kernaufgabe im Rahmen der Business-Intelligence-Leistungserstellung dar. ECKERSON sowie SEN ET AL. empfehlen eine feste Verankerung der Verantwortlichkeit des BI-Änderungsmanagements, um die erstmali-

---

[691] In Analogie zu OGC (2007c), S. 35ff.
[692] Vgl. Geiger (2001).

ge Implementierung und die weitere Expansion des Business-Intelligence-Einsatz in einem Unternehmen gezielt vorantreiben zu können.[693] MOSS und ATRE führen aus, dass ein systematisches BI-Release-Management durch eine gezielte Zuordnung von BI-Funktionalitäten zu einzelnen Versionen von BI-Applikationen die Qualität der BI-Systemlandschaft deutlich steigern kann.[694]

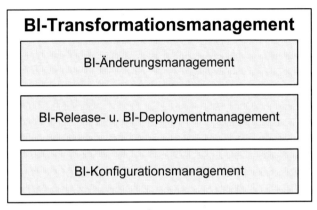

Abb. 4-9:   BI-Transformationsmanagement[695]

Innerhalb des BI-Transformationsmanagements wird im Folgenden in Analogie zum Themenblock *Service Transition*[696] der IT Infrastructure Library differenziert zwischen den Bereichen

- BI-Änderungsmanagement
- BI-Release- und BI-Deploymentmanagement sowie
- BI-Konfigurationsmanagement (vgl. Abb. 4-9).

Mehr als die Hälfte der in der empirischen Studie befragten Unternehmen konstatiert einen deutlichen Handlungsbedarf für den Ausbau dieser Teilaufgaben des BI-Transformationsmanagements.[697]

---

[693] Vgl. Eckerson (2004a), S. 2ff. sowie Sen et al. (2006), S. 441ff.
[694] Vgl. Moss/Atre (2003), S. 359ff.
[695] Quelle: eigene Darstellung.
[696] Vgl. OGC (2007c), S. 42ff.
[697] Vgl. Kapitel 3.2.3.1.

4.4.1   BI-Änderungsmanagement

Wie die empirischen Ergebnisse in Kapitel 3.2.2.2 gezeigt haben, stellen fachlich und technisch motivierte Modifikationen an bestehenden BI-Services eine deutliche Herausforderung für die befragten Unternehmen dar und werden als Erschwernisfaktoren im Rahmen der BI-Leistungserbringung wahrgenommen.

Änderungsanforderungen für BI-Dienstleistungen können alle Ebenen des in Kapitel 2.1.2 vorgestellten BI-Ordnungsrahmens betreffen. So sind bspw. alte Quellsysteme, die außer Betrieb genommen werden, kontrolliert abzutrennen. Bisher nicht angebundene Quellsysteme – wie etwa ERP- oder CRM-Applikationen – können als weitere Datenlieferanten an die BI-Landschaft eines Unternehmens angeschlossen werden. In ETL-Prozessen wird es z. B. in der Folge erforderlich sein, die implementierte Logik zur Steuerung des Datenflusses zu modifizieren. Der Umfang der verfügbaren Daten in einem Core Data Warehouse oder in Data Marts kann durch hinzugefügte Attribute oder Tabellen ausgebaut werden. Im Bereich der Generierung, Speicherung und Distribution von Informationen können etwa Berichte um neue Kennzahlen erweitert werden. Einem Rückgang der Abfragegeschwindigkeit von multidimensionalen Analysesystemen mit wachsendem Datenvolumen kann z. B. durch eine leistungsfähigere BI-Hardware oder durch eine Performance-Optimierung des Datenmodells begegnet werden.

Knapp 40 % der befragten Unternehmen gaben an, das BI-Änderungsmanagement gar nicht oder nur teilweise organisatorisch implementiert zu haben. Deutliche 64 % der Teilnehmer sehen noch einen teilweisen bis sehr hohen Optimierungsbedarf für ihr BI-Änderungsmanagement.[698]

Zielsetzung

Das **BI-Änderungsmanagement** ist eine zentrale Entscheidungsinstanz, die die Verantwortung für die Planung, Steuerung und Kontrolle erforderlicher Änderungen an einer BI-Landschaft besitzt. In diesem Zusammenhang sollen ungeplante Unterbrechungen der Verfügbarkeit der BI-Services minimiert werden. Hierzu werden standardisierte Verfahrensvorschriften definiert, die eine schnelle und qualitätsorientierte Umsetzung von Änderungen an BI-Dienstleistungen erlauben.[699]

---

[698] Vgl. Kapitel 3.2.3.1.
[699] In Analogie zu OGC (2007c), S. 42ff.

Grundbegriffe

Eine **BI-Änderung** (*BI Change*) dient dazu, BI-Dienstleistungen oder für die BI-Leistungserstellung relevante BI-Konfigurationselemente hinzuzufügen, zu modifizieren oder zu entfernen. Ein **BI-Änderungsantrag** (*BI Request for Change / BI RfC*) stellt eine formalisierte Anfrage an den zuständigen Entscheidungsträger dar, bestimmte Änderungen an BI-Konfigurationselementen vorzunehmen. Das **BI-Änderungskomitee** (*BI Change Advisory Board / BI CAB*) ist ein Gremium, das die Entscheidungsbefugnis besitzt, BI-Änderungsanträge zu genehmigen, zu priorisieren und ihre Umsetzung zeitlich einzuplanen. Mitglieder dieses Gremiums sind Vertreter der betroffenen Stakeholder, die ein Interesse an der erfolgreichen Umsetzung von BI-Änderungen besitzen. Hierzu gehören bspw. die BI-Anwenderbereiche, BI-Endbenutzer, BI-Leistungsersteller sowie wichtige externe BI-Dienstleister. Im **BI-Änderungsplan** (*BI Change Schedule*) werden die genehmigten BI-Änderungen dokumentiert. Weiterhin enthält er die entsprechend der Priorisierung gewählte zeitliche Reihenfolge, in der die BI-Änderungen umgesetzt werden sollen.[700]

Aufgabeninhalte

Die Verfahrensschritte zur Bearbeitung einer BI-Änderung werden vorab unternehmensindividuell definiert, wobei die folgenden Teilaufgaben zur Bearbeitung einer BI-Änderung berücksichtigt werden sollten:[701]

- **Erstellung eines BI-Änderungsantrags**

  Ein BI-Änderungsantrag wird von einzelnen Mitarbeitern oder Abteilungen eingereicht. Die eingehenden BI-Änderungsanträge werden erfasst und dokumentiert, um den Verlauf der Bearbeitung nachvollziehen zu können. Der Detaillierungsgrad der Dokumentation hängt von den erwarteten Auswirkungen und dem Umfang der BI-Änderung ab.

- **Logische Prüfung der BI-Änderungsanträge**

  In einem ersten Schritt werden die eingereichten BI-Änderungsanträge auf ihre logische Konsistenz geprüft hinsichtlich der Fragen, ob sie erforderlich, umsetzbar und korrekt sind. Gegebenenfalls sind sie vom Antragsteller zu überarbeiten.

---

[700] In Analogie zu OGC (2000), S. 170ff. sowie OGC (2007c), S. 43ff.
[701] Vgl. im Folgenden in Analogie zu OGC (2007c), S. 48ff. sowie OGC (2000), S. 181ff.

- **Kategorisierung und Priorisierung der BI-Änderungsanträge**

Die Kategorisierung der BI-Änderungsanträge dient der Analyse möglicher Auswirkungen. Hierzu wird in Analogie zu ITIL zwischen drei verschiedenen Kategorien von BI-Änderungen differenziert. Eine **reguläre BI-Änderung** durchläuft definitionsgemäß vollständig die im Voraus festzulegenden Verfahrensschritte des BI-Änderungsprozesses. **BI-Standardänderungen** umfassen im täglichen Betrieb wiederkehrend auftretende Korrekturen an BI-Dienstleistungen. Sie weisen ein geringes Risiko auf, sind intensiven Tests unterzogen worden und können vorab genehmigt werden. Eine BI-Standardänderung erfordert daher keine vollumfängliche Bearbeitung aller Teilschritte des BI-Änderungsprozesses. Beispiele sind die Freigabe und die Aufhebung von Zugriffsberechtigungen von Mitarbeitern für BI-Applikationen oder die Installation einer BI-Client-Software auf dem Rechner eines BI-Endbenutzers. **BI-Notfalländerungen** kommen in Ausnahmesituationen zur Anwendung, wenn kritische Modifikationen an instabilen oder ausgefallenen BI-Dienstleistungen durchzuführen sind, die hoch verfügbar sein müssen oder eine große Anzahl von BI-Anwendern betreffen.

Die Priorisierung dient dazu, eine zeitliche Reihenfolge zur Behandlung von BI-Änderungsanträgen zu bilden. Sie erfolgt auf der Basis der Risiken, die sich aus der Umsetzung von BI-Änderungen bzw. aus dem Verzicht auf die BI-Änderungen für die Geschäftsprozesse des Unternehmens ergeben. BI-Änderungen mit einer **niedrigen Priorität** sind erforderlich. Es genügt jedoch, sie im Rahmen der nächsten BI-Release-Version umzusetzen. Eine **mittlere Priorität** wird einer BI-Änderung zugewiesen, deren Verschiebung keine großen negativen Auswirkungen erwarten lässt. Die Modifikation kann jedoch nicht bis zur nächsten BI-Release-Version ausgesetzt werden. Eine **hohe Priorität** wird Sachverhalten zugewiesen, die große Auswirkungen für eine begrenzte Gruppe von BI-Anwendern oder deutlich erkennbare Ausfälle für einen großen BI-Anwenderkreis erwarten lassen. Solche Änderungen werden vom BI-Änderungskomitee bevorzugt bearbeitet. Eine **unverzügliche Priorität** erhalten Korrekturmaßnahmen, die einen schwerwiegenden Ausfall eines BI-Service behandeln und damit primär BI-Notfalländerungen darstellen. Es können bspw. eine große Anzahl bedeutender BI-Anwender oder kritische Geschäftsprozesse eines Unternehmens betroffen sein – etwa von einem BI-System gelieferte Bonitätskennzahlen in der automatisierten Kreditbearbeitungsapplikation einer Bank.

- **Autorisierung der BI-Änderungsanträge**

  Die Autorisierung eines BI-Änderungsantrags erfolgt in Abhängigkeit der Kategorisierung und Priorisierung sowie der verfügbaren Ressourcen zur Umsetzung. Verantwortlich für die Genehmigung oder Ablehnung ist in der Regel das BI-Änderungsmanagement oder das BI-Änderungskomitee. In Fällen mit besonders hohen Kosten oder Risiken kann die IT-Leitung bzw. die Unternehmensleitung in die Entscheidung involviert werden. BI-Änderungen, die zur Umsetzung im Rahmen einer zukünftigen BI-Release-Version vorgesehen sind, werden an das BI-Releasemanagement weitergeleitet.

- **Implementierung von BI-Änderungen**

  Dem BI-Änderungsmanagement obliegt die Koordination der Aktivitäten der Implementierung sowie der beteiligten Organisationseinheiten. Die genehmigten Modifikationen werden von den zuständigen Implementierungsgruppen entwickelt, getestet und in Betrieb genommen.

- **Evaluation von durchgeführten BI-Änderungen**

  Nach dem Abschluss der Implementierung und einer angemessenen Zeitspanne, in der die BI-Änderung im laufenden Betrieb analysiert wurde, sollte eine Evaluation der durchgeführten Tätigkeiten erfolgen. Hierbei kann das BI-Änderungskomitee überprüfen, ob der gewünschte Nutzen eingetreten ist, ob die BI-Endbenutzer mit dem Resultat zufrieden sind, ob ungewollte Effekte aufgetreten sind und inwiefern der geplante Aufwand der BI-Änderung eingehalten wurde. Wenn die Umsetzung der BI-Änderung positiv bewertet wird, kann der BI-Änderungsantrag als abgeschlossen eingestuft werden. Ansonsten sind weitere Maßnahmen zu prüfen, um das angestrebte Ziel der BI-Änderung zu erreichen.

Steuerungsgrößen

Das BI-Änderungsmanagement zielt darauf ab, erforderliche Modifikationen an BI-Dienstleistungen und BI-Konfigurationselementen durchzuführen und gleichzeitig, das Risiko ungeplanter Ausfälle von BI-Services zu minimieren. Die folgenden Maßgrößen können herangezogen werden, um zu prüfen, inwieweit dieser Zweck erreicht wird:[702]

- *Prozentualer Anteil fehlgeschlagener BI-Änderungen:*
  Prozentualer Anteil der genehmigten BI-Änderungen, die nicht erfolgreich umgesetzt wurden im Verhältnis zu allen BI-Änderungen (Maß für die Güte des Risikomanagements innerhalb des BI-Änderungsmanagements).

- *Anzahl ungenehmigter BI-Änderungen:*
  Anzahl der umgesetzten BI-Änderungen, die als ungenehmigt erkannt wurden (Maß für die Kontrolle über die Konfiguration der BI-Landschaft eines Unternehmens, da unautorisierte Modifikationen zu ungeplanten Ausfällen und zur Instabilität von BI-Services führen können).

- *BI-Änderungsstau:*
  Anzahl der genehmigten BI-Änderungsanträge, die nicht bis zum geplanten Zeitpunkt umgesetzt wurden (Indikator für Anpassungsbedarfe im BI-Änderungsmanagement, da ein hoher Zahlenwert hier bspw. auf eine zu große Anzahl von BI-Änderungsanträgen oder auf zu geringe Ressourcen zur Umsetzung von BI-Änderungen hindeuten kann).

- *Prozentualer Anteil von BI-Änderungen, die zu Störungen in der BI-Leistungserstellung führen:*
  Prozentualer Anteil von BI-Änderungen, die zu Störungen führen, im Verhältnis zu allen BI-Änderungen (Maß für die Güte des BI-Änderungsmanagements).

- *Prozentualer Anteil der BI-Notfalländerungen:*
  Prozentualer Anteil der BI-Notfalländerungen im Verhältnis zu allen BI-Änderungen (Indikator, der im Zeitverlauf zeigen kann, ob das Konstrukt der BI-Notfalländerung zu häufig eingesetzt wird, um vordefinierte Verfahrensweisen zur Risikosteuerung im BI-Änderungsmanagement zu umgehen).

---

[702] Vgl. im Folgenden in Analogie zu Brooks et al. (2006), S. 111ff.

4.4.2   BI-Release- und BI-Deploymentmanagement

Das in Kapitel 4.4.1 vorgestellte BI-Änderungsmanagement dient der Planung und Koordination von Änderungen an BI-Dienstleistungen und besitzt somit primär eine Steuerungsfunktion. Der Fokus des BI-Release- und BI-Deploymentmanagements liegt auf der konkreten Umsetzung von Modifikationen in der BI-Landschaft. Hierzu werden BI-Änderungen zusammengefasst und in Form von neuen Versionen von BI-Dienstleistungen und BI-Infrastrukturelementen geplant, entwickelt und in Betrieb genommen. Diese neuen Versionen werden als BI-Releases bezeichnet. Objekte von neuen BI-Releases können bspw. BI-Applikationen oder BI-Hardware-Ressourcen sein. Daraus ergibt sich eine enge Zusammenarbeit mit dem BI-Änderungsmanagement, das die Durchführung von BI-Änderungsanträgen koordiniert, sowie mit dem BI-Konfigurationsmanagement, das für die Dokumentation und Betreuung der BI-Infrastrukturkomponenten verantwortlich ist.

Im Rahmen der in Kapitel 3 vorgestellten empirischen Untersuchung zeigte sich, dass in 84 % der befragten Unternehmen pro Jahr bis zu fünf neue BI-Release-Versionen in Betrieb genommen werden. Mehr als fünf neue BI-Releases pro Jahr werden in 16 % der Untersuchungseinheiten produktiv gesetzt.[703] In diesen Fällen kann ein institutionalisiertes BI-Release-Management eine geordnete Realisierung neuer Versionsstände einer BI-Landschaft unterstützen.

Zielsetzung

Das **BI-Release- und BI-Deploymentmanagement** trägt die Verantwortung für die erfolgreiche Realisierung, Erprobung und Auslieferung neuer Versionen von BI-Dienstleistungen und BI-Konfigurationselementen. Diese sind im Rahmen des BI-Dienstemanagements entsprechend den Anforderungen der Fachbereiche entworfen worden. Die neuen Versionen von BI-Applikationen werden in den operativen Betrieb übernommen und den BI-Anwendern zur Verfügung gestellt. Hierzu ist es vorab erforderlich, die Verfahrensweisen für die Erstellung neuer BI-Versionen zu definieren. Dies beinhaltet Prozesse für die Planung, den Entwurf, die Realisierung und Implementierung der Komponenten für neue und geänderte BI-Versionen. Wesentliche Änderungen werden vom BI-Konfigurationsmanagement in einer BI-Konfigurati-

---

[703] Vgl. hierzu nochmals Kapitel 3.2.2.2.

onsdatenbank festgehalten. So kann sichergestellt werden, dass Änderungen an der BI-Landschaft systematisch kontrolliert und dokumentiert werden.[704]

Grundbegriffe

Unter einer **BI-Release-Einheit** (*BI Release Unit*) wird eine Kombination aus BI-Komponenten wie etwa BI-Software, BI-Hardware, BI-Dokumenation oder Organisationsprozessen im BI-Umfeld verstanden, die wesentlich sind zur Umsetzung einer BI-Änderung bzw. eines BI-Changes. Die Elemente eines BI-Release werden als eine Gesamtheit realisiert, getestet und in den operativen Betrieb überführt. Ein **BI-Major-Release** ist eine bedeutende neue BI-Version und enthält umfangreiche neue Funktionalitäten. Eine solche große neue BI-Version ersetzt gewöhnlich alle früheren kleineren Änderungen, Versionen und Notfall-Korrekturen. In einem **BI-Minor-Release** werden kleine Verbesserungen und Korrekturen zusammengefasst. Es beinhaltet auch die vorangegangenen Notfall-Korrekturen. Ein **BI-Notfall-Release** dient dazu, einen Fehler, der die Verfügbarkeit einer BI-Applikation gefährden kann, so schnell wie möglich und unter Umständen auch nur vorübergehend zu beheben.[705]

Aufgabeninhalte

Die nachfolgenden Punkte stellen zentrale Aufgaben des BI-Release- und BI-Deploymentmanagements:[706]

- **BI-Release-Richtlinien**

  Die BI-Release-Richtlinien werden im Kontext der Implementierung des BI-Release-Managements definiert. Sie beinhalten, unter welchen Rahmenbedingungen und mit welchen Eigenschaften BI-Releases umgesetzt werden. Hierzu werden bspw. festgelegt, welche BI-Komponenten in Form von Releases erstellt werden, die Bezeichnungs- und Nummerierungsstruktur für BI-Releases, die Inhalte von Business-Intelligence-Major-, -Minor- und -Notfall-Releases, die Häufigkeit von Major- und Minor-Releases, die geschäftskritischen Zeiten, in denen keinen neuen BI-Versionen in Betrieb gehen sollten (z. B. während der Erstellung des Jahresabschlusses), die Struktur der BI-Release-Dokumentation, die Vorgehensweisen für BI-Release-Tests und -Rücknahmen im Problemfall, die Teilschritte des BI-Release-Managements sowie schließlich die Dokumentation der Konfiguration in einer Software-

---

[704] In Analogie zu OGC (2007c), S. 84f. sowie OGC (2000), S. 203ff.
[705] In Analogie zu OGC (2007c), S. 37f. sowie OGC (2000), S. 85.
[706] Vgl. im Folgenden in Analogie zu OGC (2007c), S. 91ff. sowie OGC (2000), S. 215ff.

Bibliothek. MOSS und ATRE schlagen aus konkreten BI-Projekterfahrungen abgeleitete Regeln für die Bildung von BI-Release-Einheiten vor (vgl. Tab. 4-2).

Leitlinien für die Bildung von BI-Release-Einheiten

- BI-Releases sollten ca. alle drei bis sechs Monate ausgeliefert werden – mit Ausnahme der ersten Version, die gewöhnlich eine längere Entwicklungszeit aufweist.
- BI-Releases sollten aus kleinen, gut steuerbaren Auslieferungseinheiten bestehen.
- Die Erwartungen der BI-Anwender sollten fortlaufend aktiv gesteuert werden und an realistischen Ergebnissen ausgerichtet bleiben.
- Eine BI-Release-Einheit muss nicht eine vollständige BI-Applikation darstellen. Eine BI-Applikation kann vielmehr im Zeitverlauf aus mehreren BI-Release-Einheiten aufgebaut werden.
- Die erste Release-Einheit einer BI-Applikation sollte nur eine Basisfunktionalität beinhalten.
- Das Einverständnis der BI-Anwenderbereiche mit der schrittweisen Auslieferung von BI-Applikationen muss aktiv eingeholt werden.
- Die Anforderungen an BI-Applikationen sind zu erfassen und zu priorisieren. Der Geltungsbereich jeder BI-Release-Einheit sollte dabei genau definiert werden und überschaubar bleiben.
- Die Rahmendaten der Erstellung von BI-Applikationen wie z. B. Anwendungsbereich, Zeitplan, Budget, Ressourcen oder Qualität sollten flexibel bleiben, um sie geänderten Anforderungen anpassen zu können.
- BI-Metadaten müssen fester Bestandteil jeder BI-Release-Einheit sein, da ansonsten keine übergreifende Steuerung der Release-Einheiten möglich ist.
- Der BI-Entwicklungsprozess für die Release-Einheiten muss ein hohes Qualitätsniveau aufweisen, da im Sinne eines iterativen Prototyping betriebsfähige Einheiten implementiert werden.
- Kleine Mängel werden unter strikter Beachtung der Regeln des BI-Änderungsmanagements während der Entwicklung einer BI-Release-Einheit behoben.
- Die Behebung großer Mängel wird auf eine spätere BI-Release-Einheit verschoben, wobei die betroffenen Funktionen und Daten entfernt werden.
- Die Priorisierung und Abfolge der Umsetzung von BI-Funktions- und BI-Datenelementen, die auf eine spätere BI-Release-Einheit verschoben wurden, erfolgt durch die BI-Anwender.

Tab. 4-2:   Leitlinien für die Bildung von BI-Release-Einheiten[707]

---

[707] Quelle: vgl. Moss/Atre (2003), S. 363.

- **BI-Release-Planung**

  Während der Planung einer BI-Version werden die erforderlichen Eckwerte abgestimmt wie etwa der Inhalt einer BI-Release-Einheit, die zeitlichen Abläufe, die betroffenen BI-Anwender und deren Standorte, die eingesetzten Ressourcen (z. B. BI-Software- und -Hardware mit den jeweiligen Systemversionen), die Verantwortlichkeiten, die extern bezogenen Dienstleistungen, die erforderlichen Notfallpläne sowie eine Berechnung des erwarteten Aufwands für die Implementierung. Die Tab. 4-3 zeigt wesentliche Aufgabeninhalte der BI-Release-Planung.

- **BI-Release-Entwicklung und -Test**

  Die Entwicklung und der Test von BI-Release-Einheiten sollten auf der Basis von unternehmensspezifisch definierten, standardisierten BI-Entwicklungsverfahren erfolgen wie sie in Kapitel 2.1.5 dargestellt werden. Eine detaillierte Konkretisierung der Einzelschritte eines BI-Entwicklungsprojekts schlagen MOSS und ATRE vor. Der Aufgabenbereich BI-Release-Entwicklung und -Test entspricht in der Nomenklatur dieser beiden Autoren der Phase *Construction Stage* mit den Teilschritten der Entwicklung der Extraktions-, Transformations- und Beladungskomponente, der BI-Applikation, gegebenenfalls einem Data-Mining-Modul sowie der Erstellung einer Metadatenkomponente.[708] Mit jedem iterativen Durchlauf der Phasen wird eine neue BI-Release-Version erzeugt. In Abhängigkeit von der Größe und Bedeutung einer BI-Release-Einheit müssen nicht alle Teilschritte vollständig abgearbeitet werden.

  Im Rahmen des Tests einer BI-Release-Einheit wird geprüft, ob die Systemfunktionen, das Verhalten im operativen Betrieb, die Performance und die Interaktion mit den bestehenden Komponenten der BI-Infrastruktur den vorab definierten Anforderungen entsprechen. Es können auch sog. Pilot-Systeme verwendet werden, um zu prüfen, ob die Elemente eines einzuführenden BI-Service die Anforderungen nicht erfüllen oder Geschäftsprozesse gefährden. Als Artefakte sollen nach Abschluss der Tests die akzeptierten neuen oder geänderten BI-Komponenten, deren geprüfte

---

[708] Vgl. Moss/Atre (2003), S. 259ff. Insgesamt unterteilen Moss und Atre den BI-Entwicklungsprozess in sechs Phasen, die wiederum mehrere Teilschritte enthalten: *Justification* (Business Case Assessment), *Planning Stage* (Enterprise Infrastructure Evaluation, Project Planning), *Business Analysis Stage* (Project Requirements Definition, Data Analysis, Application Prototyping, Meta Data Repository Analysis), *Design* (Database Design, Extract/Transform/Load Design, Meta Data Repository Design), *Construction Stage* (Extract/Transform/Load Development, Application Development, Data Mining, Meta Data Repository Development) sowie *Deployment Stage* (Implementation, Release Evaluation). Zu einer ausführlichen Darstellung der einzelnen Teilschritte vgl. Moss/Atre (2003), S. 5ff.

Verfahren zur Installation, die Dokumentationsdokumente für den Systembetrieb und die Endbenutzerunterstützung, Notfallprozeduren sowie Schulungskonzepte für die BI-Endbenutzer, das BI-Betriebs- und BI-Service-Desk-Personal zur Verfügung stehen.

Inhalte der BI-Release-Planung

BI-Produktionsplanung
- Bibliotheken und Datenbanken für den produktiven BI-Betrieb
- Zeitplan für tägliche, wöchentliche und monatliche ETL-Jobs
- Zeitplan für regelmäßig ausgeführte BI-Reporting-Applikationen
- Zeitplan für regelmäßig ausgeführte BI-Metadaten-Applikationen
- Vorbereitung des BI-Betriebspersonals
- Abstimmung der Ergebnisse der Qualitätssicherungstests der BI-Entwicklung mit dem BI-Betriebspersonal
- Festlegung erforderlicher Betriebsprozeduren
- Zeitplan für die Überführung von Bibliotheken und Datenbanken der BI-Release-Einheiten von der Entwicklungs- und Testumgebung in die Produktionsumgebung

BI-Sicherheitsplanung
- Festlegung der zu sichernden BI-Komponenten
- Festlegung der Sicherheitsmaßnahmen für BI-Daten, -Applikationen, -Werkzeuge und -Schnittstellen
- Festlegung von BI-Datenverschlüsselungsprozeduren, insbesondere für Web-basierte Schnittstellen zu BI-Applikationen
- Entscheidung über die Einbindung von Authentifikationsdiensten eines Unternehmensportals in die BI-Applikation

BI-Datenbankwartung
- Festlegung von Sicherungs- und Wiederherstellungsprozeduren für BI-Datenbanken
- Festlegung von Notfall-Wiederherstellungsprozeduren
- Festlegung von Prozeduren zur Überwachung der BI-Datenbank-Performance
- Festlegung von Prozeduren zur Überwachung der Einhaltung von BI-Service-Level-Vereinbarungen
- Festlegung von Prozeduren zur Überwachung des Wachstums des BI-Datenvolumens sowie der Anzahl der BI-Endbenutzerzugriffe

BI-Endbenutzer-Schulung und -Unterstützung
- Schulung der BI-Endbenutzer in Bezug auf die Nutzung der BI-Applikation
- Schulung der BI-Endbenutzer in Bezug auf die Nutzung des BI-Metadatenverzeichnisses
- Schulung von BI-Power-Usern in Bezug auf die Erstellung effizienter BI-Datenbankabfragen
- Vorbereitung der Mitarbeiter des BI-Service-Desk in Bezug auf Endbenutzer-Fragen zu BI-Applikationen und BI-Metadatenverzeichnis

Tab. 4-3:   Inhalte der BI-Release-Planung[709]

---

[709] Quelle: vgl. Moss/Atre (2003), S. 338f.

- **Planung und Durchführung der BI-Release-Inbetriebnahme**

  Die Planung der Inbetriebnahme von BI-Release-Einheiten beinhaltet primär einen detaillierten Zeitplan sowie eine Aufstellung der im Rahmen der Inbetriebnahme zu installierenden und zu entfernenden Komponenten. Um das Risiko einer großflächigen Störung der BI-Landschaft eines Unternehmens durch mögliche Systemfehler zu reduzieren, sollte die Implementierung umfangreicher BI-Releases in Form eines inkrementellen Rollouts geplant werden.[710]

  Während der Durchführung der BI-Release-Inbetriebnahme werden die Aktivitäten zur Installation neuer oder geänderter BI-Services umgesetzt, die nicht mehr erforderlichen BI-Services und BI-Konfigurationselemente stillgelegt, erforderliche Änderungen der Geschäfts- und BI-Betriebsprozesse durchgeführt sowie die zur Nutzung der neuen BI-Services benötigte Dokumentation in Form von Handbüchern oder Verfahrensrichtlinien veröffentlicht. Alle Änderungen werden in der BI-Konfigurationsdatenbank erfasst.

- **Unterstützung der frühen Betriebsphase eines gerade eingeführten BI-Releases**

  Um Anlaufschwierigkeiten besser begegnen zu können, sollte in der Anfangsphase nach der Einführung einer BI-Release-Einheit eine zusätzliche Unterstützung durch die für die Auslieferung verantwortlichen Mitarbeiter angeboten werden, bis die Endbenutzer neuer oder geänderter BI-Services diese hinreichend stabil einsetzen können, das BI-Betriebspersonal den BI-Service sicher beherrschen kann und die vereinbarten BI-Service-Level-Agreements eingehalten werden.

- **Überprüfung und Abschluss der Inbetriebnahme**

  Eine dem Umfang der Änderungen an der BI-Systemlandschaft angemesse Überprüfung sollte durchgeführt werden, um die Inbetriebnahme der BI-Release-Einheit abzuschließen. Hierzu sollte kontrolliert werden, ob alle geplanten Aktivitäten erfolgreich umgesetzt worden sind und die vereinbarten Messgrößen der BI-Service-Level-Agreements eingehalten werden können. In einer Retrospektive sollten die gesammelten Erfahrungen mit der Implementierung der BI-Release-Einheit dokumentiert werden, um sie für zukünftige Projekte verfügbar zu machen.

---

[710] Vgl. Moss/Atre (2003), S. 339.

Steuerungsgrößen

Die Steuerungsgrößen des BI-Release-Managements können herangezogen werden, um den Prozess des BI-Release- und Deploymentmanagements zu stabilisieren und permanent zu verbessern:[711]

- *Prozentualer Anteil, der im Zeitplan umgesetzten BI-Releases:*
  Prozentualer Anteil der innerhalb des geplanten Zeitrahmens umgesetzten BI-Releases im Verhältnis zu allen BI-Releases.

- *Prozentualer Anteil, der innerhalb der Budgetvorgaben umgesetzten BI-Releases:*
  Prozentualer Anteil der innerhalb des geplanten Budgetrahmens umgesetzten BI-Releases im Verhältnis zu allen BI-Releases.

- *Anzahl zurückgenommener BI-Releases:*
  Prozentualer Anteil der genehmigten BI-Releases, die nicht erfolgreich umgesetzt wurden und zurückgenommen werden mussten im Verhältnis zu allen BI-Releases (Maß für die Prozessgüte des BI-Release- und Deploymentmanagements).

- *Anzahl von BI-Notfall-Releases:*
  Anzahl der in einem beschleunigten Verfahren mit einem reduzierten Planungsumfang umgesetzten BI-Release-Einheiten, da solche BI-Notfall-Releases eine hohe Fehlerwahrscheinlichkeit während der Implementierung und daher die Gefahr ungeplanter BI-Service-Unterbrechungen mit sich bringen.

- *Anzahl von BI-Störungen, die von BI-Releases verursacht wurden:*
  Anzahl von BI-Störungen, die durch BI-Releases verursacht wurden, da hinreichend geplante und geteste BI-Release-Einheiten keine Störungen von BI-Services auslösen sollten.

- *Anzahl nicht getesteter BI-Releases:*
  Anzahl nicht getesteter BI-Releases, da selbst BI-Notfall-Releases einer Überprüfung unterzogen werden sollten und ungeteste BI-Releases ein stark erhöhte Störungswahrscheinlichkeit in sich bergen.

---

[711] Vgl. im Folgenden in Analogie zu Brooks et al. (2006), S. 117ff.

- *Durchschnittlicher Aufwand von BI-Releases (gemessen in Personenstunden):*
  Aufwand für die Implementierung einer BI-Release-Einheit in Personenstunden mit dem Ziel, auf der Basis von Erfahrungskurveneffekten den Aufwand im Zeitbablauf zu reduzieren.[712]

- *Anzahl nicht verwendeter BI-Software-Lizenzen:*
  Anzahl nicht installierter und vom BI-Kapazitätsmanagement nicht gerechtfertigter BI-Software-Lizenzen, da diese einen nicht unwesentlichen Kostenfaktor des BI-Einsatzes darstellen können.

4.4.3   BI-Konfigurationsmanagement

Das BI-Konfigurationsmanagement besitzt die Aufgabe, aktuelle und konsistente Informationen über die Struktur von BI-Dienstleistungen und BI-Komponenten zur Verfügung zu stellen. Hierdurch können Entscheidungen im Rahmen der BI-Governance und des Managements der BI-Leistungserstellung unterstützt werden. Das BI-Konfigurationsmanagement erstellt und pflegt ein logisches Modell der BI-Systemlandschaft innerhalb eines BI-Konfigurationsmanagementsystems. Es werden einzelne BI-Konfigurationselemente (*BI Configuration Item – BI CI*) identifiziert und dokumentiert. Ebenso werden Abhängigkeiten im Sinne von direkten oder indirekten wechselseitigen Beziehungen zwischen BI-Dienstleistungen und BI-Konfigurationselementen erfasst. Veränderungen bestehender Konfigurationen werden in Kooperation mit dem BI-Änderungsmanagement sowie dem BI-Release- und BI-Deploymentmanagement gesteuert. Die Inhalte des BI-Konfigurationsmanagementsystems stehen dann auch für andere Aufgabenbereiche der BI-Leistungserstellung zur Verfügung. Beispielsweise können diese Informationen für die Fehleranalyse im BI-Störungsmanagement, zur Bearbeitung von *Requests for Change* im BI-Änderungsmanagement oder zur Kapazitätsplanung für BI-Applikationen eingesetzt werden.[713]

Die Ergebnisse der in Kapitel 3 vorgestellten empirischen Untersuchung haben gezeigt, dass das BI-Konfigurationsmanagement von allen analysierten Aufgabenbereichen der BI-Leistungserstellung in der betrieblichen Praxis den geringsten Realisierungsumfang aufweist. 76 % der Probanden gaben an, dass das BI-Konfigurationsmanagement im jeweiligen Unternehmen bisher nur teilweise oder gar nicht umgesetzt wurde. Gleich-

---

[712] Zum Konzept der Erfahrungskurve vgl. exemplarisch Voigt (2008), S. 121f. sowie Herzwurm/Pietsch (2009), S. 305ff.
[713] In Analogie zu OGC (2000), S. 11f.

zeitig sehen 59 % der Teilnehmer einen teilweisen bis sehr hohen Handlungsbedarf zum Ausbau des BI-Konfigurationsmanagements. Dies deutet auf ein deutliches Optimierungspotenzial des BI-Einsatzes durch ein konsistentes BI-Konfigurationsmanagement hin.[714]

Zielsetzung

Mit Hilfe des **BI-Konfigurationsmanagements** wird die vollständige BI-Systemlandschaft eines Unternehmens als logisches Modell abgebildet. Das Ziel besteht darin, auf der Basis dieses Modells stets die Konsistenz der BI-Dienstleistungen sowie der Konfigurationen der zugrunde liegenden BI-Applikationen und BI-Infrastrukturkomponenten sicherstellen zu können.[715]

Grundbegriffe

Die **BI-Konfigurationselemente** (*BI Configuration Items – BI CI*) stellen die BI-Komponenten dar, die erforderlich sind um eine BI-Dienstleistung bereitstellen zu können. Der gesamte Lebenszyklus eines BI-Konfigurationselements wird von der Konzeption bis zur Außerbetriebnahme vom BI-Änderungsmanagement gesteuert. BI-Konfigurationselemente können bspw. BI-Dienstleistungen, komplette BI-Applikationen, einzelne BI-Kennzahlen, BI-Software, BI-Hardware oder Dokumentationen von BI-Dienstevereinbarungen sein. Relevante Informationen zu BI-Konfigurationselementen sowie zu deren Beziehungen werden in einem **BI-Konfigurationsmanagementsystem** (*BI Configuration Management System – BI CMS*) vorgehalten. Dieses besteht im Kern aus einer Datenbank, mit deren Hilfe ein BI-Leistungsersteller die Konfigurationsdaten der von ihm angebotenen BI-Dienstleistungen verwaltet. Darüber hinaus beinhaltet ein BI-Konfigurationsmanagementsystem auch Informationen aus anderen BI-Aufgabenbereichen wie etwa BI-Störungen, BI-Änderungen oder BI-Release-Einheiten. Das BI-Konfigurationsmanagementsystem wird in der Verantwortung des BI-Konfigurationsmanagementsystem betrieben und steht allen anderen BI-Aufgabenbereichen zur Verfügung. Unter einer **BI-Basiskonfiguration** (*BI Baseline*) wird eine explizit vereinbarte Ausgangskonfiguration von BI-Dienstleistungen verstanden. Sie wird vom BI-Änderungsmanagement verantwortet und dient als Startpunkt für nachfolgende BI-Änderungen und BI-Release-Einheiten. Spätere Änderun-

---

[714] Vgl. Kapitel 3.2.3.1
[715] In Analogie zu OGC (2007c), S. 65f.

gen an der BI-Basiskonfiguration werden in **BI-Konfigurationsmomentaufnahmen** (*BI Snapshots*) zu jeweils einem festen Zeitpunkt dokumentiert. Sowohl die BI-Basiskonfiguration als auch nachfolgende Momentaufnahmen einer BI-Konfiguration dienen als Referenzpunkte, um nach einer erfolglosen BI-Änderung oder BI-Release-Einheit zu einem definierten BI-Konfigurationszustand zurückkehren zu können.[716]

Aufgabeninhalte

Das Grundkonzept des BI-Konfigurationsmanagements besteht im Aufbau und der Pflege eines logischen Modells der BI-Dienstleistungen, der BI-Konfigurationselemente sowie der verwendeten BI-Infrastruktur. Die so dokumentierten Informationen können in anderen BI-Aufgabenbereichen genutzt werden. Beispielsweise sind Analysen der zu erwartenden Auswirkungen von BI-Änderungen und BI-Release-Einheiten sowie der Ursachen von BI-Störungen möglich. Im Folgenden werden die Aufgabeninhalte des BI-Konfigurationsmanagements aufgezeigt:[717]

• **Festlegung der Rahmenbedingungen**

Die Rahmenbedingungen des BI-Konfigurationsmanagements sowie dessen Gestaltungsbereich werden abgestimmt. Insbesondere sind die Rollen und Verantwortlichkeiten, die Prozessabläufe und die zu verwendenden Software-Werkzeuge für das BI-Konfigurationsmanagementsystem festzulegen. Aufgrund der engen Zusammenarbeit mit anderen BI-Aufgabenbereichen sind die zugehörigen Schnittstellen zu definieren. Diese betrifft insbesondere das BI-Änderungs-, das BI-Release- und BI-Deployment-sowie das BI-Unterstützungsmanagement.

• **Identifikation von BI-Konfigurationen**

Die Regeln und Kriterien für die Aufnahme von BI-Konfigurationselementen in das BI-Konfigurationsmanagementsystem werden definiert. Auf der Basis dieser Vorgaben erfolgt eine initiale Identifikation der BI-Konfigurationselemente der BI-Landschaft eines Unternehmens. Hierzu wird die Konfigurationsstruktur für alle BI-Lösungen mit den zugehörigen BI-Services dokumentiert. Diese Struktur bildet die Beziehungen und Hierarchien der BI-Konfigurationselemente einer BI-Lösung ab. Eine Konfigurationsstruktur für den Datenfluss von den Quellsystemen bis zu den verschiedenen BI-Services einer BI-Lösung zeigt die Abb. 4-10. In diesem Beispiel besteht die BI-Lösung aus mehreren BI-Services, die wiederum aus jeweils einer oder mehreren BI-

---

[716] In Analogie zu OGC (2007c), S. 67ff. sowie OGC (2000), S. 122ff.
[717] Vgl. im Folgenden in Analogie zu OGC (2007c), S. 71ff. sowie OGC (2000), S. 136ff.

Applikationen mit Daten versorgt werden. Jede BI-Applikation ist über ETL-Prozesse an ein bzw. mehrere Quellsysteme angebunden.

Bedeutsam ist die Entscheidung über den Detaillierungsgrad der erfassten Informationen, da einerseits eine zu große Datenmenge einen hohen Pflegewand verursacht und andererseits fehlende Strukturinformationen die Bereitstellung von BI-Leistungen für Endanwender verzögern oder unterbrechen können. Die Aufnahme eines bestimmten BI-Konfigurationselements kann als sinnvoll eingestuft werden, wenn diese Information von anderen BI-Aufgabenbereichen genutzt wird.

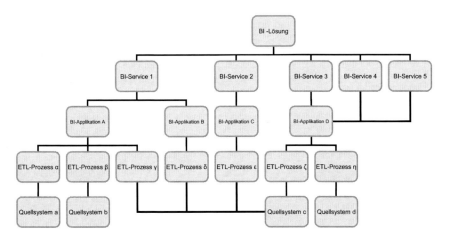

Abb. 4-10: Beispielhafte Konfigurationsstruktur einer BI-Lösung[718]

- **Steuerung der BI-Konfigurationen**

Die Inbetriebnahme neuer BI-Konfigurationselemente und alle Veränderungen an bestehenden BI-Konfigurationselementen werden in einem vorab definierten Umfang mit Hilfe des BI-Konfigurationsmanagementsystems dokumentiert. Hierdurch steht jederzeit ein aktuelles Abbild der realen BI-Systemlandschaft zur Verfügung.

- **Statusbestimmung und Berichtswesen**

Jedes BI-Konfigurationselement kann verschiedene Status-Zustände in seinem Lebenszyklus annehmen wie z. B. „geplant", „in Entwicklung", „freigegeben", „in Betrieb" oder „außer Betrieb". Im BI-Konfigurationsmanagementsystem sollten sowohl der Status-

---

[718] Quelle: eigene Darstellung.

Zustand jedes Elements als auch ein Wechsel der Status-Zustände mit einem Zeitstempel erfasst werden. Hierdurch kann die Gesamtkonfiguration der BI-Systemlandschaft zu jedem Zeitpunkt nachvollzogen werden. Dies kann mit Hilfe eines Berichtswesens erfolgen, das Informationen über einzelne BI-Konfigurationselemente bis hin zu ganzen BI-Services und BI-Lösungen über deren gesamten Lebenszyklus liefert. Solche Informationen können etwa die aktuellen Status-Zustände, der Verlauf der bisherigen Änderungen, nicht genehmigte Komponenten oder die Abbildung von vollständigen BI-Basiskonfigurationen sowie BI-Konfigurationsmomentaufnahmen sein.

• **Überprüfung**

Wiederkehrende Überprüfungen z. B. in Form von Stichproben sollen sicherstellen, dass nur freigegebene und identifizierte BI-Konfigurationselemente betrieben werden. Hierdurch soll die Unversehrtheit der Daten und Prozesse eines Unternehmens unterstützt werden.

Steuerungsgrößen

Die Steuerungsgrößen des BI-Konfigurationsmanagements unterstützten die Bereitstellung aktueller und korrekter Information hinsichtlich der BI-Infrastruktur eines Unternehmens:[719]

• *Anzahl der erfassten BI-Konfigurationselemente gegliedert anhand von Kategorien, Typ und Status:*
  Bericht über den Umfang der BI-Infrastruktur eines Unternehmens.

• *Zunahme der Anzahl der erfassten BI-Konfigurationselemente je Zeiteinheit:*
  Zunahme der Anzahl der im BI-Konfigurationsmanagementsystem erfassten BI-Konfigurationselemente z. B. pro Quartal oder pro Jahr (Maß für das Wachstum der BI-Infrastruktur eines Unternehmens).

• *Anteil nicht genehmigter BI-Konfigurationselemente:*
  Prozentualer Anteil der nicht vom BI-Änderungsmanagement genehmigten BI-Konfigurationselemente im BI-Konfigurationsmanagementsystem (Maß für die Integrität der BI-Infrastruktur).

---

[719] Vgl. im Folgenden in Analogie zu Brooks et al. (2006), S. 107ff.

- *Anteil nicht genehmigter BI-Konfigurationen:*
  Prozentualer Anteil der nicht vom BI-Änderungsmanagement genehmigten Beziehungen zwischen BI-Konfigurationselemente im BI-Konfigurationsmanagementsystem (Maß für die Integrität der BI-Infrastruktur).

- *Anzahl von BI-Störungen aufgrund nicht genehmigter BI-Konfigurationen:*
  Anzahl von BI-Störungen, die durch nicht genehmigte BI-Konfigurationen verursacht wurden (Maß für die Integrität der BI-Infrastruktur).

- *Anzahl von BI-Störungen im Rahmen von BI-Änderungen aufgrund fehlerhaft dokumentierter BI-Konfigurationselemente:*
  Anzahl von BI-Störungen im Rahmen von BI-Änderungen aufgrund fehlerhaft dokumentierter BI-Konfigurationselemente (Maß für die Datenqualität des BI-Konfigurationsmanagementsystems).

- *Anteil nicht genutzter BI-Software-Lizenzen:*
  Prozentualer Anteil der beschafften aber nicht genutzten BI-Software-Lizenzen (Maß für das Kostenoptimierungspotenzial aufgrund nicht verwendeter Lizenzen).

- *Wert der BI-Konfigurationselemente:*
  Beschaffungs- oder Implementierungskosten für sinnvolle Gruppen von BI-Konfigurationselementen wie z. B. BI-Applikationen, BI-Software, BI-Hardware (Maß für den Investitionsaufwand in die BI-Infrastruktur).

4.5   BI-Produktionsmanagement

In Rahmen des BI-Produktionsmanagements werden vom BI-Leistungsersteller eines Unternehmens die einzelnen Teilleistungen erbracht, die erforderlich sind, um einen vollständigen BI-Service daraus konfigurieren und an die BI-Anwender ausliefern zu können.[720] Die Leistungsfähigkeit der Teilleistungen wird permanent erhoben und kontinuierlich mit den vereinbarten BI-Service-Level-Agreements abgeglichen. Das BI-Produktionsmanagement besitzt eine enge Verknüpfung mit dem BI-Kapazitätsmanagement[721], mit dem BI-Verfügbarkeitsmanagement[722] sowie dem BI-Notfallmanagement[723].

---

[720] Zu einer ausführlichen Diskussion des Produktionsbegriffs im Kontext der Erstellung von Dienstleistungen vgl. Schnittka (1998), S. 24ff.

[721] Vgl. hierzu im Detail Kap. 4.3.3.

[722] Vgl. hierzu im Detail Kap. 4.3.4.

[723] Vgl. hierzu im Detail Kap. 4.3.5.

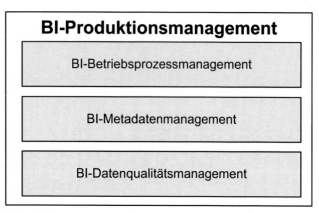

Abb. 4-11:   BI-Produktionsmanagement[724]

Im Mittelpunkt der BI-Produktion steht das **BI-Betriebsprozessmanagement** (vgl. Abb. 4-11). Es entspricht in Analogie zur *IT Infrastructure Library* den am IT-Betrieb orientierten Aufgaben des Themenblocks *Service Operation* und dort insbesondere den Aktivitäten des *IT Operations Management*.[725] Das BI-Betriebsprozessmanagement umfasst den kompletten Prozess der Datenbewirtschaftung vom Quellsystem bis zum Endbenutzer mit den Stufen der Datentransformation, der Datenbereitstellung, der Informationsgenerierung sowie des Informationszugriffs. Wesentliche Querschnitts-aufgaben, die in diesem Zusammenhang anfallen, sind das **BI-Datenqualitäts-management** sowie das **BI-Metadatenmanagement.** Das BI-Datenqualitäts-management besitzt die Aufgabe, die Einhaltung der im jeweiligen Unternehmenskon-text spezifizierten Anforderungen an die BI-Daten wie etwa hinsichtlich der Vollstän-digkeit, der Eindeutigkeit, des Bedeutungsgehalts oder der Korrektheit zu gewährleis-ten.[726] Das BI-Metadatenmanagement steuert die Versorgung der anderen BI-Dienste sowie der technischen und fachlichen BI-Systemnutzer mit BI-Metadaten.[727]

---

[724] Quelle: eigene Darstellung.
[725] Vgl. OGC (2007d), S. 125ff., OGC (2002a), S. 74ff. sowie OGC (2002b), S. 115ff.
[726] Zur Bedeutung des BI-Datenqualitätsmanagements vgl. exemplarisch English (2009), S. 1ff. sowie English (1999), S. 1ff.
[727] Zur Bedeutung des BI-Metadatenmanagements vgl. exemplarisch Jossen, Quix et al. (2009), S. 345ff.

4.5.1   BI-Betriebsprozessmanagement

Das BI-Betriebsprozessmanagement bezieht sich auf alle in Kapitel 2.1.2 vorgestellten Ebenen des BI-Ordnungsrahmens – die Datenbereitstellung, die Informationsgenerierung, -speicherung und -distribution sowie den Informationszugriff. Es ist für die Aufrechterhaltung der laufenden Tätigkeiten zur Bereitstellung der BI-Dienstleistungen verantwortlich. Die operativ ausgerichteten Aktivitäten des BI-Betriebsprozessmanagements sind dadurch gekennzeichnet, dass sie – im Gegensatz zu strategischen und planerischen Aufgabenfeldern etwa der BI-Governance und des BI-Dienstemanagements – darauf abzielen, die Lieferbereitschaft von BI-Dienstleistungen, BI-Applikationen und BI-Systemkomponenten sicherzustellen. Sie beziehen sich auf einen kurzfristigen Aktionszeitraum wie z. B. einen Tag oder eine Stunde. Gleichzeitig werden sie – im Gegensatz zu zeitlich begrenzten BI-Entwicklungsprojekten – über einen langen Zeitraum hin wiederholt durchgeführt.

Die empirischen Ergebnisse in Kapitel 3.2.3.1 haben gezeigt, dass das BI-Betriebsprozessmanagement bei den Befragungsteilnehmern in einem großen Umfang aktiv gesteuert wird. Dies kann als Indiz gewertet werden, dass die BI-Datenbewirtschaftung als Kernbereich des Business-Intelligence-Ansatzes in der Unternehmenspraxis einen hohen Professionalisierungsgrad aufweist.

Zielsetzung

Das **BI-Betriebsprozessmanagement** stellt eine Funktion dar, die für die fortlaufende Steuerung und Wartung der BI-Dienstleistungen und der BI-Infrastruktur eines Unternehmens zuständig ist, um die BI-Services auf Basis der vereinbarten BI-Service-Level-Agreements an die Fachbereiche ausliefern zu können.[728]

Grundbegriffe

Das Grundprinzip des BI-Betriebsprozessmanagements beruht auf einem Regelkreis aus Planungs-, Steuerungs- und Kontrollaktivitäten, um eine unterbrechungsfreie Bereitstellung der BI-Dienstleistungen zu ermöglichen. In Anlehnung an die Begrifflichkeiten der OSI-Management-Architektur werden **BI-Managementobjekte** (*BI Managed Objects*) und **BI-Management-Domänen** (*BI Managed Domains*) unterschieden. BI-Managementobjekte stellen einzelne BI-Infrastrukturkomponenten dar. Diese werden mit Hilfe ihrer Attribute beschrieben. Sie sind zu planen, zu steuern und zu kon-

---

[728] In Analogie zu OGC (2007d), S. 13f.

trollieren. Weiterhin werden Beziehungen zwischen BI-Managementobjekten herge-stellt. BI-Management-Domänen bestehen aus Gruppen von BI-Managementobjekten, auf die die gleichen Planungs-, Steuerungs- und Kontrollregeln angewendet werden.[729] Die operativen Ziele und Anforderungen an den BI-Betrieb werden durch die in Kapi-tel 4.3.2 dargestellten **BI-Service-Level-Agreements**, den daraus konsistent abgeleite-ten **BI-Operational-Level-Agreements** und **BI-Absicherungsverträgen** mit exter-nen BI-Dienstleistern definiert.

Aufgabeninhalte

Die Planung, Steuerung und Kontrolle der BI-Betriebsprozesse betrifft alle BI-Dienstleistungen und BI-Infrastrukturkomponenten, deren wechselseitige Beeinflus-sung sowie die auf der Basis von BI-Service-Level-Agreements vereinbarte Qualität der BI-Leistungserbringung. Somit trägt das BI-Betriebsprozessmanagement entscheidend zur Aufgabenerfüllung der anderen Bereiche der BI-Leistungserbringung bei, indem es im Rahmen eines Betriebs rund um die Uhr die BI-Infrastruktur überwacht und als Frühwarnsystem agiert. Durch effektive, möglichst automatisierte BI-Betriebsprozesse können BI-Störungen minimiert und eine hohe Verfügbarkeit der BI-Dienstleistungen für die BI-Endbenutzer erreicht werden. Zentrale Inhalte des BI-Betriebsprozessma-nagements sind die folgenden Aufgabenbereiche:[730]

• **Betrieb der BI-Anwendungssysteme**

Der BI-Leistungsersteller betreibt die BI-Anwendungssysteme, um die BI-Dienst-leistungen für die Geschäftsbereiche des Unternehmens produzieren zu können. Die Leistungsfähigkeit der BI-Anwendungssysteme wird permanent überwacht und mit den vereinbarten BI-Service-Level-Agreements abgeglichen. Ein BI-Anwendungs-system ist in der Regel nicht identisch mit einer BI-Dienstleistung, sondern stellt ledig-

---

[729] In Analogie zu OGC (2002b), S. 117ff. Die International Organization for Standardization (ISO) hat das OSI-Management-Framework zur Verwaltung von heterogenen Netzwerken publiziert. Es ent-hält einen objektorientierten Ansatz, das *OSI Managed-object Model*, zur Beschreibung der Netz-werkkomponenten. Die zu verwaltenden Komponenten werden als *Managed Objects* (MO) bezeich-net. Hierbei handelt es sich im engeren Sinne um technische Infrastrukturkomponenten. Im weite-ren Sinnen können unter dem Begriff *Managed Objects* auch organisatorische Aspekte wie IT-Betriebsprozesse subsumiert werden. *Managed Objects* sind hierbei von *Configuration Items* zu un-terscheiden. Während *Configuration Items* einen statischen Charakter besitzen, sind *Managed Ob-jects* dynamische Einheiten. Sie werden durch ihre Attribute sowie die ihnen zugeordneten Operati-onen definiert, vgl. Ashford (1993), S. 185ff., Keller/Dubuisson (1994), S. 433ff. sowie Brenner (2007), S. 93f.

[730] Vgl. im Folgenden in Analogie zu OGC (2007d), S. 81ff. sowie OGC (2002b), S. 128ff.

lich eine einzelne aus einem ganzen Bündel von Komponenten dar, die erforderlich sind, um eine BI-Dienstleistung erbringen zu können.[731]

- **Überwachung und Steuerung der BI-Infrastruktur**

Die Überwachung und Steuerung der BI-Infrastruktur beinhaltet einen kontinuierlichen Kreislauf aus Beobachtungs- und Handlungsaktivitäten in Bezug auf die BI-Infrastrukturkomponenten, die in diesem Kontext als BI-Managementobjekte bezeichnet werden.

Es werden ITSM-Software-Werkzeuge eingesetzt, um die Statuszustände der BI-Infrastrukturkomponenten und BI-Betriebsabläufe zu überwachen.[732] Hierdurch soll sichergestellt werden, dass vorab spezifizierte Betriebszustände eingehalten oder Störungsmeldungen an das zuständige BI-Betriebspersonal versendet werden, etwa im Fall des eingetretenen bzw. erwarteten Ausfalls von BI-Dienstleistungen oder BI-Infrastrukturkomponenten.[733] Weiterhin ist permanent zu überwachen, ob die Performanz und der Auslastungsgrad der BI-Infrastruktur (etwa von OLAP-Servern) sich im geplanten Bereich befinden, ungewöhnliche Aktivitäten (etwa unerlaubte Zugriffe auf sensible BI-Daten) auftreten oder unberechtigte Änderungen (wie z. B. nicht frei gegebene Modifikationen an BI-Datenbanken) durchgeführt werden.

Im Rahmen von Steuerungseingriffen werden Konfigurationsparameter der BI-Infrastrukturkomponenten justiert, um gewünschte Betriebszustände herbeizuführen, um die Performanz sowie die Verfügbarkeit der Komponenten zu regulieren und um weitere korrigierende Maßnahmen zu initiieren wie z. B. einen Neustart von BI-Applikationsservern.

- **BI-Job-Scheduling**

Im Rahmen des BI-Job-Scheduling werden Ablaufpläne für automatisierte BI-Betriebsprozesse wie z. B. Extraktions-, Transformations- und Lade-Prozesse oder nachts stattfindende Reorganisationsprozesse von Data-Warehouse-Datenbanken erstellt und umgesetzt. Solche standardisierten BI-Betriebsprozesse werden regelmäßig stündlich, täglich, wöchentlich, monatlich, jährlich oder bei besonderem Bedarf gestartet. Wenn

---

[731] In Analogie zu OGC (2007d), S. 132.
[732] BRENNER, REISER und RICHTER führen aus, dass im Rahmen des IT-Service-Managements die effektive und effiziente Beherrschung der IT-Infrastruktur eminent wichtig ist, um auf dieser Basis IT-Dienstleistungen bereitstellen zu können, die wiederum die Geschäftsprozesse eines Unternehmens bestmöglich unterstützen. Aufgrund der hohen Komplexität der Umsetzung des IT-Service-Managements betonen sie die Bedeutung des Einsatzes geeigneter Software-Werkzeuge zur Unterstützung der ITSM-Prozesse, vgl. Brenner et al. (2008), S. 84¹ff.
[733] Vgl. zur Behandlung von BI-Störungen auch Kapitel 4.6.1.

im Ablauf Fehler auftreten wie etwa ein Abbruch eines ETL-Prozesses, muss der betroffene Prozess manuell oder automatisch neu gestartet werden. Das BI-Job-Scheduling repräsentiert ein anspruchsvolles Aufgabenfeld, da zeitliche Abhängigkeiten, kritische und unkritische Interdependenzen verschiedener BI-Betriebsprozesse, eine optimierte Lastverteilung zwischen BI-Infrastrukturkomponenten sowie Auswirkungen von Fehlern und Wiederanlaufzeiten zu berücksichtigen sind. In der Folge werden oftmals automatisierte Software-Tools – wie bspw. Daten-Integrationswerkzeuge zur Steuerung von ETL-Prozessen – zum Einsatz gebracht, um das BI-Job-Scheduling zu unterstützen und vereinbarte BI-Service-Level-Agreements einzuhalten.[734]

• **BI-Datensicherung und BI-Datenwiederherstellung**

Die Sicherung und Wiederherstellung von BI-Daten steht in einem engen Zusammenhang mit dem BI-Notfallmanagement[735], das Notfallprozeduren für alle BI-Services erstellt und deren Test im Rahmen des BI-Transformationsmanagements[736] initiiert. Es sollte festgelegt und in Form von BI-Service-Level- sowie BI-Operational-Level-Agreements vereinbart werden, in welcher Häufigkeit BI-Datensicherungsläufe durchgeführt werden und wie viel Zeit die Wiederherstellung der Daten eines BI-Service maximal in Anspruch nehmen darf. Wiederherstellungsmaßnahmen können durch unterschiedliche Ereignisse wie bspw. durch automatisierte Monitoring-Aktivitäten, die Störungen von BI-Dienstleistungen und BI-Datenbeständen feststellen, oder durch BI-Service-Anfragen an die BI-Endbenutzerunterstützung ausgelöst werden.

• **Operatives BI-Auslieferungsmanagement**

Das Ziel vieler BI-Dienstleistungen besteht darin, Informationsprodukte an BI-Endbenutzer in meist elektronischer Form auszuliefern. Hierbei ist auf operativer Ebene der Informationslogistik sicherzustellen, dass die richtigen Informationen die richtigen Personen zum richtigen Zeitpunkt in der erforderlichen Qualität erreichen. Die IT-Infrastruktur zur Auslieferung der BI-Informationsprodukte ist daher zu planen, zu

---

[734] Vgl. Kimball/Caserta (2004), S. 301ff.; die ETL-Infrastrukturkomponenten bilden ein zentrales Element in einer BI-Systemlandschaft. Sie extrahieren Daten aus den operativen Systemen eines Unternehmens, beinhalten Routinen zur Sicherstellung der Datenqualität und Konsistenzanforderungen, integrieren Daten aus sehr unterschiedlichen Quellen und stellen die Daten in einem für die BI-Endbenutzer geeigneten Format bereit. Der korrekte Ablauf der ETL-Prozesse im operativen Betrieb ist daher wesentlich für die Funktionsfähigkeit der BI-Dienstleistungen eines Unternehmens. Zu einer ausführlichen Erörterung der Besonderheiten des Betriebs von ETL-Prozessen vgl. exemplarisch Kimball/Caserta (2004), S. 301ff. sowie Mannino/Walter (2006), S. 121ff.

[735] Zum Themenbereich BI-Notfallmanagement vgl. Kapitel 4.3.5.

[736] Zum Themenbereich BI-Transformationsmanagement vgl. Kapitel 4.4.

steuern und zu kontrollieren. Insbesondere sind Messpunkte erforderlich, um zu erkennen, ob die BI-Informationsprodukte ihr Ziel erreicht haben. Bspw. kann ein FTP-Server als Datendrehscheibe bereit gestellt werden, den Controlling-Mitarbeiter eines Fachbereichs nutzen, um vom BI-Betriebspersonal auf spezielle Anforderung hin erzeugte, individuelle Datenextrakte abzurufen. Da BI-Informationsprodukte häufig vertrauliche Inhalte umfassen, ist bei der Auslieferung auf die Einhaltung der im Rahmen des BI-Sicherheitsmanagements sowie des BI-Zugriffsmanagements definierten Regelungen zu achten.[737]

- **BI-Server-Management**

BI-Server werden verwendet, um eine große Bandbreite von IT-Dienstleistungen wie BI-Applikationen, BI-Datenbanken oder BI-Storage-Lösungen erzeugen zu können. Die Bereitstellung von BI-Servern wird in enger Kooperation zwischen dem BI-Betriebspersonal sowie dem allgemeinen IT-Betriebspersonal organisiert. Wichtige Aufgaben sind hierbei die Betreuung der Server-Betriebssysteme, die Verwaltung der Server-Lizenzen, die Beratung von Entscheidungsträgern im Rahmen von BI-Entwicklungsprojekten bei der Auswahl, der Dimensionierung, der Beschaffung sowie der Verwendung von Servern im BI-Kontext, das Management der sicherheitsrelevanten Aspekte der BI-Server, das Management virtueller BI-Server-Umgebungen, die operative Unterstützung des BI-Kapazitätsmanagements zur Optimierung der BI-Server-Performanz[738] sowie allgemein die routinemäßige Inbetriebnahme, laufende Wartung sowie Stilllegung von BI-Servern.

- **BI-Netzwerk-Management**

Insbesondere im Rahmen von Extraktions-, Transformations- und Ladeprozessen fallen große BI-Datenmengen an, die zu den BI-Zielsystemen transferiert werden. Weiterhin erfolgt die Auslieferung von BI-Informationsprodukten oftmals über webbasierte Dienste an Thin-Clients der BI-Endbenutzer. Die Verfügbarkeit von BI-Dienstleistungen hängt deshalb von der Einsatzbereitschaft der IT-Netzwerke eines Unternehmens ab. Auch führt das BI-Betriebspersonal oftmals Administrationsaufgaben an BI-Infrastrukturkomponenten über Netzwerkverbindungen aus. Daher ist die Zusammenarbeit des BI-Betriebspersonals mit den für die IT-Netzwerke verantwortlichen Mitarbeitern erforderlich, um die Bereitstellung der entsprechenden Netzkapazitäten

---

[737] Zu einer Darstellung des BI-Sicherheitsmanagements vgl. Kapitel 4.3.6 sowie zum Thema BI-Zugriffsmanagement Kapitel 4.6.2.

[738] Zum Themenbereich BI-Kapazitätsmanagement vgl. Kapitel 4.3.3.

in Form von Local Area Networks (LAN), Metropolitan Area Networks (MAN) und Wide Area Networks (WAN) sowie deren Verfügbarkeit abzustimmen.[739]

- **BI-Datenspeicherung und -Archivierung**

Es ist ein konstituierendes Element des Business-Intelligence-Ansatzes, entscheidungs-relevante Daten eines Unternehmens zusammenzuführen, über längere Zeiträume zu speichern und zur Entscheidungsunterstützung bereit zu stellen. Folglich entsteht im Zeitverlauf eine wachsende BI-Datenmenge als Basis für die Erzeugung von BI-Informationsprodukten. Für die Speicherung und Archivierung von BI-Daten ist eine geeignete technische Infrastruktur zu implementieren und zu betreiben wie bspw. Festplatten, Bandspeichersysteme, Direct Attached Storage (DAS), Network Attached Storage (NAS) oder Storage Area Networks (SAN). Unter dem Begriff Direct Attached Storage (DAS) ist hierbei ein Datenspeicher zu verstehen, der direkt an einen Server angeschlossen wird.[740] Der Terminus Network Attached Storage (NAS) bezeichnet vor-konfigurierte File-Server mit eingebauten Festplatten, die ihre Speicherkapazität über ein Local Area Network (LAN) bereit stellen.[741] Den Speichernetzen, die auch als Stor-age Area Networks (SAN) bezeichnet werden, liegt der Gedanke einer speicherzent-rierten IT-Architektur zu Grunde. In einem Speichernetz wird eigenständiger Daten-speicherplatz losgelöst von einzelnen Servern zur Verfügung gestellt. Zwischen Servern und Speichersystemen wird analog zu einem Local Area Network (LAN) ein separates Speichernetzwerk installiert, auf dessen Basis mehrere Server das gleiche Speichersys-tem unabhängig voneinander nutzen können.[742]

Neben der Wahl einer Speichertechnologie ist das Betriebsmanagement der BI-Speicherinfrastruktur zu organisieren. Weiterhin sind Festlegungen zu treffen, welche Daten an welchen Orten gespeichert werden, über welche Zeiträume, in welchen For-maten und wer Zugriffsrechte erhalten soll.[743]

- **BI-Datenbank-Administration**

Die BI-Datenbank-Administration ist in Kooperation mit der Administration der BI-Applikationen verantwortlich für die Optimierung der Performanz, der Sicherheit und der Funktionalität der für die BI-Leistungserstellung eingesetzten Datenbanken. Wäh-

---

[739] Zu einer Darstellung von Maßnahmen zur Optimierung des BI-spezifischen IT-Netzwerk-Managements vgl. exemplarisch Pieringer/Scholz (2009), S. 507.

[740] Vgl. Troppens/Erkens (2003), S. 335.

[741] Vgl. Troppens/Erkens (2003), S. 140ff.

[742] Vgl. Troppens/Erkens (2003), S. 3ff. sowie S. 171ff.

[743] In Analogie zu OGC (2007d), S. 97 sowie Troppens/Erkens (2003), S. 295ff.

rend des Betriebs von BI-Datenbanken kann die Performanz durch Maßnahmen hinsichtlich der Datenbankzugriffe und der Datenbankkonfiguration optimiert werden. Die Datenbankzugriffe können durch eine Reduktion der Ergebnismengen als Folge einer verbesserten Ausführungsreihenfolge von SQL-Abfragen sowie durch eine Modifikation der datenbankspezifischen Ausführungsschritte einer SQL-Abfrage verbessert werden. Im Rahmen der Datenbankkonfiguration kann eine parallele Bearbeitung der BI-Anwenderanfragen durch mehrere BI-Serverprozesse, ein optimiertes Speichermanagement – etwa durch Pufferspeicher – sowie die Verteilung einer Datenbank auf mehrere physische BI-Hardwaresysteme die Antwortzeiten reduzieren.[744]

- **BI-Benutzeridentifikation**

Die korrekte Identifikation der BI-Benutzer ist erforderlich, um den Zugang von BI-Anwendern zu BI-Dienstleistungen zu steuern und unberechtigte Zugriffe verhindern zu können. In Unternehmen werden oftmals zentrale Verzeichnisdienste für die Verwaltung der Zugangsberechtigungen von IT-Benutzern auf der Basis des Lightweight Directory Access Protocol (LDAP) implementiert. Die Einbeziehung der BI-Benutzer in einen solchen Verzeichnisdienst kann die operative Umsetzung des BI-Zugriffsmanagements unterstützen.[745] Durch den Einsatz von Werkzeugen, die nach dem Prinzip des *Single-Sign-on* den Endbenutzern durch eine einmalige Anmeldung an einem zentralen Authentifizierungspunkt den Zugriff auf verschiedene IT-Dienste erlauben, kann bspw. der Zugang zu BI-Analyse-Services und in der Folge der Zugriff der Analyseapplikation auf eine Data-Warehouse-Datenbank ermöglicht werden.[746]

Steuerungsgrößen

Die Steuerungsgrößen des BI-Betriebsprozessmanagements unterstützen die Planung, Steuerung und Kontrolle des operativen Betriebs der BI-Infrastruktur eines Unternehmens, um BI-Dienstleistungen produzieren und auf Basis der vereinbarten BI-Service-Level-Agreements an die BI-Anwender ausliefern zu können. Im Folgenden werden exemplarische Steuerungsgrößen sowohl für das allgemeine BI-Betriebsprozessmanagement als auch für das Management spezieller Teilaufgaben – wie der Perfor-

---

744 Vgl. Pieringer/Scholz (2009), S. 502ff.
745 Zur Erörterung des Themenbereichs BI-Zugriffsmanagement vgl. Kapitel 4.6.2.
746 Vgl. Priebe (2009b), S. 162f. Zu einer ausführlichen Darstellung der technischen Realisierungsmöglichkeiten von Zugriffskontrollstrukturen in multidimensionalen Analyseapplikationen vgl. exemplarisch Priebe (2009a), S. 255ff.

manz von ETL-Prozessen und von BI-Infrastrukturkomponenten sowie der Verwendung von BI-Dienstleistungen – aufgezeigt:

Beispielhafte Steuerungsgrößen für das allgemeine BI-Betriebsprozessmanagement:[747]

- *Anzahl der schwerwiegenden Störungen je BI-Managementobjekt:*
  Mit Hilfe automatisierter Überwachungswerkzeuge ermittelte Anzahl der schwerwiegenden Störungen je BI-Managementobjekt (Maß für die Stabilität der BI-Infrastruktur).

- *Anzahl von Störungen in automatisierten BI-Betriebsprozessen (BI-Jobs):*
  Mit Hilfe automatisierter Überwachungswerkzeuge ermittelte Anzahl der Störungen in automatisierten BI-Betriebsprozessen wie z. B. ETL-Prozessen (Indikator für gegebenenfalls erforderliche BI-Änderungen an bestehenden Software-, Hardware- oder Prozesskonfigurationen).

- *Anzahl von Störungen als Folge von BI-Änderungen im laufenden Betrieb:*
  Anzahl von Störungen als Folge von Änderungen an BI-Dienstleistungen und BI-Infrastrukturkomponenten im laufenden Betrieb (Änderungen sollten möglichst außerhalb der zugesicherten Service-Zeit realisiert werden, um die Verfügbarkeit der BI-Services nicht einzuschränken).

Beispielhafte Steuerungsgrößen für die Performanz von ETL-Prozessen:[748]

- *Zeitdauer von ETL-Prozessen in Sekunden:*
  Zeitdauer von ETL-Prozessen als Differenz von Start- und Endzeitpunkt in Sekunden.

- *Anzahl der von ETL-Prozessen bearbeiteten Tabellenzeilen pro Sekunde:*
  Anzahl der von einem ETL-Prozess aus der Datenbank eines BI-Quellsystems gelesenen, transformierten und in die Datenbank eines BI-Zielsystems geschriebenen Tabellenzeilen pro Sekunde (Eine Million bearbeitete Tabellenzeilen in 15 Minuten entsprechen bspw. einer Geschwindigkeit von 1.111,11 Zeilen/Sekunde).

---

[747] Vgl. im Folgenden in Analogie zu Brooks et al. (2006), S. 127ff.
[748] Vgl. im Folgenden Kimball/Caserta (2004), S. 331f.

- *Anzahl der von ETL-Prozessen gelesenen Tabellenzeilen pro Sekunde:*
  Anzahl der von einem ETL-Prozess als Ergebnis einer SQL-Abfrage aus der Datenbank eines BI-Quellsystems gelesenen Tabellenzeilen pro Sekunde (Die Bearbeitungsgeschwindigkeit kann in Abhängigkeit von der nachfolgenden Transformation im ETL-Prozessen gesteigert oder vermindert werden).

- *Anzahl der von ETL-Prozessen geschriebenen Tabellenzeilen pro Sekunde:*
  Anzahl der von einem ETL-Prozess nach Abschluss der Transformation in die Datenbank eines oder mehrerer BI-Zielsysteme geschriebenen Tabellenzeilen pro Sekunde.

- *Datendurchsatz eines ETL-Prozesses:*
  Anzahl der von einem ETL-Prozess vollständig bearbeiteten Tabellenzeilen pro Sekunde multipliziert mit der Anzahl von Datenbytes je Tabellenzeile.

Beispielhafte Steuerungsgrößen für die Performanz von BI-Infrastrukturkomponenten:[749]

- *CPU-Auslastung von BI-Servern:*
  Prozentuale Auslastung der Zentraleinheit von BI-Servern, da insbesondere ETL-Prozesse umfangreiche Berechnungsschritte erfordern und eine zu schwache CPU-Kapazität deshalb einen Engpass in der BI-Leistungserzeugung darstellen kann.

- *Hauptspeicherauslastung von BI-Servern:*
  Prozentuale Auslastung des Hauptspeichers von BI-Servern. Ein zu kleiner Hauptspeicher kann bei der Verarbeitung großer Datenmengen wie z. B. in OLAP-Applikationen oder ETL-Prozessen zu häufigen Lese- und Schreibvorgängen auf Festplatten führen und BI-Services hierdurch stark verlangsamen.

Beispielhafte Steuerungsgrößen für die Verwendung von BI-Dienstleistungen:[750]

- *Nutzungshäufigkeit von endbenutzerorientierten BI-Dienstleistungen:*
  Nutzungshäufigkeit von endbenutzerorientierten BI-Dienstleistungen wie z. B. Finanzberichten oder OLAP-Applikationen durch verschiedene BI-Enbenutzer in einem definierten Zeitraum.

---

[749] Vgl. im Folgenden Kimball/Caserta (2004), S. 332ff.
[750] Vgl. im Folgenden Kimball/Caserta (2004), S. 337ff.

- *Nutzungshäufigkeit von technikorientierten BI-Dienstleistungen:*
  Nutzungshäufigkeit von technisch orientierten BI-Dienstleistungen wie z. B. ETL-Prozessen oder BI-Datenbank-Management durch andere BI-Services in einem definierten Zeitraum.

- *Nutzungshäufigkeit von einzelnen Tabellen / Indizes / Aggregaten in BI-Datenbanken:*
  Nutzungshäufigkeit von einzelnen Tabellen / Indizes / Aggregaten in BI-Datenbanken als Maß für die erforderliche Aktualisierungshäufigkeit durch ETL-Prozesse.

- *Dormant-Data-Report:*
  Identifikation ungenutzter BI-Datenbankelemente wie Tabellen, Indizes oder Aggregate als Indikator für verzichtbare Datenelemente und damit zusammenhängende ETL-Prozesse.

4.5.2   BI-Metadatenmanagement

Im Rahmen der Produktion von BI-Dienstleistungen ist die Bereitstellung von konsistenten und aktuellen Metadaten für unterschiedliche Zielgruppen eine wichtige Aufgabe. Metadaten werden in allen Phasen der BI-Produktion von der Datenbereitstellung über die Informationsgenerierung, die Informationsspeicherung, die Informationsdistribution bis zum Informationszugriff erzeugt und genutzt. Die Verarbeitung der Metadaten verläuft analog zur Behandlung der eigentlichen BI-Daten. Metadaten werden aus verschiedenen Quellsystemen extrahiert, integriert, mit einem Metadaten-Repository verwaltet und zur Nutzung bereit gestellt.[751]

In den Ergebnissen der in Kapitel 3 vorgestellten empirischen Studie hat sich gezeigt, dass das BI-Metadatenmanagement in der Unternehmenspraxis noch ein erhebliches Optimierungspotenzial aufweist. 64 % der Probanden gaben an, ein BI-Metadatenmanagement gar nicht oder lediglich teilweise implementiert zu haben. Gleichzeitig sehen 74 % der Befragten einen erkennbaren Verbesserungsbedarf für ihr BI-Metadatenmanagement.[752]

---

[751] Vgl. Jossen, Quix et al. (2009), S. 350.
[752] Vgl. Kapitel 3.2.3.1.

Zielsetzung

Das BI-Metadatenmanagement verfolgt zwei wesentliche Zielsetzungen. Aus Anwendersicht sollen den BI-Endbenutzern Metadaten zur Optimierung der Verwendung von BI-Dienstleistungen zur Verfügung gestellt werden. Aus der Perspektive des Leistungserstellers sollen Metadaten zur Unterstützung der Implementierung, des Betriebs und der Wartung von BI-Dienstleistungen eingesetzt werden.[753]

Grundbegriffe

Die **fachlichen BI-Metadaten** beschreiben die für die Geschäftsprozesse eines Unternehmens relevante Bedeutung von BI-Daten. Sie werden in erster Linie den BI-Endbenutzern zur Verfügung gestellt und bilden eine semantische Schicht zwischen der technischen BI-Systemen und den BI-Endbenutzern. Die **technischen BI-Metadaten** richten sich primär an das Entwicklungs- und Betriebspersonal von BI-Dienstleistungen. Sie enthalten bspw. technische Informationen zu ETL-Prozessen, OLAP-Systemen, Datenbankschemata oder Datenmodellen.[754]

Aufgabeninhalte

MARCO und JENNINGS haben ein Konzept des Metadatenmanagements vorgeschlagen, dessen Aufgabenunterteilung sich am Datenfluss in Data-Warehouse-Umgebungen orientiert:[755]

- **BI-Metadaten-Beschaffung**

BI-Metadaten werden aus unterschiedlichen Quellen extrahiert. Dies können bspw. BI-Dokumentationen, BI-Entwicklungswerkzeuge, ETL-Werkzeuge, BI-Datenqualitätswerkzeuge, BI-Datenmodellierungswerkzeuge, Data-Dictionaries von BI-Datenbankmanagementsystemen oder BI-Anwendungssysteme sein.[756]

- **BI-Metadaten-Integration**

Die Metadaten-Integration dient analog zum ETL-Prozess im BI-Kontext der Transformation und Vereinheitlichung von BI-Metadaten sowie der Beladung des BI-Meta-

---

[753] Vgl. Vaduva/Dittrich (2001), S. 131 sowie Auth (2004), S. 36.
[754] Vgl. Adelman et al. (2005), S. 79ff.; zu einer Darstellung der Grundlagen des Metadatenmanagements im BI-Kontext vgl. Kapitel 2.1.3.2.
[755] Vgl. im Folgenden Marco/Jennings (2004), S. 23ff.
[756] In Analogie zu Marco/Jennings (2004), S. 25ff. sowie Shankaranarayanan/Even (2004), S. 251ff.

daten-Repositorys.[757] Bspw. können technische und fachliche BI-Metadaten zusammengeführt werden, um eine durchgehende Impact-Analyse von BI-Änderungen und deren Auswirkungen von einzelnen Datenbankfeldern in Quellsystemen ausgehend bis hin zu Kennzahlen in BI-Berichten zu ermöglichen.[758]

- **BI-Metadaten-Repository**

Das BI-Metadaten-Repository stellt eine Datenbank zur Erfassung, persistenten Speicherung und Verbreitung von BI-Metadaten dar. Die BI-Metadaten sollten in einem generischen Speicherformat, unabhängig von den Spezifika einzelner BI-Applikationen aufgenommen werden. Sie sollten eine integrierte Sicht auf die Gesamtheit aller relevanten BI-Metadatenobjekte ermöglichen. Weiterhin sollten die BI-Metadaten regelmäßig aktualisiert und auch historisiert werden.[759]

- **BI-Metadaten-Verwaltung**

Die BI-Metadaten-Verwaltung führt die Administration der für das BI-Metadatenmanagement verwendeten Infrastruktur aus. Teilaufgaben der BI-Metadaten-Verwaltung sind etwa das Job Scheduling der Extraktions-, Transformations- und Beladungsprozesse, die Sicherung und Archivierung, die Erzeugung von Nutzungsberichten sowie die Zugriffskontrolle hinsichtlich der BI-Metadaten oder die Datenbank-Administration des BI-Metadaten-Repository.[760]

- **Multidimensionale BI-Meta-Data-Marts**

Multidimensionale BI-Meta-Data-Marts ermöglichen auf Basis der Anwendung von OLAP-Technologien die Bereitstellung und die performante Analyse von Teilbereichen der BI-Metadaten für unterschiedliche Nutzergruppen wie z. B. BI-Endbenutzer oder BI-Betriebspersonal zur Behebung von BI-Störungen oder zur Durchführung von BI-Änderungen.[761]

---

[757] In Analogie zu Marco/Jennings (2004), S. 35f.
[758] Das BI-Betriebspersonal benötigt oftmals eine Abschätzung, welche Auswirkungen geplante BI-Änderungen nach sich ziehen werden. Änderungen des Datenbankschemas eines BI-Quellsystems können etwa negative Effekte auf Transformationsregeln und in der Folge auch auf die Struktur von Data-Warehouse- und Data-Mart-Datenbanken erzeugen. Daher ist es sinnvoll, die Verbindungskette zwischen BI-Quellsystemen, ETL-Regeln und einzelnen Data-Warehouse-Tabellen in Form von Metadaten zu dokumentieren. Hierdurch können mit Hilfe einer Impact-Analyse Auswirkungen von Änderungen einer BI-Infrastrukturkomponente auf eine andere BI-Infrastrukturkomponente ermittelt werden, vgl. Vaduva/Dittrich (2001), S. 131.
[759] In Analogie zu Marco/Jennings (2004), S. 36f.
[760] In Analogie zu Marco/Jennings (2004), S. 37ff.
[761] In Analogie zu Marco/Jennings (2004), S. 43f.

- **BI-Metadaten-Bereitstellung**

Die Bereitstellung von BI-Metadaten kann über unterschiedliche Wege erfolgen. BI-Anwender können über spezielle Endbenutzer-Schnittstellen darauf zugreifen. Es können die bereits erwähnten multidimensionalen BI-Meta-Data-Marts zum Einsatz kommen. Weiterhin können BI-Applikationen und BI-Werkzeuge – wie z. B. Datenmodellierungs-, ETL- oder OLAP-Werkzeuge – nicht nur als Quellen, sondern auch als Empfänger von Metadaten fungieren.[762]

Steuerungsgrößen

Das BI-Metadatenmanagement verfolgt das Ziel, für die Erzeugung und die Nutzung von BI-Dienstleistungen erforderliche Metadaten bereitzustellen. Die folgenden Maßgrößen können herangezogen werden, um zu prüfen, inwieweit dieser Zweck erreicht wird:[763]

- *Anzahl von Störungen in den Beladeprozessen des BI-Metadaten-Repository:*
  Mit Hilfe automatisierter Überwachungswerkzeuge ermittelte Anzahl der Störungen in den Beladeprozessen des BI-Metadaten-Repository (Indikator für gegebenenfalls erforderliche Änderungen an bestehenden Software-, Hardware- oder Prozesskonfigurationen).

- *Ausfallzeit einer Komponente der BI-Metadateninfrastruktur (gemessen in Minuten):*
  Zeitraum, in dem eine Komponente der BI-Metadateninfrastruktur während eines vereinbarten Service-Zeitraums nicht verfügbar war.

- *Nutzungshäufigkeit von technischen BI-Metadaten-Elementen:*
  Nutzungshäufigkeit von technischen BI-Metadaten-Elementen – wie z. B. von BI-Datenmodellen oder den Start- und Endzeitpunkten von ETL-Prozessen – durch verschiedene BI-Enbenutzer in einem definierten Zeitraum.

- *Nutzungshäufigkeit von fachlichen BI-Metadaten-Elementen:*
  Nutzungshäufigkeit von fachlichen BI-Metadaten-Elementen – wie z. B. den Definitionen von Controlling-Kennzahlen – durch verschiedene BI-Enbenutzer in einem definierten Zeitraum.

---

[762] In Analogie zu Marco/Jennings (2004), S. 44ff.
[763] Vgl. im Folgenden Silvers (2008), S. 264f. sowie Shankaranarayanan/Even (2004), S. 247ff.

4.5.3   BI-Datenqualitätsmanagement

Der Nutzen von BI-Dienstleistungen für die Endbenutzer hängt in hohem Maße von der Qualität der zugrunde liegenden BI-Datenbasis ab. Mängel in der BI-Datenbasis können zu falschen Entscheidungen führen, die den Geschäftserfolg eines Unternehmens negativ beeinflussen. Mit der zunehmenden Verbreitung von BI-Lösungen wirken sich qualitative Defizite auch auf eine wachsende Anzahl von Geschäftsprozessen aus. Mögliche Fehlerquellen bildet beispielsweise eine sich vervielfachende Anzahl von operativen Quellsystemen, die eingebunden werden und deren Daten durch unterschiedliche Qualitätsniveaus gekennzeichnet sind. Ebenso können komplexer werdende ETL-Prozesse fehlerhafte Datenaufbereitungsroutinen aufweisen.[764] Die Qualität der auf der Basis von BI-Lösungen bereitgestellten Daten beeinflusst daher wesentlich die Akzeptanz und den Nutzwert von BI-Dienstleistungen.[765]

Das BI-Datenqualitätsmanagement besitzt in der Unternehmenspraxis noch ein erhebliches Verbesserungspotenzial. Zwar gaben nur 35 % der Teilnehmer an, ein BI-Datenqualitätsmanagement gar nicht oder lediglich teilweise implementiert zu haben. Jedoch will ein sehr deutlicher Anteil von 80 % der Befragten das BI-Datenqualitätsmanagement ihres Unternehmens optimieren. Dies kann als Indiz gedeutet werden, dass bereits umfangreiche Maßnahmen zur Steuerung der BI-Datenqualität implementiert worden sind, die jedoch nicht zu den gewünschten Ergebnissen geführt haben.[766]

Zielsetzung

Der Datenintegrationsprozess innerhalb von BI-Lösungen ist vergleichbar mit einem industriellen Produktionsprozess. Verschiedenartige Quelldaten entsprechen den von Zulieferern beschafften Rohmaterialien. Der Datenintegrationsprozess korrespondiert mit dem Produktionsprozess. Die integrierten Daten stellen die Endprodukte dar. Aufgrund dieser bestehenden Analogie kommen im Bereich des Datenqualitätsmanagements Qualitätsmanagementkonzepte zum Einsatz, die im Produktions- und Dienstleistungssektor bereits fest etabliert sind.[767]

Eine große Verbreitung hat insbesondere die von der INTERNATIONAL ORGANIZATION FOR STANDARDIZATION (ISO) publizierte Reihe von ISO-9000-Normen zum Themenbe-

---

[764] Vgl. exemplarisch Apel et al. (2010), S. 29ff., Daniel et al. (2008), S. 133ff. sowie Rodriguez et al. (2010), S. 32f.

[765] Vgl. Silvers (2008), S. 237.

[766] Vgl. Kapitel 3.2.3.1.

[767] Vgl. Silvers (2008), S. 241ff. sowie Hinrichs/Aden (2001), S. 1-2.

reich Qualitätsmanagementsysteme gefunden. HINRICHS und ADEN schlagen ein zur ISO-Norm analoges Qualitätsmanagementsystem für Datenintegrationsprozesse in Business-Intelligence-Umgebungen vor, das die Steuerung und Kontrolle der BI-Datenqualität entsprechend vorab definierter Anforderungen der BI-Anwender zum Ziel hat.[768]

Grundbegriffe

Unter **BI-Datenqualität** kann der Grad der Erfüllung von definierten Merkmalen eines BI-Datenprodukts verstanden werden. Mögliche Merkmale sind abhängig von den Anforderungen der BI-Anwender. Beispielsweise können die Korrektheit, die Konsistenz, die Zuverlässigkeit, die Genauigkeit, die Vollständigkeit, die Zeitnähe, die Redundanzfreiheit, die Relevanz, die Einheitlichkeit, die Eindeutigkeit oder die Verständlichkeit bedeutsame Merkmale von BI-Datenprodukten darstellen.[769] Mit Hilfe von **BI-Datenqualität-Service-Level-Agreements** können die quantifizierbaren Anforderungen von BI-Anwendern an die Datenqualität von BI-Dienstleistungen dokumentiert und vereinbart werden.[770]

Aufgabeninhalte

Das von HINRICHS und ADEN vorgeschlagene Konzept des Datenqualitätsmanagements wird dem Extraktions-, Transformations- und Ladebereich von Business-Intelligence-Systemen zugeordnet. Es beinhaltet eine Kombination aus Aktivitäten der BI-Datenintegration sowie des Qualitätsmanagements:[771]

• **Phase 1: Vereinheitlichung der Repräsentation**

Den Ausgangspunkt bilden die vorab aus den operativen Quellsystemen extrahierten Daten. Diese heterogenen Quelldaten werden in eine einheitliche Repräsentation transformiert. Durch die entstehende homogene Datenstruktur werden die Daten vergleichbar und die nachfolgenden Schritte können auf einer quellsystemunabhängigen Datenbasis aufsetzen.

---

[768] Zu einer ausführlichen Darstellung des von HINRICHS und ADEN vorgeschlagenen Konzepts des Datenqualitätsmanagements vgl. Hinrichs/Aden (2001), S. 1-1ff. sowie Hinrichs (2002), S. 91ff.

[769] In Analogie zu Hinrichs (2002), S. 26ff.; zu einer detaillierten Diskussion unterschiedlicher Taxonomien von Datenqualitätsmerkmalen vgl. exemplarisch Hinrichs (2002), S. 29ff.

[770] In Analogie zu Silvers (2008), S. 240f.

[771] Vgl. im Folgenden Hinrichs/Aden (2001), S. 1-3ff.

- **Phase 2: Statistische Prozesskontrolle**

Im Anschluss an die Vereinheitlichung kann eine statistische Prozesskontrolle angewendet werden. Dieses Konzept wird im Bereich des Qualitätsmanagements der industriellen Produktionsprozesse bereits seit vielen Jahren genutzt.[772] Der Ansatz besteht
darin, für BI-Datenattribute spezifische statistische Kennzahlen wie z. B. Wertehäufig-
keiten, Mittelwert oder Varianz zu berechnen und über einen längeren Zeitraum zu
dokumentieren. Diese aufgezeichneten statistischen Kennzahlen bilden die erwarteten
Werte. In den folgenden regelmäßigen Datenbefüllungen werden jeweils die entsprechenden Kennzahlen ermittelt und mit den erwarteten Werten abgeglichen. So können Fehler in den BI-Datenlieferungen – wie etwa Übertragungsfehler oder Mängel in
den operativen Quellsystemen – frühzeitig entdeckt werden. Weiterhin ist es möglich,
für einzelne Datenattribute Schwellenwerte für Abweichungen zwischen dem realen
und dem erwarteten Wert festzulegen, automatisiert zu überprüfen und gegebenenfalls den für die BI-Datenqualität verantwortlichen Mitarbeiter zu informieren.

- **Phase 3: Domänenspezifische Konsistenzprüfung**

In dieser Phase werden die BI-Datensätze auf ihre domänenspezifische Konsistenz geprüft. Hierzu werden aus dem Wissen über die jeweiligen Abläufe eines Unternehmens
automatisch überprüfbare Regeln abgeleitet. Dies können etwa Geschäftsprozessre-
geln, Zuordnungstabellen, reguläre Ausdrücke oder kausale Netze für Wahr-
scheinlichkeitsaussagen[773] sein. Im Falle von erkannten BI-Datenmängeln können geeignete Maßnahmen – wie z. B. die Erzeugung eines Protokoll-Eintrags oder einer
Warnmeldung – ergriffen werden.

- **Phase 4: Nachbearbeitung**

Entdeckte Mängel in den BI-Daten, die tolerierbare Schwellenwerte überschreiten und
nicht automatisch behoben werden können, führen zu einer Aufforderung an die Daten liefernde Stelle, korrigierte Datensätze zu übermitteln.

---

[772] Zur Theorie der statistischen Prozesskontrolle bzw. *Statistical Process Control (SPC)* in der industriellen Produktion vgl. Shewhart (1931).
[773] Vgl. exemplarisch Neapolitan (1990).

- **Phase 5: Record Linkage**

Diese Phase dient dazu, Duplikate in den BI-Datensätzen zu erkennen. Hierbei kann es sich bspw. um inkrementelle Updates bereits vorhandener BI-Datensätze oder bisher unentdeckte Redundanzen innerhalb einer BI-Quellsystemdatenbank handeln.[774]

- **Phase 6: Merging**

Im Rahmen der Merging-Phase werden entdeckte Duplikate in den BI-Datensätzen zusammengeführt, um unerwünschte Redundanzen in der BI-Datenbasis zu vermeiden.

- **Phase 7: Qualitätsmessung und -analyse**

In der Phase der Qualitätsmessung und -analyse wird entsprechend der ISO-Norm 9001 (Abschnitt 8.2 Überwachung und Messung) geprüft, ob die BI-Daten den vorab spezifizierten Anforderungen der BI-Anwender entsprechen. Hierzu wird die tatsächliche BI-Datenqualität mit Hilfe von Metriken und Messmethoden gemessen.[775]

- **Phase 8: Lenkung von Datenprodukten sowie Qualitätsverbesserung**

BI-Datenprodukte, die nicht den definierten Anforderungen entsprechen, werden analog zur ISO-Norm 9001 (Abschnitt 8.3 Lenkung fehlerhafter Produkte) behandelt. Mögliche Maßnahmen sind bspw. die Neuanforderung von BI-Datenlieferungen, Beschränkungen der Nutzung von BI-Datensätzen in bestimmten Analyseszenarien mit Hilfe von Flags oder die Entdeckung und Behebung von Inkonsistenzen in BI-Datensätzen mit Hilfe von Data-Mining-Werkzeugen. Neben diesen symptomorientierten Ansätzen zur Optimierung der BI-Datenqualität können auch ursachenorientierte Maßnahmen entsprechend der ISO-Norm 9001 (Abschnitt 8.5 Verbesserung) umgesetzt werden. Hierzu gehört die Anpassung der Prozesse der BI-Datenintegration sowie der BI-Datenqualitätsplanung und -kontrolle.

- **Phase 9: Freigabe von Datenprodukten**

Diejenigen BI-Datenprodukte, die die Überprüfungsschritte der Phasen 7 und 8 erfolgreich bestanden haben, werden den BI-Anwendern für die Nutzung zur Verfügung gestellt.

---

[774] In der Literatur werden unterschiedliche Algorithmen wie z. B. schlüsselbasiertes Linkage und probabilistisches Linkage zur Erkennung von Duplikaten vorgeschlagen. Zu einer detaillierten Darstellung dieser Verfahren vgl. beispielhaft Jaro (1989), Hernandez et al. (1995) sowie Galhardas et al. (2000).

[775] Zu einer Diskussion geeigneter Metriken und Messmethoden im Kontext des BI-Datenqualitätsmanagements vgl. bspw. Hinrichs (2001), S. 187ff.

- **Phase 10: Auswertung von Kundenfeedback sowie Datenrücknahme**

Die Rückmeldungen der BI-Anwender werden gesammelt und ausgewertet. Sie dienen der Messung der Leistungsfähigkeit des BI-Datenqualitätsmanagements. Wenn nach der Freigabe von BI-Datenprodukten deutliche BI-Datenqualitätsmängel festgestellt werden, sind die betroffenen BI-Datenprodukte aus dem Nutzungsbereich der BI-Anwender zurückzunehmen und die Fehler zu beheben.[776]

Steuerungsgrößen

Das BI-Datenqualtiätsmanagement verfolgt das Ziel, BI-Datenprodukte entsprechend der Qualitätsanforderungen der BI-Anwender zu erzeugen. Die folgenden, beispielhaften Maßgrößen können herangezogen werden, um zu prüfen, inwieweit dieser Zweck erreicht wird. Hierbei wird unterschieden zwischen Steuerungsgrößen für die Datenqualität von operativen Quellsystemen, von BI-Datenintegrationsprozessen sowie von BI-Datenhaltungssystemen:[777]

Beispielhafte Steuerungsgrößen für die Datenqualität von operativen Quellsystemen, die wiederum die Datenqualität von BI-Datenextraktionsprozessen beeinflusst:

- *Verletzungen der referenziellen Integrität:*

Anzahl von Verletzungen der referenziellen Integrität im Datenmodell eines operativen Quellsystems.

- *Verletzungen von fachlichen Domänengrenzen:*

Anzahl von tatsächlichen Ausprägungen, die außerhalb des erwarteten fachlichen Domänenbereichs liegen.

- *Verletzungen von Wertebereichen:*

Anzahl von tatsächlichen Ausprägungen von Datenelementen eines operativen Quellsystems, die außerhalb des erwarteten alphanumerischen Wertebereichs liegen.

- *Vollständigkeit:*

Anzahl von fehlenden fachlichen Entitäten wie z. B. Beschaffungs-, Produktions- oder Vertriebsdaten in der Datenlieferung eines Quellsystems.

---

[776] Vgl. Hinrichs/Aden (2001), S. 1-3ff.
[777] Vgl. im Folgenden in Analogie zu Silvers (2008), S. 242ff.

- *Latenz:*

  Anzahl von Quellsystemen, die zum Zeitpunkt einer erwarteten Datenlieferung nicht verfügbar sind.

- *Verletzungen von Geschäftsregeln*[778]:

  Anzahl von Verletzungen von Geschäftsregeln in den Datenlieferungen von Quellsystemen.

Beispielhafte Steuerungsgrößen für die Datenqualität von BI-Datenintegrationsprozessen:

- *Verletzungen der referenziellen Integrität:*

  Anzahl von Verletzungen der referenziellen Integrität, die von einem BI-Datenintegrationsprozess verursacht werden.

- *Verletzungen von fachlichen Domänengrenzen:*

  Anzahl von tatsächlichen Ausprägungen von BI-Datenelementen, die außerhalb des erwarteten fachlichen Domänenbereichs liegen.

- *Verletzungen von Wertebereichen:*

  Anzahl von tatsächlichen Ausprägungen von BI-Datenelementen, die außerhalb des erwarteten alphanumerischen Wertebereichs liegen und von einem BI-Datenintegrationsprozess verursacht werden.

- *Vollständigkeit:*

  Anzahl von fehlenden fachlichen BI-Daten wie z. B. Beschaffungs-, Produktions- oder Vertriebsdaten, wobei diese Lücken von einem BI-Datenintegrationsprozess verursacht werden.

- *Latenz:*

  Anzahl von BI-Datenintegrationsprozessen, die nicht zum erwarteten Zeitpunkt abgeschlossen sind.

- *Verletzungen von Geschäftsregeln*[779]:

  Anzahl der Verletzungen von Geschäftsregeln in einer BI-Datenbank z. B. eines DWH- oder OLAP-Systems als Datenqualitätsmaß der vorgeschalteten BI-Datenintegrationsprozesse.

---

[778] Formalisierte Geschäftsregeln können bspw. innerhalb eines einzelnen Datensatzes (Spalte_A + Spalte_B = Spalte_C), innerhalb einer Datenbanktabelle (Zeile_1.Spalte_A + Zeile_2.Spalte_A = Zeile_3.Spalte_B) oder innerhalb einer IT-Applikation (Tabelle_1.Spalte_A = Tabelle_2.Spalte_B) gelten, vgl. Silvers (2008), S. 244.

[779] Vgl. hierzu auch Fußnote 778.

Beispielhafte Steuerungsgrößen für die Datenqualität in BI-Datenhaltungssystemen:

- *Verletzungen der referenziellen Integrität:*
  Anzahl von Verletzungen der referenziellen Integrität in einem BI-Datenmodell.

- *Verletzungen von fachlichen Domänengrenzen:*
  Anzahl der tatsächlichen Ausprägungen von BI-Datenelementen, die außerhalb des erwarteten fachlichen Domänenbereichs liegen.

- *Verletzungen von Wertebereichen:*
  Anzahl der tatsächlichen Ausprägungen von BI-Datenelementen, die außerhalb des erwarteten alphanumerischen Wertebereichs liegen.

4.6 BI-Unterstützungsmanagement

Das BI-Unterstützungsmanagement besitzt die Aufgabe, den BI-Endbenutzern beim Einsatz der BI-Dienstleistungen zu helfen. BI-Dienstleistungen sind häufig erklärungsbedürftig, da sie für die Endbenutzer in vielen Fällen eine neue Art der Informationsvermittlung darstellen. WATSON und HALEY führen aus, dass BI-Anwenderunternehmen daher eine institutionalisierte Unterstützung der Fachbereiche in Bezug auf den BI-Einsatz benötigen. Ansonsten bilden sich informelle Peer-Support-Strukturen durch BI-Power-User. Dies führt zu Produktivitätsverlusten, da diese Power-User nicht mehr vorrangig ihre eigentliche Arbeit erledigen, sondern vor allem ihren technisch weniger fortgeschrittenen Kollegen helfen. Außerdem können Ursachen für tiefer liegende Probleme in der BI-Infrastruktur nicht zentral erkannt und behoben werden.[780]

Die vom Endbenutzer wahrgenommene Qualität der BI-Leistungserstellung wird entscheidend durch die Beschaffenheit des BI-Unterstützungsmanagements beeinflusst. CHEN ET AL. etwa haben in einer empirischen Untersuchung die Qualität des User Support als wesentlichen Erfolgsfaktor für die Zufriedenheit der Endbenutzer mit Data-Warehouse-Systemen identifiziert.[781] Insofern kommt dem BI-Unterstützungsmanagement innerhalb der BI-Leistungserstellung eine hohe Bedeutung zu.

---

[780] Vgl. Watson/Haley (1998), S. 37.
[781] Vgl. hierzu im Detail Chen et al. (2000), S. 103ff.

Das BI-Unterstützungsmanagement wird im Folgenden in Analogie zu den IT-Benutzer-orientierten Aufgaben des Themenblocks *Service Operation* der IT Infrastructure Library eingeteilt in die Bereiche

- BI-Störungs- und BI-Problem-Management,
- BI-Zugriffskontrolle sowie in die
- BI-Endbenutzerunterstützung (vg. Abb. 4-12).[782]

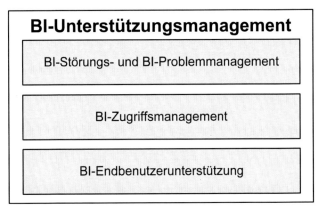

BI-Unterstützungsmanagement

BI-Störungs- und BI-Problemmanagement

BI-Zugriffsmanagement

BI-Endbenutzerunterstützung

Abb. 4-12:   BI-Unterstützungsmanagement[783]

Im Rahmen der empirischen Untersuchung gaben die teilnehmenden Unternehmen jeweils in etwa einem Drittel der Fälle Lücken in der Endbenutzerunterstützung sowie in der Behandlung von Störungen an. Mehr als die Hälfte der Probanden sieht zukünftigen Handlungsbedarf zur Verbesserung dieser Bereiche. Die Zugriffskontrolle weist den im Ganzen höchsten Implementierungsgrad auf. Lediglich in etwa einem Sechstel der Fälle zeigen sich hier deutliche Optimierungspotenziale.[784]

---

[782] Vgl. OGC (2007d), S. 33ff.
[783] Quelle: eigene Darstellung.
[784] Vgl. Kapitel 3.2.3.1.

4.6.1   BI-Störungs- und BI-Problem-Management

Die beiden zentralen und eng kooperierenden Aufgabenbereiche des BI-Unterstützungsmanagements bilden das BI-Störungs- sowie das BI-Problem-Management.[785]

Zielsetzung

Das **BI-Störungsmanagement** ist dafür verantwortlich, die Anliegen der BI-Endbenutzer zu erfassen, zu klassifizieren und zu lösen. Unter dem Begriff BI-Störung sollen hierbei sowohl allgemeine Ereignisse im BI-Betrieb, Anfragen der BI-Endbenutzer als Störungen von BI-Dienstleistungen verstanden werden.[786] Falls ein Anliegen auf einer tiefer liegenden Ursache beruht, übernimmt das **BI-Problemmanagement** die Verantwortung mit dem Ziel, den ursprünglichen Auslöser für ein BI-Problem zu finden und zu beheben. Häufig ist ein Eingriff in die BI-Infrastruktur erforderlich, um einem BI-Problem abzuhelfen. Daher sind oftmals das BI-Änderungs- sowie das BI-Release- und BI-Deployment-Management in die Lösung eines solchen Problems einzubinden. Den zentralen Datenpool für alle beteiligten BI-Managementbereiche stellt das BI-Konfigurationsmanagement mit dem BI-Konfigurationsmanagementsystem bereit.[787]

Eine solche Verfahrensweise kann bspw. durch eine Störungsmeldung eines BI-Endbenutzers ausgelöst werden, der innerhalb einer OLAP-Anwendung die Fehlermeldung erhält, dass die gewünschten Analysedaten nicht verfügbar sind. Die Meldung wird vom BI-Störungsmanagement erfasst und einer ersten Analyse unterzogen. Es zeigt sich, dass der für die Extraktion, die Transformation und die Beladung der Analysedaten zuständige ETL-Prozess in der vorangegangenen Nacht nicht erfolgreich abgeschlossen wurde. Das BI-Problemmanagement übernimmt die Bearbeitung des Sachverhalts und findet heraus, dass an der ETL-Schnittstelle des operativen Quellsystems ohne Absprache Modifikationen vorgenommen wurden. Es wird ein BI-Änderungsantrag gestellt und der BI-Änderungsprozess wird gestartet. Die ETL-

---

[785] Im Rahmen der IT Infrastructure Library wird in diesem Zusammenhang noch weiter differenziert. Es werden zusätzlich die Themenbereiche *Event Management* sowie *Request Fulfillment* betrachtet, die sich allgemein mit Ereignissen im IT-Betrieb sowie mit Anwenderanfragen beschäftigen, vgl. OGC (2007d), S. 35ff. sowie S. 55ff. Wie bereits in Kap. 4.2.1 dargelegt wurde, empfehlen TAYLOR und MACFARLANE eine kontextbezogen sinnvolle Auswahl der zu implementierenden ITIL-Aufgabenbereiche, vgl. Taylor/Macfarlane (2005), S. 4ff. Da die durch das *Event Management* sowie das *Request Fulfillment* erbrachten Leistungen auch unter dem BI-Störungsmanagement subsumiert werden können, sollen sie im Folgenden nicht separat ausgeführt werden.

[786] Vgl. hierzu nochmals Fußnote 785.

[787] In Analogie zu OGC (2007d), S. 46f. sowie S. 58f.

Schnittstelle und der ETL-Prozess werden entsprechend angepasst und für den weiteren Betrieb freigegeben.

Grundbegriffe

Eine **BI-Serviceanfrage** (*BI Service Request*) wird von einem BI-Endbenutzer an die BI-Endbenutzerunterstützung gestellt und beinhaltet bspw. Wünsche in Bezug auf Information, Beratung, standardisierte BI-Änderungen oder die Freischaltung für bestimmte BI-Dienstleistungen. Ein **BI-Ereignis** (*BI Event*) besitzt Relevanz für die BI-Infrastruktur oder die BI-Leistungserstellung und besteht im Regelfall aus einer automatisierten Meldung einer BI-Dienstleistung, einer BI-Infrastrukturkomponente oder einem Monitoring-Werkzeug. Unter einer **BI-Störung** (*BI Incident*) wird eine nicht vorgesehene Unterbrechung bzw. Qualitätsbeeinträchtigung einer BI-Dienstleistung verstanden. Hierdurch wird die Einhaltung von BI-Service-Level-Agreements gefährdet. Ein **BI-Problem** (*BI Problem*) stellt eine zum Zeitpunkt der Erfassung unbekannte Ursache für eine einzelne oder mehrere BI-Störungen dar. Eine **BI-Umgehungslösung** (*BI Workaround*) wird angewendet, um die Auswirkungen von bislang ungelösten BI-Störungen und BI-Problemen zu reduzieren. Bspw. kann ein mehrmals hintereinander ausgefallener BI-Applikationsserver jeweils manuell neu gestartet werden. Ein **BI-Known-Error** (*BI Known Error*) stellt ein BI-Problem dar, dessen Ursache identifiziert werden konnte und für das eine BI-Umgehungslösung festgelegt und kommuniziert wurde.[788]

Mitarbeiter des BI-Service-Desk oder des allgemeinen IT-Service-Desk bilden den **BI-First-Line-Support**. Sie nehmen die Anliegen der BI-Endbenutzer entgegen und bearbeiten einfache Sachverhalte. Die Aufgaben des **BI-Second-Line-Support** werden von Spezialisten und Fachgruppen übernommen. Sie bearbeiten schwierigere BI-Störungen und BI-Probleme. Ein **BI-Third-** bzw. **BI-n-Line-Support** wird von noch stärker spezialisierten Gruppen angeboten, bspw. BI-Entwicklern im Unternehmen, bei externen BI-Dienstleistern oder den Herstellern von BI-Software-Werkzeugen.[789]

---

[788] In Analogie zu OGC (2007d), S. 35f., S. 46, S. 55f., S. 58, S. 64 sowie S. 236.
[789] Zur Darstellung des BI-Service-Desks vgl. auch Kapitel 4.6.3.

Aufgabeninhalte

Die Vorgehensweise zur Bearbeitung von Anliegen der BI-Endbenutzer, die als BI-Serviceanfragen, BI-Störungen, BI-Problemen oder proaktiv als BI-Ereignisse auftreten können, gliedert sich in die folgenden Teilschritte. Die Darstellung erfolgt am Beispiel von BI-Störungen:[790]

- **Identifikation**

Die Anliegen der BI-Endbenutzer werden identifiziert – bspw. durch eine Meldung der betroffenen Mitarbeiter. Im Idealfall werden Störungen automatisiert mit Hilfe von Monitoring-Werkzeugen als BI-Events bereits zu einem Zeitpunkt erkannt, wenn sie noch keine negativen Auswirkungen für die BI-Anwender hatten.

- **Erfassung**

Alle identifizierten BI-Störungen werden vollständig anhand vordefinierter Merkmale wie einer eindeutigen Referenznummer, einer Kategorie, der Dringlichkeit, der Priorität, eines Zeitstempels, des Erfassers, der meldenden Person, einer Beschreibung des Sachverhalts und bereits unternommener Lösungsversuche erfasst.

- **Kategorisierung**

Die BI-Störungen werden fachlich kategorisiert, um eine korrekte Zuordnung zum zuständigen BI-Betriebspersonal zu ermöglichen. Die Kategorien sind unternehmensindividuell zu entwerfen. In einem größeren Unternehmen können bspw. mehrere Teams in der Rolle eines BI-Second-Line-Support für die Behebung von Störungen an verschiedenen Typen von BI-Systemkomponenten zuständig sein. Die Kategorien können sich an den Ebenen einer BI-Systemarchitektur orientieren.[791] In diesem Fall ist eine Einordnung der BI-Störungen anhand der Kategorien BI-Portal, Berichtssystem, modellgestütztes Analysesystem, Ad-hoc-Analysesystem, freie Datenrecherche, Wissensmanagementsystem, Data Mart, Core Data Warehouse, Operational Data Store, ETL-Prozess sowie Quellsystem denkbar.

- **Priorisierung**

Anhand der Priorität wird die zeitliche Abfolge der Bearbeitung von BI-Störungen festgelegt. Die Priorisierung wird auf Basis der Dringlichkeit – d. h. im Hinblick auf die Frage wie schnell ein Geschäftsprozess das Ergebnis einer ausgefallenen BI-

---

[790] Vgl. im Folgenden in Analogie zu OGC (2007d), S. 49ff.
[791] Vgl. hierzu nochmals den im Kap. 2.1.2 vorgestellten BI-Ordnungsrahmen.

Dienstleistung wieder benötigt – sowie auf Basis der potenziellen Auswirkungen – d. h. der möglichen negativen Folgen einer BI-Störung – durchgeführt.

• **Erstdiagnose**

Idealerweise kann der eine BI-Störung erfassende BI-Betriebsmitarbeiter bereits während der Meldung hinreichend viele Informationen sammeln, um eine erste Diagnose der Ursache zu erstellen und u. U. die BI-Störung direkt zu beheben.

• **Eskalation**

Falls eine BI-Störung nicht sofort behoben werden kann, wird der Sachverhalt an die nächste zuständige Organisationseinheit weitergegeben. Es wird zwischen einer funktionalen und einer hierarchischen Eskalation unterschieden.

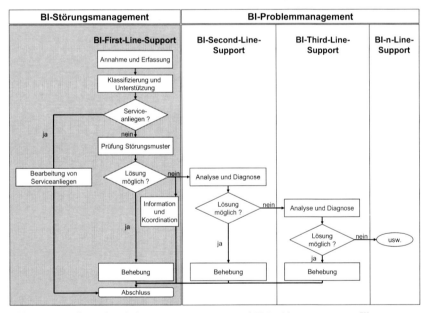

Abb. 4-13:   Funktionale Eskalation im BI-Störungs- und BI-Problemmanagement[792]

Die in Abb. 4-13 dargestellte **funktionale Eskalation** wird angewendet, wenn der Mitarbeiter im BI-Service-Desk als First-Line-Support eine BI-Störung nicht selbst beheben kann. Der Sachverhalt wird dann an interne oder externe BI-Unterstützungsteams weitergegeben, die für das BI-Problem-Management zuständig sind und als Second-,

---

[792] Quelle: in Anlehnung an Zarnekow (2007), S. 256 sowie OGC (2000), S. 75.

Third- oder n-Line-Support fungieren. Beispielhaft kann der First-Line-Support innerhalb eines Fachbereichs vom allgemeinen IT-Service-Desk erbracht werden. Komplexere BI-Störungen werden dann an den im BI-Kompetenzzentrum des Unternehmens angesiedelten Second-Line-Support eskaliert. Der Third-Level-Support kann vom internen IT-Bereich oder von einem externen IT-Dienstleister angeboten werden, der mit der Entwicklung und Implementierung der BI-Infrastruktur des Unternehmens beauftragt ist. Eine weitere Eskalationsstufe kann etwa vom Kunden-Support des Herstellers, dessen BI-Software-Werkzeuge zum Einsatz kommen, zur Verfügung gestellt werden.[793] Eine **hierarchische Eskalation** in Form einer Einbeziehung übergeordneter Vorgesetzter erfolgt, wenn schwerwiegende BI-Störungen (*Major BI Incidents*) auftreten oder die vorhandenen Ressourcen zur Lösung von BI-Störungen nicht ausreichen.

- **Untersuchung und Diagnose**

Falls das Anliegen eine BI-Endbenutzers über eine reine Anfrage hinausgeht, die sofort beantwortet werden kann, und eine tatsächliche BI-Störung vorliegt, führen die beteiligten BI-Supportteams wie First-, Second- oder Third-Line-Support eine Untersuchung des Sachverhalts durch, erstellen eine Diagnose und dokumentieren die Aktivitäten für zukünftige Analysen.

- **Lösung und Wiederherstellung**

Wenn eine Lösung zur Behebung einer BI-Störung oder eines BI-Problems gefunden wurde, wird sie umgesetzt und getestet. Verschiedene Mitarbeiter können in die Lösung involviert sein: Der BI-Endbenutzer setzt die Lösung selbst an seinem Arbeitsplatz um – bspw. durch die Auswahl bestimmter vorgegebener Suchparameter in einer OLAP-Anwendung. Ein BI-Service-Desk-Mitarbeiter implementiert die Lösung, indem er einen BI-Applikationsserver neu startet oder über eine Fernwartungsschnittstelle Änderungen an der Konfiguration einer Data-Mining-Software auf dem Arbeitsplatzrechner des BI-Endbenutzers durchführt. Eine spezialisierte Support-Gruppe innerhalb des BI-Kompetenzzentrums wird beauftragt, einen abgebrochenen ETL-Prozess neu zu starten, um eine Controlling-Anwendung mit Daten zu beladen. Oder aber ein externer BI-Implementierungsdienstleister übernimmt die Aufgabe, einen Fehler in einem selbst entwickelten Executive-Information-System zu beheben.

---

[793] Vgl. Unger et al. (2008), S. 6ff.

- **Abschluss**

Zum Abschluss der Bearbeitung des Sachverhalts prüft der BI-Service-Desk, ob eine BI-Störung bzw. ein BI-Problem vollständig behoben worden ist. Bei den betroffenen BI-Endbenutzern wird nachgefragt, ob sie mit der gefundenen Lösung einverstanden sind und dem formalen Abschluss der Bearbeitung zustimmen.

Steuerungsgrößen

Die Steuerungsgrößen des BI-Störungs- und BI-Problem-Managements stellen Informationen bereit, um ungeplante Unterbrechungen der Verfügbarkeit von BI-Services zu minimieren und die Verfahren zur Behebung von Beeinträchtigungen der BI-Dienstleistungen permanent zu verbessern:[794]

- *Gesamte Anzahl der BI-Serviceanfragen / BI-Ereignisse / BI-Störungen / BI-Probleme:* Gesamte Anzahl der Anliegen, mit denen sich BI-Endbenutzer an den BI-First-Line-Support wenden als Maß für den Umfang von bestehenden oder drohenden Beeinträchtigungen der BI-Dienstleistungen.

- *Anteil offener BI-Serviceanfragen / BI-Ereignisse / BI-Störungen / BI-Probleme:* Prozentualer Anteil der noch nicht bearbeiteten im Verhältnis zur Gesamtzahl der BI-Serviceanfragen / BI-Ereignisse / BI-Störungen / BI-Probleme als Maß für die Reaktionsfähigkeit des BI-Unterstützungsmanagements.

- *Durchschnittliche Dauer der Bearbeitung von BI-Serviceanfragen / BI-Ereignissen / BI-Störungen / BI-Problemen:* Durchschnittliche Zeitdauer der Bearbeitung von BI-Serviceanfragen / BI-Ereignissen / BI-Störungen / BI-Problemen als Maß für die Reaktionsfähigkeit des BI-Unterstützungsmanagements.

- *Anteil der in der gemäß BI-Service-Level-Agreements vereinbarten Dauer abgeschlossenen BI-Serviceanfragen / BI-Ereignissen / BI-Störungen / BI-Problemen:* Prozentualer Anteil der rechtzeitig abgeschlossenen BI-Serviceanfragen / BI-Ereignissen / BI-Störungen / BI-Problemen als Maß für die Einhaltung der BI-Service-Level-Agreements.

---

[794] Vgl. im Folgenden in Analogie zu Brooks et al. (2006), S. 95ff. sowie S. 137ff.

- *Durchschnittliche Kosten für die Bearbeitung von BI-Serviceanfragen / BI-Ereignissen / BI-Störungen / BI-Problemen:*

  Durchschnittliche Kosten des BI-Leistungserstellers (z. B. Kosten für interne und externe Mitarbeiter oder Ersatzbeschaffungen defekter BI-Hardware) für die Bearbeitung von BI-Serviceanfragen / BI-Ereignissen / BI-Störungen / BI-Problemen jeweils mit der gleichen Kategorisierung als Maß für die Effizienz des BI-Unterstützungsmanagements.

4.6.2   BI-Zugriffsmanagement

Der Schutz sensibler Informationen in den BI-Systemen eines Unternehmens vor einem unberechtigten Zugriff ist eine wichtige Aufgabe im Rahmen der BI-Leistungserstellung. BI-Dienstleistungen erlauben den BI-Anwendern den Zugriff auf Informationen eines Unternehmens, die in unterschiedlichem Umfang schutzwürdig sind. Die Anforderungen an die Zugriffssteuerung und -kontrolle für BI-Dienstleistungen ergeben sich bspw. aus Compliance- und Datenschutz-Regelungen. Die zugewiesenen Berechtigungen eines BI-Endbenutzers sind abhängig von seiner Rolle im Unternehmen. BI-Informationen können bspw. freigeschaltet werden für verschiedene Fachbereiche eines Unternehmens, innerhalb eines Fachbereichs für die zuständigen Sachbearbeiter in Abteilungen, aggregierte Informationen für die Führungskräfte sowie bereichsübergreifend für höherrangige Führungskräfte. In einer solchen Umgebung benötigt ein Unternehmen eine Reihe verschiedener Zugriffsregeln für eine einzige BI-Applikation entsprechend der Anforderungen der unterschiedlichen Nutzergruppen, die darauf zugreifen.[795]

Die Sicherheitsanforderungen von BI-Dienstleistungen unterscheiden sich deutlich im Vergleich zu den Anforderungen an klassische Datenbank-Anwendungen. Dort beziehen sich Zugriffsregeln oftmals auf einzelne Datenbanktabellen. Im Rahmen der BI-Leistungserstellung werden Daten aus unterschiedlichen operativen Quellsystemen zusammengeführt, transformiert und aggregiert. Während die Einzelfakten in den Quellsystemen nicht vertraulich sein müssen, können aggregierte Daten durchaus als geheim eingestuft werden. Die Analysepotenziale dieser Datenbasis können einen entscheidenden Wettbewerbsfaktor für ein Unternehmen darstellen. Idealerweise sollten

---

[795] Vgl. Bhatti et al. (2008), S. 199ff., Wang/Jajodia (2008), S. 191ff., Thuraisingham et al. (2007), S. 367ff., Gabriel (2006), S. 440ff. sowie Soler et al. (2008), S. 104ff.

die Zugriffsrichtlinien der operativen Quellsysteme beachtet und zusätzliche Richtlinien für aggregierte Daten in BI-Dienstleistungen implementiert werden. In der Unternehmenspraxis hat sich zur Erfüllung dieser Anforderungen ein rollenbasierter Zugriffsansatz etabliert, der es ermöglicht, die Zugriffsrechte für BI-Dienstleistungen flexibel an sich dynamisch verändernde Sicherheitsrichtlinien und Rahmenbedingungen eines Unternehmens sowie der eingesetzten BI-Softwarewerkzeuge anzupassen. BI-Endbenutzern wird hierzu in Abhängigkeit von ihren Aufgaben und Verantwortungsbereichen die Mitgliedschaft zu einer Rolle zugewiesen. Auf Basis des sog. Need-to-know-Prinzips repräsentieren Rollen eine Zusammenfassung von Zugriffsrechten, die von den Mitarbeitern zur Erfüllung ihrer Aufgaben und Funktionen benötigt werden. Die Zuordnung weist im Vergleich zu einer benutzerorientierten Zugriffskontrolle eine höhere zeitliche Stabilität auf, da von einzelnen Personen abstrahiert wird.[796]

Die in Kapitel 3 vorgestellten empirischen Ergebnisse zeigen, dass die befragten Unternehmen dem BI-Zugriffsmanagement eine sehr hohe Bedeutung beimessen. Die Zugriffskontrolle weist von allen untersuchten Aufgabenbereichen der BI-Leistungserstellung den höchsten Implementierungsgrad auf. Nur in etwa einem Sechstel der untersuchten Fälle zeigt sich ein Rückstand bei der Implementierung der BI-Zugriffskontrolle. Weiterhin implizieren die Untersuchungsergebnisse, dass Defizite im Bereich der BI-Zugriffskontrolle als kritisch für eine BI-Implementierung eingestuft werden und in den betroffenen Unternehmen ein deutlicher Nachholbedarf gesehen wird.[797]

Zielsetzung

Das **BI-Zugriffsmanagement** ist verantwortlich für die Steuerung der Genehmigungen für die Nutzung von allen BI-Ressourcen wie bspw. BI-Dienstleistungen, BI-Daten oder BI-Applikationen. Es wird gewährleistet, dass BI-Anwender, die über die erforderlichen Berechtigungen verfügen, Zugriff auf die BI-Ressourcen erhalten bzw. diese ändern können. Hierdurch wird ein Betrag geleistet, um die Verfügbarkeit, Vertraulichkeit und Integrität der BI-Ressourcen zu schützen.[798]

---

[796] Vgl. Thuraisingham et al. (2007), S. 367ff. sowie Rupprecht (2003), S. 113ff.
[797] Vgl. Kapitel 3.2.3.1.
[798] In Analogie zu OGC (2007d), S. 35 sowie S. 223.

Grundbegriffe

Der **Zugriff** bezieht sich auf den Umfang des Zugangs, der einem BI-Endbenutzer für die Verwendung einer BI-Dienstleistung gewährt wird. Die **Identität** eines BI-Endbenutzers beinhaltet die Informationsmerkmale, die erforderlich sind, um ihn als Individuum zu erkennen und seinen Status im Unternehmen zu definieren. Solche Informationsmerkmale können bspw. der Namen, die Adressen, die Kontaktdaten, die Personalnummer oder das Ablaufdatum bei befristeten Funktionszuordnungen sein. **Rechte** umfassen den zu einem bestimmten Zeitpunkt festgelegten Kanon an Befugnissen, die einem BI-Endbenutzer oder einer Gruppe von BI-Endbenutzern für den Zugriff auf BI-Dienstleistungen zugeordnet sind. Dies kann bspw. das Lesen von BI-Berichten, das Zurückschreiben von BI-Planungsdaten, das Löschen von temporären BI-Daten oder das Ausführen von BI-Transformationsprozessen sein. Auf der Grundlage von rollenbasierten Zugriffskonzepten ist eine Zusammenfassung von BI-Services zu **BI-Service-Gruppen** geeignet, um die Vergabe und Änderung von Zugriffsrechten einfacher steuern zu können.[799]

Aufgabeninhalte

Zugriffsrechte für BI-Dienstleistungen können von BI-Anwendern über unterschiedliche Wege angefordert werden – bspw. durch den Personalbereich bei Einstellungen und Wechseln von Mitarbeitern, durch automatisierte Prozesse oder durch einen formellen BI-Änderungsantrag[800] (*BI Request for Change*):[801]

• **Verifizierung**

Bevor ein BI-Endbenutzer angeforderte Zugriffsrechte erhält, wird seine Identität geprüft und festgestellt, ob er einen legitimen Grund für die Nutzung einer bestimmten BI-Dienstleistung besitzt, die, wie bereits oben ausgeführt, durchaus vertrauliche Unternehmensinformationen beinhalten kann.

• **Rechtevergabe**

Wenn die Verifizierung erfolgreich war, erhält der BI-Endbenutzer in diesem Schritt die angeforderten Zugriffsrechte auf Basis der Rolle, die er im Unternehmen ausübt. Das BI-Zugriffsmanagement definiert hierbei keine eigenen Regeln, sondern setzt die

---

[799] In Analogie zu OGC (2007d), S. 68.
[800] Zum BI-Änderungsantrag vgl. Kapitel 4.4.1.
[801] Vgl. im Folgenden in Analogie zu OGC (2007d), S. 68ff.

im Rahmen der BI-Governance und des BI-Dienstemanagements in Abhängigkeit von den Unternehmensanforderungen definierten BI-Zugriffsrichtlinien um.

- **Überwachung des Identitätsstatus**

Da die Rollen der BI-Endbenutzer im Zeitverlauf Änderungen – wie etwa Umgestaltungen der Organisationsstruktur, Beförderungen, Wechseln von Abteilungen oder Verlassen des Unternehmens – unterliegen können, die Auswirkungen auf die BI-Zugriffsberechtigungen haben, wird der Identitätsstatus der BI-Endbenutzer überwacht und gegebenenfalls die Konfiguration der BI-Zugriffsrechte angepasst.

- **Überwachung des Zugriffs**

Während der Nutzung von BI-Dienstleistungen, werden die Zugriffe automatisiert überwacht, um sicherzustellen, dass die BI-Daten nur berechtigten Personen im freigegebenen Umfang zugänglich sind.

- **Entziehung und Einschränkung von Zugriffsrechten**

Spiegelbildlich zur Rechtevergabe ist das BI-Zugriffsmanagement auch für die Entziehung und die Einschränkung von Zugriffsrechten auf der Grundlage der bestehenden BI-Zugriffsrichtlinien verantwortlich.

Steuerungsgrößen

Die folgenden Steuerungsgrößen stellen Informationen bereit, um die Qualität des BI-Zugriffsmanagements überwachen und verbessern zu können:[802]

- *Anzahl der Anfragen zur Vergabe / Änderung von BI-Zugriffsrechten pro Zeiteinheit:* Anzahl der Anfragen zur Vergabe / Änderung von BI-Zugriffsrechten bspw. pro Monat als Maß für die Modifikationshäufigkeit von BI-Zugriffsrechten und der dafür erforderlichen Bearbeitungskapazität im BI-Zugriffsmanagement.

- *Durchschnittliche Zeitdauer der Bearbeitung von Anfragen zur Vergabe / Änderung von BI-Zugriffsrechten:* Durchschnittliche Zeitdauer der Bearbeitung von Anfragen zur Vergabe / Änderung von BI-Zugriffsrechten als Maß für die Reaktionsfähigkeit des BI-Zugriffsmanagements.

---

[802] Vgl. im Folgenden in Analogie zu OGC (2007d), S. 72.

- *Anzahl von Änderungen der BI-Zugriffsrechte infolge der Überwachung des Identitätsstatus:*
  Anzahl von Änderungen der BI-Zugriffsrechte infolge der Überwachung des Identitätsstatus als Maß für automatisiert erkannte Änderungsbedarfe.
- *Anzahl von BI-Störungen infolge von Änderungen der BI-Zugriffsrechte:*
  Anzahl von BI-Störungen infolge von Änderungen der BI-Zugriffsrechte als Maß für die Arbeitsqualität des BI-Zugriffsmanagements.

4.6.3   BI-Endbenutzerunterstützung

SCHÄFER und WITSCHNIG legen dar, dass BI-Dienstleistungen nicht nur an der Qualität der gelieferten Analysedaten, sondern vor allem auch an der Qualität der Unterstützung der BI-Endbenutzer bei der Verwendung der Daten gemessen werden müssen. Durch eine gezielte Betreuung der Anwender kann der Analyseprozess optimiert werden. Die Autoren empfehlen, eine BI-Betreuungsorganisation aufzubauen, die sich durch eine örtliche Nähe und eine persönliche Bindung zu den Anwendern auszeichnet sowie auf Anfragen unverzüglich reagiert. Sie soll in der Lage sein, unterschiedliche Anwendergruppen zielgerichtet und skalierbar zu betreuen sowie Anwenderanforderungen für die mittel- und langfristige Weiterentwicklung der BI-Landschaft aufzunehmen. Den Kern einer solchen BI-Endbenutzerunterstützung bildet ein kompetenter BI-Service-Desk. Dieser wird ergänzt durch regelmäßige BI-Schulungsveranstaltungen, einen BI-Bereich innerhalb des Intranets mit aktuellen Meldungen sowie häufig gestellten Fragen und Möglichkeiten zum Erfahrungsaustausch der Anwender. Weiterhin sollte jedem BI-Endbenutzer ein persönlicher Ansprechpartner wie z. B. ein BI-Administrator oder ein erfahrener BI-Power-User zur Seite gestellt werden, der ihm hilft, sich das Analysepotenzial der BI-Dienstleistungen zu erschließen. Um die tägliche Arbeit der BI-Endbenutzer zu erleichtern, können bspw. auch Standardvorlagen für das Berichtswesen, eine Struktur der Berichtslage oder eine jeweils aktuelle Dokumentation bereit gestellt werden.[803]
Wie die Ergebnisse der empirischen Untersuchung in Kapitel 3 gezeigt haben, verfügen lediglich etwa ein Drittel der befragten Unternehmen über keine oder eine eingeschränkte BI-Endbenutzerunterstützung. Dennoch sehen etwa zwei Drittel der Probanden weiteren Handlungsbedarf hinsichtlich der Optimierung der BI-Endbenutzer-

---

[803] Vgl. Schäfer/Witschnig (2009), S. 515f.

unterstützung. Hierbei zeigt sich tendenziell, dass Unternehmen, die bisher nur in einem geringen Umfang eine BI-Endbenutzerunterstützung implementiert haben, einen besonders hohen Handlungsbedarf sehen.[804] Weiterhin besteht in BI-Anwenderunternehmen ein positiver Zusammenhang zwischen der Anzahl von Modifikationen an BI-Dienstleistungen in Form von implementierten BI-Änderungen und BI-Release-Einheiten sowie der Anzahl von BI-Service-Anfragen. Auch dies weist darauf hin, dass ein Bedarf an kompetenten Ansprechpartnern in Form einer BI-Endbenutzerunterstützung für die BI-User besteht.[805]

Zielsetzung

Die **BI-Endbenutzerunterstützung** bzw. der **BI-Service-Desk** stellt die zentrale Anlaufstelle für BI-Endbenutzer dar und ist die Kommunikationsstelle des BI-Leistungerstellers zu den BI-Usern. Sie ist in die Bearbeitung verschiedener Aufgabenbereiche der BI-Leistungserstellung eingebunden, insbesondere in das BI–Störungs- und BI-Problem-Management. Darüber hinaus ist sie verantwortlich für die Steuerung der Kommunikation mit den BI-Endbenutzern.[806]

Grundbegriffe

Ein **lokaler BI-Service-Desk** befindet sich am Standort der BI-Endbenutzer. Hierdurch wird die Kommunikation zwischen dem BI-Personal und den BI-Endbenutzern erleichtert. Diese Organisationsform bietet sich insbesondere an, wenn spezialisierte BI-Dienstleistungen – wie etwa auf der Anwendung statistischer Methoden beruhende Data-Mining-Services – an bestimmten Standorten angeboten werden, die auch Spezialwissen im Rahmen der Endbenutzerunterstützung erfordern, wenn verschiedene Zeitzonen überbrückt werden müssen oder wenn die BI-Endbenutzer einen stark differierenden kulturellen oder sprachlichen Hintergrund aufweisen. Ein **zentralisierter BI-Service-Desk** erbringt von einem Standort aus Unterstützungsleistungen für alle BI-Endbenutzer eines Unternehmens. Dies kann bspw. sinnvoll sein, wenn relativ wenig BI-Personal eine hohe Anzahl von BI-Endbenutzern mit einer großen Menge von

---

[804] Vgl. Kapitel 3.2.3.1.
[805] Vgl. Kapitel 3.2.2.2.
[806] In Analogie zu OGC (2007d), S. 109f.; zur Einbindung des BI-Service-Desks in das BI-Störungs- und BI-Problemmanagement vgl. auch Kapitel 4.6.1.

298 4. Entwicklung eines Rahmenkonzepts für das Management der BI-Leistungserstellung

Anfragen betreuen soll bspw. hinsichtlich einer unternehmensweit verfügbaren Reporting-Plattform. **Spezialisierte BI-Service-Desk-Gruppen** ermöglichen es, Anliegen von BI-Endbenutzern an BI-Mitarbeiter mit dem relevanten Spezialwissen weiterzuleiten. Bspw. können in einem größeren Unternehmen BI-Service-Desk-Teams oder auch räumlich verteilte einzelne BI-Mitarbeiter zu Themen wie OLAP-Systemen, Reporting-Systemen, BI-Datenbank-Administration oder ETL-Prozessen zu einer virtuellen BI-Unterstützungsorganisation vernetzt werden.[807]

Aufgabeninhalte

Ein BI-Service-Desk[808] ist die zentrale Anlaufstelle für die Anliegen von BI-Endbenutzern wie etwa BI-Service-Anfragen, BI-Störungsmeldungen oder BI-Änderungsanträge. Er repräsentiert die zentrale Kommunikationschnittstelle mit den BI-Endbenutzern. Im Rahmen des BI-Störungsmanagements übernimmt er darüber hinaus in der Regel die Aufgabe des BI-First-Line-Supports und ist damit verantwortlich für die Erfassung, die Bearbeitung und den Abschluss der im Rahmen seiner Möglichkeiten lösbaren BI-Service-Anfragen und BI-Störungsmeldungen.

Der BI-Service-Desk ist auch für Aktivitäten in weiteren Themenbereichen der BI-Leistungserstellung verantwortlich, die im Folgenden exemplarisch dargestellt werden. Innerhalb des BI-Änderungsmanagements kommuniziert er den Zeitplan der beabsichtigten und bereits durchgeführten BI-Änderungen sowie zu erwartende Beeinträchtigungen der Verfügbarkeit von BI-Services an die BI-Endbenutzer. Im Auftrag des BI-Service-Level-Managements sowie des BI-Service-Katalog-Managements veröffentlicht er den BI-Service-Katalog und führt Befragungen hinsichtlich der Zufriedenheit der BI-Endbenutzer mit den BI-Dienstleistungen durch. Weiterhin bearbeitet der BI-Service-Desk für das BI-Zugriffsmanagement Anfragen zur Freischaltung, Veränderung und Beendigung von Zugriffsrechten für BI-Endbenutzer.

Der Aufgabenumfang, der vom BI-Service-Desk übernommen werden kann, ist abhängig vom Ausbildungsniveau der dort tätigen Mitarbeiter. Das erforderliche Ausbildungsniveau wird beeinflusst von der erwarteten Zeit bis zur Lösung von Anliegen, der Komplexität der BI-Infrastruktur und dem verfügbaren Budget für den BI-Betrieb. Oftmals wird die in Kapitel 4.6.1 vorgestellte mehrstufige Support-Struktur gewählt. Hierbei übernimmt ein BI-Service-Desk oder der allgemeine IT-Service-Desk die Auf-

---

[807] In Analogie zu OGC (2007d), S. 111ff.
[808] Vgl. im Folgenden in Analogie zu OGC (2000), S. 27ff. sowie OGC (2007d), S. 110ff.

gabe des BI-First-Line-Supports, der die Anliegen der BI-Endbenutzer erfasst und einfache Sachverhalte direkt löst. Schwierigere BI-Störungen und BI-Probleme werden im Rahmen eines BI-Second-Line-Supports von Spezialisten und Fachgruppen bearbeitet. Tiefer liegende Probleme untersucht und behandelt ein BI-Third- bzw. BI-n-Line-Support. Hierbei handelt es sich um noch stärker thematisch fokussierte Ansprechpartner wie etwa BI-Entwickler im Unternehmen, externe BI-Dienstleister oder die Hersteller von BI-Software-Werkzeugen.[809] Im BI-Kontext werden auch sogenannte BI-Power-User eingesetzt. Es handelt sich um fachlich kompetente und erfahrene BI-Endbenutzer in den Fachbereichen eines Unternehmens. Sie verfügen in der Regel über fundierte Kenntnisse der Analyse- und Geschäftsprozesse eines Unternehmens und können das Potenzial des BI-Einsatzes gut abschätzen. Sie treten als zusätzliche Kommunikationsschnittstelle zwischen den BI-Endanwendern und dem BI-Leistungsersteller bzw. dem BI-Service-Desk eines Unternehmens auf. Bspw. können sie in zusätzlichen Schulungen BI-Anwendungswissen erwerben und als Multiplikatoren an die anderen BI-Endbenutzer weitergeben. Des Weiteren können Sie als Filter für häufige Fragen der BI-User fungieren und damit einen Teil der BI-Service-Anfragen abdecken.

Steuerungsgrößen

Die Erhebung der Steuerungsgrößen des BI-Unterstützungsmanagements bzw. des BI-Serivce-Desks soll sicherstellen, dass im Falle von Unterbrechungen die reguläre BI-Leistungserstellung so schnell wie möglich wieder hergestellt, negative Auswirkungen auf die Geschäftsprozesse minimiert und die vereinbarten BI-Service-Level-Agreements eingehalten werden können:[810]

- *Anteil von BI-Serviceanfragen und BI-Störungsmeldungen, die ohne Eskalation vom Erfasser gelöst werden kann (Erstlösungsquote):* Prozentualer Anteil der BI-Serviceanfragen und BI-Störungsmeldungen, die ohne Eskalation an weitere BI-Unterstützungsteams – wie BI-Second- oder BI-Third-Line Support – vom Erfasser im BI-Service-Desk direkt gelöst werden können als Hinweis auf entweder eine gut funktionierende BI-Infrastruktur oder einen gut funktionierenden BI-Service-Desk.

---

[809] Vgl. hierzu auch Unger et al. (2008), S. 6ff.
[810] Vgl. im Folgenden in Analogie zu Brooks et al. (2006), S. 101ff.

- *Durchschnittlich vergangene Zeitdauer bis zur Lösung von BI-Serviceanfragen / BI-Störungen durch den BI-Service-Desk, falls direkt vom BI-First-Line-Support gelöst:*
Durchschnittlich vergangene Zeitdauer bis zur Lösung von BI-Serviceanfragen / BI-Störungen durch den BI-Service-Desk als Maß für die Reaktionsfähigkeit der BI-Endbenutzerunterstützung.

- *Durchschnittliche Kosten der Bearbeitung je BI-Serviceanfrage / BI-Störung durch den BI-Service-Desk:*
Durchschnittliche Kosten des Bearbeitungsprozesses von BI-Serviceanfragen / BI-Störungen als Maß für die Effizienz des BI-Service-Desks.

- *Kundenzufriedenheit:*
Zufriedenheit der BI-Endbenutzer mit der Bearbeitung von BI-Serviceanfragen / BI-Störungen ermittelt durch Kundenbefragungen als Maß für die Bewertung der Leistung des BI-Service-Desks aus der Anwenderperspektive.

4.7 Zusammenfassung

In den einzelnen Abschnitten des Kapitels 4 wurde ein Vorschlag für ein Rahmenkonzept des Managements der Business-Intelligence-Leistungserstellung auf der Basis der Leitlinien des IT-Dienstleistungsmanagements, insbesondere der IT Infrastructure Library, entwickelt. Zunächst wurden die Zielsetzung, die Fokussierung sowie die begriffen Grundlagen erläutert. Im Anschluss daran wurden die Gesamtstruktur des Rahmenkonzepts dargestellt und die Zusammenhänge der einzelnen Aufgabenfelder erörtert. Die Gesamtstruktur des Rahmenkonzepts wird in Abb. 4-14 veranschaulicht.

In den folgenden Abschnitten wurden detailliert die Bausteine des Rahmenkonzepts – das BI-Dienstemanagement, das BI-Transformationsmanagement, das BI-Produktionsmanagement sowie das BI-Unterstützungsmanagement – herausgearbeitet. Das Rahmenkonzept in seiner Gesamtheit ermöglicht eine systematische Strukturierung der Hauptaufgaben der BI-Leistungserstellung, die erforderlich sind, um den BI-Anwendern BI-Dienstleistungen und BI-Lösungen auf dem Qualitätsniveau vereinbarter BI-Service-Level-Agreements bereit zu stellen. Den wesentlichen Beitrag dieses neuen Rahmenkonzepts stellt die Verknüpfung des Wissens der Forschungsgebiete Business Intelligence und IT-Dienstleistungsmanagement sowie der Erkenntnisse der empirischen Studie aus Kapitel 3 dar. Das Rahmenkonzept setzt auf der IT Infrastructure Library als einem fest etablierten Ansatz des IT-Dienstleistungsmanagements auf und transferiert diese auf den Business-Intelligence-Bereich. Damit steht ein durchgängiges, integriertes Rahmenkonzept für das Handlungsfeld der Business-Intelligence-Leistungserstellung zur Verfügung.

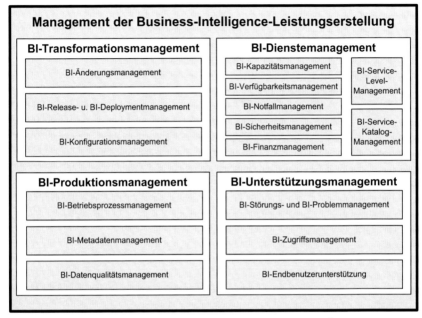

Abb. 4-14:   Rahmenkonzept des Managements der BI-Leistungserstellung[811]

---

5. Zusammenfassung und Implikationen

5.1 Ausgangspunkt, Zielsetzung und Lösungsweg

Angesichts des infrastrukturellen, integrativen und kostenintensiven Charakters der Entwicklung sowie des Betriebs von BI-Landschaften wird deutlich, dass das Management von Business Intelligence in einem Unternehmen eine permanente Herausforderung darstellt. Um den langfristigen Erfolg des BI-Einsatzes eines Unternehmens sicherzustellen, bedarf es daher auch der Festlegung von dauerhaften Strukturen für die Erzeugung und Bereitstellung von BI-Applikationen für die Endanwender.[812] Diese Entwicklung zeigt auf, dass es erforderlich ist, BI-Anwenderunternehmen Konzepte und Leitlinien zur Verfügung zu stellen, mit deren Hilfe sie die Erstellung von BI-Leistungen organisatorisch verankern können.[813]

Da dieser Themenbereich eine erhebliche praktische Bedeutung besitzt, aber andererseits ein deutliches Defizit hinsichtlich eines konzeptionellen Rahmens zu erkennen war, bestand die **zentrale Zielsetzung** der vorliegenden Arbeit in der Entwicklung eines Vorschlags für ein **theoretisch fundiertes und empirisch gestütztes Rahmenkonzept für das Management der Business-Intelligence-Leistungserstellung**.

Diese übergeordnete Zielsetzung war in drei Teilziele untergliedert. Das **erste Teilziel** beinhaltete die Schaffung eines **einheitlichen Terminologieverständnisses** als Basis der empirischen Untersuchung sowie der Konzeptentwicklung. Hierzu wurden die spezifischen theoretischen Merkmale der Themenbereiche Business Intelligence und IT-Service-Management herausgearbeitet (vgl. Kapitel 2).

Das **zweite Teilziel** bestand in der **empirischen Fundierung** und Erweiterung des Wissens über den **realtypischen Ist-Zustand der BI-Leistungserstellung**. Es wurden im Rahmen einer explorativen empirischen Studie Erscheinungsformen der BI-Leistungserstellung in BI-Anwenderunternehmen erhoben. Als Erhebungsraster diente ein konzeptioneller Bezugsrahmen. Durch die Darstellung und Analyse der Ergebnisse konnten Unterschiede und Gemeinsamkeiten der BI-Leistungserstellung in der Unter-

---

[812] Vgl. Kemper et al. (2008), S. 2ff., Unger et al. (2008), S. 3f., Horakh et al. (2008), S. 1ff., Williams (2005), S. 30, Gräf et al. (2005), S. 89 sowie Gardner (1998), S. 54.

[813] Vgl. Horakh et al. (2008), S. 1, Cunningham/Elliott (2005), S. 18ff., Eckerson (2006), S. 43ff., Geiger et al. (2007), Miller et al. (2006), S. 1ff., Strange/Hostmann (2003), S. 1ff.

nehmenspraxis identifiziert werden. Die so gewonnenen Erkenntnisse sind in die Entwicklung des Zielkonzepts eingeflossen (vgl. Kapitel 3).

Zur Umsetzung des **dritten Teilziels** wurden die Erkenntnisse der beiden vorangehenden Schritte zu einem theoretisch fundierten und empirisch gestützten **Rahmenkonzept der BI-Leistungserstellung** integriert. Es dient zur systematisch strukturierten Darstellung wesentlicher Aufgaben der BI-Leistungserstellung und stellt einen idealtypischen Sollzustand dar (vgl. Kapitel 4).

5.2   Zusammenfassung der Erkenntnisse

Die Erkenntnisse der vorliegenden Arbeit leisten wie im vorangehenden Kapitel erörtert sowohl einen Beitrag zu einer empirisch fundierten Darstellung des realtypischen Ist-Zustands der BI-Leistungserstellung in der Unternehmenspraxis als auch zu einer Rahmenkonzeption des idealtypischen Soll-Zustands der BI-Leistungserstellung. Sie sind im Rahmen des Forschungsprozesses entstanden und werden nachfolgend zusammenfassend aufgezeigt.

Realtypischer Ist-Zustand der BI-Leistungserstellung

Die BI-Leistungserstellung der befragten Unternehmen ist durch folgende Charakteristika gekennzeichnet:[814]

- Business-Intelligence-Systeme werden in unterschiedlichsten Branchen eingesetzt. Besonders stark vertreten waren Unternehmen aus dem Industriesektor sowie aus informationsintensiven Dienstleistungsbranchen.

- In der Mehrzahl der Unternehmen sind BI-Lösungen implementiert, deren Systemarchitektur eine oder mehrere Core-Data-Warehouse-Komponenten beinhaltet und die sich in Phasen des Wachstums- bzw. der Konsolidierung befinden.

- Die überwiegende Mehrzahl der Unternehmen besitzt BI-Anwendungsysteme, die für die Geschäftsprozesse als kritisch bewertet werden, und deren Ausfall schwerwiegende negative Effekte für den Geschäftsbetrieb zur Folge haben kann.

- Es kann eine sehr hohe Akzeptanz und auch Verbreitung der Nutzung von Ansätzen des IT-Dienstleistungsmanagements festgestellt werden – sowohl für den allgemeinen IT-Betrieb als auch für den BI-Betrieb. Somit wird die Realisierung substanzieller Nutzenpotenziale durch die Verwendung solcher Ansätze erwartet.

---

[814] Zu einer detaillierten Darstellung der empirischen Ergebnisse vgl. Kapitel 3.

- Zwischen der Einführung im allgemeinen IT- sowie im BI-Betrieb besteht ein erkennbarer zeitlicher Zusammenhang. Die Realisierung in beiden Bereichen basiert in der Regel auch auf demselben Ansatz des IT-Dienstleistungsmanagements. Hierbei dominiert deutlich die IT Infrastructure Library (ITIL).

- Einzelne Bereiche des BI-Betriebs werden in den untersuchten Unternehmen in unterschiedlichen Anteilen verschiedenen Organisationseinheiten zugeordnet. Dies erfordert eine Abgrenzung relevanter Teilmodule des BI-Betriebs sowie die Erarbeitung eines Rahmenkonzepts zur Koordination dieser Teilmodule.

- Die Mehrzahl der Unternehmen geht davon aus, dass dauerhafte Strukturen erforderlich sind, um BI-Anwendungssysteme wirkungsvoll entwickeln und betreiben zu können. Spezialisierte BI-Organisationseinheiten besitzen in diesem Zusammenhang eine hohe Akzeptanz.

- Mit zunehmender Größe und Komplexität von BI-Installationen steigt auch der Betriebsaufwand. Bislang ist noch kein hoher Automatisierungsgrad des BI-Betriebs erkennbar.

- Die im Rahmen des BI-Betriebs zu erfüllenden Aufgaben wurden anhand der Teildimensionen BI-Dienstemanagement, BI-Transformationsmanagement, BI-Unterstützungsmanagement sowie BI-Produktionsmanagement im Detail analysiert. In der Unternehmenspraxis können noch deutliche Lücken in den Strukturen zur Erfüllung der BI-Betriebsaufgaben identifiziert werden.

- Optimierungspotenziale durch eine integrierte Planung von BI-Leistungen mit Hilfe des konzeptionell ausgerichteten Aufgabenbündels des BI-Dienstemanagements werden bislang nur eingeschränkt genutzt.

- Die Mehrzahl der Unternehmen sieht durchgängig über alle Aufgabenbereiche des Business-Intelligence-Betriebs im Rahmen des Dienste-, Transformations-, Unterstützungs- und Produktionsmanagement bedeutsame Handlungsbedarfe, um zukünftig Optimierungspotenziale in diesen Themenfeldern ausschöpfen zu können. Die Unternehmen sind sich der Bedeutung einer professionellen Ausgestaltung des BI-Betriebs bewusst und streben eine gezielte Behebung der identifizierten Defizite an.

- Der Realisierungsumfang der BI-Betriebsaufgaben kann als ein Hinweis auf den Professionalisierungsgrad des BI-Betriebs gedeutet werden.

- Unternehmen mit einem tendenziell höheren Professionalisierungsgrad des BI-Betriebs befürworten und realisieren auch in größerem Umfang den Einsatz von Ansätzen des IT-Dienstleistungsmanagements.

- Mit zunehmendem Reifegrad des BI-Einsatzes messen die befragten Unternehmen dem Thema des Business-Intelligence-Betriebs eine wachsende Bedeutung im Hinblick auf die Realisierung der angestrebten BI-Nutzenpotenziale bei und erhöhen den Implementierungsgrad der BI-Betriebsaufgaben.

- Unternehmen, die Business-Intelligence-Lösungen eng in ihre Geschäftsprozesse integrieren, zeichnen sich durch einen hohen Implementierungsgrad der BI-Betriebsaufgaben aus, um eine hinreichende Qualität und Verfügbarkeit der BI-Leistungen sicherstellen zu können.

Schlussfolgerungen aus den empirischen Ergebnissen

Aus den Ergebnissen der empirischen Untersuchung können die folgenden Schlussfolgerungen gezogen werden:

- Um eine systematische und integrierte Steuerung der Aufgabenfelder des Business-Intelligence-Betriebs sicherstellen und eine Konzentration auf einzelne Teilaspekte vermeiden zu können, ist die Entwicklung eines Rahmenkonzepts erforderlich, das die relevanten Teilbereiche des BI-Betriebs aufzeigt.

- Ansätze des IT-Dienstleistungsmanagements haben sich bereits als geeignet erwiesen, um den BI-Betrieb zu strukturieren und organisatorisch zu implementieren. Insbesondere die IT Infrastructure Library (ITIL) besitzt hierbei eine hohe Akzeptanz und Verbreitung. Daher erscheint es sinnvoll, die IT Infrastructure Library als Ausgangspunkt für die Entwicklung eines Rahmenkonzepts des BI-Betriebs heranzuziehen.

- Die Reichweite bisheriger Umsetzungen des BI-Betriebs umfasst nicht selten nur Teilbereiche wie etwa operative und technische Aufgaben der Datenbewirtschaftung oder der Zugriffskontrolle. Um den gesamten Lebenszyklus des BI-Einsatzes betrachten zu können, muss ein Rahmenkonzept systematisch um übergeordnete Aspekte des BI-Dienstemanagements erweitert werden.

- Die aus der IT Infrastructure Library abgeleitete Gliederung der Aufgabenbereiche des BI-Betriebs in die Teildimensionen BI-Dienstemanagement, BI-Transformationsmanagement, BI-Unterstützungsmanagement sowie BI-Produktionsmanagement hat sich als geeignete Unterteilung erwiesen, die die relevanten Handlungsfelder abdeckt, verschiedenartige Sachgebiete differenziert und kohärente Aspekte zusammenfasst.

Rahmenkonzept der BI-Leistungserstellung als idealtypischer Soll-Zustand

Die aufgezeigten Erkenntnisse der empirischen Untersuchung haben den Handlungsbedarf und die Nutzenpotentiale der Entwicklung eines Rahmenkonzepts für das Management der BI-Leistungserstellung auf der Basis der Grundgedanken des IT-Dienstleistungsmanagements verdeutlicht. In Kapitel 4 wurde ein Gestaltungsvorschlag für ein solches Rahmenkonzept der Business-Intelligence-Leistungserstellung mit den Bausteinen des BI-Dienstemanagements, des BI-Transformationsmanagements, des BI-Produktionsmanagements sowie des BI-Unterstützungsmanagements herausgearbeitet. Die Gesamtstruktur des Rahmenkonzepts wird zusammenfassend in Abb. 5-1 veranschaulicht.

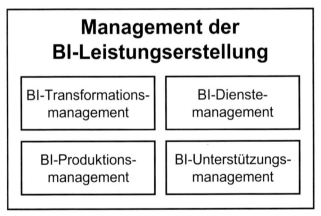

Abb. 5-1:   Rahmenkonzept der Business-Intelligence-Leistungserstellung[815]

---

[815] Quelle: eigene Darstellung.

5.3   Kritische Würdigung

Im Folgenden sollen die dargelegten Erkenntnisse einer kritischen Würdigung unterzogen werden. Die Einordnung erfolgt anhand der generellen Kriterien der intersub-
jektiven Nachvollziehbarkeit, der reflektierten Subjektivität des Forschers, der Kohärenz, der Indikation der Forschungsmethoden, der empirischen Verankerung, der Limitationen sowie der Relevanz.[816]

Um eine hohe **intersubjektive Nachvollziehbarkeit** sowie eine **reflektierte Subjektivität** zu erreichen, wurde eine eingehende Dokumentation der Entscheidungen
im Rahmen des Forschungsprozesses angestrebt. Die wissenschaftstheoretische Einordnung und die Wahl des empirischen Forschungsdesigns sind begründet worden.[817]
Das Vorverständnis der Gegenstandsbereiche Business Intelligence und IT-Dienstleistungsmanagement wurde ausführlich hergeleitet.[818] Die Konzeptionalisierung der
empirischen Untersuchung einschließlich der Erläuterung des konzeptionellen Bezug-
rahmens, des Vorgehens im Rahmen der Untersuchung sowie der Analysemethoden
wurden expliziert.[819] Die Entwicklung der einzelnen Gestaltungsfelder des Zielkonzepts der BI-Leistungserstellung erfolgte jeweils auf Basis der gleichen Struktur und
Gliederung.[820] Hierdurch sollte eine hohe **Kohärenz** im Sinne einer konsistenten Darstellung des Zielkonzepts gewährleistet werden. Weiterhin wurde sowohl im Rahmen
der Darlegung des Zielkonzepts der BI-Leistungserstellung[821] als auch in der gesamten
Arbeit angestrebt, in den Fußnoten durch zusätzliche Erläuterungen und Verweise auf
relevante Literaturquellen die Herleitung der Erkenntnisse intersubjektiv nachvollziehbar zu gestalten.

Die **Indikation der Forschungsmethoden** beinhaltet die Frage, ob die gewählten
Methoden dem Forschungsgegenstand angemessen sind. Wie in Kapitel 1.3 dargelegt

---

[816] Zur kritischen Würdigung der Ergebnisse wird dieses von STEINKE vorgeschlagene Kriterienset zur
       Bewertung von Forschungsergebnissen herangezogen, da die Gütekriterien der klassischen Testtheo-
       rie (Objektivität, Reliabilität, Validität) aufgrund ihrer messtechnischen Ausrichtung im Rahmen ei-
       ner qualitativ orientierten Konzeptentwicklung nur eingeschränkt aussagekräftig sind, vgl. Schnell et
       al. (2008), S. 149ff. sowie Bortz/Döring (2006), S. 193ff. Zu einer ausführlichen Herleitung der ver-
       wendeten Kriterien vgl. Steinke (1999), S. 205ff. und Steinke (2003), S. 323ff. sowie die dort zitierte
       weiterführende Literatur. Die im Rahmen des Memorandums zur gestaltungsorientierten Wirt-
       schaftsinformatik geforderten Prinzipien (Abstraktion, Originalität, Begründung, Nutzen; vgl. Öster-
       le et al. (2010), S. 668f.) sind in den Kriterien von STEINKE substanziell enthalten. Die Breite und Viel-
       falt der in der Wissenschaft diskutierten Gütemaßstäbe wird in Breuer/Reichertz (2001) aufgezeigt.
[817] Vgl. Kapitel 1.3.
[818] Vgl. Kapitel 2.
[819] Vgl. Kapitel 3.1.
[820] Vgl. Kapitel 4.
[821] Vgl. Kapitel 4.

wurde, weist die BI-Leistungserstellung aus wissenschaftlicher Sicht einen hohen Innovationsgrad auf. In einem solchen Fall empfiehlt sich als adäquater Weg für die empirische Erweiterung der Wissensbasis die Wahl eines explorativen Forschungsansatzes. Der Arbeit wurde daher eine Explorations- bzw. Konstruktionsstrategie zugrunde
gelegt, die durch eine starke Betonung des Entdeckungszusammenhangs gekennzeichnet ist und die Erkenntnisgewinnung in den Mittelpunkt rückt.[822] Der in der Folge gewählte Ansatz einer empirisch-quantitativen Exploration erscheint auf dieser
Grundlage geeignet. Hierdurch konnten sowohl Charakteristika und Verbreitung realtypischer Implementierungen der BI-Leistungserstellung erhoben und dokumentiert[823]
als auch die Relevanz der Anwendung des IT-Dienstleistungsmanagements im Business-Intelligence-Kontext aufgezeigt werden.[824] Weiterhin konnte eine **empirische
Verankerung** des im Rahmen der Konstruktionsstrategie erarbeiteten Rahmenkonzepts der BI-Leistungserstellung erreicht werden, da die Erkenntnisse der empirischen
Studie in die Entwicklung eingeflossen sind.[825]

Limitationen betreffen die Grenzen der Verallgemeinerbarkeit der gefundenen Erkenntnisse. Es wird thematisiert, inwieweit die im Rahmen des Forschungsprozesses
entwickelten Artefakte und Theorien auf andere Kontexte übertragbar sind. Aus inhaltlicher Sicht bleibt hervorzuheben, dass das entwickelte Rahmenkonzept der BI-
Leistungserstellung generisch orientiert ist und einen hohen Abstraktionsgrad aufweist. Somit beinhaltet es keine Limitationen hinsichtlich der Nutzbarkeit nur für bestimmte BI-Anwenderunternehmen, die bspw. festgelegten Branchen angehören oder
eine vorgegebene Unternehmensgröße aufweisen. In Bezug auf seine methodologische
Ausrichtung ist der angewendete Forschungsprozess infolge seines explorativen Charakters eher hypothesengenerierend als hypothesenüberprüfend. Das Ergebnis erhebt
damit nicht den Anspruch eines theoretischen Konzepts im Sinne eines theoretisch
geschlossenen, stringenten Gesamtsystems von Aussagen. Es stellt vielmehr ein theo-
riebasiertes Konzept dar, das existierende Forschungsansätze sowie empirisch erhobe-
ne Sachverhalte integriert. Das Zielkonzept für das Management der BI-Leistungs-
erstallung weist daher konsequenterweise im methodologischen Sinne einen Hypothe-
sencharakter auf. Diese Vorgehensweise erlaubt es jedoch, dem starken Anspruch ei-

---

[822] Vgl. Kapitel 1.3.
[823] Vgl. Kapitel 3.2.
[824] Vgl. Kapitel 3.3.
[825] Vgl. Kapitel 4.

ner gestaltungsorientierten Wirtschaftsinformatik sowie einer problemorientierten Betriebswirtschaftslehre nach Relevanz und praktischem Nutzen zu folgen.[826]

Die **Relevanz** der Ergebnisse ist sowohl aus einer wissenschaftlichen als auch aus einer praktischen Sichtweise zu beurteilen. Den wesentlichen Beitrag dieses neuen Rahmenkonzepts stellt die Verknüpfung des Wissens der Forschungsgebiete Business Intelligence und IT-Dienstleistungsmanagement sowie der Erkenntnisse der empirischen Studie aus Kapitel 3 dar. Das Artefakt setzt auf der IT Infrastructure Library als einem fest etablierten Ansatz des IT-Dienstleistungsmanagements auf und transferiert dieses auf den BI-Bereich. Damit steht ein durchgängiges, integriertes Rahmenkonzept für das Handlungsfeld der Business-Intelligence-Leistungserstellung zur Verfügung.

Aus wissenschaftlicher Perspektive existiert somit ein Vorschlag für einen Analyse- und Gestaltungsrahmen der BI-Leistungserstellung. Für die Forschung auf den Gebieten der Wirtschaftsinformatik und der Betriebswirtschaftslehre konnte hierdurch inhaltlich-konzeptionell und empirisch ein innovatives und relevantes Gestaltungsfeld fundiert werden. Die Aussagen des Konzepts sind generischer Art und lassen Raum für Spezialisierungen und weitere Ausgestaltungen im Kontext zukünftiger Forschung und Anwendung.[827] Aus einer anwendungsorientierten Sichtweise der Praxis besteht der zukünftige Nutzen darin, Aussagen zur organisatorischen Gestaltung der BI-Leistungserstellung in einem Unternehmen spezifizieren, analysieren und einordnen zu können. Damit konnte ein Beitrag zur Weiterentwicklung der Business-Intelligence-Forschung geleistet werden, der eine Ausgangsbasis für weitere Arbeiten gelegt hat.

5.4   Implikationen für die weitere Forschung

Im Hinblick auf die erarbeiteten empirischen und konzeptionellen Ergebnisse sowie auf das bisher lückenhafte Wissen im Erkenntnisbereich der BI-Leistungserstellung zeigen sich mehrere Anknüpfungspunkte für zukünftige Forschungsarbeiten. Diese können primär einer methodologischen und einer inhaltlichen Perspektive zugeordnet werden.

Hinsichtlich der Methodologie folgt der weitere Forschungsbedarf aus dem in Kapitel 5.3 diskutierten explorativen Charakter der durchgeführten empirischen Studie. Es ist

---

[826] Vgl. Österle et al. (2010), S. 667ff., Picot (2010), S. 662, Kagermann (2010), S. 673f., Straub (2010), S. 675 sowie Spann (2010), S. 677.

[827] Zu den Anwendungsmöglichkeiten des Rahmenkonzepts vgl. nochmals Kapitel 1.2.

folgerichtig, die im Rahmen dieser Arbeit identifizierten Resultate durch weitere Forschung empirisch zu prüfen. Die einfachste Möglichkeit hierzu bieten Wiederholungen in Form quantitativer empirischer Untersuchungen. Spannender erscheint jedoch ein Wechsel der Perspektive durch die Verwendung alternativer Forschungsdesigns wie sie etwa die Fallstudienforschung bietet. Hierdurch können Elemente der BI-Leistungserstellung vertieft untersucht werden. Ferner ist es denkbar, mit diesem Vorgehen bisher noch nicht identifizierte Einflussfaktoren und Gestaltungsobjekte zu finden.

Aus der inhaltlichen Sicht repräsentiert das in dieser Arbeit entwickelte Rahmenkonzept einen ersten Schritt zur Unterstützung des Managements der BI-Leistungserstellung. Es ermöglicht, die verschiedenen Themengebiete und Aufgabenfelder der Erzeugung und Bereitstellung von BI-Services zu analysieren und in einen Gesamtzusammenhang einzuordnen. Weitere Forschungsanstrengungen sollten darauf ausgerichtet werden, die einzelnen Themengebiete inhaltlich zu detaillieren sowie um konkrete Methoden und Instrumente zu ergänzen. Erfolgversprechende Ansatzpunkte bieten insbesondere diejenigen Bereiche, die von der Wissenschaft bisher kaum durchdrungen wurden wie etwa das BI-Dienstemanagement mit den Teilaufgaben des BI-Service-Level-Managements sowie des BI-Service-Katalog-Managements.

Weiterhin besteht ein Forschungsbedarf hinsichtlich der Möglichkeiten und Grenzen der Informationssystemunterstützung des Managements der BI-Leistungserstellung. Das Rahmenkonzept integriert Aufgabenfelder, die eher ablauforganisatorisch ausgerichtet sind, mit Gebieten, die tendenziell eher technisch orientiert sind. Hieraus resultieren unterschiedliche Anforderungen an IT-Werkzeuge. Es müssen sowohl IT-Werkzeuge zur Überwachung und Steuerung der technischen BI-Infrastrukturelemente als auch Werkzeuge zur Kooperationsunterstützung der beteiligten Mitarbeiter zum Einsatz kommen. Geeignete Werkzeuge zu spezifizieren und zu einer IT-basierten, integrierten und medienbruchfreien Management-Applikation zusammenzuführen stellt eine spannende Herausforderung dar.

Schließlich existiert ein deutlicher Forschungsbedarf darin, Vorgehensmodelle zu erarbeiten, die die organisatorische Implementierung der BI-Leistungserstellung in unterschiedlichen Unternehmenskontexten flankieren.

Insgesamt haben die Ausführungen der vorliegenden Arbeit gezeigt, wie umfangreich und vielschichtig das Spektrum der Aufgabenfelder der BI-Leistungserstellung sich darstellt. Die hohe Bedeutung des Themas für BI-Anwenderunternehmen konnte

durch die Studie veranschaulicht werden. Weiterhin sind erste Beiträge zu einer theoretischen und empirischen Fundierung des Gegenstandsbereichs geleistet worden. Es
bleibt zu hoffen, dass hierdurch Impulse auch für zukünftige Forschungsvorhaben entstehen und so die Weiterentwicklung des Handlungsfelds Business Intelligence in
Wissenschaft und Praxis aktiv vorangetrieben wird.

Literaturverzeichnis

AAPOR [American Association for Public Opinion Research] (2006), Standard Definitions. Final Dispositions of Case Codes and Outcome Rates for Surveys, 4. Auflage, Lenexa 2006.

Abeck, S. (1995), Integriertes Management von verteilten Systemen aus Entwicklersicht und Betreibersicht, Habil.-Schr. an der Techn. Univ. München, München 1995.

Abelló, A. und Romero, O. (2009), On-Line Analytical Processing, in: Liu, L. und Özsu, M. T. (Hrsg., 2009), Encyclopedia of Database Systems, New York 2009, S. 1949-1954.

Adelman, S., Moss, L. und Abai, M. (2005), Data Strategy, Upper Saddle River et al. 2005.

Adler, A. und Sedlaczek, R. (2005), Multi-Projektmanagement, Portfolioplanung und Portfoliocontrolling, in: Schott, E. und Campana, C. (Hrsg., 2005), Strategisches Projektmanagement, Berlin, Heidelberg und New York 2005, S. 113-132.

Agrawal, D., El Abbadi, A., Mostefaoui, A., Raynal, M. und Roy, M., The Lord of the Rings. Efficient Maintenance of Views at Data Warehouses (2002), in: Malkhi, D. (Hrsg., 2002), Proceedings of the 16th International Conference on Distributed Computing, Berlin et al. 2002, S. 33-47.

Aier, S. und Dogan, T. (2005), Indikatoren zur Bewertung der Nachhaltigkeit von Unternehmensarchitekturen, in: Ferstl, O., Sinz, E., Eckert, S. und Isselhorst, T. (Hrsg., 2005), Wirtschaftsinformatik 2005 – eEconomy, eGovernment, eSociety, Heidelberg 2005, S. 607-626.

Akker, R. (2006), Generic Framework for Information Management, in: Bon, J. v. und Verheijen, T. (Hrsg., 2006), Frameworks for IT Management, Zaltbommel 2006, S. 121-131.

Albert, H. (1969), Traktat über kritische Vernunft, 2. Auflage, Tübingen 1969.

Albrecht, J., Bauer, A., Lehner, W. und Teschke, M. (2009), Einsatz materialisierter Sichten, in: Bauer, A. und Günzel, H. (Hrsg., 2009), Data-Warehouse-Systeme. Architektur, Entwicklung, Anwendung, 3. Auflage, Heidelberg 2009, S. 305-336.

Allison, D., Buteau, B., Clark, E., Forrester, E., Hollenbach, C., Niessink, F., Porter, R., Simpson, J., Stern, S., Tyson, B., und Zeidler, J. (2006), CMMI for Services. Initial Draft, Working Paper des Software Engineering Institute der Carnegie Mellon University, Pittsburgh 2006.

Allweyer, T. (2005), Geschäftsprozessmanagement. Strategie, Entwurf, Implementierung, Controlling, Bochum 2005.

Anandarajan, M., Anandarajan, A. und Srinivasan, C.A. (2004), Business Intelligence Techniques, Berlin et al. 2004.

Andenmatten, M. (2006), CobiT und ITIL – Unterschiede und Gemeinsamkeiten, in: Bernhard, M., Blomer, R. und Mann, H. (Hrsg., 2006), Management von IT-Services, CD-ROM, Düsseldorf 2006.

Apel, D., Behme, W., Eberlein, R. und Merighi, C. (2010), Datenqualität erfolgreich steuern. Praxislösungen für Business-Intelligence-Projekte, 2. Auflage, München und Wien 2010.

Ariyachandra, T. und Watson, H. (2006), Which Data Warehouse Architecture Is Most Successful?, in: Business Intelligence Journal, 11. Jg., 2006, Nr. 1, S. 4-6.

Arnott, D. und Pervan, G. (2008), Eight Key Issues for the Decision Support Systems Discipline, in: Decision Support Systems, 44. Jg., 2008, Nr. 3, S. 657-672.

Ashford, C. (1993), The OSI Managed-Object Model, in: Nierstrasz, O. M. (Hrsg., 1993), Proceedings of the 7th European Conference on Object-Oriented Programming (ECOOP). Kaiserslautern 93, Berlin et al. 1993, S. 185-196.

Atteslander, P. (2003), Methoden der empirischen Sozialforschung, 10. Auflage, Berlin und New York 2003.

Auth, G. (2002), Prozessorientiertes Metadatenmanagement für Data-Warehouse-Systeme, in: Maur, E. v. und Winter, R. (Hrsg., 2002), Vom Data Warehouse zum Corporate Knowledge Center, Heidelberg 2002, S. 123-144.

Auth, G. (2004), Prozessorientierte Organisation des Metadatenmanagements für Data-Warehouse-Systeme, Norderstedt 2004.

Ayachitula, N., Buco, M., Diao, Y., Fisher, B., Loewenstern, D. und Ward, C. (2007), IT Service Management Automation – An Automation Centric Approach Leveraging Configuration Control, Audit Verification and Process Analytics, in: Clemm, A., Granville, L. und Stadler, R. (Hrsg., 2007), Managing Virtualization of Networks and Services, Berlin und Heidelberg 2007, S. 195-198.

Azevedo, P., Brosius, G., Dehnert, S., Neumann, B. und Scheerer, B. (2006), Business Intelligence und Reporting mit Microsoft SQL Server 2005, Unterschleißheim 2006.

Azvine, B., Cui, Z. und Nauck, D. (2005), Towards Real-Time Business Intelligence, in: BT Technology Journal, 23. Jg., 2005, Nr. 3, S. 214-225.

Baars, H. (2006), Distribution von Business-Intelligence-Wissen. Diskussion eines Ansatzes zur Nutzung von Wissensmanagement-Systemen für die Verbreitung von Analyseergebnissen und Analysetemplates, in: Chamoni, P. und Gluchowski, P. (Hrsg., 2006), Analytische Informationssysteme. Business Intelligence-Technologien und -Anwendungen, 3. Auflage, Berlin, Heidelberg und New York 2006, S. 409-424.

Baars, H. und Kemper, H.-G. (2008), Management Support with Structured and Unstructured Data – an Integrated Business Intelligence Framework, in: Information Systems Management, 25. Jg., 2008, Nr. 2, S. 132-148.

Baars, H., Horakh, T. und Kemper, H.-G. (2007a), Business Intelligence Outsourcing – A Framework, in: Österle, H., Schelp, J. und Winter, R. (Hrsg., 2007), Proceedings of the 15th European Conference on Information Systems

(ECIS 2007). Relevant rigour - Rigorous relevance, St. Gallen 2007, S. 1155-1166.

Baars, H., Horakh, T. und Kemper, H.-G. (2007b), BI-Outsourcing – Potenziale und Lösungsansätze, in: BI-Spektrum, 2. Jg., 2007, Nr. 2, S. 24-29.

Baars, H., Müller-Arnold, T. und Kemper, H.-G. (2010), Ansätze für eine differenzierte Business Intelligence Governance. Eine Konzeptentwicklung auf Basis einer Exploration, in: Schumann, M., Kolbe, L.M., Breitner, H.M. und Frerichs, A. (Hrsg., 2010), Tagungsband der Multikonferenz Wirtschaftsinformatik 2010, Göttingen, S. 1065-1076.

Baars, H., Zimmer, M. und Kemper, H.-G. (2009), The Business Intelligence Competence Centre as an Interface between IT and User Departments in Maintenance and Release Development, in: Newell, S., Whitley, E., Poulou-di, N., Wareham, J. und Mathiassen, L. (Hrsg., 2009), Proceedings of the 17th European Conference on Information Systems, Verona 2009, S. 2061-2072.

Bacher, J. (1996), Clusteranalyse – anwendungsorientierte Einführung, 2. Auflage, München und Wien 1996.

Backhaus, K., Erichson, B., Plinke, W. und Weiber, R. (2003), Multivariate Analysemethoden – eine anwendungsorientierte Einführung, 10. Auflage, Berlin, Heidelberg und New York 2003.

Bäckström, H. und Henningson, B. (2004), Testing Web Surveys, in: Prüfer, P., Rexroth, M. und Fowler, F. (Hrsg., 2004), Proceedings of the 4th Conference on Questionnaire Evaluation Standards (QUEST 2003), 21-23 October 2003, Mannheim und Neustadt 2004, S. 152-160.

Badura, J., Rieth, L. und Scholtes, F. (Hrsg., 2005), Globalisierung. Problemsphären eines Schlagwortes im interdisziplinären Dialog, Wiesbaden 2005.

Bagozzi, R. und Edwards, J. (1998), A General Approach for Representing Constructs in Organizational Research, in: Organizational Research Methods, 1. Jg., 1998, Nr. 1, S. 45-87.

Bagozzi, R. und Phillips, L. (1982), Representing and Testing Organizational Theories. A Holistic Construal, in: Administrative Science Quarterly, 27. Jg., 1982, Nr. 3, S. 459-489.

Baldwin, R., Cave, M. und Lodge, M. (Hrsg., 2010), The Oxford Handbook of Regulation, Oxford und New York 2010.

Bandilla, W. und Bosnjak, M. (2000), Online Surveys als Herausforderung für die Umfrageforschung. Chancen und Probleme, in: Mohler, P. und Lüttinger, P. (Hrsg., 2000), Querschnitt – Festschrift für Max Kaase, Mannheim 2000, S. 9-28.

Bandilla, W., Bosnjak, M. und Altdorfer, P. (2003), Survey Administration Effects? A Comparison of Web-Based and Traditional Written Self-Administered Surveys Using the ISSP Environment Module, in: Social Science Computer Review, 21. Jg., 2003, Nr. 2, S. 235-243.

Bange, C. (2004), Business Intelligence aus Kennzahlen und Dokumenten, Hamburg 2004.

Bange, C. (2006a), Werkzeuge für Business Intelligence, in: HMD - Praxis der Wirtschaftsinformatik, 42. Jg., 2006, Heft 247, S. 63-73.

Bange, C. (2006b), Werkzeuge für analytische Informationssysteme, in: Chamoni, P. und Gluchowski, P. (Hrsg., 2006), Analytische Informationssysteme. Business Intelligence-Technologien und -Anwendungen, 3. Auflage, Berlin, Heidelberg und New York 2006, S. 89-110.

Bange, C., Behme, W., Schinzer, H., Tako, J. und Totok, A. (2009), Anwendungsbereiche, in: Bauer, A. und Günzel, H. (Hrsg., 2009), Data-Warehouse-Systeme. Architektur, Entwicklung, Anwendung, 3. Auflage, Heidelberg 2009, S. 14-26.

Batinic, B. und Bosnjak, M. (2000), Fragebogenuntersuchungen im Internet, in: Batinic, B. (Hrsg., 2000), Internet für Psychologen, 2. Auflage, Göttingen et al. 2000, S. 287-317.

Bauer, A. und Günzel, H. (2009), Begriffliche Einordnung, in: Bauer, A. und Günzel, H. (Hrsg., 2009), Data-Warehouse-Systeme. Architektur, Entwicklung, Anwendung, 3. Auflage, Heidelberg 2009, S. 5-11.

Bauer, A. und Günzel, H. (Hrsg., 2009), Data-Warehouse-Systeme. Architektur, Entwicklung, Anwendung, 3. Auflage, Heidelberg 2009.

Bauer, A., Behme, W., Findeisen, D., Hofmann, S., Jungheim, H., Langner, A. und Zeh, T. (2009), Data-Warehouse-Vorgehensweise, in: Bauer, A. und Günzel, H. (Hrsg., 2009), Data-Warehouse-Systeme. Architektur, Entwicklung, Anwendung, 3. Auflage, Heidelberg 2009, S. 398-420.

Baurschmid, M. (2005), IT-Governance – Vergleichende Buchbesprechung, in: Wirtschaftsinformatik, 47. Jg., 2006, Nr. 6, S. 448-463.

Bea, F. X. und Haas, J. (2005), Strategisches Management, 4. Auflage, Stuttgart 2005.

Beachboard, J., Conger, S., Galup, S. D., Hernandez, A., Probst, J., und Venkataraman, R. (2007), AMCIS 2007 Panel on IT Service Management, in: Communications of AIS, 20. Jg., 2007, Nr. 1, S. 555-566.

Bechmann, T., El Hage, B., Principe, S. und Schaub, M. (2002), Informationstechnologie als Wettbewerbsfaktor. Die strategische Bedeutung von IT-Investitionen in Versicherungsunternehmen, Studie von Accenture und der Universität St. Gallen, Zürich 2002.

Becker, F. und Fallgatter, M. (2011), Strategische Unternehmensführung, 4. Auflage, Berlin 2011

Becker, J. (2006), Marketing-Konzeption. Grundlagen des ziel-strategischen und operativen Marketing-Managements, 8. Auflage, München 2006.

Becker, J. und Meise, V. (2005), Strategie und Ordnungsrahmen, in: Becker, J., Kugeler, M. und Rosemann, M. (Hrsg., 2005), Prozessmanagement. Ein Leitfaden zur prozessorientierten Organisationsgestaltung, 5. Auflage, Berlin et al. 2005, S. 105-154.

Becker, J., Algermissen, L., Delfmann, P. und Knackstedt, R. (2002), Referenzmodellierung, in: WISU, 31. Jg., 2002, Nr.11, S. 1392-1395.

Becker, J., Knackstedt, R. und Serries, T. (2002), Informationsportale für das Management. Integration von Data-Warehouse- und Content-Management-Systemen, in: Maur, E. v. und Winter, R. (Hrsg., 2002), Vom Data Warehouse zum Corporate Knowledge Center, Heidelberg 2002.

Becker, J., Niehaves, B. und Knackstedt, R. (2004), Bezugsrahmen zur epistemologischen Positionierung der Referenzmodellierung, in: Becker, J. und Delfmann, P. (Hrsg., 2004), Referenzmodellierung. Grundlagen, Techniken und domänenbezogene Anwendung, Heidelberg 2004, S. 1-17.

Becker, W., Kollacks, K. und Ulrich, P. (2011), Business Intelligence und Business Intelligence-Tools, in: Zeitschrift für Planung und Unternehmenssteuerung, 21. Jg., 2011, Nr. 2, S. 223-232.

Beekmann, F. und Chamoni, P. (2006), Verfahren des Data Mining, in: Chamoni, P. und Gluchowski, P. (Hrsg., 2006), Analytische Informationssysteme. Business Intelligence-Technologien und -Anwendungen, 3. Auflage, Berlin, Heidelberg und New York 2006, S. 263-282.

Behme, W., Blaschka, M., Günzel, H., Sapia, C., Stock, S. und Lehner, W. (2009), Relationale Speicherung, in: Bauer, A. und Günzel, H. (Hrsg., 2009), Data-Warehouse-Systeme. Architektur, Entwicklung, Anwendung, 3. Auflage, Heidelberg 2009, S. 214-237.

Behme, W., Lehner, W., Totok, A., Vavouras, A. und Zeh, T. (2009), Administration, in: Bauer, A. und Günzel, H. (Hrsg., 2009), Data-Warehouse-Systeme. Architektur, Entwicklung, Anwendung, 3. Auflage, Heidelberg 2009, S. 477-490.

Benninghaus, H. (2005), Einführung in die sozialwissenschaftliche Datenanalyse, 7. Auflage, München und Wien 2005.

Bensberg, F. (2003), Controlling the Data Warehouse – a Balanced Scorecard Approach, in: Journal of Computing and Information Technology, 11. Jg., 2003, Nr. 3, S. 233-241.

Bensberg, F. (2010), BI-Portfoliocontrolling. Konzeption, Methodik und Softwareunterstützung, Baden-Baden und München 2010.

Berger, T. (2005), Konzeption und Management von Service-Level-Agreements für IT-Dienstleistungen, Diss. an der Techn. Univ. Darmstadt, Darmstadt 2005.

Bernhard, M. (2004), Service-Level-Management = Supply-Chain-Management!, in: Bernhard, M., Lewandowski, W., und Mann, H. (Hrsg., 2004), Service-Level-Management in der IT. Wie man erfolgskritische Leistungen definiert und steuert, 5. Auflage, Düsseldorf 2004, S. 45-75.

Bernhard, M. (2006), Die IT als serviceorientierter Dienstleister, in: Bernhard, M., Blomer, R. und Mann, H. (Hrsg., 2006), Management von IT-Services, CD-ROM, Düsseldorf 2006.

Bernhard, M., Mann, H., Lewandowski, W. und Schrey, J. (2006), Einführung. Was IT-Kunden erwarten, in: Bernhard, M., Mann, H., Lewandowski, W. und

Schrey, J. (Hrsg., 2006), Praxishandbuch Service-Level-Management. Die IT als Dienstleistung organisieren, 2. Auflage, Düsseldorf 2006, S. 19-28.

Bernroider, E. und Koch, S. (2005), Kennzahlenbasiertes Qualitätsmanagement in einer Outsourcing-Beziehung, in: HMD - Praxis der Wirtschaftsinformatik, 41. Jg., 2005, Heft 245, S. 76-84.

Bhatti, R., Gao, D. und Li W.-S. (2008), Enabling Policy-Based Access Control in BI Applications, in: Data & Knowledge Engineering, 66. Jg., 2008, Nr. 2, S. 199-222.

Bichler, M. und Bhattacharya, K. (2010), IT Service Management and IT Automation. Methods and Models for Efficient IT Operations, in: Business & Information Systems Engineering, 3. Jg., 2011, Nr. 1, S. 1-2.

Bitzel, D. und Igelbrink, C. (2004), ITIL und die IT-Service-Kultur im Unternehmen, in: Information Management & Consulting, 19. Jg., 2004, Nr. 1, S. 27-30.

Blanco, C., Fernández-Medina, E., Trujillo, J. und Piattini, M. (2009), Data Warehouse Security, in: Liu, L. und Özsu, M. T. (Hrsg., 2009), Encyclopedia of Database Systems, New York 2009, S. 675-679.

Blaschka, M., Harren, A. und Sapia. C. (2009), Logische Modellierung, in: Bauer, A. und Günzel, H. (Hrsg., 2009), Data-Warehouse-Systeme. Architektur, Entwicklung, Anwendung, 3. Auflage, Heidelberg 2009, S. 186-200.

BMI-KBSt [Bundesministerium des Innern, Koordinierungs- und Beratungsstelle der Bundesregierung für Informationstechnik in der Bundesverwaltung] (2007), V-Modell XT Gesamt 1.2.1, deutsch, Berlin 2007.

Böh, A. und Meyer, M. (2004), IT-Balanced Scorecard: Ein Ansatz zur strategischen Ausrichtung der IT, in: Zarnekow, R., Brenner, W. und Grohmann, H. (Hrsg., 2004), Informationsmanagement. Konzepte und Strategien für die Praxis, Heidelberg 2004, S. 103-122.

Böhmann, T. und Krcmar, H. (2004), Grundlagen und Entwicklungstrends im IT-Servicemanagement, in: HMD - Praxis der Wirtschaftsinformatik, 41. Jg., 2004, Heft 237, S. 7-21.

Bon, J. v. (2002), Models for Managing Information Systems, in: Bon, J. v. (Hrsg., 2002), The Guide to IT Service Management, 1. Auflage, London et al. 2002, S. 1-6.

Bon, J. v. (Hrsg., 2002), The Guide to IT Service Management, 1. Auflage, London et al. 2002.

Bon, J. v., Nugteren, M. und Polter, S. (2006), ISO/IEC 20000. A Pocket Guide, Zaltbommel 2006.

Bon, J. v., Pieper, M. und Veen, A. v. d. (2005), IT Service Management basierend auf ITIL, 2. Auflage, Zaltbommel 2005.

Bon, J., v. und Verheijen, T. (2006), Introduction, in: Bon, J. v. und Verheijen, T. (Hrsg., 2006), Frameworks for IT Management, Zaltbommel 2006, S. 1-7.

Bon, J., v. und Verheijen, T. (Hrsg., 2006), Frameworks for IT Management, Zaltbommel 2006.

Bonn, J. (2006), Die neue Rolle der IT als Dienstleister, in: Bernhard, M., Blomer, R. und Mann, H. (Hrsg., 2006), Management von IT-Services, CD-ROM, Düsseldorf 2006.

Bordewisch, R., Flues, C., Grabau, R., Hintelmann, J., Hirsch, K. und Stewing, F.-J. (2001a), Methodik und Verfahren, in: Müller-Clostermann, B. (Hrsg., 2001), Kursbuch Kapazitätsmanagement. Kompendium für Planung, Analyse und Tuning von IT-Systemen, Norderstedt 2001, S. I/26–I/61.

Bordewisch, R., Flues, C., Grabau, R., Hintelmann, J., Hirsch, K. und Risthaus, H. (2001b), Anforderungen an das Kapazitätsmanagement, in: Müller-Clostermann, B. (Hrsg., 2001), Kursbuch Kapazitätsmanagement. Kompendium für Planung, Analyse und Tuning von IT-Systemen, Norderstedt 2001, S. I/16–I/25.

Bortz, J. (2005), Statistik für Human- und Sozialwissenschaftler, 6. Auflage, Berlin, Heidelberg und New York 2005.

Bortz, J. und Döring, N. (2002), Forschungsmethoden und Evaluation für Human- und Sozialwissenschaftler, 3. Auflage, Berlin und Heidelberg 2002.

Bortz, J. und Döring, N. (2006), Forschungsmethoden und Evaluation für Human- und Sozialwissenschaftler, 4. Auflage, Berlin und Heidelberg 2006.

Bortz, J. und Lienert, G. (2003), Kurzgefasste Statistik für die klinische Forschung – Leitfaden für die verteilungsfreie Analyse kleiner Stichproben, 2. Auflage, Berlin et al. 2003.

Brand, K. und Boonen, H. (2007), IT Governance Based on CobiT 4.0. A Management Guide, 2. Auflage, Zaltbommel 2007.

Brenner, M. (2006), Classifying ITIL Processes. A Taxonomy under Tool Support Aspects, in: Bartolini, C., Sahai, A. und Sauvé, J. (Hrsg., 2006), Proceedings of the first IEEE/IFIP international workshop on business-driven IT management (BDIM 2006), S. 19-28.

Brenner, M. (2007), Werkzeugunterstützung für ITIL-orientiertes Dienstmanagement, Norderstedt 2007.

Brenner, M., Reiser, H. und Richter, C. (2008), Requirements Engineering für die Werkzeugauswahl zur Unterstützung von ISO/IEC 20000, in: Hegering, H.-G., Lehmann, A., Ohlbach, H. J. und Scheideler, C. (Hrsg., 2008), Informatik 2008. Beherrschbare Systeme - dank Informatik, Band 2, München 2008, S. 841–846.

Breuer, F. und Reichertz, J. (2001), Standards of Social Research, in: Forum Qualitative Social Research, 2. Jg., 2001, Nr. 3, Art. 24.

Brinkmann, A., Baars, H., Effert, S., Heidebuer, M., und Vodisek, M. (2005), An Integrated Architecture for Business Intelligence Support from Application Down to Storage, in: Proceedings of the International Workshop on Storage Network Architecture and Parallel I/Os, Saint Louis 2005, S. 1-8.

Brobst, S. (2001), Establishing Service Level Agreements for a Data Warehouse, in: Business Intelligence Journal, 6. Jg, 2001, Nr. 1.

Brobst, S., McIntire, M. und Rado, E. (2008), Agile Data Warehousing with Integrated Sandboxing, in: Business Intelligence Journal, 13. Jg., 2008, Nr. 1, S. 13-22.

Brock, D. (2008), Globalisierung. Wirtschaft, Politik, Kultur, Gesellschaft, Wiesbaden 2008.

Brooks, P., Bon, J. v. und Verheijen, T. (2006), Metrics for IT Service Management, Zaltbommel 2006.

Brugger, R. (2005), Der IT Business Case – Kosten erfassen und analysieren, Nutzen erkennen und quantifizieren, Wirtschaftlichkeit nachweisen und realisieren, Berlin, Heidelberg und New York 2005.

Bullinger, H.-J., Groh, G., Graß, G. und Bartenschlager, F. (1998), Praxisorientierte TCO-Untersuchung. Ein Vorgehensmodell, in: Information Management, 1998, S. 13-18.

Burghardt, M. (2007), Einführung in Projektmanagement. Definition, Planung, Kontrolle, Abschluss, 5. Auflage, Erlangen 2007.

Burke, M. (2003), The Phenomenal Power of Business Intelligence, London 2003.

Burr, W. (2002), Kategorien, Funktionen und strategische Bedeutung von Service Level Agreements, in: Zeitschrift für betriebswirtschaftliche Forschung und Praxis, 5. Jg., 2002, Nr. 5, S. 510-523.

Burr, W. (2002), Service-Engineering bei technischen Dienstleistungen. Eine ökonomische Analyse der Modularisierung, Leistungstiefengestaltung und Systembündelung, Wiesbaden 2002.

Burr, W. (2003), Markt- und Unternehmensstrukturen bei technischen Dienstleistungen, Wiesbaden 2003.

Burr, W. und Stephan, M. (2006), Dienstleistungsmanagement. Innovative Wertschöpfungskonzepte für Dienstleistungsunternehmen, Stuttgart 2006.

Buxmann, P. (2001), Standards und Standardisierung, in: Mertens, P., Back, A., Becker, J., König, W., Krallmann, H., Rieger, B., Scheer, A. W., Seibt, D., Stahlknecht, P., Strunz, H., Thome, R. und Wedekind, H. (Hrsg., 2001), Lexikon der Wirtschaftsinformatik, 4. Auflage, Berlin et al. 2001, S. 434-435.

Buxmann, P. und König, W. (1998), Das Standardisierungsproblem. Zur ökonomischen Auswahl von Standards in Informationssystemen, in: Wirtschaftsinformatik, 40. Jg., 1998, Nr. 2, S. 122-129.

Cao, L., Luo, C., Luo, D. und Zhang, C. (2004), Integration of Business Intelligence Based on Three-Level Ontology Services, in: IEEE (Hrsg., 2004), IEEE/WIC/ACM International Conference on Web Intelligence (WI 2004), Los Alamitos et al. 2004, S. 17-23.

Capgemini (2006), Studie IT-Trends 2006, Berlin 2006.

Cater-Steel, A. P., und Tan, W.-G. (2005), Implementation of IT Infrastructure Library (ITIL) in Australia. Progress and Success Factors, in: Proceedings of the IT Governance International Conference, Auckland 2005.

Cazemier, J., Overbeek, P. und Peters, L. (2010), Information Security Management with ITIL V3, Zaltbommel 2010.

Chamberlin, D., (2009), SQL - Structured Query Language, in: Liu, L. und Özsu, M. T. (Hrsg., 2009), Encyclopedia of Database Systems, New York 2009, S. 2753-2760.

Chamoni, P, Gluchowski, P. und Hahne, M. (2005), Business Information Warehouse. Perspektiven betrieblicher Informationsversorgung und Entscheidungsunterstützung auf der Basis von SAP-Systemen, Berlin und Heidelberg 2005.

Chamoni, P. und Gluchowski, P. (2004), Integrationstrends bei Business-Intelligence-Systemen – Empirische Untersuchung auf Basis des Business Intelligence Maturity Model, in: Wirtschaftsinformatik, 46. Jg., 2004, Nr. 2, S. 119-128.

Chamoni, P. und Gluchowski, P. (2006), Analytische Informationssysteme - Einordnung und Überblick, in: Chamoni, P. und Gluchowski, P. (Hrsg., 2006), Analytische Informationssysteme. Business Intelligence-Technologien und -Anwendungen, 3. Auflage, Berlin, Heidelberg und New York 2006, S. 3-22.

Chamoni, P. und Totok, A. (2006), Wissen bereichert die BI-Systeme, in: Computerwoche, 33. Jg., 2006, Nr. 34, S. 24.

Chan, Y. (2002), Why Haven't We Mastered Alignment? The Importance of the Informal Organizational Structure, in: MIS Quarterly Executive, 1. Jg., 2002, Nr. 2, S. 97-112.

Chandy, K. (2009), Event Driven Architecture, in: Liu, L. und Özsu, M. T. (Hrsg., 2009), Encyclopedia of Database Systems, New York 2009, S. 1040-1044.

Chen, J., Chen, S. und Rundensteiner, E. A. (2002), Transactional Model for Data Warehouse Maintenance, in: Spaccapietra, S., March, S. und Kambayashi, Y. (Hrsg., 2002), Proceedings of the 21st International Conference on Conceptual Modeling, Berlin et al. 2002, S. 247-262.

Chen, L., Soliman, K., Mao, E. und Frolick, M. (2000), Measuring User Satisfaction with Data Warehouses. An Exploratory Study, in: Information & Management, 37. Jg., 2000, Nr. 3, S. 103-110.

Chmielewicz, K. (1978), Wissenschaftsziele und Forschungskonzeptionen der Wirtschaftswissenschaft, in: Schweitzer, M. (Hrsg., 1978), Auffassungen und Wissenschaftsziele der Betriebswirtschaftslehre, Darmstadt 1978, S. 417-449.

Chmielewicz, K. (1994), Forschungskonzeptionen der Wirtschaftswissenschaft, 3. Auflage, Stuttgart 1994.

Clerc, V. und Niessink, F. (2004), IT Service CMM, Zaltbommel 2004.

Cody, W., Kreulen, J., Krishna, V. und Spangler, W. (2002), The Integration of Business Intelligence and Knowledge Management, in: IBM Systems Journal, 41. Jg., 2002, Nr. 4, S. 697-713.

Conger, S., Venkataraman, R., Hernandez, A., und Probst, J. (2009), Market Potential for ITSM Graduates. A Survey, in: Information Systems Management, 26. Jg., 2009, Nr. 2, S. 176-181.

Conger, S., Winniford, M. und Erickson-Harris, L. (2008), Service Management in Operations, in: Proceedings of the Fourteenth Americas Conference on Information Systems AMCIS 2008, Toronto, Canada 2008, Paper 362, URL:http://aisel.aisnet.org/amcis2008/362.

Copeland, T. E., Koller, T. und Murrin, J. (2002), Unternehmenswert, Frankfurt am Main 2002.

Corsten, H. (2001), Ansatzpunkte für ein integratives Dienstleistungsmanagement, in: Bruhn, M. und Meffert, H. (Hrsg., 2001), Handbuch Dienstleistungsmanagement. Von der strategischen Konzeption zur praktischen Umsetzung, 2. Auflage, Wiesbaden 2001, S. 51-71.

Counihan, A., Finnegan, P. und Sammon, D. (2002), Towards a Framework for Evaluating Investments in Data Warehousing, in: Information Systems Journal, 12. Jg., 2002, Nr. 4, S. 321-338.

Couper, M. (2001), Web Survey Research. Challenges and Opportunities, in: American Statistical Association (Hrsg., 2001), Proceedings of the Annual Meeting of the American Statistical Association, Alexandria 2001.

Couper, M. (2005), Technology Trends in Survey Data Collection, in: Social Science Computer Review, 23. Jg., 2005, Nr. 4, S. 486-501.

Crew, M. und Parker, D. (Hrsg., 2008), International Handbook on Economic Regulation, Cheltenham und Northampton 2008.

Cunningham, D. und Elliott, T. (2005) The Burden of Trusted Information, in: DM Review, 15. Jg., 2005, Nr. 6, S. 18-33.

Daniel, F., Casati, F., Palpanas, T. und Chayka, O. (2008), Managing Data Quality in Business Intelligence Applications, in: Missier, P., Lin, X., Keijzer, A. D. und Keulen, M. V. (Hrsg., 2008), Proceedings of Very Large Data Bases (VLDB) Conference. International Workshop on Quality in Databases and Management of Uncertain Data, Auckland 2008, S. 133-143.

David, J., Schuff, D. und St. Louis, R. (2002), Managing Your IT Total Cost of Ownership, in: Communications of the ACM, 45. Jg., 2002, Nr.1, S. 101-106.

Decker, C. (2010), Regulatory Economics, in: Free, R. (Hrsg., 2010), 21st Century Economics. Bd. 1, Thousand Oaks 2010, S. 265-267.

Deimer, R. (1986), Unscharfe Clusteranalysemethoden – eine problemorientierte Darstellung zur unscharfen Klassifikation gemischter Daten, Idstein 1986.

Denscombe, M. (2006), Web-Based Questionnaires and the Mode Effect. An Evaluation Based on Completion Rates and Data Contents of Near-Identical Questionnaires Delivered in Different Modes, in: Social Science Computer Review, 24. Jg., 2006, Nr. 2, S. 246-254.

Detemple, K., Feidieker, D. und Münch, C. (2006), StatistiX – die Informationsfabrik der Gruppe Deutsche Börse, in: HMD - Praxis der Wirtschaftsinformatik, 42. Jg., 2006, Heft 247, S. 84-93.

Dias, C. (2001), Corporate Portals. A Literature Review of a New Concept in Information Management, in: International Journal of Information Management, 21. Jg., 2001, Nr. 4, S. 269-287.

Dibbern, J., Goles, T., Hirschheim, R. und Jayatilaka, B. (2004), Informations Systems Outsourcing. A Survey and Analysis of the Literature, in: The DATA BASE for Advances in Information Systems, 35. Jg., 2004, Nr. 4, S. 6-102.

Diekmann, A. (2002), Empirische Sozialforschung. Grundlagen, Methoden, Anwendungen, 9. Auflage, Reinbek 2002.

Diekmann, A. (2005), Empirische Sozialforschung. Grundlagen, Methoden, Anwendungen, 13. Auflage, Reinbek 2005.

Dillman, D. (2000), Mail and Internet Surveys – The Tailored Design Method, 2. Auflage, New York 2000.

Dillman, D. und Bowker, D. (2001), The Web Questionnaire Challenge to Survey Methodologists, in: Reips, U.-D. und Bosnjak, M. (Hrsg., 2001), Dimensions of Internet Science, Lengerich et al. 2001, S. 159-178.

DIN (2005), DIN EN ISO 9000:2005, Qualitätsmanagementsysteme – Grundlagen und Begriffe, Dreisprachige Fassung, Berlin 2005.

DIN (2007), DIN EN 45020, Normung und damit zusammenhängende Tätigkeiten. Allgemeine Begriffe (ISO/IEC Guide 2:2004), Dreisprachige Fassung EN 45020:2006, Berlin 2007.

DIN 69901-5 (2007), Projektmanagement – Projektmanagementsysteme – Teil 5. Begriffe – Entwurf, Berlin 2007.

Dinter, B. (2009), Softwareauswahl, in: Bauer, A. und Günzel, H. (Hrsg., 2009), Data-Warehouse-Systeme. Architektur, Entwicklung, Anwendung, 3. Auflage, Heidelberg 2009, S. 432-454.

Dinter, B. und Bucher, T. (2006), Business Performance Management, in: Chamoni, P. und Gluchowski, P. (Hrsg., 2006), Analytische Informationssysteme. Business Intelligence-Technologien und -Anwendungen, 3. Auflage, Berlin, Heidelberg und New York 2006, S. 23-50.

Dittmar, C. und Gluchowski, P. (2002), Synergiepotenziale und Herausforderungen von Knowledge Management und Business Intelligence, in: Hannig, U. (Hrsg., 2002), Knowledge Management und Business Intelligence, Berlin et al. 2002, S. 27-41.

Dittmar, C. und Vavouras, A. (2009), Datenbeschaffungsprozess, in: Bauer, A. und Günzel, H. (Hrsg., 2009), Data-Warehouse-Systeme. Architektur, Entwicklung, Anwendung, 3. Auflage, Heidelberg 2009, S. 490-496.

DMTF [Distributed Management Task Force] (2000), Common Information Model (CIM) Core Model, Portland 2000.

DMTF [Distributed Management Task Force] (2011), CIM Schema: Version 2.28.0, Portland 2011.

Dohle, H. und Rühling, J. (2006), ISO/IEC 20000 – Stellenwert für das IT Service Management, in: IT-Service-Management, 1. Jg., 2006, Nr. 1, S. 14-19.

Dous, M. (2007), Kundenbeziehungsmanagement für interne IT-Dienstleister. Strategischer Rahmen, Prozessgestaltung und Optionen für die Systemunterstützung, Wiesbaden 2007.

Dugmore, J. und Lacy, S. (2005). Achieving ISO/IEC 20000. Capacity Management, London 2005.

Dugmore, J. und Lacy, S. (2006), Achieving ISO/IEC 20000. Integrated Service Management, London 2006.

Duller, C. (2007), Einführung in die Statistik mit EXCEL und SPSS – ein anwendungsorientiertes Lehr- und Arbeitsbuch, 2. Auflage, Heidelberg 2007.

Düsing, R. (2006), Knowledge Discovery in Databases. Begriff, Forschungsgebiet, Prozess und System, in: Chamoni, P. und Gluchowski, P. (Hrsg., 2006), Analytische Informationssysteme. Business Intelligence-Technologien und -Anwendungen, 3. Auflage, Berlin, Heidelberg und New York 2006, S. 241-262.

Dyckhoff, H. und Spengler, T. (2007), Produktionswirtschaft, 2. Auflage, Berlin und Heidelberg 2007.

Eavis, T. (2009), Parallel and Distributed Data Warehouses, in: Liu, L. und Özsu, M. T. (Hrsg., 2009), Encyclopedia of Database Systems, New York 2009, S. 2012-2018.

Eberlein, R. und Frisius, O. (2007), Operationalisierung von Business Intelligence, Vortrag im Rahmen der 5. European TDWI Conference 2007, München 2007.

Ebert, C., Dumke, R., Bundschuh, M. und Schmietendorf, A. (2005), Best Practices in Software Measurement. How to Use Metrics to Improve Project and Process Performance, Berlin et al. 2005.

Eckerson, W. (2004a), Gauge Your Data Warehousing Maturity, in: TDWI (Hrsg., 2004), What Works. Best Practices in Business Intelligence und Data Warehousing, Vol. 18, Seattle 2004, S. 2-5.

Eckerson, W. (2004b), In Search of a Single Version of Truth. Strategies for Consolidating Analytic Silos, TDWI Report, Seattle 2004.

Eckerson, W. (2006), New Ways to Organize the BI Team, in: Business Intelligence Journal, 11. Jg., 2006, Nr. 1, S. 43-48.

Eckerson, W. (2007), Best Practices in Operational BI. Converging Analytical and Operational Processes, TDWI Best Practices Report, Renton 2007.

Eckerson, W. (2010), BI on a Limited Budget. Strategies for Doing More with Less, TDWI Best Practices Report, Renton 2010.

Eckerson, W. und Howson, C. (2005), Enterprise Business Intelligence. Strategies and Technologies for Deploying BI on an Enterprise Scale, TDWI Report, Seattle 2005.

Eckey, H.-F., Kosfeld, R. und Türck, M. (2005), Deskriptive Statistik. Grundlagen – Methoden – Beispiele, 4. Auflage, Wiesbaden 2005.

Ehrenberg, D. und Heine, P. (1998), Konzept zur Datenintegration für Management Support Systeme auf der Basis uniformer Datenstrukturen, in: Wirtschaftsinformatik, 40. Jg., 1998, Nr. 6, S. 503-512.

Eicker, S. (2001), Ein Überblick über die Umsetzung des Data-Warehouse-Konzepts aus technischer Sicht, in: Schütte, R., Rotthowe, T. und Holten, R. (Hrsg.,

2001), Data Warehouse Managementhandbuch. Konzepte, Software, Erfahrungen, Berlin et al. 2001, S. 65–79.

Elbashir, M. und Williams, S. (2007), BI Impact. The Assimilation of Business Intelligence into Core Business Processes, in: Business Intelligence Journal, 12. Jg., 2007, Nr. 4, S. 45-54.

Elbashir, M., Collier, P., und Davern, M. (2008), Measuring the Effects of Business Intelligence Systems. The Relationship between Business Process and Organizational Performance, in: International Journal of Accounting Information Systems, 9. Jg., 2008, S. 135-153.

Elliott, D., Swartz, E. und Herbane, B. (2002), Business Continuity Management. A Crisis Management Approach, London 2002.

Elson, R. und LeClerc, R. (2005), Security and Privacy Concerns in the Data Warehouse Environment, in: Business Intelligence Journal, 10. Jg., 2005, Nr.3, S. 51-56.

Engelhardt, W., Kleinaltenkamp, M. und Reckenfelderbäumer, M. (1993), Leistungsbündel als Absatzobjekte, in: Zeitschrift für betriebswirtschaftliche Forschung, 45. Jg., 1993, Nr. 5, S. 395-426.

English, L. P. (1999), Improving Data Warehouse and Business Information Quality. Methods for Reducing Costs and Increasing Profits, New York 1999.

English, L. P. (2009), Information Quality Applied. Best Practices for Improving Business Information, Processes and Systems, New York 2009.

Engström, H. (2002), Selection of Maintenance Policies for a Data Warehousing Environment. A Cost Based Approach to Meeting Quality of Service Requirements, Diss. an der Univ. of Exeter, Exeter 2002.

Engström, H., Chakravarthy, S. und Lings, B. (2002), A Systematic Approach to Selecting Maintenance Policies in a Data Warehouse Environment, in: Lecture Notes In Computer Science (2002), Proceedings of the 8th International Conference on Extending Database Technology. Advances in Database Technology, Bd. 2287, London 2002, S. 317-335.

Engström, H., Chakravarthy, S. und Lings, B. (2003), Maintenance Policy Selection in Heterogeneous Data Warehouse Environments. A Heuristics-Based Approach, in: Proceedings of the 6th ACM International Workshop on Data Warehousing and OLAP, Session Maintenance and Workload, New Orleans, 2003, S. 71-78.

Erichson, B. und Hammann, P. (2001), Information, in: Bea, F. X., Dichtl, E. und Schweitzer, M. (Hrsg., 2001), Allgemeine Betriebswirtschaftslehre, Bd. 2 Führung, 8. Auflage, Stuttgart 2001, S. 318-428.

Fahrmeir, L., Künstler, R., Pigeot, I. und Tutz, G. (2007), Statistik – der Weg zur Datenanalyse, 6. Auflage, Berlin, Heidelberg und New York 2007.

Faught, K., Whitten, D. und Green, K. (2004), Doing Survey Research on the Internet. Yes, Timing Does Matter, in: Journal of Computer Information Systems, 44. Jg., 2004, Nr. 3, S. 26-34.

Felden, C. (2006), Text Mining als Anwendungsbereich von Business Intelligence, in: Chamoni, P. und Gluchowski, P. (Hrsg., 2006), Analytische Informationssysteme. Business Intelligence-Technologien und -Anwendungen, 3. Auflage, Berlin, Heidelberg und New York 2006, S. 283-304.

Ferrari, E. (2009a), Access Control Administration Policies, in: Liu, L. und Özsu, M. T. (Hrsg., 2009), Encyclopedia of Database Systems, New York 2009, S. 12-14.

Ferrari, E. (2009b), Access Control, in: Liu, L. und Özsu, M. T. (Hrsg., 2009), Encyclopedia of Database Systems, New York 2009, S. 7-11.

Ferstl, O. und Sinz, E. (2008), Grundlagen der Wirtschaftsinformatik, 6. Auflage, München und Wien 2008.

Fettke, P. und Loos, P. (2004a), Referenzmodellierungsforschung, in: Wirtschaftsinformatik, 46. Jg., 2004, Nr.5, S. 331-340.

Fettke, P. und Loos, P. (2004b), Systematische Erhebung von Referenzmodellen – Ergebnisse einer Voruntersuchung, Arbeitspapiere der Research Group Information Systems & Management, Arbeitspapier Nr. 19, Universität Mainz, Mainz 2004.

Fettke, P. und Loos, P. (2005), Der Beitrag der Referenzmodellierung zum Business Engineering, in: HMD - Praxis der Wirtschaftsinformatik, 41. Jg., 2005, Heft 241, S. 18-26.

Fettke, P., Loos, P. und Zwicker, J. (2006), Business Process Reference Models – Survey and Classification, in: Bussler, C. und Haller, A. (Hrsg., 2006), Business Process Management Workshops, BPM 2005, Berlin und Heidelberg 2006, S. 469-483.

Finger, R. (2008), Agile Business Intelligence und klassisches Data Warehousing: Einordnung in ein BI Governance Framework, in: Mayer, T., Gleich, R. und Wald, A. (Hrsg., 2008), Advanced Project Management. Herausforderungen - Praxiserfahrungen – Perspektiven, Berlin 2008, S. 113-130.

Firestone, J. (2003), Enterprise Information Portals and Knowledge Management, Amsterdam et al. 2003.

Fischer, L. (1992), Rollentheorie, in: Frese, E. (Hrsg., 1992), Enzyklopädie der Betriebswirtschaftslehre, Bd. 2. Handwörterbuch der Organisation, Stuttgart 1992, Sp. 2224-2234.

Fleischer, H. (1988), Grundlagen der Statistik, Schorndorf 1988.

Fowler, F. (2002), Survey Research Methods, 3. Auflage, Thousand Oaks, London und Neu Delhi 2002.

Frank, U. (1997), Erfahrung, Erkenntnis und Wirklichkeitsgestaltung. Anmerkungen zur Rolle der Empirie in der Wirtschaftsinformatik, in: Grün, O. und Heinrich, L (Hrsg., 1997), Wirtschaftsinformatik – Ergebnisse empirischer Forschung, Berlin et. al. 1997, S. 21-35.

Frank, U. (1998), Wissenschaftstheoretische Herausforderungen der Wirtschaftsinformatik, in: Gerum, E. (Hrsg., 1998), Innovation in der Betriebswirtschaftslehre. Tagung der Kommission Wissenschaftstheorie, Wiesbaden 1998, S. 91-118.

Frese, E. (1980), Aufgabenanalyse und -synthese, in: Grochla, E. (Hrsg., 1980), Handwörterbuch der Organisation, 2. Auflage, Stuttgart 1980, Sp. 207-217.

Fricke, M. (2001), Portal, in: Mertens, P. (Hrsg., 2001), Lexikon der Wirtschaftsinformatik, 4. Auflage, Berlin et al. 2001, S. 371-372.

Fricker, S., Galesic, M., Tourangeau, R. und Yan, T. (2005), An Experimental Comparison of Web and Telephone Surveys, in: Public Opinion Quarterly, 69. Jg., 2005, Nr. 3, S. 370-392.

Friedman, A. und Miles, S. (2006), Stakeholders. Theory and Practice, Oxford et al. 2006.

Friedrichs, J. (1990), Methoden empirischer Sozialforschung, 14. Auflage, Opladen 1990.

Frisius, O. (2006), Service-Orientierung in der BI – Chancen und Implikationen. Vortrag im Rahmen der Tagung "Business Intelligence meets Service-Oriented Architecture" am 29.11.2006, Stuttgart 2006.

Frohmüller, K.-P. und Kiefer, T. (1999), IT-Komplexität. Ursachen und Beherrschungsmechanismen, in: Die Bank, o. Jg., 1999, Nr. 12, S. 832-837.

Gabriel, R. (2006), IT-Sicherheit und Data Warehousing, in: Chamoni, P. und Gluchowski, P. (Hrsg., 2006), Analytische Informationssysteme. Business Intelligence-Technologien und -Anwendungen, 3. Auflage, Berlin, Heidelberg und New York 2006, S. 439-450.

Gabriel, R. (2010a), Entscheidungsunterstützungssystem, in: Kurbel, K., Becker, J., Gronau, N., Sinz, E. und Suhl, L. (Hrsg., 2010), Enzyklopädie der Wirtschaftsinformatik (On-line-Lexikon), 4. Auflage, München 2010, URL: http://www.oldenbourg.de:8080/wi-enzyklopaedie/lexikon/uebergreifendes/Kontext-und-Grundlgen/Informationssystem/Entscheidungsunterstutzungssystem/index.html, Stand: 15.01.2011.

Gabriel, R. (2010b), Expertensystem, in: Kurbel, K., Becker, J., Gronau, N., Sinz, E. und Suhl, L. (Hrsg., 2010), Enzyklopädie der Wirtschaftsinformatik (Online-Lexikon), 4. Auflage, München 2010, URL: http://www.enzyklopaedie-der-wirtschaftsinformatik.de/wi-enzyklopaedie/lexikon/technologien-methoden/KI-und-Softcomputing/Expertensystem/index.html, Stand: 15.01.2011.

Gabriel, R., Chamoni, P. und Gluchowski, P. (2000), Data Warehouse und OLAP – Analyseorientierte Informationssysteme für das Management, in: Zeitschrift für betriebswirtschaftliche Forschung, 52 Jg., 2000, Nr. 2, S. 74-93.

Gabriel, R., Gluchowski, P. und Pastwa, A. (2009), Data Warehouse & Data Mining, Herdecke und Witten 2009.

Gaitanides, M. (2007), Prozessorganisation – Entwicklung, Ansätze und Programme des Managements von Geschäftsprozessen, 2. Auflage, München 2007.

Galhardas, H., Florescu, D., Shasha, D. und Simon, E. (2000), Declaratively Cleaning your Data using AJAX, in: Doucet, A. (Hrsg.), 16èmes Journées Bases de Données Avancées, BDA 2000, 24-27 octobre, Blois 2000.

Galup, S. D., Dattero, R., Quan, J. J., und Conger, S. (2009), An Overview of IT Service Management, in: Communications of the ACM, 52. Jg., 2009, Nr. 5, S. 124-127.

Gardner, S. (1998), Building the Data Warehouse, in: Communications of the ACM, 41. Jg., 1998, Nr. 9, S. 52-60.

Garschhammer, M., Hauck, R., Hegering, H.-G., Kempter, B., Langer, M., Nerb, M., Radisic, I., Roelle, H. und Schmidt, H. (2001a), Towards Generic Service Management Concepts – A Service Model Based Approach, in: Pavlou, G., Anerousis, N. und Liotta, A. (Hrsg., 2001), Proceedings of the 7th International IFIP/IEEE Symposium on Integrated Management (IM 2001), Piscataway 2001, S. 719-732.

Garschhammer, M., Hauck, R., Hegering, H.-G., Kempter, B., Radisic, L., Roelle, H. und Schmidt, H. (2002), A Case-Driven Methodology for Applying the MNM Service Model, in: Stadler, R. und Ulema, M. (Hrsg., 2002), Proceedings of the 8th International IEEE/IFIP Network Operations and Management Symposium (NOMS 2002), Piscataway 2002, S.697-710.

Garschhammer, M., Hauck, R., Kempter, B., Radisic, I., Roelle, H. und Schmidt, H. (2001b), The MNM Service Model – Refined Views on Generic Service Management, in: Journal of Communications and Networks, 3. Jg., 2001, Nr. 4, S. 297-306.

Garvin, D. (1984), What Does "Product Quality" Really Mean?, in: Sloan Management Review, 26. Jg., 1984, Nr. 1, S. 25-43.

Gaulke, M. (2006), CobiT als IT-Governance-Leitfaden, in: HMD - Praxis der Wirtschaftsinformatik, 43. Jg., 2006, Heft 250, S. 21-28.

Gebauer, A. und Zinnecker, J. (1992), Normen und Standards – Fundamente der zwischenbetrieblichen Integration, in: HMD – Theorie und Praxis der Wirtschaftsinformatik, 29. Jg., 1992, Heft 165, S. 18-33.

Geiger, J. (2001), Data Warehouse Change Request Management, in: Business Intelligence Journal, 6. Jg., 2001, Nr. 2.

Geiger, J., Hill, B., Loftis, L. und Ton, J. (2007), Creating a BI Center of Excellence, in: Business Intelligence Journal, 12. Jg., 2007, Nr. 1, S. 26-32.

gentschen Felde, N., Hegering, H.-G. und Schiffers, M. (2006), IT Service Management Across Organizational Boundaries, in: Kern, E.-M., Hegering, H.-G. und Brügge, B. (Hrsg., 2006), Managing Development and Application of Digital Technologies, Berlin und Heidelberg 2006, S. 147-175.

Gessner, G. und Volonino, L. (2005), Quick Response Improves Returns on Business Intelligence Investments, in: Information Systems Management, 22. Jg., 2005, Nr. 3, S. 66-74.

Ghilic-Micu, B., Stoica, M. und Mircea, M. (2008), A Framework for Measuring the Impact of BI solution, in: Vladareanu, L., Chiroiu, V., Bratu, P. und Magheti, I. (Hrsg., 2008), Proceedings of the 9th WSEAS International Conference on Mathematics & Computers in Business and Economics, Bukarest 2008, S. 68-73.

Gibbons, L., Gibby, M., Gilbert, C. und McKnight, W. (2008), BI as a Profit Center, in: Business Intelligence Journal, 13. Jg., 2008, Nr. 3, S. 31-36.

Gluchowski, P. (2001), Business Intelligence, in: HMD – Praxis der Wirtschaftsinformatik, 38. Jg., 2001, Heft 222, S. 5-15.

Gluchowski, P. (2006), Techniken und Werkzeuge zum Aufbau betrieblicher Berichtssysteme, in: Chamoni, P. und Gluchowski, P. (Hrsg., 2006), Analytische Informationssysteme. Business Intelligence-Technologien und -Anwendungen, 3. Auflage, Berlin, Heidelberg und New York 2006, S. 207-226.

Gluchowski, P. und Chamoni, P. (2006), Entwicklungslinien und Architekturkonzepte des On-Line Analytical Processing, in: Chamoni, P. und Gluchowski, P. (Hrsg., 2006), Analytische Informationssysteme. Business Intelligence-Technologien und -Anwendungen, 3. Auflage, Berlin, Heidelberg und New York 2006, S. 143-176.

Gluchowski, P., Gabriel, R. und Dittmar, C. (2008), Management Support Systeme und Business Intelligence. Computergestützte Informationssysteme für Fach- und Führungskräfte, 2. Auflage, Berlin und Heidelberg 2008.

Goeken, M. (2006), Entwicklung von Data-Warehouse-Systemen. Anforderungsmanagement, Modellierung, Implementierung, Wiesbaden 2006.

Gómez, J., Rautenstrauch, C. und Cissek, P. (2009), Einführung in Business Intelligence mit SAP NetWeaver 7.0, Berlin und Heidelberg 2009.

Gómez, J., Rautenstrauch, C., Cissek, P. und Grahlher, B. (2006), Einführung in SAP Business Information Warehouse, Berlin et al. 2006.

Gonzalez, M. und Wells, D. (2007), BI Strategy. How to Create and Document. Reston 2007.

Gräf, J., Glustin, O. und Heinzelmann, M. (2005), Management Reporting mit geeigneter Informationstechnologie realisieren, in: Information Management & Consulting, 20. Jg., 2005, Nr. 2, S. 85-90.

Gräf, L. (1999), Optimierung von WWW-Umfragen. Das Online Pretest-Studio, in: Batinic, B., Werner, A., Gräf, L. und Bandilla, W. (Hrsg., 1999), Online Research – Methoden, Anwendungen und Ergebnisse, Göttingen et al. 1999, S. 159-177.

Greb, T., Kneuper, R. und Stender, J. (2006), CMMI und ITIL – Zusammenarbeit von Entwicklung und IT Service Management, in: it-Service-Management, 1. Jg., 2006, Nr. 2, S. 11-18.

Grembergen, W. v., Haes, S. d. und Brempt, H. v. (2006), CobiT 4.0. An IT Governance Framework, in: Blomer, R., Mann, H. und Bernhard, M. (Hrsg., 2006), Praktisches IT-Management. Controlling, Kennzahlensysteme, Konzepte, Düsseldorf 2006, S. 125-161.

Grembergen, W. v., Haes, S. d. und Guldentops, E. (2004), Structures, Processes and Relational Mechanisms for IT Governance, in: Grembergen, W. v. (Hrsg., 2004), Strategies for Information Technology Governance, Hershey et al. 2004, S. 1-36.

Grochla, E. (1978), Einführung in die Organisationstheorie, Stuttgart 1978.

Gronau, N., Dilz, S. und Kalisch, A. (2004), Anwendungen und Systeme für das Wissensmanagement, Berlin 2004.

Gruber, H. und Mandl, H. (1996), Expertise und Erfahrung, in: Gruber, H. und Ziegler, A. (Hrsg., 1996), Expertiseforschung – Theoretische und methodische Grundlagen, Opladen 1996, S. 18-34.

Guldentops, E. (2004), Governing Information Technology Through COBIT, in: Grembergen, W. v. (Hrsg., 2004), Strategies for Information Technology Governance, London 2004, S. 269-309.

Gutenberg, E. (1983), Grundlagen der Betriebswirtschaftslehre, Bd. I. Die Produktion, 24. Auflage, Berlin et al. 1983.

Gutierrez, N. (2006), Business Intelligence (BI) Governance, Arbeitspapier der Infosys Technologies Ltd. 2006.

Hadjicharalambous, E., Bachmann, P. und Paschke, J. (2004), IT Service Management. Trends und Perspektiven der IT Infrastructure Library (ITIL) in Deutschland, Opinion Paper der Detecon International GmbH, Bonn 2004.

Hafner, M. und Winter, R. (2005), Vorgehensmodell für das Management der unternehmensweiten Applikationsarchitektur, in: Ferstl, O., Sinz, E., Eckert, S. und Isselhorst, T. (Hrsg., 2005), Wirtschaftsinformatik 2005 – eEconomy, eGovernment, eSociety, Heidelberg 2005, S. 627-646.

Hahn, D. und Hungenberg, H. (2001), PuK. Planung und Kontrolle, Planungs- und Kontrollsysteme, Planungs- und Kontrollrechnung, wertorientierte Controllingkonzepte, 6. Auflage, Wiesbaden 2001.

Hahn, S., Jackson, M.H. A., Kabath, B., Kamel, A., Matias, A. R., Meyers, C., Osterhoudt, M., und Robinson, G. (2000), Capacity Planning for Business Intelligence Applications. Approaches and Methodologies. Poughkeepsie 2000.

Hahne, M. (2005), SAP Business Information Warehouse. Mehrdimensionale Datenmodellierung, Berlin und Heidelberg 2005.

Hahne, M. (2006), Mehrdimensionale Datenmodellierung für analyseorientierte Informationssysteme, in: Chamoni, P. und Gluchowski, P. (Hrsg., 2006), Analytische Informationssysteme. Business Intelligence-Technologien und -Anwendungen, 3. Auflage, Berlin, Heidelberg und New York 2006, S. 177-206.

Haller, S. (2005), Dienstleistungsmanagement. Grundlagen – Konzepte – Instrumente, Wiesbaden 2005.

Han, J. (2009), Data Mining, in: Liu, L. und Özsu, M. T. (Hrsg., 2009), Encyclopedia of Database Systems, New York 2009, S. 595-598.

Hanemann, A. und Schmitz, D. (2004), Service–Oriented Event Correlation – The MNM Service Model Applied to E–Mail Services, in: Proceedings of the 11th International Workshop of the HP OpenView University Association (HPOVUA 2004), Paris 2004.

Hanemann, A., Sailer, M. und Schmitz, D. (2004), Variety of QoS – The MNM Service Model Applied to Web Hosting Services, in: Proceedings of the 11th International Workshop of the HP OpenView University Association (HPOVUA 2004), Paris 2004.

Hang, Y. und Fong, S. (2010), Real-time Business Intelligence System Architecture with Stream Mining, in: IEEE (Hrsg., 2010), Proceedings on the Fifth International Conference on Digital Information Management (ICDIM 2010), Los Alamitos et al. 2010, S. 29-34.

Hansen, H. und Neumann, G. (2009), Wirtschaftsinformatik 1, Grundlagen und Anwendungen, 10. Auflage, Stuttgart 2009.

Härdle, W. und Simar, L. (2007), Applied Multivariate Statistical Analysis, 2. Auflage, Berlin, Heidelberg und New York 2007.

Hartmann, S. (2008), Überwindung semantischer Heterogenität bei multiplen Data-Warehouse-Systemen, Bamberg 2008.

Hauptmanns, P. (1999), Grenzen und Chancen von quantitativen Befragungen mit Hilfe des Internet, in: Batinic, B., Werner, A., Gräf, L. und Bandilla, W. (Hrsg., 1999), Online Research – Methoden, Anwendungen und Ergebnisse, Göttingen et al. 1999, S. 21-38.

Häusler, O., Schwickert, A. und Ebersberger, S. (2005), IT-Service-Management – Referenzmodelle im Vergleich, Arbeitspapiere der Wirtschaftsinformatik an der Universität Gießen, Nr. 6/2005, Gießen 2005.

Hegering, H.-G., Abeck, S. und Neumair, B. (1999), Integriertes Management vernetzter Systeme. Konzepte, Architekturen und deren betrieblicher Einsatz, Heidelberg 1999.

Heinen, E. (1969), Zum Wissenschaftsprogramm der entscheidungsorientierten Betriebswirtschaftslehre, in: Zeitschrift für Betriebswirtschaft, 39. Jg., 1969, S. 207-220, abgedruckt in: Schweitzer, M. (Hrsg., 1978), Auffassungen und Wissenschaftsziele der Betriebswirtschaftslehre, Darmstadt 1978, S. 219-246.

Heinrich, L. und Stelzer, D. (2009), Informationsmanagement. Grundlagen, Aufgaben, Methoden, 9. Auflage, München 2009.

Heller, K. und Rosemann, B. (1981), Planung und Auswertung empirischer Untersuchungen – eine Einführung in die Wissenschaftsmethodik und Forschungsstatistik für Pädagogen, Psychologen und Soziologen, 2. Auflage, Stuttgart 1981.

Henderson, J. und Venkatraman, N. (1999), Strategic Alignment. Leveraging Information Technology for Transforming Organizations, in: IBM Systems Journal, 38. Jg., 1999, Nr. 2 und 3, S. 472-484, Nachdruck aus: IBM Systems Journal, 32. Jg., 1993, Nr. 1.

Hendriks, J. (2006), eTOM - the Enhanced Telecom Operations Map, in: Bon, J. v. und Verheijen, T. (Hrsg., 2006), Frameworks for IT Management, Zaltbommel 2006, S. 161-169.

Hendriks, L. und Carr, M. (2002), ITIL. Best Practice in IT Service Management, in: Bon, J. v. (Hrsg., 2002), The Guide to IT Service Management, 1. Auflage, London et al. 2002, S. 131-150.

Henwood, D. (2003), After the New Economy, New York et al. 2003.

Herden, O., Völlinger, A. und Zeh, T. (2009), Basisdatenbank, in: Bauer, A. und Günzel, H. (Hrsg., 2009), Data-Warehouse-Systeme. Architektur, Entwicklung, Anwendung, 3. Auflage, Heidelberg 2009 S. 53-59.

Hernandez, M. A. und Stolfo, S. J.(1995), The Merge/Purge Problem for Large Databases, in: Carey, M. J. und Schneider, D. A. (Hrsg., 1995), Proceedings of the 1995 ACM SIGMOD International Conference on Management of Data, San Jose 1995, S. 127-138.

Herzwurm, G. (2000), Kundenorientierte Softwareproduktentwicklung, Stuttgart et al. 2000.

Herzwurm, G. und Mikusz, M. (2010), Software-Qualitätsmanagement, in: Kurbel, K., Becker, J., Gronau, N., Sinz, E. und Suhl, L. (Hrsg., 2010), Enzyklopädie der Wirtschaftsinformatik (Online-Lexikon), 4. Auflage, München 2010, URL: http://www.enzyklopaedie-der-wirtschaftsinformatik.de/wi-enzyklopaedie/lexikon/is-management/Systementwicklung/Management-der-Systementwicklung/Software-Qualitatsmanagement/index.html, Stand: 15.01.2011.

Herzwurm, G. und Pietsch, W. (2009), Management von IT-Produkten. Geschäftsmodelle, Leitlinien und Werkzeugkasten für softwareintensive Systeme und Dienstleistungen, Heidelberg 2009.

Herzwurm, G., Krams, B. und Pietsch, W. (2010), Preisfindung von IT-Produkten durch retrograde Kalkulation, in: Schuhmann, M., Kolbe, L., Breitner, M. und Frerichs, A. (Hrsg., 2010), Tagungsband Multikonferenz Wirtschaftsinformatik 2010, Göttingen 2010, S. 529-539.

Heydorn, S. (2002), IT-Strategien zur aktuellen Marktlage – The Boston Consulting Group, Vortrag an der Technischen Universität München am 08.10.2002, München 2002.

Hiestermann, D. (2009), Analytisches Customer-Relationship-Management. Konzeption und Realisierung auf Basis der Business-Intelligence-Instrumente Data Warehouse und Data Mining, Dortmund 2009.

Hilbert, A. und Schönbrunn, K. (2008), Business Intelligence, in: Häberle, S. G. (Hrsg., 2008), Das neue Lexikon der Betriebswirtschaftslehre, Bd. A-E, München 2008, S. 162-164.

Hilbert, A. und Sommer, S. (2010), Analytisches Customer Relationship Management im elektronischen Handel, in: Becker, J., Knackstedt, R., Müller, O. und Winkelmann, A. (Hrsg., 2010), Vertriebsinformationssysteme. Standardisierung, Individualisierung, Hybridisierung und Internetisierung, Heidelberg et al. 2010, S. 195-212.

Hildebrand, K. (Hrsg., 2001), Business Intelligence, HMD – Praxis der Wirtschaftsinformatik, 38. Jg., 2001, Heft 222.

Hilke, W. (1989), Grundprobleme und Entwicklungstendenzen des Dienstleistungs-Marketing, in: Hilke, W. (Hrsg., 1989), Dienstleistungs-Marketing, Wiesbaden 1989, S. 5-44.

Hill, P. (2006), CobiT – Control Objectives for Information and Related Technology, in: Bon, J. v. und Verheijen, T. (Hrsg., 2006), Frameworks for IT Management, Zaltbommel 2006, S. 103-113.

Hilliger von Thile, A. (2008), Datenbereitstellung für Business-Intelligence-Analysen aus komplexen ad-hoc-Prozessen, München 2008.

Hinrichs, H. (2001), Datenqualitätsmanagement in Data-Warehouse-Umgebungen, in: Heuer, A., Leymann, F. und Priebe, D. (Hrsg., 2001), Datenbanksysteme in Büro, Technik und Wissenschaft, 9. GI-Fachtagung BTW 2001, Oldenburg und Berlin 2001, S. 187-206.

Hinrichs, H. (2002), Datenqualitätsmanagement in Data-Warehouse-Systemen, Diss. an der Carl von Ossietzky Universität Oldenburg, Oldenburg 2002.

Hinrichs, H. (2009), Extraktionsphase, in: Bauer, A. und Günzel, H. (Hrsg., 2009), Data-Warehouse-Systeme. Architektur, Entwicklung, Anwendung, 3. Auflage, Heidelberg 2009, S. 85-86.

Hinrichs, H. und Aden, T. (2001), An ISO 9001:2000 Compliant Quality Management System for Data Integration in Data Warehouse Systems, in: Theodorates, D., Hammer, J., Jeusfeld, M. und Staudt, M. (Hrsg., 2001), Proceedings of the International Workshop on Design and Management of Data Warehouses (DMDW 2001), Interlaken 2001, S. 1-1-1-12.

Hinrichs, H. und Quix, C. (2009), Transformationsphase, in: Bauer, A. und Günzel, H. (Hrsg., 2009), Data-Warehouse-Systeme. Architektur, Entwicklung, Anwendung, 3. Auflage, Heidelberg 2009, S. 87-98.

Hippner, H. (2006), Komponenten und Potenziale eines analytischen Customer Relationship Management, in: Chamoni, P. und Gluchowski, P. (Hrsg., 2006), Analytische Informationssysteme. Business Intelligence-Technologien und -Anwendungen, 3. Auflage, Berlin, Heidelberg und New York 2006, S. 361-384.

Hochstein, A. und Brenner, W. (2006), Grundlagen des IT Service Management, in: it-Service-Management, 1. Jg., 2006, Nr. 1, S. 3-7.

Hochstein, A. und Hunziker, A. (2003), Serviceorientierte Referenzmodelle des IT-Managements, in: HMD – Praxis der Wirtschaftsinformatik, 40. Jg., 2003, Heft 232, S. 45-56.

Hochstein, A. und Hunziker, A. (2004), Serviceorientierte Referenzmodelle des Informationsmanagements, in: Zarnekow, R., Brenner, W. und Grohmann, H. (Hrsg., 2004), Informationsmanagement. Konzepte und Strategien für die Praxis, Heidelberg 2004, S. 135-152.

Hochstein, A., Tamm, G. und Brenner, W. (2005), Service-Oriented IT Management. Benefit, Cost and Success Factors, in: Österle, H., Schelp, J. und Winter, R. (Hrsg., 2007), Proceedings of the 15th European Conference on Information Systems, Regensburg 2005.

Hochstein, A., Zarnekow, R. und Brenner, W. (2004), Serviceorientiertes IT-Management nach ITIL. Möglichkeiten und Grenzen, in: HMD – Praxis der Wirtschaftsinformatik, 41. Jg., 2004, Heft 239, S. 68-76.

Holst, H. und Holst, J. (1998), IT-Produkt- und Klientenmanagement, in: Information Management & Consulting, 13. Jg., 1998, Nr. 2, S. 56-65.

Holthuis, J. (2001), Der Aufbau von Data-Warehouse-Systemen. Konzeption – Datenmodellierung – Vorgehen, 2. Auflage, Wiesbaden 2001.

Holzmüller, H., Lammerts, A. und Stolper, M. (2003), ITIL – Status und Trends in Deutschland, Lehrstuhl für Marketing, Universität Dortmund, Dortmund 2003.

Homburg, C. und Giering, A. (1998), Konzeptualisierung und Operationalisierung komplexer Konstrukte – Ein Leitfaden für die Marketingforschung, in: Hildebrandt, L. und Homburg, C. (Hrsg., 1998), Die Kausalanalyse – Ein Instrument der empirischen betriebswirtschaftlichen Forschung, Stuttgart 1998, S. 111-146.

Horakh, T., Baars, H. und Kemper, H.-G. (2008), Mastering Business Intelligence Complexity – A Service-Based Approach as a Prerequisite for BI Governance, in: Proceedings of the Fourteenth Americas Conference on Information Systems (2008), Paper 333, Toronto 2008, URL:http://aisel.aisnet.org/amcis2008/333.

Horváth, P. (2009), Controlling, 11. Auflage, München 2009.

Huber, B. (2009), Managementsysteme für IT-Serviceorganisationen. Entwicklung und Umsetzung mit EFQM, COBIT, ISO 20000, ITIL, Heidelberg 2009.

Hughes, R. (2008). Agile Data Warehousing. Delivering World-Class Business Intelligence Systems Using Scrum and XP, New York 2008.

Hull, J. (2011), Risikomanagement. Banken, Versicherungen und andere Finanzinstitutionen, 2. Auflage, München et al. 2011.

Hwang, M. und Xu, H. (2005), A Survey of Data Warehousing Success Issues, in: Business Intelligence Journal, 10. Jg., 2005, Nr. 4, S. 7-13.

IBM Corporation (2001), Managing Information Technology Services, Somers 2001, URL:http://www-935.ibm.com/services/us/its/pdf/managing_it_services_white_paper.pdf, Stand: 15.01.2011.

IBM Deutschland GmbH (1988), Information Systems Management. Management der Informationsverarbeitung, Informationssystem-Planung, Management-Methoden, Anwendungs-Management, Installations-Management, Bd. 1. Architektur und Überblick, Stuttgart 1988.

Iden, J. und Langeland, L. (2010), Setting the Stage for a Successful ITIL Adoption. A Delphi Study of IT Experts in the Norwegian Armed Forces, in: Information Systems Management, 27. Jg., 2010, Nr. 2, S. 103-112.

IEEE (1990), IEEE Standard Glossary of Software Engineering Terminology. IEEE Standard 610.12-1990, New York 1990.

Imhoff, C., Galemmo, N. und Geiger, J. (2003), Mastering Data Warehouse Design. Relational and Dimensional Techniques, Indianapolis 2003.

Inmon, W. (1999), Building the Operational Data Store, 2. Auflage, New York et al. 1999.

Inmon, W. (2002), Building the Data Warehouse, 3. Auflage, New York et al. 2002.

Inmon, W., Terdeman, R.H. und Imhoff, C. (2000), Exploration Warehouse. Turning Business Information into Business Opportunity, New York et al. 2000.

ISO [International Organization for Standardization] (2005a), ISO/IEC 20000-1:2005, Information Technology – Service Management – Part 1. Specification, Genf 2005.

ISO [International Organization for Standardization] (2005b), ISO/IEC 20000-2:2005, Information Technology – Service Management – Part 2. Code of Practice, Genf 2005.

IT Governance Institute (2003), Board Briefing on IT Governance, 2. Auflage, Rolling Meadows 2003, URL: http://www.itgi.org/TemplateRedirect.cfm?template=/ContentManagement/ContentDisplay.cfm&ContentID=15994, Stand: 30.12.2006.

IT Governance Institute (2007), CobiT 4.1. Framework, Control Objectives, Management Guidelines, Maturity Models, Rolling Meadows 2007.

IT Governance Institute und OGC [Office of Government Commerce] (2005), Aligning CobiT, ITIL and ISO 17799 for Business Benefit – A Management Briefing from ITGI and OGC, Rolling Meadows und Norwich 2005.

Jakobs, K. (2000), Standardisation Processes in IT – Impact, Problems and Benefits of User Participation, Braunschweig und Wiesbaden 2000.

Jakobs, K. (2006), ICT Standards Research. Quo Vadis?, in: Homo Oeconomicus, 23. Jg., 2006, Nr. 1, S. 79-107.

Janssen, J. und Laatz, W. (2005), Statistische Datenanalyse mit SPSS für Windows – eine anwendungsorientierte Einführung in das Basissystem und das Modul Exakte Tests, 5. Auflage, Berlin, Heidelberg und New York 2005.

Jarkovich, T. und Böhnlein, P. (2005), DWH und EAI im Integration Layer der Bank Julius Bär – Architektur, Anwendungen und Erfahrungen, in: Schelp, J. und Winter, R. (Hrsg., 2005), Auf dem Weg zur Integration Factory, Proceedings der DW2004 – Data Warehousing und EAI, Heidelberg 2005, S. 377-397.

Jaro, M. A. (1989), Advances in Record Linkage Methodology as Applied to Matching the 1985 Census of Tampa, in: Journal of the American Statistical Association, 84. Jg., 1989, Nr. 406, S. 414-420.

Jensen, C., Bach-Pedersen, T. und Thomsen, C. (2010), Multidimensional Databases and Data Warehousing, San Rafael 2010.

Johannsen, W. und Goeken, M. (2006), IT-Governance – neue Aufgaben des IT-Managements, in: HMD – Praxis der Wirtschaftsinformatik, 43. Jg., 2006, Heft 250, S. 7-20.

Johannsen, W. und Goeken, M. (2007), Referenzmodelle für IT-Governance. Strategische Effektivität und Effizienz mit COBIT, ITIL & Co, Heidelberg 2007.

Johnston, R. (1994), Operations. From Factory to Service Management, in: International Journal of Service Industry Management, 5. Jg., 1994, Nr.1, S. 49-63.

Jossen, C., Quix, C., Staudt, M., Vaduva, A. und Vetterli, T (2009), Metadaten, in: Bauer, A. und Günzel, H. (Hrsg., 2009), Data-Warehouse-Systeme. Architektur, Entwicklung, Anwendung, 3. Auflage, Heidelberg 2009 S. 345-371.

Jossen, C., Vaduva, A. und Vavouras, A. (2009), Repositorium, in: Bauer, A. und Günzel, H. (Hrsg., 2009), Data-Warehouse-Systeme. Architektur, Entwicklung, Anwendung, 3. Auflage, Heidelberg 2009 S. 72-74.

Jouanne-Diedrich, H. v. (2004), 15 Jahre Outsourcing-Forschung. Systematisierung und Lessons Learned, in: Zarnekow, R., Brenner, W. und Grohmann, H. (Hrsg., 2004), Informationsmanagement. Konzepte und Strategien für die Praxis, Heidelberg 2004, S. 125-133.

Jourdan, Z., Rainer, R. und Marshall, T. (2008), Business Intelligence. An Analysis of the Literature, in: Information Systems Management, 25. Jg., 2008, Nr. 2, S. 121-131.

Kagermann, H. (2010), Innovation und Nutzen durch Offenheit, in: Zeitschrift für betriebswirtschaftliche Forschung, 62. Jg., 2010, Nr. 6, S. 673-674.

Kamleiter, J. und Langer, M. (2006), Business IT Alignment mit ITIL, COBIT, RUP. Gegenüberstellung und Integration der Referenzmodelle von IT Service Management, IT Governance und Anwendungsentwicklung, Bad Homburg 2006.

Kaplan, A. (1964), The Conduct of Inquiry. Methodology for Behavioral Science, San Francisco 1964.

Kaplan, R.S. und Norton, D.P. (1992), The Balanced Scorecard – Measures That Drive Performance, in: Harvard Business Review, 70. Jg., 1992, Nr. 1, S. 71-79.

Kaplan, R.S. und Norton, D.P. (2001), Die strategiefokussierte Organisation. Führen mit der Balanced Scorecard, Stuttgart 2001.

Kaplowitz, M., Hadlock, T. und Levine, R. (2004), A Comparison of Web and Mail Survey Response Rates, in: Public Opinion Quarterly, 68. Jg., 2004, Nr. 1, S. 94-101.

Karer, A. (2007), Optimale Prozessorganisation im IT-Management, Berlin und Heidelberg 2007.

Kargl, H. (2000), Management und Controlling von IV-Projekten, München und Oldenburg 2000.

Kargl, H. und Kütz, M. (2007), IV-Controlling, 5. Auflage, München und Wien 2007.

Keller, J. und Dubuisson, O. (1994), Formal Description of OSI Management Information Structure as a Prerequisite for Formal Specifications of TMN Interfaces, in: Kugler, H.-J., Mullery, A. und Niebert, N. (Hrsg., 1994), Towards a Pan-European Telecommunication Service Infrastructure – IS&N '94, Berlin et al. 1993, S. 433-442.

Kemper, H.-G. (1999), Architektur und Gestaltung von Management-Unterstützungs-Systemen – von isolierten Einzelsystemen zum integrierten Gesamtansatz, Stuttgart und Leipzig 1999.

Kemper, H.-G. und Baars, H. (2005), Integration von Wissensmanagement- und Business-Intelligence-Systemen – Potenziale, in: Foschiani, S., Habenicht, W. und Wäscher, G. (Hrsg., 2005), Strategisches Wertschöpfungsmanagement in dynamischer Umwelt, Frankfurt am Main et al. 2005, S. 117-137.

Kemper, H.-G. und Baars, H. (2009), Business Intelligence (BI). Die neue Applikationsvielfalt verlangt nach wirksamen Governance-Strukturen, in: Neudörffer, M. (Hrsg., 2009), ITK Kompendium 2010. Expertenwissen, Trends und Lösungen in der Informations- und Kommunikationstechnologie, Frankfurt am Main 2009, S. 74-83.

Kemper, H.-G. und Finger, R. (2006), Transformation operativer Daten. Konzeptionelle Überlegungen zur Filterung, Harmonisierung, Verdichtung und Anreicherung im Data Warehouse, in: Chamoni, P. und Gluchowski, P. (Hrsg., 2006), Analytische Informationssysteme. Business Intelligence-Technologien und -Anwendungen, 3. Auflage, Berlin et al. 2006, S. 113-128.

Kemper, H.-G. und Lee, P.-L. (2003), The Customer-Centric Data Warehouse – An Architectural Approach to Meet the Challenges of Customer Orientation, in: Proceedings of the 36th Annual Hawaii International Conference on System Sciences (HICSS'03), CD-ROM Vol. 8, Big Island, Hawaii 2003. S. 231-238.

Kemper, H.-G. und Mayer, R. (Hrsg., 2002), Business Intelligence in der Praxis – Erfolgreiche Lösungen für Controlling, Vertrieb und Marketing, Bonn 2002.

Kemper, H.-G. und Unger, C. (2002), Business Intelligence – BI, in: Controlling, 14. Jg., 2002, Nr. 11, S. 665-666.

Kemper, H.-G., Baars, H. und Horakh, T. (2008), Business Intelligence (BI) – Service-Orientierung in der IT-basierten Managementunterstützung, in: ZfCM – Controlling & Management (2008), Sonderheft 2/2008, S. 2-10.

Kemper, H.-G., Baars, H. und Mehanna, W. (2010), Business Intelligence – Grundlagen und praktische Anwendungen. Eine Einführung in die IT-basierte Managementunterstützung, 3. Auflage, Wiesbaden 2010.

Kemper, H.-G., Hadjicharalambous, E. und Paschke, J. (2004), IT-Servicemanagement in deutschen Unternehmen – Ergebnisse einer empirischen Studie zu ITIL, in: HMD – Praxis der Wirtschaftsinformatik, 41. Jg., 2004, Heft 237, S. 22-31.

Kemper, H.-G., Mehanna, W. und Unger, C. (2006), Business Intelligence – Grundlagen und praktische Anwendungen. Eine Einführung in die IT-basierte Managementunterstützung, 2. Auflage, Wiesbaden 2006.

Kendzia, R. (2010), Business Intelligence für das Beschaffungsmarketing, Köln 2010.

Keppel, B., Müllenbach, S. und Wölkhammer, M. (2001), Vorgehensmodelle im Bereich Data Warehouse. Das Evolutionary Data Warehouse Engineering (EDE), in: Schütte, R., Rotthowe, T. und Holten, R. (Hrsg., 2001), Data-Warehouse-Managementhandbuch. Konzepte, Software, Erfahrungen, Berlin, Heidelberg und New York 2001, S. 81-106.

Kern, G. (1998), A Framework for Service Management of Information Systems, in: Mid-American Journal of Business, 13. Jg., 1998, Nr. 1, S. 49-57.

Kern, W. (1962), Die Messung industrieller Fertigungskapazitäten und ihrer Ausnutzung, Köln und Opladen 1962.

Keuper, F. und Glahn, C. v. (2005), Der Shared-Service-Ansatz zur Bereitstellung von IT-Leistungen auf dem konzerninternen Markt, in: Wirtschaftswissenschaftliches Studium, 34. Jg., 2005, Nr. 4, S. 190-194.

Kieser, A. und Kubicek, H. (1978), Organisationstheorien I – Wissenschaftstheoretische Anforderungen und kritische Analyse klassischer Ansätze, Stuttgart et al. 1978.

Kießling, M., Marrone, M. und Kolbe, L. (2010), Influence of IT Service Management on Innovation Management, in: D'Atri, A., De Marco, M., Braccini, A. und Cabiddu, F. (Hrsg., 2010), Management of the Interconnected World, Heidelberg et al. 2010, S. 129-136.

Kimball, R. und Caserta, J. (2004), The Data Warehouse ETL Toolkit. Practical Techniques for Extracting, Cleaning, Conforming, and Delivering Data, Indianapolis 2004.

Kimball, R. und Ross, M. (2002), The Data Warehouse Toolkit. The Complete Guide to Dimensional Modeling, 2. Auflage, New York et al. 2002.

Kimball, R., Ross, M., Thornthwaite, W., Mundy, J. und Becker, B. (2008), The Data Warehouse Lifecycle Toolkit. Practical Techniques for Building Data Warehouses and Business Intelligence Systems, 2. Auflage, Indianapolis 2008.

Kirsch, W. (1971), Entscheidungsprozesse, Bd. 3. Entscheidungen in Organisationen, Wiesbaden 1971.

Kißler, M. (2006), Corporate Governance, in: Controlling, 18. Jg., 2006, Nr. 10, S. 545-547.

Kleinaltenkamp, M. (2001), Begriffsabgrenzungen und Erscheinungsformen von Dienstleistungen, in: Bruhn, M. und Meffert, H. (Hrsg., 2001), Handbuch Dienstleistungsmanagement. Von der strategischen Konzeption zur praktischen Umsetzung, 2. Auflage, Wiesbaden 2001, S. 27-50.

Klesse M., Melchert F., und Maur, E. v. (2003), Corporate Knowledge Center als Grundlage integrierter Entscheidungsunterstützung, in: Reimer, U., Abecker A., Staab S. und Stumme G. (Hrsg., 2003), WM2003. Professionelles Wissensmanagement. Erfahrungen und Visionen, Bonn 2003.

Kneer, H. (2003), Extended Service Level Management for the Provisioning of Streaming Internet Services, Diss. an der Universität Zürich, Zürich 2003.

Kneuper, R. (2007), CMMI. Verbesserung von Software- und Systementwicklungsprozessen mit Capability Maturity Model Integration (CMMI-DEV), 3. Auflage, Heidelberg 2007.

Knieps, G. und Weiß, H.-J. (Hrsg., 2009), Fallstudien zur Netzökonomie, Wiesbaden 2009.

Köhler, P. (2005), ITIL – Das IT-Servicemanagement Framework, Heidelberg 2005.

Kolburn, B. (2010), The BI Center of Excellence. Enabler of User Self Sufficiency, in: BI-Spektrum, 5. Jg., 2010, Nr. 1, S. 9-13.

Kollmann, T. (2011), E-Business. Grundlagen elektronischer Geschäftsprozesse in der Net Economy, 4. Auflage, Wiesbaden 2011.

Kopperger, D., Kunsmann, J. und Weisbecker, A. (2009), IT-Servicemanagement, in: Tiemeyer, E. (Hrsg., 2009), Handbuch IT-Management, 3. Auflage, München 2009, S. 126-263.

Kosiol, E. (1962), Organisation der Unternehmung, Wiesbaden 1962.

Kosiol, E. (1964), Betriebswirtschaftslehre und Unternehmensforschung – Eine Untersuchung ihrer Standorte und Beziehungen auf wissenschaftstheoretischer Grundlage, in: Zeitschrift für Betriebswirtschaft, 34. Jg., 1964, S. 743-762, abgedruckt in: Schweitzer, M. (Hrsg., 1978), Auffassungen und Wissenschaftsziele der Betriebswirtschaftslehre, Darmstadt 1978, S. 133-159.

Kotler, P. (2003), Marketing Management, 11. Auflage, Upper Saddle River 2003.

Kotler, P. und Keller, K. L. (2008), Marketing Management, 13. Auflage, Upper Saddle River et al. 2008.

Krcmar, H. (2010), Informationsmanagement, 5. Auflage, Berlin et al. 2010.

Kresse, M. (2005), IT Service Management Advanced Pocket Book, Bd. 1, Fokus ITIL, Bad Homburg 2005.

Kriegel, H.-P. und Schubert, M. (2009), KDD Pipeline – Knowledge Discovery in Databases, in: Liu, L. und Özsu, M. T. (Hrsg., 2009), Encyclopedia of Database Systems, New York 2009, S. 1586-1587.

Kromrey, H. (2002), Empirische Sozialforschung. Modelle und Methoden der standardisierten Datenerhebung und Datenauswertung, 10. Auflage, Opladen 2002.

Krüger, W., Werder, A. v. und Grundei, J. (2007), Center-Konzepte. Strategieorientierte Organisation von Unternehmensfunktionen, in: Zeitschrift Führung & Organisation, 76. Jg., 2007, Nr. 1, S. 4-11.

Kubicek, H. (1975), Empirische Organisationsforschung. Konzeption und Methodik, Stuttgart 1975.

Kubicek, H. (1977), Heuristische Bezugsrahmen und heuristisch angelegte Forschungsdesigns als Elemente einer Konstruktionsstrategie empirischer Forschung, in: Köhler, R. (Hrsg., 1977), Empirische und handlungstheoretische Forschungskonzeption in der Betriebswirtschaftslehre, Stuttgart 1977, S. 3-36.

Kunstmann, R. (1995), Die wesentlichen Aspekte beim Einsatz des V-Modells, in: Bröhl, A.-P. und Dröschel, W. (Hrsg., 1995), Das V-Modell. der Standard für die Softwareentwicklung mit Praxisleitfaden, 2. Auflage, München und Wien 1995, S. 41-104.

Kunz, C. (2007), Strategisches Multiprojektmanagement. Konzeption, Methoden und Strukturen, Diss. der Universität Bamberg, Bamberg 2007.

Kurz, A. (1999), Data Warehousing Enabling Technology, Bonn 1999.

Laatz, W. (1993), Empirische Methoden – ein Lehrbuch für Sozialwissenschaftler, Thun und Frankfurt am Main 1993.

Lahtela, A. und Jäntti, M. (2010), Improving IT Service Management Processes. A Case Study on IT Service Support, in: Riel, A., O'Connor, R., Tichkiewitch, S.und Messnarz, R. (Hrsg., 2010), Systems, Software and Services Process Improvement. Proceedings of the 17th European Conference, EuroSPI 2010, Grenoble, France, September 1-3, 2010, Berlin, Heidelberg, New York 2010, S. 95-106.

Lai, E. (2008), Teradata Creates Elite Club for Petabyte-Plus Data Warehouse Customers, Computerworld, URL: http://www.computerworld.com/ s/article/9117159/Teradata_creates_elte_club_for_petabyte_plus_data_wa rehouse_customers, veröffentlicht am 14.10.2008, Stand: 15.01.2011.

Lai, E. (2009), Data-Loading Pedal Gets Put To the Metal, in: Computerworld, 43. Jg., 2009, Nr. 15, S. 8-10.

Lamnek, S. (1995), Qualitative Sozialforschung, Bd. 1. Methodologie, 3. Auflage, Weinheim 1995.

Larsen, M., Pedersen, M. und Andersen, K. (2006), IT Governance. Reviewing 17 IT Governance Tools and Analysing the Case of Novozymes A/S, in: IEEE Computer Society (Hrsg., 2006), Proceedings of the 39th Annual Hawaii International Conference on System Sciences 2006 (HICSS '06), Waikoloa 2006, S. 195-205.

Lathrop, R. und Williams, J. (1987), The Reliability of Inverse Scree Tests for Cluster Analysis, in: Educational and Psychological Measurement, 47. Jg., 1987, Nr. 4, S. 953-959.

Lathrop, R. und Williams, J. (1989), The Shape of the Inverse Scree Test for Cluster Analysis, in: Educational and Psychological Measurement, 49. Jg., 1989, Nr. 4, S. 827-834.

Lathrop, R. und Williams, J. (1990), The Validity of the Inverse Scree Test for Cluster Analysis, in: Educational and Psychological Measurement, 50. Jg., 1990, Nr. 2, S. 325-330.

Lechner, F. (2009), Globalization. The Making of World Society, Chicester et al. 2009.

Lehner, W. (2009), Query Processing in Data Warehouses, in: Liu, L. und Özsu, M. T. (Hrsg., 2009), Encyclopedia of Database Systems, New York 2009, S. 2297-2301.

Lehr, W. und Pupillo, L. (Hrsg., 2009), Internet Policy and Economics. Challenges and Perspectives, Heidelberg et al. 2009.

Li, F. (2007), What is E-Business? How the Internet Transforms Organisations, Malden et al. 2007.

Liebe, R. (2003), ITIL – Entstehen eines Referenzmodells, in: Bernhard, M., Blomer, R. und Bonn, J. (Hrsg., 2003), Strategisches IT-Management, Bd. 1, Organisation – Prozesse – Referenzmodelle, Düsseldorf 2003, S. 325-363.

List, B., Bruckner, R. M., Machaczek, K. und Schiefer, J. (2002), A Comparison of Data Warehouse Development Methodologies Case Study of the Process Warehouse, in: Hameurlain, A., Cicchetti, R. und Traunmüller, R. (Hrsg., 2002), Proceedings of the 13th International Conference on Database and Expert Systems Applications, DEXA 2002, Aix-en-Provence et al. 2002.

Lönnqvist, A. und Pirttimäki, V. (2006), The Measurement of Business Intelligence, in: Information Systems Management, 23. Jg., 2006, Nr.1, S. 32-40.

Lovelock, C. H. und Wirtz, J. (2007), Services Marketing. People, Technology, Strategy, 6. Auflage, Upper Saddle River 2007.

Maaß, C. (2008), E-Business Management. Gestaltung von Geschäftsmodellen in der vernetzten Wirtschaft, Stuttgart 2008.

Macfarlane, I. (2006), ISO/IEC 20000 – ITSM Standard, in: Bon, J. v. und Verheijen, T. (Hrsg., 2006), Frameworks for IT Management, Zaltbommel 2006, S. 45-52.

Macfarlane, I. und Rudd, C. (2003), IT Service Management, Reading 2003.

Macharzina, K. und Wolf, J. (2010), Unternehmensführung. Das internationale Managementwissen. Konzepte – Methoden – Praxis, 7. Auflage, Wiesbaden 2010.

Malik, F. (2008), Die richtige Corporate Governance. Mit wirksamer Unternehmensaufsicht Komplexität meistern, Frankfurt am Main et al. 2008

Malinowski, E. und Zimányi, E. (2009), Advanced Data Warehouse Design. From Conventional to Spatial and Temporal Applications, Berlin und Heidelberg, Nachdruck, 2009.

Mannino, M. und Walter, Z. (2006), A Framework for Data Warehouse Refresh Policies, in: Decision Support Systems, 42. Jg., 2006, Nr. 1, S. 121–143.

Marco, D. (2000), Building and Managing the Meta Data Repository, New York u. a. 2000.

Marco, D. und Jennings, M. (2004), Universal Meta Data Models, Indianapolis 2004.

Marrone, M. und Kolbe, L. (2011), Impact of IT Service Management Frameworks on the IT Organization. An Empirical Study on Benefits, Challenges, and Processes, in: Business & Information Systems Engineering, 3. Jg., 2011, Nr. 1, S. 5-18.

Materna (2006), ITSM Executive Studie 2006 – Zusammenfassung der Ergebnisse der Befragung in Deutschland und Österreich, Dortmund 2006.

Matthiessen, G. und Unterstein, M. (2008), Relationale Datenbanken und Standard-SQL. Konzepte der Entwicklung und Anwendung, 4. Auflage, München et al. 2008.

Matys, E. (2005), Praxishandbuch Produktmanagement – Grundlagen und Instrumente, 3. Auflage, Frankfurt am Main und New York 2005.

Maur, E. v., Schelp, J. und Winter, R. (2003), Integrierte Informationslogistik. Stand und Entwicklungstendenzen, in: Maur, E. v. und Winter, R. (Hrsg., 2003), Data Warehouse Management, Berlin et al. 2003, S. 3-23.

Mayerl, C. (2001), Eine integrierte Dienstmanagement-Architektur für die qualitätsgesicherte Bereitstellung von Netz- und Systemdiensten, Aachen 2001.

Mayerl, C., Abeck, S., Becker, M., Köppel, A., Mehl, O. und Pauze, B. (2003), Dienstbeschreibung und -modellierung für ein SLA-fähiges Service-Management, in: Irmscher, K. und Fähnrich, K.-P. (Hrsg., 2003), Kommunikation in Verteilten Systemen (KiVS 2003), 25.-28. Februar 2003, Leipzig 2003, S. 333-344.

Mayerl, C., Tröscher, F. und Abeck, S. (2006), Process-Oriented Integration of Applications for a Service-Oriented IT Management, in: IEEE (Hrsg., 2006), Proceedings of The First IEEE/IFIP International Workshop on Business-Driven IT Management (BDIM 2006), Piscataway 2006, S. 29-36.

McKnight, W. (2007), Moving Business Intelligence to the Operational World, Part 1, DM Review, 17. Jg., 2007, Nr. 8, S. 28.

Meffert, H. und Bruhn, M. (2003), Dienstleistungsmarketing. Grundlagen – Konzepte – Methoden, mit Fallstudien, 4. Auflage, Wiesbaden 2003.

Meier, A. und Stormer, H. (2008), eBusiness & eCommerce. Management der digitalen Wertschöpfungskette, 2. Auflage, Berlin und Heidelberg 2008.

Meise, V. (2001), Ordnungsrahmen zur prozessorientierten Organisationsgestaltung. Modelle für das Management komplexer Reorganisationsprojekte. Hamburg 2001.

Mertens, P. (2002), Business Intelligence – ein Überblick, Arbeitsbericht Nr.2/2002 der Universität Erlangen, Bereich Wirtschaftsinformatik, Erlangen 2002.

Mertens, P. (2009), Integrierte Informationsverarbeitung 1, Operative Systeme in der Industrie, 17. Auflage, Wiesbaden 2009.

Mertens, P. und Meier, M. (2009), Integrierte Informationsverarbeitung 2, Planungs- und Kontrollsysteme in der Industrie, 10. Auflage, Wiesbaden 2009.

Meuser, M. und Nagel, U. (2002), ExpertInneninterviews – vielfach erprobt, wenig bedacht – Ein Beitrag zur qualitativen Methodendiskussion, in: Bogner, A., Littig, B. und Menz, W. (Hrsg., 2002), Das Experteninterview – Theorie, Methode, Anwendung, Opladen 2002, S. 71-93.

Meyer, M., Zarnekow, R. und Kolbe, L. (2003), IT-Governance. Begriff, Status quo und Bedeutung, in: Wirtschaftsinformatik, 45. Jg., 2003, Nr. 4, S. 445-448.

Meyer, W. (1979), Falsifikationslehre und ökonomische Theorie. Anwendungsprobleme des Kritischen Rationalismus, in: Raffée, H. und Abel, B. (Hrsg., 1979), Wissenschaftstheoretische Grundfragen der Wirtschaftswissenschaften, München 1979, S. 44-59.

Michie, J. (Hrsg., 2011), The Handbook of Globalisation, 2. Auflage, Cheltenham et al. 2011.

Miehle, A. und Gronwald, H. (2010), BICC mit Best Practice Ansatz. Ein Vorgehensmodell bei der Einführung, in: BI-Spektrum, 5. Jg., 2010, Nr. 1, S. 16-19.

Miller, G., Bräutigam, D. und Gerlach, S. (2006), Business Intelligence Competency Centers. A Team Approach to Maximizing Competitive Advantage, New Jersey 2006.

Milligan, G. und Cooper, M. (1987), Methodology Review. Clustering Methods, in: Applied Psychological Measurement, 11. Jg., 1987, Nr. 4, S. 329-354.

Milligan, G. und Sokol, L. (1980), A Two-Stage Clustering Algorithm with Robust Recovery Characteristics, in: Educational and Psychological Measurement, 40. Jg., 1980, Nr. 3, S. 755-759.

Mohania, M., Nambiar, U., Schrefl, M. und Vincent, M. (2009), Active and Real-Time Data Warehousing, in: Liu, L. und Özsu, M. T. (Hrsg., 2009), Encyclopedia of Database Systems, New York 2009, S. 21-26.

Mojena, R. (1977), Hierarchical Grouping Methods and Stopping Rules. An Evaluation, in: The Computer Journal, 20. Jg., 1977, Nr. 4, S. 359-363.

Morfonios, K. und Ioannidis, Y. (2009), Cube Implementations, in: Liu, L. und Özsu, M. T. (Hrsg., 2009), Encyclopedia of Database Systems, New York 2009, S. 539-544.

Moss, L. und Atre, S. (2003), Business Intelligence Roadmap. The Complete Project Lifecycle for Decision-Support Applications, Boston 2003.

Mucksch, H. (2006), Das Data Warehouse als Datenbasis analytischer Informationssysteme – Architektur und Komponenten, in: Chamoni, P. und Gluchowski, P. (Hrsg., 2006), Analytische Informationssysteme. Business Intelligence-Technologien und -Anwendungen, 3. Auflage, Berlin et al. 2006, S. 129-142.

Mucksch, H. und Behme, W. (2000), Das Data Warehouse-Konzept als Basis einer unternehmensweiten Informationslogistik, in: Mucksch, H. und Behme, W. (Hrsg., 2000), Das Data Warehouse-Konzept, 4. Auflage, Wiesbaden 2000, S. 3-80.

Müller-Benedict, V. (2007), Grundkurs Statistik in den Sozialwissenschaften – eine leicht verständliche, anwendungsorientierte Einführung in das sozialwissenschaftlich notwendige statistische Wissen, 4. Auflage, Wiesbaden 2007.

Müller-Böling, D. (1978), Arbeitszufriedenheit bei automatisierter Datenverarbeitung – eine empirische Analyse zur Benutzeradäquanz computergestützter Informationssysteme, München und Wien 1978.

Müller-Böling, D. (1992), Methodik der empirischen Organisationsforschung, in: Frese, E. (Hrsg., 1992), Enzyklopädie der Betriebswirtschaftslehre, Bd. 2. Handwörterbuch der Organisation, Stuttgart 1992, Sp. 1491-1505.

Mundy, J., Thornthwaite, W. und Kimball, R. (2006), The Microsoft Data Warehouse Toolkit, Indianapolis 2006.

Nahm, M. und Philipp, K. (2005), Strukturdaten aus dem Unternehmensregister und Aspekte der Unternehmensdemografie, in: Wirtschaft und Statistik, 57. Jg., 2005, Nr. 9, S. 937-949.

Nauck, D., Ruta, D., Spott, M. und Azvine, B. (2008), Predictive Customer Analytics and Real-Time Business Intelligence, in: Voudouris, C., Owusu, G., Dorne, R. und Lesaint, D. (Hrsg., 2008), Service Chain Management – Technology Innovation for the Service Business, Berlin und Heidelberg 2008, S. 205-214.

Navrade, F. (2008), Strategische Planung mit Data-Warehouse-Systemen, Wiesbaden 2008.

Neapolitan, R.-E. (1990), Probabilistic Reasoning in Expert Systems, Wiley 1990.

Nelson, M., Shaw, M. und Strader, T. (Hrsg., 2009), Value Creation in E-Business Management. 15th Americas Conference on Information Systems, AMCIS 2009, Berlin et al. 2009.

Nelson, R., Todd, P. und Wixom, B. (2005), Antecedents of Information and System Quality. An Empirical Examination Within the Context of Data Warehousing, in: Journal of Management Information Systems, 21. Jg., 2005, Nr. 4, S. 199-235.

Nemati, H., Steiger, D., Iyer, L. und Herschel, R. (2002), Knowledge Warehouse: An Architectural Integration of Knowledge Management, Decision Support, Artificial Intelligence and Data Warehousing, in: Decision Support Systems, 33. Jg., 2002, Nr. 2, S. 143-161.

NEON (2003), Anforderungen an Online-Umfrage-Software, Berlin 2003.

Niessink, F. (2006), IT Service CMM – the IT Service Capability Maturity Model, in: Bon, J. v. und Verheijen, T. (Hrsg., 2006), Frameworks for IT Management, Zaltbommel 2006, S. 53-59.

Niessink, F., Clerc, V., Tijdink, T. und Vliet, H. v. (2005), The IT Service Capability Maturity Model – IT Service CMM Version 1.0, Release Candidate 1, January 28, 2005, Bilthoven und Amsterdam 2005.

O'Donnell, P., Arnott, D. und Gibson, G. (2002), Data Warehousing Development Methodologies. A Comparative Analysis, Arbeitspapier Nr. 2002/02 der Monash University Melbourne, Decision Support Systems Laboratory, Melbourne 2002.

Oehler, K. (2006), Unterstützung von Planung, Forecasting und Budgetierung durch IT-Systeme, in: Chamoni, P. und Gluchowski, P. (Hrsg., 2006), Analytische Informationssysteme. Business Intelligence-Technologien und -Anwendungen, 3. Auflage, Berlin, Heidelberg und New York 2006, S. 329-360.

OGC [Office of Government Commerce] (2000), Service Support, Norwich 2000.

OGC [Office of Government Commerce] (2001), Service Delivery, Norwich 2001.

OGC [Office of Government Commerce] (2002a), Application Management, Norwich 2002.

OGC [Office of Government Commerce] (2002b), ICT Infrastructure Management, Norwich 2002.

OGC [Office of Government Commerce] (2004), Business Perspective. The IS View on Delivering Services to the Business, Norwich 2004.

OGC [Office of Government Commerce] (2006), Business Perspective Volume 2 – The Business View on Successful IT Service Delivery, Norwich 2006.

OGC [Office of Government Commerce] (2007a), Service Strategy, Norwich 2007.

OGC [Office of Government Commerce] (2007b), Service Design, Norwich 2007.

OGC [Office of Government Commerce] (2007c), Service Transition, Norwich 2007.

OGC [Office of Government Commerce] (2007d), Service Operation, Norwich 2007.

OGC [Office of Government Commerce] (2007e), Continual Service Improvement, Norwich 2007.

OGC [Office of Government Commerce] (2007f), IT Infrastructure Library – Glossary of Terms, Definitions and Acronyms, Norwich 2007.

OGC [Office of Government Commerce] (2007g), The Official Introduction to the ITIL Service Lifecycle, Norwich 2007.

OGC [Office of Government Commerce] (2007h), About OGC. Who We Are, Norwich 2007, URL: http://www.ogc.gov.uk/about_ogc_who_we_are.asp Stand: 20.01.2011.

Oldenbürger, H.-A. (1996), Exploratorische, graphische und robuste Datenanalyse, in: Erdfelder, E., Mausfeld, R., Meiser, T. und Rudinger, G. (Hrsg., 1996), Handbuch quantitative Methoden, Weinheim 1996, S. 71-86.

Österle, H., Becker, J., Frank, U., Hess, T., Karagiannis, D., Krcmar, H., Loos, P., Mertens, P., Oberweis, A. und Sinz, E. (2010), Memorandum zur gestaltungsorientierten Wirtschaftsinformatik, in: Zeitschrift für betriebswirtschaftliche Forschung, 62. Jg., 2010, Nr. 6, S. 664-672.

Paschke, J. (2003), IT-Service-Management – Stand und Entwicklungstendenzen, unveröffentlichte Diplomarbeit der Universität Stuttgart, Lehrstuhl Wirtschaftsinformatik I, Stuttgart 2003.

Payr, C. (2003), IT-Organisation in KMU, Köln 2003.

Pedersen, T. (2009a), Cube, in: Liu, L. und Özsu, M. T. (Hrsg., 2009), Encyclopedia of Database Systems, New York 2009, S. 538-539.

Pedersen, T. (2009b), Multidimensional Modeling, in: Liu, L. und Özsu, M. T. (Hrsg., 2009), Encyclopedia of Database Systems, New York 2009, S. 1777-1784.

Pepels, W. (2004), Marketing, 4. Auflage, München und Wien 2004.

Petschulat, S. (2010), Other People's Data, in: Communications of the ACM, 53. Jg., 2010, Nr. 1, S. 53-57.

Piattini, M. und Rodero, J. (1999), Data Warehouse Security, in: Proceedings of the IEEE 33rd Annual 1999 International Carnahan Conference on Security Technology, Madrid 1999, S. 255-261.

Picot, A. (1997), Information als Wettbewerbsfaktor – Veränderungen in Organisation und Controlling, in: Picot, A. (Hrsg., 1997), Information als Wettbewerbsfaktor, Stuttgart 1997, S. 175-199.

Picot, A. (2010), Richtungsdiskussionen in der Wirtschaftsinformatik, in: Zeitschrift für betriebswirtschaftliche Forschung, 62. Jg., 2010, Nr. 6, S. 662-663.

Pieringer, R. und Scholz, A. (2009), Performanz-Tuning von Data-Warehouse-Systemen, in: Bauer, A. und Günzel, H. (Hrsg., 2009), Data-Warehouse-Systeme. Architektur, Entwicklung, Anwendung, 3. Auflage, Heidelberg 2009, S. 496-512.

Pietrek, G., Trompeter, J., Niehues, B., Kamann, T., Holzer, B., Kloss, M., Thoms, K., Beltran, J. und Mork, S. (2007), Modellgetriebene Softwareentwicklung – MDA und MDSD in der Praxis, Frankfurt am Main 2007.

Pollard, C. und Cater-Steel, A. (2009), Justifications, Strategies, and Critical Success Factors in Successful ITIL Implementations in U.S. and Australian Companies. An Exploratory Study, in: Information Systems Management, 26. Jg., 2009, Nr. 2, S. 164-175.

Popper, K. (1994), Logik der Forschung, 10. Auflage, Tübingen 1994.

Porter, M. (2004), Competitive Strategy. Techniques for Analyzing Industries and Competitors, New York et al. 2004.

Porter, S. und Whitcomb, M. (2007), Mixed-Mode Contacts in Web Surveys, in: Public Opinion Quarterly, 71. Jg., 2007, Nr. 4, S. 635-648.

Preiß, N. (2007), Entwurf und Verarbeitung relationaler Datenbanken, München und Wien 2007.

Priebe, T. (2009a), Realisierung der Zugriffskontrolle, in: Bauer, A. und Günzel, H. (Hrsg., 2009), Data-Warehouse-Systeme. Architektur, Entwicklung, Anwendung, 3. Auflage, Heidelberg 2009, S. 255-267.

Priebe, T. (2009b), Sicherheit, in: Bauer, A. und Günzel, H. (Hrsg., 2009), Data-Warehouse-Systeme. Architektur, Entwicklung, Anwendung, 3. Auflage, Heidelberg 2009, S. 159-167.

Priebe, T., Pernul, G. und Krause, P. (2003), Ein integrativer Ansatz für unternehmensweite Wissensportale, in: Uhr, W., Esswein, W. und Schoop, W. (Hrsg., 2003), Wirtschaftsinformatik 2003/Band II. Medien - Märkte – Mobilität, Heidelberg 2003, S. 277-291.

Probst, C. (2003), Referenzmodell für IT-Service-Informationssysteme, Berlin 2003.

Quix, C. (2003), Metadatenverwaltung zur qualitätsorientierten Informationslogistik in Data-Warehouse-Systemen, Diss. an der RWTH Aachen, Aachen 2003.

Quix, C. (2009), Ladephase, in: Bauer, A. und Günzel, H. (Hrsg., 2009), Data-Warehouse-Systeme. Architektur, Entwicklung, Anwendung, 3. Auflage, Heidelberg 2009, S. 98-101.

Rafanelli, M. (2003), Basic Notions, in: Rafanelli, M. (Hrsg., 2003), Multidimensional Databases. Problems and Solutions, Hershey et al. 2003, S. 1-45.

Rahman, N. (2007), Refreshing Data Warehouses with Near Real-Time Updates, in: Journal of Computer Information Systems, 47. Jg., 2007, Nr. 3, S. 71-80.

Rahman, N. (2008), Updating Data Warehouses with Temporal Data, in: Proceedings of the Fourteenth Americas Conference on Information Systems AMCIS 2008, Toronto, Canada 2008, Paper 323, S. 1-8, URL:http://aisel.aisnet.org/amcis2008/323, Stand: 15.01.2011.

Ramamurthy, K., Sen, A. und Sinha, A. (2008), An Empirical Investigation of the Key Determinants of Data Warehouse Adoption, in: Decision Support Systems, 44. Jg., 2008, S. 817-841.

Rands, T. (1992), Information Technology as a Service Operation, in: Journal of Information Technology, 7. Jg., 1992, S. 189-201.

Rapkin, B. und Luke, D. (1993), Cluster Analysis in Community Research. Epistemology and Practice, in: American Journal of Community Psychology, 21. Jg., 1993, Nr. 2, S. 247-277.

Rappaport, A. (1999), Shareholder Value, 2. Auflage, Stuttgart 1999.

Rehbein, B. und Schwengel, H. (2008), Theorien der Globalisierung, Konstanz 2008.

Reichwald, R. (2007), Technologieorientierte Betriebswirtschaftslehre, in: Schmalenbachs Zeitschrift für betriebswirtschaftliche Forschung, Sonderheft 56/07, 2007, S. 112-139.

Reindl, M. (1991), Re-Engineering des Datenmodells, in: Wirtschaftsinformatik, 33. Jg., 1991, Nr. 4, S. 281-288.

Reynolds, J. (2010), E-Business. A Management Perspective, Oxford et al. 2010.

Rhefus, H. (1992), Top Down und/oder Bottom Up – Kritische Erfolgsfaktoren auf dem Weg zu einer Unternehmens-Datenarchitektur, in: Information Management, 7. Jg., 1992, Nr. 3, S. 32-37.

Riebel, P. (1979a), Zum Konzept einer zweckneutralen Grundrechnung, in: Zeitschrift für betriebswirtschaftliche Forschung, 31. Jg., 1979, S. 785-798, Nachdruck in: Riebel, P. (1994), Einzelkosten- und Deckungsbeitragsrechnung. Grundfragen einer markt- und entscheidungsorientierten Unternehmensrechnung, 7. Auflage, Wiesbaden 1994, S. 430-443.

Riebel, P. (1979b), Gestaltungsprobleme einer zweckneutralen Grundrechnung, in: Zeitschrift für betriebswirtschaftliche Forschung, 31. Jg., 1979, S. 863-893, Nachdruck in: Riebel, P. (1994), Einzelkosten- und Deckungsbeitragsrechnung. Grundfragen einer markt- und entscheidungsorientierten Unternehmensrechnung, 7. Auflage, Wiesbaden 1994, S. 444-474.

Rocha, R., Cardoso, L. und De Souza, J. (2003), An Improved Approach in Data Warehousing ETLM Process For Detection of Changes in Source Data, in: UFAM (Hrsg., 2003), XVIII Simpósio Brasileiro de Banco de Dados - 2003 - Manaus, AM, Brasil, Manaus 2003.

Rockart, J. (1982), The Changing Role of the Information Systems Executive. A Critical Success Factors Perspective, Arbeitspapier Nr. 85 am Center for Information Systems Research, Sloan School of Managment, Massachusetts Institute of Technology (1982), Cambridge 1982.

Rodriguez, C., Daniel, F., Casati, F. und Cappiello, C. (2010), Toward Uncertain Business Intelligence. The Case of Key Indicators, in: IEEE Internet Computing, 14. Jg., 2010, Nr. 4, S. 32-40.

Rosenberg, A. (2006), Improving Query Performance in Data Warehouses, in: Business Intelligence Journal, 11. Jg., 2006, Nr. 1, S. 7-12.

Ross, J. (2003), Creating a Strategic IT Architecture Competency. Learning in Stages, MIT Sloan Working Paper No. 4314-03, Cambridge 2003.

Rudd, C. (2006), ITIL – the IT Infrastructure Library, in: Bon, J. v. und Verheijen, T. (Hrsg., 2006), Frameworks for IT Management, Zaltbommel 2006, S. 149-160.

Rudolph, S., Böhmann, T. und Krcmar, H. (2008), Struktur von IT-Servicekatalogen. Ein praxisorientierter Gestaltungsvorschlag für die Dokumentation des IT-Leistungsangebots, in: Bichler, M., Hess, T., Krcmar, H., Lechner, U., Matthes, F., Picot, A., Speitkamp, B. und Wolf, P. (Hrsg., 2008), Multikonferenz Wirtschaftsinformatik 2008, München 2008, S. 651-662.

Rundensteiner, E., Koeller, A. und Zhang, X. (2000), Maintaining Data Warehouses Over Changing Information Sources, in: Communications of the ACM, 43. Jg., 2000, Nr. 6, S. 57-62.

Rupprecht, J. (2003), Zugriffskontrolle im Data Warehousing, in: Maur, E. v. und Winter, R. (Hrsg., 2003), Data Warehouse Management. Das St. Galler Konzept zur ganzheitlichen Gestaltung der Informationslogistik, Berlin, Heidelberg und New York 2003, S. 113-147.

Russom, P. (2007), Business Intelligence Solutions for SAP, TDWI Best Practices Report, Renton 2007.

Russom, P. (2009), Operational Data Integration. A New Frontier for Data Management, TDWI Best Practices Report, Renton 2009.

Sallé, M. (2004), IT Service Management and IT Governance. Review, Comparative Analysis and Their Impact on Utility Computing, Arbeitsbericht HPL-2004-98 aus den Hewlett-Packard Research Laboratories, Palo Alto 2004.

Sapia, C. (2009), Data Warehouse, in: Bauer, A. und Günzel, H. (Hrsg., 2009), Data-Warehouse-Systeme. Architektur, Entwicklung, Anwendung, 3. Auflage, Heidelberg 2009 S. 59-65.

Schaaf, T. und Brenner, M. (2008), On Tool Support for Service Level Management. From Requirements to System Specifications, in: Bartolini, C., Sahai, A., Sauvé, J. (Hrsg., 2008), Proceedings of BDIM 2008, 3rd IEEE/IFIP International Workshop on Business-Driven IT Management, Salvador 2008, S. 71-80.

Schäfer, M. und Witschnig, J. (2009), Analyseprozess, in: Bauer, A. und Günzel, H. (Hrsg., 2009), Data-Warehouse-Systeme. Architektur, Entwicklung, Anwendung, 3. Auflage, Heidelberg 2009, S. 512-516.

Schanz, G. (1988), Methodologie für Betriebswirte, 2. Auflage, Stuttgart 1988.

Schelp, J. (2006), „Real"-Time Warehousing und EAI, in: Chamoni, P. und Gluchowski, P. (Hrsg., 2006), Analytische Informationssysteme. Business Intelligence-

Technologien und -Anwendungen, 3. Auflage, Berlin, Heidelberg und New York 2006, S. 425-438.

Schettler, H., Wieczorek, M. und Philipp, M. (2003), Operationale Risiken und Notfallplanung. Ein Überblick, in: Wieczorek, M., Naujoks, U. und Bartlett, B. (Hrsg., 2003), Business Continuity. Notfallplanung für Geschäftsprozesse, Berlin, Heidelberg und New York 2003.

Schmalenbach, E. (1948a), Pretiale Wirtschaftslenkung, Bd. 1. Die optimale Gestaltungszahl, Bremen-Horn 1948.

Schmalenbach, E. (1948b), Pretiale Wirtschaftslenkung, Bd. 2. Pretiale Lenkung des Betriebes, Bremen-Horn 1948.

Schmidt, F., Hunter, J. und Outerbridge, A. (1986), Impact of Job Experience and Ability on Job Knowledge, Work Sample Performance, and Supervisory Ratings of Job Performance, in: Journal of Applied Psychology, 71. Jg., 1986, Nr. 3, S. 432-439.

Schmidt, H. (2005), Entwurf von Service Level Agreements auf der Basis von Dienstprozessen, 2. Auflage, München 2005.

Schmidt, R. (2004), IT-Service-Management – Aktueller Stand und Perspektiven für die Zukunft, Ergebnisse einer Studie der Hochschule für Technik und Wirtschaft Aalen, 4. itSMF Kongress, Hamburg 2004.

Schmidt, R., Zepf, M. und Dollinger, B. (2004), Verbreitung und Nutzen des prozessorientierten IT-Managements – Wo steht ITIL?, Fachhochschule Aalen, Aalen 2004.

Schmitz, T. und Wehrheim, M. (2006), Risikomanagement. Grundlagen, Theorie, Praxis, Stuttgart 2006.

Schneider, J. (2004), Standardisierung von IT-Prozessen, in: LANline, o. Jg., 2004, Nr. 17, S. 6.

Schnell, R., Hill, P. und Esser, E. (2008), Methoden der empirischen Sozialforschung, 8. Auflage, München und Wien 2008.

Schnittka, M. (1998), Kapazitätsmanagement von Dienstleistungsunternehmen. Eine Analyse aus Anbieter- und Nachfragersicht, Wiesbaden 1998.

Scholz, J. A. (2009), Securing Critical IT Infrastructure, in: Information Security Journal: A Global Perspective, 18. Jg., 2009, Nr. 1, S. 33-39.

Schomann, M. und Röder, S. (2008), Entwicklung eines kennzahlenbasierten Steuerungssystems für IT-Service-Management-Prozesse für ITIL, in: Keuper, F. und Hogenschurz, B. (Hrsg., 2008), Sales & Service. Management, Marketing, Promotion und Performance, Wiesbaden 2008, S. 324-359.

Schonlau, M., Fricker, R. und Elliott, M. (2002), Conducting Research Surveys Via E-Mail and the Web, Santa Monica 2002.

Schrödl, H., (2009), Business Intelligence mit Microsoft SQL-Server 2008, 2. Auflage, München 2009.

Schröer, E. (2008), Organisation, Prozesse und Technologie für eine agile Business Intelligence im Bereich Unicredit Markets & Investment Banking, in: Bichler, M. (Hrsg., 2008), Multikonferenz Wirtschaftsinformatik 26.-28.02., München 2008.

Schulze, K.-D. und Dittmar, C. (2006), Business Intelligence Reifemodelle. Reifgrad-modelle als methodische Grundlage für moderne Business Intelligence Architekturen, in: Chamoni, P. und Gluchowski, P. (Hrsg., 2006), Analytische Informationssysteme. Business Intelligence-Technologien und -Anwendungen, 3. Auflage, Berlin, Heidelberg und New York 2006, S. 71-87.

Schütte, R. (1998), Grundsätze ordnungsmässiger Referenzmodellierung: Konstruktion konfigurations- und anpassungsorientierter Modelle, Wiesbaden 1998.

Schwarze, J. (1998), Informationsmanagement: Planung, Steuerung, Koordination und Kontrolle der Informationsversorgung im Unternehmen, Herne und Berlin 1998.

Schwarze, L. und Müller, P. (2005), IT-Outsourcing – Erfahrungen, Status und zukünftige Herausforderungen, in: HMD – Praxis der Wirtschaftsinformatik, Heft 245, 2005, S. 6-17.

Schweitzer, M. (1978), Wissenschaftsziele und Auffassungen in der Betriebswirtschaftslehre – Eine Einführung, in: Schweitzer, M. (Hrsg., 1978), Auffassungen und Wissenschaftsziele der Betriebswirtschaftslehre, Darmstadt 1978, S. 1-14.

Schwinn, A. und Winter, R. (2005), Entwicklung von Zielen und Messgrößen zur Steuerung der Applikationsintegration, in: Ferstl, O., Sinz, E., Eckert, S. und Isselhorst, T. (Hrsg., 2005), Wirtschaftsinformatik 2005 – eEconomy, eGovernment, eSociety, Heidelberg 2005, S. 587-606.

Scott Morton, M.S. (1983), State of the Art of Research in Management Support Systems, Vortrag im Rahmen des Colloquium on Information Systems, MIT, 10.-12. Juli, 1983.

SEI [Software Engineering Institute] (2010), CMMI for Services, Version 1.3, Technical Report CMU/SEI-2010-TR-034, Software Engineering Institute, Carnegie Mellon University, Pittsburgh 2010.

Seibold, H. (2006), IT-Risikomanagement, München und Wien 2006.

Seibt, D. (2001), Informationsmanagement, in: Mertens, P. (Hrsg., 2001), Lexikon der Wirtschaftsinformatik, 4. Auflage, Berlin et al. 2001, S. 240-242.

Seibt, D. (2001), Management des Systemlebenszyklus, in: Mertens, P. (Hrsg., 2001), Lexikon der Wirtschaftsinformatik, 4. Auflage, Berlin et al. 2001, S. 456-458.

Sen, A., Sinha, A. und Ramamurthy, K. (2006), Data Warehousing Process Maturity: An Exploratory Study of Factors Influencing User Perceptions, in: IEEE Transactions on Engineering Management, 53. Jg., 2006, Nr. 3, S. 440-455.

Seufert, A. und Lehmann, P. (2006), Business Intelligence – Status quo und zukünftige Entwicklungen, in: HMD – Praxis der Wirtschaftsinformatik, 42. Jg., 2006, Heft 247, S. 21-32.

Seufert, A. und Schiefer, J. (2005), Enhanced Business Intelligence – Supporting Business Processes with Real-Time Business Analytics, in: IEEE (Hrsg., 2005), Proceedings on the Sixteenth International Workshop on Database and Expert Systems Application DEXA 2005, Los Alamitos et al. 2005, S. 919-925.

Shankaranarayanan, G. und Even, A. (2004), Managing Metadata in Data Warehouses: Pitfalls and Possibilities, in: Communications of the Association for Information Systems, 14. Jg., 2004, Nr. 1, S. 247-274.

Shannon, D., Johnson, T., Searcy, S. und Lott, A. (2002), Using Electronic Surveys: Advice from Survey Professionals, in: Practical Assessment, Research & Evaluation, 8. Jg., 2002, Nr. 1.

Shen, B. (2008), Support IT Service Management with Process Modeling and Analysis, in: Wang, Q., Pfahl, D. und Raffo, D. (Hrsg., 2008), Making Globally Distributed Software Development a Success Story. International Conference on Software Process, Proceedings of ICSP 2008 Leipzig, Germany, May 10-11, 2008, Berlin und Heidelberg 2008, S. 246-256.

Sherman, R. (2007), New Age Data Warehousing, DM Review, 17. Jg., 2007, Nr. 11, S. 49.

Shewhart, W. A. (1931), Economic Control of Quality of Manufactured Product, New York 1931.

Silvers, F. (2008), Building and Maintaining a Data Warehouse, Boca Raton 2008.

Simon, N. (1998), Determining Measures of Success, in: Competitive Intelligence Magazine, 1. Jg., 1998, Nr. 2, S. 45-48.

Smith, D. und Crossland, M. (2008), Realizing the Value of Business Intelligence, in: Avison, D., Kasper, G., Pernici, B., Ramos, I. und Roode, D. (Hrsg., 2008), Advances in Information Systems Research, Education and Practice, New York 2008, S. 163-174.

Soler, E., Stefanov, V., Mazon, J.-N., Trujillo, J., Fernandez-Medina, E. und Piattini, M. (2008), Towards Comprehensive Requirement Analysis for Data Warehouses. Considering Security Requirements, in: Jakoubi, S., Tjoa, S. und Weiippl, E. (Hrsg., 2008), Proceedings of the Third International Conference on Availability, Reliability and Security 2008, Ares 2008, S. 104-111.

Sommerville, I. (2011), Software Engineering, 9. Auflage, Boston et al. 2011.

Song, I. (2009a), Data Mart, in: Liu, L. und Özsu, M. T. (Hrsg., 2009), Encyclopedia of Database Systems, New York 2009, S. 594.

Song, I. (2009b), Data Warehousing Systems: Foundations and Architectures, in: Liu, L. und Özsu, M. T. (Hrsg., 2009), Encyclopedia of Database Systems, New York 2009, S. 684-692.

Southern, A. und Tilley, F. (2000), Small Firms and Information and Communications Technologies (ICTs), in: New Technology, Work and Employment, 15. Jg., 2000, Nr. 2, S. 138-154.

Spann, M. (2010), Synergien zwischen gestaltungsorientierter und verhaltensorientierter Wirtschaftsinformatik, in: Zeitschrift für betriebswirtschaftliche Forschung, 62. Jg., 2010, Nr. 6, S. 677-679.

Spinner, H. (1974), Pluralismus als Erkenntnismodell, Frankfurt am Main 1974.

SPSS (2006a), SPSS Base 15.0 User's Guide, Chicago 2006.

SPSS (2006b), SPSS 15.0 Command Syntax Reference, Chicago 2006.

Stahl, T., Völter, M. und Efftinge, S. (2007), Modellgetriebene Softwareentwicklung – Techniken, Engineering, Management, 2. Auflage, Heidelberg 2007.

Stahlknecht, P. und Hasenkamp, U. (2005), Einführung in die Wirtschaftsinformatik, 11. Auflage, Berlin et al. 2005.

Staudt, M., Vaduva, A. und Vetterli, T. (1999), Metadata Management and Data Warehousing, Technical Report des Instituts für Informatik der Universität Zürich, ifi-99.04, URL: ftp://ftp.ifi.unizh.ch/pub/techreports/TR-99/ifi-99.04.pdf, Stand: 18.01.2011.

Steinke, I. (1999), Kriterien qualitativer Forschung. Ansätze zur Bewertung qualitativ-empirischer Sozialforschung, Weinheim und München 1999.

Steinke, I. (2003), Gütekriterien qualitativer Forschung, in: Flick, U., Kardoff, E. v. und Steinke, I. (Hrsg., 2003), Qualitative Forschung. Ein Handbuch, 2. Auflage, Reinbek 2003, S. 319-331.

Stelzer, D. (2010), Wissen, in: Kurbel, K., Becker, J., Gronau, N., Sinz, E. und Suhl, L. (Hrsg., 2010), Enzyklopädie der Wirtschaftsinformatik (Online-Lexikon), 4. Auflage, München 2010, URL: http://www.oldenbourg.de:8080/wi-enzyklopaedie/lexikon/daten-wissen/Wissensmanagement/Wissen, Stand: 15.01.2011.

Stiglitz, J. E. (2007), Making Globalization Work, New York und London 2007.

Stiglitz, J. E. (2010), Freefall. America, Free Markets, and the Sinking of the World Economy, New York und London 2010.

Strange, K. H. and Hostmann, B. (2003), BI Competency Center Is Core to BI Success, Stamford 2003.

Straub, K. (2010), Vorsprung durch Technik verlangt ingenieurmäßige Forschung und Entwicklung, in: Zeitschrift für betriebswirtschaftliche Forschung, 62. Jg., 2010, Nr. 6, S. 675-676.

Strauss, A. und Corbin, J. (1990), Basics of Qualitative Research. Grounded Theory Procedures and Techniques, Newbury Park 1990.

Stuhlmann, S. (2000), Kapazitätsgestaltung in Dienstleistungsunternehmungen. Eine Analyse aus der Sicht des externen Faktors, 1. Auflage, Wiesbaden 2000.

Supply-Chain Council (2003), Supply-Chain Operations Reference-model. Overview Version 6.0, Pittsburgh 2003.

Taylor, S. (2007), ITIL V3. The Future Starts Now, Vortrag im Rahmen der Konferenz Service Desk & IT Support Show, 24.-26.04.2007, London 2007.

Taylor, S. und Macfarlane, I. (2005), ITIL Small-Scale Implementation, London 2005.

TDWI (2007), TDWI Germany e. V., URL: http://www.tdwi.eu, Stand: 18.01.2011

TDWI (2010), Organizational and Performance Metrics for Business Intelligence Teams, 2010 TDWI BI Benchmark Report, Renton 2010.

Tesluk, P. und Jacobs, R. (1998), Toward an Integrated Model of Work Experience, in: Personnel Psychology, 51. Jg., 1998, Nr. 2, S. 321-355.

Thomas, O. (2006), Understanding the Term Reference Model in Information Systems Research. History, Literature Analysis and Explanation, in: Bussler, C. und Haller, A. (Hrsg., 2006), Business Process Management Workshops, BPM 2005, Berlin und Heidelberg 2006, S. 484-496.

Thuraisingham, B. und Iyer, S. (2007), Extended RBAC-Based Design and Implementation for a Secure Data Warehouse, in: International Journal of Business Intelligence and Data Mining, 2. Jg., 2007, Nr.4, S. 367-382.

Timm, N. (2002), Applied Multivariate Analysis, New York et al. 2002.

TMF [TeleManagement Forum] (2011), Enhanced Telecom Operations Map (eTOM) Business Process Framework, Release 9.0, Morristown 2011.

Totok, A. (2006), Entwicklung einer Business-Intelligence-Strategie, in: Chamoni, P. und Gluchowski, P. (Hrsg., 2006), Analytische Informationssysteme – Business Intelligence-Technologien und -Anwendungen, 3. Auflage, Berlin, Heidelberg und New York 2006, S. 51-70.

Toutenburg, H. und Heumann, C. (2006), Deskriptive Statistik. Eine Einführung in Methoden und Anwendungen mit SPSS, 5. Auflage, Berlin, Heidelberg und New York 2006.

Treber, U., Teipel, P. und Schwickert, A. (2004), Total Cost of Ownership. Stand und Entwicklungstendenzen 2003, Arbeitspapier der Wirtschaftsinformatik der Universität Gießen, Arbeitspapier Nr. 01/2004, Gießen 2004.

Tricker, B. (2009), Corporate Governance. Principles, Policies, and Practices, Oxford et al. 2009.

Troppens, U. und Erkens, R. (2003), Speichernetze. Grundlagen und Einsatz von Fibre Channel SAN, NAS, iSCSI und InfiniBand, Heidelberg 2003.

Turban, E., Aronson, J., Liang, T.-P. und Sharda, R. (2007), Decision Support and Business Intelligence Systems, Upper Saddle River 2007.

Uebernickel, F., Bravo-Sánchez, C., Zarnekow, R. und Brenner, W. (2006a), Eine Vorgehensmethodik zum IT-Produktengineering, in: Lehner, F., Nösekabel, H. und Kleinschmidt, P. (Hrsg., 2006), Multikonferenz für Wirtschaftsinformatik 2006, Bd. 2, Berlin 2006, S. 199-210.

Ulrich, H. (1971), Der systemorientierte Ansatz in der Betriebswirtschaftslehre, in: Kortzfleisch, G. v. (Hrsg., 1971), Wissenschaftsprogramm und Ausbildungsziele der Betriebswirtschaftslehre, Berlin 1971, S. 43-60, abgedruckt in: Schweitzer, M. (Hrsg., 1978), Auffassungen und Wissenschaftsziele der Betriebswirtschaftslehre, Darmstadt 1978, S. 270-291.

Ulrich, P. und Hill, W. (1979), Wissenschaftstheoretische Grundlagen der Betriebswirtschaftslehre, in: Raffée, H. und Abel, B. (Hrsg., 1979), Wissenschaftstheoretische Grundfragen der Wirtschaftswissenschaften, München 1979, S. 161-190.

Unger, C. und Kemper, H.-G. (2008), Organisatorische Rahmenbedingungen der Entwicklung und des Betriebs von Business Intelligence – Ergebnisse einer empirischen Studie, in: Bichler, M., Hess, T., Krcmar, H., Lechner, U., Matthes, F., Picot, A., Speitkamp, B. und Wolf, P. (Hrsg., 2008), Proceedings der Multikonferenz Wirtschaftsinformatik, MKWI 2008, Berlin 2008, S. 141-153.

Unger, C., Kemper, H.-G. und Russland, A. (2008), Business Intelligence Center Concepts, in: Proceedings of the Fourteenth Americas Conference on Information Systems AMCIS 2008, Toronto, Canada 2008, Paper 147, S. 1-12, URL:http://aisel.aisnet.org/amcis2008/147, Stand: 19.01.2011.

Vaduva, A. und Dittrich, K. (2001), Metadata Management for Data Warehousing. Between Vision and Reality, in: IEEE Computer Society (Hrsg., 2001), Proceedings of the International Database Engineering and Applications Symposium 2001, Los Alamitos 2001, S. 129-135.

Vaduva, A. und Vetterli, T. (2001), Metadata Management for Data Warehousing. An Overview, in: International Journal of Cooperative Information Systems, 10. Jg., 2001, Nr. 3, S. 273-298.

Vassiliadis, P. (2000), Data Warehouse Modeling and Quality Issues, Diss. der National Technical University of Athens, Athen 2000.

Vassiliadis, P. (2009), Data Warehouse Metadata, in: Liu, L. und Özsu, M. T. (Hrsg., 2009), Encyclopedia of Database Systems, New York 2009, S. 669-675.

Victor, F. und Günther, H. (2005), Optimiertes IT-Management mit ITIL, 2. Auflage, Wiesbaden 2005.

Voigt, K.-I. (2008), Industrielles Management. Industriebetriebslehre aus prozessorientierter Sicht, Berlin und Heidelberg 2008.

Walter, S. und Krcmar, H. (2006), Reorganisation der IT-Prozesse auf Basis von Referenzmodellen. Eine kritische Analyse, in: IT-Service-Management, 1. Jg., 2006, Nr. 2, S. 3-10.

Wang, L. und Jajodia, S. (2008), Security in Data Warehouses and OLAP Systems, in: Gertz, M. und Jajodia, S. (Hrsg., 2008), Handbook of Database Security, New York 2008, S. 191-212.

Wasserman, T., Martin, P. und Rizvi, H. (2004), Sizing DB2 UDB Servers for Business Intelligence Workloads, in: Proceedings of the 2004 Conference of the Centre for Advanced Studies on Collaborative Research, Markham 2004, S. 135-149.

Wasserman, T., Martin, P., Skillicorn, D. und Rizvi, H. (2005), Developing a Characterization of Business Intelligence Workloads for Sizing New Database Systems, in: Proceedings of the 7th ACM International Workshop on Data Warehousing and OLAP, Washington 2004, Session. Business Intelligence, S. 7-13, URL: http://doi.acm.org/10.1145/1031763.1031766, Stand: 19.01.2011.

Watson, H. und Ariyachandra, T. (2005a), Data Warehouse Architectures. Factors in the Selection Decision and the Success of the Architectures, Research

Report July 2005, University of Georgia, University of Cincinnati, Athens und Cincinnati 2005.

Watson, H. und Ariyachandra, T. (2005b), Key Factors in Selecting a Data Warehouse Architecture, in: Business Intelligence Journal, 10. Jg., 2005, Nr. 2, S. 19-26.

Watson, H. und Haley, B. (1998), Managerial Considerations, in: Communications of the ACM, 41. Jg., 1998, Nr. 9, S. 32-37.

Watson, H., Annino, D., Wixom, B., Avery, L. und Rutherford, M. (2001), Current Practices in Data Warehousing, in: Information Systems Management, 18. Jg., 2001, Nr. 1, S. 47-55.

Watson, H., Ariyachandra, T. und Matyska, R. (2001), Data Warehousig Stages of Growth, in: Information Systems Management, 18. Jg., 2001, Nr. 3, S. 42-50.

Watson, H., Wixom, B., Buonamici, J. und Revak, J. (2001), Sherwin-Williams' Data Mart Strategy. Creating Intelligence Across the Supply Chain, in: Communications of the Association for Information Systems, 5. Jg., 2001, Artikel 9, S. 1-26

Watson, H., Wixom, B., Hoffer, J., Anderson-Lehman, R. und Reynolds, A. (2006), Real-Time Business Intelligence. Best Practises at Continental Airlines, in: Information Systems Management, 23. Jg., 2006, Nr. 1, S. 7-18.

Webb, P., Pollard, C. und Ridley, G. (2006), Attempting to Define IT Governance. Wisdom or Folly?, in: IEEE Computer Society (Hrsg., 2006), Proceedings of the 39th Annual Hawaii International Conference on System Sciences (HICSS '06), Vol. 8, CD-ROM, Waikoloa 2006.

Weill, P. und Ross, J. (2004a), IT Governance. How Top Performers Manage IT Decision Rights for Superior Results, Boston 2004.

Weill, P. und Ross, J. (2004b), IT Governance on One Page, CISR Working Paper des Massachusetts Institute of Technology, Nr. 349, Massachusetts 2004.

Wengorz, J. (2006), Service-Level-Management, in: Bernhard, M., Mann, H., Lewandowski, W. und Schrey, J. (Hrsg., 2006), Praxishandbuch Service-Level-Management. Die IT als Dienstleistung organisieren, 2. Auflage, Düsseldorf 2006, S. 45-61.

Werder, A. v. (2008), Führungsorganisation. Grundlagen der Corporate Governance, Spitzen- und Leitungsorganisation, 2. Auflage, Wiesbaden 2008.

Westkämper, E. (2006), Einführung in die Organisation der Produktion, Berlin und Heidelberg 2006.

Whitcom, M. und Porter, S. (2007), Mixed-Mode Contacts in Web Surveys, in: Public Opinion Quarterly, 71. Jg., 2007, Nr. 4, S. 635-648.

Wieczorrek, H. W. und Mertens, P. (2007), Management von IT-Projekten. Von der Planung zur Realisierung, 2. Auflage, Berlin und Heidelberg 2007.

Wieken, J.-H. (1999), Der Weg zum Data Warehouse. Wettbewerbsvorteile durch strukturierte Unternehmensinformationen, München et al. 1999.

Wiel, M. v. d. (2005), Managing Large-Scale Business Intelligence Solutions, in: Business Intelligence Journal, 10. Jg., 2005, Nr.4, S. 28-34.

Wild, M. und Herges, S. (2000), Total Cost of Ownership (TCO) – Ein Überblick, Arbeitspapier WI Nr. 1/2000, Lehrstuhl für Allg. BWL und Wirtschaftsinformatik, Johannes Gutenberg-Universität, Mainz 2000.

Williams, J. (2005), Data Warehouse Governance: Ensuring Lasting Business Intelligent Value, in: TDWI (Hrsg., 2005), What Works. Best Practices in Business Intelligence und Data Warehousing, Vol. 19, Seattle 2005, S. 30.

Williams, S. und Williams, N. (2007), The Profit Impact of Business Intelligence, Amsterdam et al. 2007.

Winniford, M., Conger, S. und Erickson-Harris, L. (2009), Confusion in the Ranks. IT Service Management Practice and Terminology, in: Information Systems Management, 26. Jg., 2009, Nr.26, S. 153-163.

Winter Corporation (2005), Winter TopTen Programs, 2005 TopTen Award Winners, Waltham 2005.

Wixom, B. und Watson, H. (2001), An Empirical Investigation of the Factors Affecting Data Warehousing Success, in: MIS Quarterly, 25. Jg., 2001, Nr. 1, S. 17-41.

Wixom, B., Watson, H., Marjanovic, O. und Ariyachandra, T. (2010), Educating the Next-Generation BI Workforce, in: Business Intelligence Journal, 15. Jg., 2010, Nr. 3, S. 26-31.

Wixom, B., Watson, H., Reynolds, A. und Hoffer, J. (2008), Continental Airlines Continues to Soar with Business Intelligence, in: Information Systems Management, 25. Jg., 2008, Nr. 2, S. 102-112.

WKWI [Wissenschaftliche Kommission Wirtschaftsinformatik] (1994), Profil der Wirtschaftsinformatik, in: Wirtschaftsinformatik, 36. Jg., 1994, Nr. 1, S. 80-81.

Wöhe, G. und Döring, U. (2005), Einführung in die allgemeine Betriebswirtschaftslehre, 22. Auflage, München 2005.

Wolf, K. und Runzheimer, B. (2009), Risikomanagement und KonTraG. Konzeption und Implementierung, 5. Auflage, Wiesbaden 2009.

Wolke, T. (2008), Risikomanagement, 2. Auflage, München 2008.

Wollnik, M. (1977), Die explorative Verwendung systematischen Erfahrungswissens. Plädoyer für einen aufgeklärten Empirismus in der Betriebswirtschaftslehre, in: Köhler, R. (Hrsg., 1977), Empirische und handlungstheoretische Forschungskonzeption in der Betriebswirtschaftslehre, Stuttgart 1977, S. 37-64.

Wrona, T. (2005), Die Fallstudienanalyse als wissenschaftliche Forschungsmethode, ESCP-EAP Working Paper Nr. 10, Berlin 2005.

Wui-Ge, T., Cater-Steel, A. und Toleman, M. (2009), Implementing IT Service Management. A Case Study Focusing on Critical Success Factors, in: Journal of Computer Information Systems, 50. Jg., 2009, Nr. 2, S. 1-12.

Xu, J. und Quaddus, M. (Hrsg., 2010), E-Business in the 21st Century. Realities, Challenges, and Outlook, Singapur et al. 2010.

Zarnekow, R. (2007), Produktionsmanagement von IT-Dienstleistungen. Grundlagen, Aufgaben und Prozesse, Berlin und Heidelberg 2007.

Zarnekow, R. und Brenner, W. (2004), Integriertes Informationsmanagement. Vom Plan, Build, Run zum Source, Make, Deliver, in: Zarnekow, R., Brenner, W. und Grohmann, H. (Hrsg., 2004), Informationsmanagement. Konzepte und Strategien für die Praxis, Heidelberg 2004, S. 3-24.

Zarnekow, R., Brenner, W. und Pilgram, U. (2005a), Integriertes Informationsmanagement. Strategien und Lösungen für das Management von IT-Dienstleistungen, Berlin et al. 2005.

Zarnekow, R., Hochstein, A. und Brenner, W. (2004), ITIL als Common-Practice-Referenzmodell für das IT-Service-Management. Formale Beurteilung und Implikationen für die Praxis, in: Wirtschaftsinformatik, 46 Jg., 2004, Nr. 5, S. 382-389.

Zarnekow, R., Hochstein, A. und Brenner, W. (2005b), Serviceorientiertes IT-Management. ITIL-Best Practices und -Fallstudien, Berlin et al. 2005.

Zarnekow, R., Scheeg, J. und Brenner, W. (2004), Untersuchung der Lebenszykluskosten von IT-Anwendungen, in: Wirtschaftsinformatik, 46 Jg., 2004, Nr. 3, S. 181-187.

Zarnekow, R., und Brenner, W. (2003), Konzepte für ein produktorientiertes Informationsmanagement, in: Uhr, W., Esswein, W. und Schoop, E. (Hrsg., 2003), Wirtschaftsinformatik 2003. Band II. Medien – Märkte – Mobilität, Heidelberg 2003, S. 735-753.

Zeides, J. (2010), Der Einsatz von Business Intelligence unter Verwendung von Wissensportalen in der Verfügbarkeitsanalyse, Hamburg 2010.

Zeithaml, V., Parasuraman, A. und Berry, L. (1990), Delivering Service Quality, New York 1990.

Zhang, Y. und Joshi, J. (2009), Role Based Access Control, in: Liu, L. und Özsu, M. T. (Hrsg., 2009), Encyclopedia of Database Systems, New York 2009, S. 2447-2452.

Zywietz, T., Lau, A. und Gäng, H. (2010), Globalisierung zwischen Krise und Boom, Stuttgart 2010.